KB134892

iOS 앱 개발을 위한
Swift 4

김근영 저

www.digitalbooks.co.kr

iOS 앱 개발을 위한
Swift 4

| 만든 사람들 |
기획 IT·CG기획부 | **진행** 양종엽·유명한 | **집필** 김근영 | **편집·표지디자인** 김진

| 책 내용 문의 |
도서 내용에 대해 궁금한 사항이 있으시면
저자의 홈페이지나 디지털북스 홈페이지의 게시판을 통해서 해결하실 수 있습니다.
디지털북스 홈페이지 www.digitalbooks.co.kr
디지털북스 페이스북 www.facebook.com/ithinkbook
디지털북스 카페 cafe.naver.com/digitalbooks1999
디지털북스 이메일 digital@digitalbooks.co.kr
저자 사이트 kxcoding.com
저자 이메일 kei@kxcoding.com
저자 페이스북 그룹 www.facebook.com/groups/iOSandSwift

| 각종 문의 |
영업관련 hi@digitalbooks.co.kr
기획관련 digital@digitalbooks.co.kr
전화번호 (02) 447-3157~8

CONTENTS

PART
04   Memory Management · 391

Overview

PART 01

Objective-C

Objective-C의 모태가 되는 C 언어는 1970년 초반 데니스 리치^{Dennis M. Ritchie}에 의해 개발되었습니다. 특히 C 언어로 제작된 UNIX가 인기를 얻으면서 널리 사용되기 시작했습니다.

시간이 흐름에 따라 절차형 언어^{Procedural Language}인 C는 복잡한 프로그램을 구현하는데 부족한 부분이 하나둘씩 드러났고, 이러한 문제를 해결하기 위해서 Xerox PARC(Palo Alto Research Center)의 앨런 케이^{Alan Kay}가 소속된 팀이 OOP 언어를 개발하기 시작합니다. 이들에 의해 개발된 언어가 바로 스몰토그^{Smalltalk}입니다. Smalltalk는 초기에 내부 연구용으로 사용되다가 1980년 Smalltalk-80이라는 이름으로 외부에 공개되었습니다. 우리가 Smalltalk라고 부르는 언어는 일반적으로 Smalltalk-80을 의미합니다. 이 언어는 Objective-C 뿐만 아니라 Ruby, Java, Python, Scala 등 다양한 언어의 기초가 되었습니다.

Objective-C는 1980년 초반, 브래드 콕스^{Brad J. Cox}와 톰 러브^{Tom Love}가 Smalltalk-80 언어를 기반으로 C언어를 확장하여 개발하였습니다. 그 후 자유 소프트웨어 재단(Free Software Foundation, FSF)에 채택되어 GPL(GNU Public License) 라이센스로 배포되었습니다.

1976년 스티브 잡스^{Steven Paul Jobs}, 스티브 워즈니악^{Stephen Gary Wozniak}, 로널드 웨인^{Ronald Geraid Wayne}은 작은 차고에서 애플^{Apple}을 창업합니다. Apple Ⅱ와 매킨토시를 통해 개인 컴퓨터의 대중화에 기여하면서 회사가 발전하던 중 1985년 경영권 분쟁에서 패한 스티브 잡스가 애플에서 해임되었습니다. 스티브 잡스는 곧바로 NeXT를 창업하여 NeXTstep이라는 컴퓨터를 만들고 OS 개발을 시작합니다. 이를 위해 1988년 Objective-C의 라이센스를 획득하고 OS 개발언어로 채택하였습니다.

1990년대 중반 CEO의 잦은 교체와 매출 하락, OS 개발 부진을 겪던 애플은 OS 개발사를 인수하여 돌파구를 찾으려 했고 여러 과정을 거쳐 NeXT를 인수하기로 결정합니다. 이를 계기로 NeXT의 CEO인 스티브 잡스가 애플에 다시 합류하게 되었습니다. 그리고 Objective-C의 라이센스 역시 애플이 가지게 되었습니다. NeXT가 인수된 후 NeXT가 개발하고 있던 OS를 기반으로 OS X의 개발이 다시 시작되었고, Xcode의 전신인 Project Builder와 Interface Builder 등 OS X 개발에 필요한 다양한 프로그램들이 개발되었습니다. 이때부터 Objective-C는 애플의 주력 개발언어로 사용되기 시작합니다.

WWDC 2006에서 현대적인 가비지 컬렉션, 향상된 문법, 런타임 성능 향상, 64비트 지원 등의 특징을 가진 Objective-C 2.0이 발표되었습니다. Objective-C 2.0 코드를 컴파일할 수 있는 GCC 4.6 컴파일러는 2007년 10월 출시된 OS X 10.5부터 제공되었습니다. 비슷한 시기에 아이폰과 iPhone OS 가 출시(2010년부터 iOS로 부르기 시작함)되었고 스마트폰과 모바일 앱 시장이 폭발적으로 성장하기 시작하였습니다. 개발자가 직접 앱을 만들어서 앱스토어에 판매할 수 있게 되면서 Objective-C의 인기도 덩달아 오르게 되었습니다. 국내에서는 2009년 후반 아이폰이 도입된 후 카카오톡과 같은 성공 사례들이 하나둘씩 늘어나면서 Objective-C에 대한 관심이 높아지기 시작했습니다.

Swift라는 새로운 언어가 발표되고 두 언어를 함께 사용할 수 있게 되면서 Objective-C는 또 한 번 발전하게 됩니다. 초기에는 Objective-C 언어가 Swift로 변환되는 과정에서 옵셔널^{Optional}과 컬렉션의 구현 방식으로 인해 많은 문제가 발생하였습니다. 이런 문제를 효율적으로 처리하기 위해 Nullability Annotations와 Lightweight Generics 등 언어의 호환성을 높일 수 있는 다양한 기능이 WWDC 2015에서 새롭게 발표되었습니다.

Swift

Objective-C는 매우 훌륭한 언어이고 지금까지 수많은 앱을 만드는데 있어서 훌륭한 도구가 되었다는 것은 부인할 수 없는 사실입니다. 하지만 개발된 지 30년이 넘은 오래된 언어이기 때문에 문법 개선을 통해 현대에 요구되는 프로그래밍 패러다임을 구현하기에는 많은 제약을 가지고 있습니다. 애플이 Swift를 개발한 것도 이러한 문제 의식에서 출발한 것이라고 생각합니다.

Swift는 LLVM 프로젝트에서 주도적인 역할을 수행한 크리스 래트너^{Chris Lattner}가 이끄는 팀이 2010년 7월부터 개발을 시작했습니다. Objective-C를 대체할 수 있는 현대적인 언어를 개발하기 위해 Objective-C 뿐만 아니라 C#, Ruby, Python, Haskell, Rust 등 다양한 언어들을 연구하고 장점을 적절히 결합하기 위해 많은 노력을 기울였습니다. 이렇게 큰 이슈가 될 수 있는 프로젝트를 4년 동안 비밀리에 진행시켜온 것도 놀랍고, 현대 프로그래밍 언어들의 장점들을 하나의 언어에 충실히 담았다는 것도 놀라울 뿐입니다.

Swift는 WWDC 2014에서 처음 공개되었습니다. 이전에는 macOS과 iOS의 두 가지 큰 주제를 중심으로 신기술을 발표하는 방식으로 진행되었고, 많은 사람들이 관심을 가지는 만큼 발표가 예정된 기술들을 루머와 유출이 혼재된 다양한 경로를 통해 미리 예상할 수 있었습니다. 하지만 이례적으로 개발자를 위한 별도의 섹션을 마련하고, iPhone 6 또는 Apple Watch가 발표될 것이라는 대다수의 예상과는 달리, 그 이전에 어떠한 루머를 통해서도 예상할 수 없었던 Swift라는 새로운 언어를 발표하였습니다.

WWDC 2014의 주인공은 Swift라고 해도 무리가 없을 정도로 새로운 언어에 대한 놀라움과 관심은 폭발적이었습니다. 단적인 예로 Swift가 발표된 이후 하루 동안 iBooks Store에 공개된 Swift 서적 (The Swift Programming Language)이 약 37만 다운로드를 기록했고, 새로운 언어에 대한 다양한 뉴스기사와 블로그 포스팅이 쏟아져 나왔습니다. 주기적으로 프로그래밍 언어의 순위를 발표하는 tiobe.com에서도 등장과 동시에 16위에 랭크되었습니다.

몇 달간의 베타기간을 거친 후, 2014년 9월 9일 Swift 1.0 정식버전이 발표되었습니다. 그리고 Xcode 6.0을 통해 Swift로 작성된 iOS 앱을 등록할 수 있게 되었습니다. 약 한 달 뒤인 2014년 10월 22일에 1.1 버전 발표되었고, 이어서 2015년 4월 8일에 1.2 버전 발표되었습니다. 개발자들이 제공한 다양한 피드백을 통해 Failable Initializer, Set과 같은 요소들을 추가하고 옵셔널 바인딩, 문자열, 열거형 등 언어 전반을 개선하면서 안정성과 성능을 높이기 위한 노력이 계속 되었습니다.

Swift 2.0 버전은 WWDC 2015에서 공개되었습니다. Swift 2.0에는 새로운 오류 처리 모델, 프로토콜 익스텐션과 같은 새로운 기능이 추가되었고 Objective-C와의 상호호환성이 향상되었습니다. 무엇보다 오픈소스로 공개하겠다는 계획을 발표하면서 또 한 번 화제의 중심이 되었습니다. 실제로 2015년 12월 3일에 Swift 컴파일러, 디버거, 패키지 관리자 등을 오픈소스로 공개하였고 Swift 오픈소스 홈페이지(swift.org)를 통해 관련된 정보를 제공하고 있습니다. 이와 함께 Swift 3.0 로드맵을 발표하고 Swift의 발전방향에 대한 청사진을 제시하였습니다.

Swift 3.0 버전은 새로운 API Design Guideline을 적용하고 또 한 번 큰 변화를 맞이하게 됩니다. Swift 3.0 버전의 목표는 이후 버전과의 호환성을 유지하면서 더 쉽고 단순한 언어를 만드는 것입니다. 그리고 컴파일러와 IDE는 코드의 성능을 높이고 오류 메시지의 정확도를 높여서 더욱 안정적인 코드를 작성할 수 있게 하는데 중점을 두고 있습니다. 또한 Swift 3.0은 리눅스, 윈도우, 안드로이드와 같은 다양한 플랫폼으로 이식될 수 있는 발판을 마련하는 버전입니다.

Swift 4.0 버전은 이전 버전과의 호환성과 ABI 안정성을 중점에 두고 개발되었습니다. Xcode 9은 Source Compatibility Modes를 통해 Swift 3.2 코드와 4.0 코드를 함께 지원합니다. 타깃 설정을 통해 각 타깃의 Swift 버전을 개별적으로 설정할 수 있기 때문에 이전에 작성된 3.x 버전의 코드를 유지하면서 필요한 부분에만 4.0 코드를 도입할 수 있고, 마이그레이션 과정에서 빈번히 발생하던 버전 호환성 문제도 해결되었습니다. 문자열이 다시 한 번 컬렉션 형식이 되었고, 딕셔너리와 셋의 API가 개선되었습니다. 그 외에도 오픈소스 커뮤니티에서 제안된 다양한 개선 사항을 포함하고 있습니다.

stackoverflow가 발표한 Developer survey에서 가장 사랑받는 언어로 뽑히기도 한 Swift는 오픈소스의 힘을 통해 끊임없이 발전하고 있습니다. Swift의 발전 방향과 변경 내용은 swift.org와 Swift Programming Language Evolution(https://github.com/apple/swift-evolution)에서 확인할 수 있습니다.

버전	발표일	Xcode 버전	개선점 및 새로운 기능
1.0	2014.09	6.0	• 첫 번째 정식 버전
1.1	2014.10	6.1	• Failable Initializers 추가 • 속성, 파라미터, 리턴 값 등의 null 여부를 명확히 판별할 수 있도록 시스템 프레임워크에서 implicitly unwrapped optional로 처리되었던 부분을 제거 • 강제추출 연산자로 인해 발생하는 문제를 해결하기 위해 null 값을 가질 수 있는지에 따라 T? 또는 T로 수정(원래는 T!) • 진입점 함수를 지정하기 위한 @NSApplicationMain(OS X), @UIApplicationMain(iOS) 속성 추가 • AnyObject와 CF 자료형 사이의 형변환 지원
1.2	2015.04	6.3	• 컴파일러 성능 개선: 증분 빌드^{Incremental Builds} 지원, 더 빠른 바이너리 생성, 컴파일러 진단 기능 강화, 안정성 향상 • Failable cast(as!) 추가 • Objective—C에 Swift와의 상호 운용성 강화를 위한 문법을 추가 (ex. Nullability annotations) • Objective—C 클래스로부터 Swift 자료형으로의 암시적인 형변환 제거 (ex. NSString -> String, • @objc 속성을 사용해서 Swift로 작성한 열거형을 Objective—C 코드에서 사용 가능 • let으로 선언한 상수의 사용 규칙 수정: "let으로 선언한 상수는 선언 시점이 아니라 사용되기 전에 반드시 초기화되어야 한다." • 옵셔널 바인딩 개선: if let을 통해 다수의 옵셔널 값을 동시에 추출하는 문법 추가. where 절을 통해 조건 추가 가능. Pyramid of doom이라고 불리는 문제를 수정 • Set 추가: NSSet과 유사한 기능 • 클래스에서 static 메소드와 속성 구현 가능
2.0	2015.09	7.0	• 오픈 소스화 발표 • do..catch와 try를 활용한 새로운 오류 처리 패턴 • 안정성을 높이는 새로운 문법(defer, guard 등) • 지정된 버전에서만 동작하는 코드를 구현할 수 있는 #available 블록, @available 속성 추가 • @nonobj 속성 추가 • do..while 문법을 repeat..while로 변경 • Protocol extension 추가 • println 함수 삭제 • print, debugPrint 함수의 성능 개선
2.1	2015.10	7.1	• 열거형, 공용체, NSNumber 처리 방식 개선 • String Interpolation에서 문자열 리터럴 허용 • 컴파일러 성능 개선
2.2	2016.03	7.3	• Swift 3.0에서 새로운 API Design Guideline 적용을 준비하는 성격의 버전 • 컴파일 시점에 Swift 버전 체크 지원 • #selector: 컴파일 시점에 셀렉터의 유효성 검증 • inout, var, let을 제외한 키워드를 파라미터 이름으로 사용 가능 • 튜플 비교 지원 • 튜플 splat 문법 deprec • C 스타일의 for 반복문 deprecated • ++, ――연산자 deprecated • var 파라미터 deprecated • __FILE__, __LINE__ 등과 같은 디버그 식별자가 #file, #line, #column, #function으로 대체됨

버전	발표일	Xcode 버전	개선점 및 새로운 기능
2.3	2016.09	8.0	• 2.2 버전의 마이너 업데이트 버전 • Xcode 8에서 Swift 2.2의 문법을 그대로 사용하면서 OS X 10.12, iOS 10, watchOS 3, tvOS 10 SDK를 개발할 수 있는 환경을 제공
3.0	2016.09	8.0	• 오픈 소스화 발표 이후 첫 번째 릴리즈 버전 • 새로운 API Design Guideline 적용 • Objective-C API를 임포트하는 방식 변경 • Swift Package Manager 추가
3.1	2017.03	8.3	• 숫자 변환과 관련된 생성자 개선 • Sequence 프로토콜에 perfix(while:), drop(while:) 추가 • Nested Generics 추가 • @available 속성이 Swift 버전을 지정할 수 있도록 개선 • Swift Package Manager 개선(swift package edit 명령을 통해 패키지 편집 지원, Version Pinning 기능 추가)
4.0	2017.09	9.0	• Swift 3.x 버전과의 소스 호환성과 ABI 안정성 향상 • String 자료형에 Collection 구현 재적용 • Substring과 StringProtocol 추가 • Multiline String Literal 추가 • Dictionary와 Set 기능 개선 • 직렬화에 사용되는 Encodable, Decodable 추가 • JSON 파싱을 위한 JSONEncoder, JSONDecoder 추가 • 형식 안정성이 향상된 Key-path Literal 추가 • One-Sided Ranges 추가

1. Swift의 특징

Swift는 이름의 뜻처럼 빠르게 동작하는 코드를 작성할 수 있는 언어입니다. Apple이 제시한 성능 자료에 따르면 Objective-C에 비해 최대 2.6배, 파이썬에 비해 최대 8.4배 빠르게 실행됩니다. Swift가 제공하는 단순하고 직관적인 문법은 프로그램의 개발 속도를 향상시켜주고, 코드의 가독성을 높여 유지 보수의 부담을 덜어줍니다.

기존의 Objective-C 개발자는 Swift를 점진적으로 적용할 수 있습니다. Mix and Match를 통해 제공되는 Swift와 Objective-C의 완벽한 호환성은 하나의 프로그램을 두 언어로 개발할 수 있도록 도와줍니다. 또한, 기존의 검증된 코드와 프레임워크를 일관된 방식으로 사용할 수 있기 때문에 새로운 언어로 전환을 하는 시간을 아껴줍니다.

Xcode에 내장된 Playground와 아이패드에서 실행되는 Swift Playgrounds 앱은 언어를 이전보다 쉽게 배울 수 있도록 도와주는 훌륭한 도구입니다. 또한, 개발자가 새로운 알고리즘이나 객체를 구현할 때 기존 코드에 영향을 주지 않고 개발 및 테스트할 수 있도록 도와줍니다.

형식 추론, 옵셔널 등 기존의 프로그래밍 언어에서 발생할 수 있는 오류를 컴파일 타임에 발견하고 수정할 수 있는 다양한 기능을 제공합니다. Swift로 작성된 앱은 코드의 의도를 더욱 명확히 이해할 수 있고, 런타임에 크래시를 발생시킬 수 있는 요소들을 사전에 차단함으로써 안정적으로 동작합니다.

현재적인 언어에서 제공하는 튜플, 옵셔널, 제네릭, 클로저 등을 활용하여 OOP 패턴과 함수형 프로그래밍 패턴을 충실히 구현할 수 있습니다.

2015년 오픈소스로 공개된 이후 다양한 개발자들의 노력으로 더욱 빠르고 안정적인 언어로 발전해 가고 있습니다. 애플이 제공하는 플랫폼뿐만 아니라 리눅스 등 다른 플랫폼으로의 전환 작업도 활발히 이루어지고 있습니다.

Objective-C와 Swift 비교

Objective-C와 Swift는 객체지향 언어의 특징을 대부분 공유하지만 문법적인 측면에서는 상당한 차이점을 가지고 있습니다.

1. main 함수

Objective-C와 같은 C 계열의 언어는 프로그램이 실행될 때 가장 먼저 호출되는 진입점 함수^{Entry-point} ^{Function}를 가지고 있습니다. 진입점 함수는 보통 함수의 이름을 따서 main 함수라고 부릅니다. Xcode 에서 생성된 Objective-C 프로젝트(iOS)를 살펴보면 main.m 파일에서 main 함수를 구현하고 있는 것을 확인할 수 있습니다.

Objective-C
```
int main(int argc, char * argv[])
{
        @autoreleasepool {
            return UIApplicationMain(argc, argv, nil,
            ↪NSStringFromClass([AppDelegate class]));
        }
}
```

Objective-C main 함수는 UIApplicationMain 함수를 호출하여 런루프를 실행하고 앱 실행에 필요한 필수요소를 구성하는 UIApplication 객체의 델리게이트를 지정합니다.

이와 달리 Swift에는 main 함수가 없습니다. Swift 컴파일러는 전역범위에 있는 코드를 자동으로 인식하고 실행합니다. 그리고 AppDelegate 클래스 구현 앞에 @UIApplicationMain 속성을 추가하여 Objective-C의 UIApplicationMain 함수 호출과 동일한 작업이 수행되도록 지정합니다.

Swift
```
@UIApplicationMain
class AppDelegate: UIResponder, UIApplicationDelegate {
    // ...
}
```

2. 문장의 끝;

Objective-C는 ;을 통해 문장의 끝을 구분합니다. Swift는 컴파일러가 자동으로 문장의 끝을 인식하기 때문에 ;을 생략할 수 있습니다.

Objective-C
```
NSLog(@"Hello");
NSLog(@"Objective-C")    // Error
NSLog(@"Programming");
```

Swift
```
print("Hello");
print("Swift")
print("Programming");
```

3. 변수와 상수 선언

Objective-C는 C 스타일의 문법을 통해 변수와 상수를 선언합니다. 변수와 상수의 이름은 영문자, 숫자, _ 문자의 조합을 사용할 수 있습니다.

Objective-C
```
int num = 0;
const double _ratio2 = 123.45;
```

Swift는 var 키워드를 통해 변수를 선언하고 let 키워드를 통해 상수를 선언합니다. Objective-C와 달리 변수와 상수 이름에 유니코드로 표현할 수 있는 대부분의 문자를 사용할 수 있습니다.

Swift
```
var num = 0
let _ratio2 = 123.45
let 한글상수 = "유니코드"
```

4. 자료형

Objective-C는 int, double과 같은 C 자료형과 NSInteger, CGRect, NSString 등의 Foundation 자료형을 함께 제공합니다.

Swift는 Objective-C와 마찬가지로 다양한 기본 자료형과 Foundation 자료형을 제공합니다. 익스텐션^{Extension}을 통해 기본 자료형을 포함한 모든 자료형의 기능을 확장할 수 있습니다. 또한, 튜플^{Tuple}을 통해 복합 값을 직관적으로 처리할 수 있습니다.

Swift

```swift
let heightAndWeight = (180.0, 72.0)
func loadHtml() -> (code: Int, msg: String) {
    return (200, "OK")
}
```

Swift 3.0부터 값 형식의 자료형이 다수 추가되었습니다. 예를 들어 NSData, NSDate, NSIndexPath에 대응하는 Data, Date, IndexPath가 추가되었고, Measurement, DateInterval 등이 새롭게 추가되었습니다.

5. 형식추론

Objective-C는 변수나 상수를 선언할 때 반드시 자료형을 함께 명시해야 합니다. Swift는 형식추론을 통해 적합한 자료형을 판단할 수 있으므로 자료형을 생략할 수 있습니다.

Objective-C

```objc
NSString* str = @"string";
```

Swift

```swift
let str = "string"
let str2: String = "string"
```

6. 문자와 문자열

Objective-C는 "String"로 표현되는 C 스타일의 문자열과 @"String"로 표현되는 Objective-C 문자열을 구분해서 사용합니다. 문자는 'a'와 같이 하나의 문자를 작은따옴표로 감싸는 방식으로 표현합니다. 형식화된 문자열을 구성할 때는 %i, %f 등 C 언어의 형식지정 문자^{Format Specifier}를 사용합니다.

Objective-C

```objc
char* cStr = "C string";
NSString* str = @"Objective-C string";
char ch = 'a';
NSLog(@"value of ch: %c", ch);
```

Swift는 문자와 문자열을 큰 따옴표로 감싸는 방식으로 표현합니다. 별도의 자료형을 지정하지 않는 경우 따옴표 사이에 포함된 문자의 수에 관계없이 문자열이 되며, 문자로 표현하려면 자료형 (Character)을 명시적으로 지정해야 합니다. 그리고 문자열에 직접 표현식을 삽입하는 새로운 문법을 통해 형식화된 문자열을 직관적으로 구성할 수 있습니다.

Swift

```swift
let str = "Swift String"
let ch: Character = "a"
print("value of ch: \(ch)")
```

7. 소스파일

Objective-C는 .h 파일에서 클래스를 선언하고 .m(또는 .mm) 파일에서 클래스를 구현합니다. Swift는 Java나 C#처럼 하나의 파일(.swift)에 선언과 구현이 모두 포함됩니다.

8. 메모리 관리

Objective-C는 MRC 또는 ARC 중 하나의 메모리 관리 모델을 선택할 수 있습니다. Swift는 ARC를 기본 메모리 관리 모델로 채택하고 있으며, Objective-C에서 자주 발생하는 참조 사이클[Reference Cycle] 문제를 유연하게 해결하기 위해 비소유 참조[Unowned Reference], 클로저 캡처 목록[Closure Capture List]과 같은 새로운 기능을 제공합니다.

9. 서브스크립트 문법

Objective-C는 아래의 메소드를 구현하여 숫자나 키를 통해 클래스 내부 데이터에 접근할 수 있습니다.

Objective-C
```
- (id)objectAtIndexedSubscript:(*IndexType*)idx;
- (void)setObject:(id)obj atIndexedSubscript:(*IndexType*)idx;
- (id)objectForKeyedSubscript:(*KeyType*)key;
- (void)setObject:(id)obj forKeyedSubscript:(*KeyType*)key;
```

Swift는 subscript 키워드를 통해 서브스크립트를 구현합니다. Objective-C와 달리 Indexed Subscript와 Keyed Subscript를 명시적으로 구분하지 않으며, 인덱스와 키의 자료형은 파라미터를 통해 지정합니다.

Swift
```
class MyClass {
    let data = ["iPhone", "iPad", "iPod", "Mac Pro"]

    subscript(index: Int) -> String {
        return data[index]
    }
}
```

10. 열거형과 구조체

Objective-C의 열거형은 C 언어의 열거형과 동일하며 열거형의 원시 값[Raw Value]은 정수로 저장됩니다. Swift의 열거형은 정수뿐만 아니라 문자열과 실수를 원시 값으로 저장할 수 있습니다.
Swift의 열거형과 구조체는 클래스의 전유물이던 생성자, 메소드, 서브스크립트를 구현할 수 있고 익스텐션을 통해 구현을 확장할 수 있습니다. 그래서 Objective-C에 비해 열거형과 구조체의 활용 범위가 훨씬 넓어졌습니다.

11. Generics

Objective-C는 Generics를 지원하지 않았지만 Swift와의 호환성을 높이기 위해 필요한 최소한의 Generics 기능이 추가되었습니다. 하지만 "Lightweight Generics"라는 이름에서 알 수 있듯이 Swift나 C# 등이 제공하는 완전한 Generics는 아닙니다. Objective-C의 Lightweight Generics 주로 컬렉션에 저장할 요소의 형식을 지정하는데 사용됩니다.

Objective-C
```
NSMutableArray<NSString*>* array = [NSMutableArray array];
[array addObject:@"Objective-C Lightweight Generics"];

// Warning - Incompatible pointer type sending 'NSNumber *' to parameter of type
'NSString * _Nonnull'
[array addObject:@13];
```

Swift는 Objective-C와 달리 Generics를 완벽하게 지원하며 자료형에 의존하지 않는 범용 코드를 쉽게 작성할 수 있습니다.

Swift
```
func swapValue<T>(inout lhs: T, inout rhs: T) {
    let tmp = lhs
    lhs = rhs
    rhs = tmp
}
```

12. 연산자

Objective-C와 Swift는 C 기반의 언어가 제공하는 대부분의 연산자를 제공합니다. Swift는 연산자 메소드^{Operator Method}를 통해 연산자 오버로딩^{Operator Overloading}을 구현할 수 있고, 사용자 정의 연산자^{Custom Operator}를 통해 기존에 없던 새로운 연산자를 자유롭게 구현할 수 있습니다.

13. 중첩 형식

Objective-C는 클래스 내부에 중첩된 클래스를 선언할 수 없지만, Swift는 구조체, 열거형, 클래스 선언 내부에 중첩된 구조체, 열거형, 클래스를 선언할 수 있습니다.

```swift
class MyClass {
    struct MyStruct {
        static var a = 0
    }

    enum MyEnum {
        case First, Second
    }
}

MyClass.MyStruct.a = 10
let first = MyClass.MyEnum.First
```

14. nil

Objective-C와 Swift는 "값이 없음" 나타내기 위해 nil 키워드를 사용합니다. 참조형식에 제한적으로 사용할 수 있는 Objective-C와 달리 Swift는 옵셔널^{Optional}이라는 새로운 개념을 도입하여 "반드시 값을 가져야 하는 형식"과 "값을 가지지 않을 수 있는 형식"을 엄격하게 구분합니다. 또한 참조 형식과 값 형식 모두 nil을 저장할 수 있습니다. 옵셔널 형식^{Optional Type}은 옵셔널 바인딩^{Optional Binding}과 옵셔널 체이닝^{Optional Chaining}을 통해 직관적 문법으로 "값이 없음"을 안전하게 처리할 수 있습니다.

15. 예외처리

Objective-C는 대부분의 현대적인 언어에서 제공하는 try..catch 형태의 예외처리 문법을 제공합니다.

Objective-C

```objc
@try {
    // ...
} @catch (NSException *exception) {
    // ...
} @finally {
    // ...
}
```

작업의 결과를 리턴하는 경우에는 BOOL과 NSError의 조합을 활용합니다.

Objective-C

```objc
NSError *error;
BOOL success = [data writeToURL:someLocalFileURL options:0 error:&error];
if (!success) {
    // handle error
}
```

Swift는 초기에 Objective-C와 동일한 예외처리 문법을 사용하다가 2.0버전부터 do..catch 문법과 try 키워드가 조합된 새로운 예외처리 문법을 도입하였습니다. 기존 방식은 더블 포인터를 사용하는 방식이므로 포인터에 익숙하지 않은 경우 올바른 오류처리 코드를 구현하는데 어려움이 있었습니다.

```
Swift
func trySomething() {
    do {
        try doSomething()
    } catch {
        print(error)
        return
    }
}
```

16. 블록과 클로저

Objective-C의 블록^{Block}과 Swift의 클로저^{Closure}는 특정 기능을 수행하는 코드 조각이라는 측면에서 동일하며 서로 호환됩니다. 그러므로 Objective-C에서 블록을 전달해야 하는 메소드를 Swift에서 호출할 때 클로저를 전달할 수 있습니다. 블록은 __block으로 선언되지 않은 변수를 내부에서 사용할 때 값을 복사하지만, 클로저는 값을 복사하지 않고 마치 __block으로 선언한 것처럼 내부에서 값을 변경할 수 있습니다.

17. 네임스페이스

Objective-C의 단점 중 하나는 네임스페이스^{Namespace}의 부재입니다. 이름 충돌을 피하기 위한 방법으로 NS, UI 등과 같은 접두어를 사용하지만 완벽한 해결책은 아닙니다.

Swift는 모듈 단위의 네임스페이스를 사용하여 이름 충돌 문제를 해결합니다. 모듈은 일반적으로 앱의 타깃과 동일한 의미로 이해할 수 있습니다. 서로 다른 모듈에서 동일한 이름을 사용할 수 있으므로 더 이상 거추장스러운 접두어에 대해 고민할 필요가 없습니다. Swift 네임스페이스의 또 한 가지 장점은 헤더를 임포트^{Import}하는 지루한 작업이 줄어들었다는 것입니다. Objective-C는 같은 프로젝트 내에 구현되어 있는 코드를 사용하기 위해 코드 상단에 #import "header.h"와 같은 구문을 반드시 추가해야 합니다. 하지만 Swift는 동일한 모듈에 구현되어 있는 모든 코드를 import 구문 없이 사용할 수 있습니다.

이 책은

이 책은 Swift 언어를 익히고 iOS 앱을 개발하는데 필요한 기초를 설명하는 책입니다. 책에서 언급하는 대부분의 개념과 용어들은 애플이 제공하는 플랫폼에서 공통적으로 사용되는 것을 우선 사용하고, 책의 내용을 이해하기 위해 반드시 플랫폼을 구분해야 하는 경우에만 특정 플랫폼의 개념과 용어를 사용합니다. 그리고 널리 사용되는 한국어 번역이 존재하는 경우를 제외하고 영어를 그대로 표기하거나 한국어 발음으로 표기합니다.

프로그래밍 언어를 처음 공부하는 경우에 참고할 만한 내용과 이미 경험이 풍부한 경우에 도움이 될 수 있는 내용들을 별도의 팁으로 제공합니다.

> **사용자 팁**
> 사용자 팁을 통해 다양한 부가 정보를 제공합니다.

이 책은 Swift 4로 작성된 예제 코드와 문법을 제공합니다. 독자들의 이해를 돕고 중복되는 예제 코드를 줄이기 위해서 다음과 같은 규칙에 따라 작성되었습니다.

예제 코드 시작 부분에는 언어를 명시합니다. 언어가 명시되지 않은 코드는 모두 Swift 코드입니다.

> **Objective-C**

> **Swift**

예제 파일이 제공되는 경우 언어 뒤에 파일의 경로를 함께 표시합니다.

> **Swift** Path/to/source.swift

이해를 돕기 위해서 이전 버전의 코드를 사용해야 하는 경우 해당 버전을 명시합니다.

> **Swift**
> // Swift 버전에 관계없이 실행되는 코드

> **Swift 3**
> // Swift 3 버전에서 실행되는 코드

Swift 4에서 API 이름이 변경된 코드는 분기문을 통해 함께 표시합니다. Swift 4를 기준으로 공부한다면 #if와 #else 사이의 코드만 입력합니다. 이전 버전을 기준으로 공부하는 경우에는 #else와 #endif 사이의 코드를 입력합니다.

Swift
```swift
#if swift(>=4.0)
    // Swift 4 버전에서 실행되는 코드
#else
    // 이전 버전에서 실행되는 코드
#endif
```

문법을 설명하는 코드에서 직접 입력해야 하는 부분은 코드와 구분되는 스타일로 표시합니다.

```
if 조건문 {
    조건문이 참일 때 실행할 코드
}
```

이전 예제 코드와 중복되는 부분은 //...으로 표기하고 생략합니다.

```swift
class MyClass {
    // ...
    var property = 0
}
```

예제 코드에서 오류가 발생하는 부분은 // Error로 표기합니다.

```swift
let val = 0.0
val = 12.34     // Error
```

프로그램의 실행 결과가 로그 형태로 출력되는 경우 // 뒤에 출력 결과를 표시합니다.

```swift
let name = "Steve Jobs"
print(name)
// Steve Jobs
```

지면의 너비로 인해 줄바꿈이 된 코드는 해당 라인 앞에 ↪ 문자로 표시합니다.

```objc
int main(int argc, char * argv[])
{
    @autoreleasepool {
        return UIApplicationMain(argc, argv, nil,
            ↪NSStringFromClass([AppDelegate class]));
        }
}
```

본문에 포함된 함수와 메소드 이름은 특정 언어와 버전에 종속된 경우를 제외하고 Swift 방식으로 표기합니다.

이 책은 맥에서 사용되는 특수문자로 단축키를 표기합니다.

Command	⌘	Control	^	Option	⌥	Shift	⇧	Return	↩

1. Reference 및 참고 사이트

Apple 개발자 사이트
https://developer.apple.com

Swift 홈페이지
https://swift.org

Apple Swift Blog
https://developer.apple.com/swift/blog

디지털북스 홈페이지
http://www.digitalbooks.co.kr

저자 홈페이지
https://kxcoding.com

페이스북 그룹
https://kxcoding.com/fbgroup

페이스북 페이지
https://kxcoding.com/fbpage

Github
https://kxcoding.com/github

Youtube
https://kxcoding.com/youtube

동영상 강의 할인 쿠폰 안내

이 책을 구매하신 모든 독자에게 저자가 직접 제작한 Swift 4 동영상 강의(Mastering Swift 4)의 50% 할인쿠폰을 드립니다.

1. 할인 쿠폰 발급 절차

1. https://kxcoding.com에 가입하고 이메일 인증을 완료합니다.

   일부 메일 계정(@naver.com, @hanmail.net)에서 인증 메일을 받을 수 없거나 인증 메일이 스팸 메일함으로 전송되는 경우가 많습니다. 인증 관련 문제가 발생한다면 help@kxcoding.com으로 문의해 주시기 바랍니다.

2. 아래의 입력란에 가입한 이메일 주소와 구매 일자를 직접 기입하시고 사진으로 찍으신 후 help@kxcoding.com으로 전송해 주세요.

   구매자 이메일 _____

   구매 일자 _____

3. 관리자가 확인 후 해당 이메일 주소와 연결된 계정에 쿠폰을 발급합니다.

4. Swift 4 강의를 결제하실 때 쿠폰을 적용합니다.

2. 유의사항

- 할인 쿠폰의 발급 신청 기간은 정해져 있지 않습니다. 이 책을 구입하셨다면 언제든지 요청하실 수 있습니다. 다만, 할인 쿠폰의 사용 기한은 발급 후 3개월 이내로 제한됩니다.

- Swift 4 강의의 서비스 기간이 만료되거나 Swift 5 강의의 제작이 50% 이상 완료된 경우에는 가장 최근에 제작된 강의에 대한 쿠폰이 발급됩니다.

- 직접 구매하지 않은 서적으로 쿠폰을 발급받은 사실이 확인되었거나 기타 부정한 방법으로 발급받은 사실이 확인된 경우 강의 수강이 즉시 중지될 수 있습니다. 이미 지급한 수강료도 환불이 어렵습니다. 그러므로 직접 구매하신 경우에만 쿠폰 발급을 요청해 주시기 바랍니다.

- 본인이 입력하지 않은 이메일이 이미 기입되어 있다면 help@kxcoding.com으로 알려주시기 바랍니다.

Hello, World!

Overview

C 언어를 개발한 데니스 리치Dennis M. Ritchie와 브라이언 커니핸Brian W. Kernighan이 쓴 "The C Programming Language"의 첫 번째 예제는 화면에 Hello, world라는 문자열을 출력하는 것입니다. 이 예제는 C 언어의 특징과 기초적인 문법을 설명하는데 부족함이 없습니다. Hello, World! 파트에서는 이와 유사한 예제를 Swift 프로젝트, Playground로 작성하고 결과를 확인하는 방법을 설명합니다.

Beginner Note

프로그래밍을 처음 공부한다면 Hello, Swift!에서 설명하는 내용을 반복해서 반드시 자신의 것으로 만드세요. 이 책에 포함된 대부분의 예제는 여기에서 설명하는 방법으로 작성하고 결과를 확인할 수 있습니다.

Hello, Xcode

Xcode는 애플에서 개발한 개발 도구로 iOS, watchOS, macOS 앱을 개발하는데 사용됩니다. 애플에서 제공하는 개발 환경인 코코아와 긴밀하게 통합되어 있고 프로젝트를 생성하는 과정부터 심사에 제출에 이르기까지의 모든 과정에 필요한 기능을 제공합니다.

Swift를 공부하기에 앞서 최신 버전의 Xcode를 설치해야 합니다. Xcode는 맥 앱스토어를 통해 설치하거나, 애플 개발자 사이트에서 다운로드한 후 설치할 수 있습니다. 설치 과정은 비교적 간단하기 때문에 따로 설명하지 않습니다.

1. Welcome to Xcode

Xcode를 실행하면 Welcome 화면이 표시됩니다. 이 화면 새로운 작업을 시작하거나 이전 작업을 이어갈 수 있는 단축 메뉴를 제공합니다. Get started with a playground 메뉴를 선택하면 새로운 Playground 파일을 만들고 Swift 코드를 작성할 수 있습니다. Create a new Xcode project 메뉴는 새로운 프로젝트를 생성할 수 있는 대화상자를 표시합니다. iOS, watchOS, macOS 등 다양한 프로젝트를 생성할 수 있습니다. 원격 저장소에 있는 프로젝트는 Clone an existing project 메뉴를 통해 가져올 수 있습니다. Welcome 화면 오른쪽에는 이전에 사용했던 프로젝트 파일과 Playground 파일 목록이 순서대로 표시됩니다. 항목을 선택하면 이전에 작업했던 프로젝트와 파일을 쉽게 열 수 있습니다.

2. Xcode Workspace

Xcode의 작업영역은 툴바 영역, 네비게이터 영역, 편집기 영역, 디버그 영역, 유틸리티 영역으로 구성되어 있습니다.

2.1 Toolbar

툴바 영역에는 Xcode로 작성한 앱을 실행할 수 있는 Run 버튼과 실행할 디바이스를 선택할 수 있는 Scheme Menu가 표시됩니다. 툴바 중앙에 있는 Activity Viewer는 Xcode가 실행 중인 작업의 진행 상황과 결과를 알려주고 주목해야할 메시지를 수를 표시합니다. Toolbar 오른쪽에 있는 버튼은 편집기의 종류를 선택하고 작업 영역 일부를 숨기거나 표시하는데 사용됩니다.

2.2 Navigator Area

Xcode 작업 영역 왼쪽에 표시되는 네비게이터 영역은 프로젝트와 연관된 다양한 항목들을 표시합니다. Xcode는 모두 9개의 네비게이터를 제공하며 상단에 표시된 아이콘을 클릭하거나 메뉴를 통해 전환할 수 있습니다. 네비게이터 영역에 표시된 항목을 선택하면 편집기 영역과 유틸리티 영역이 연관된 내용으로 업데이트됩니다. 그리고 하단 검색 바를 통해 원하는 항목을 쉽게 검색할 수 있습니다.

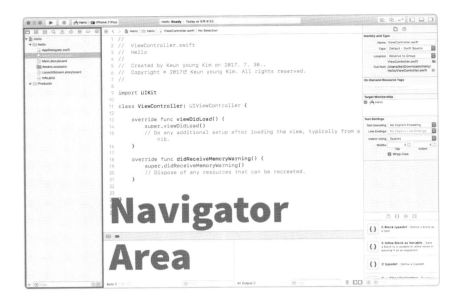

2.3 Editor Area

편집기 영역에는 네비게이터 영역에서 선택한 항목을 편집할 수 있는 편집기가 표시됩니다. Xcode는 소스 코드 편집기, Interface Builder, 프로젝트 편집기, 코어 데이터 모델 편집기, Property List 편집기 등 선택한 항목에 적합한 편집기를 제공합니다. 편집할 수 없는 항목은 Quick Look과 유사한 형태의 미리보기를 표시합니다.

2.4 Debug Area

디버그 영역은 프로그램이 실행되는 동안 메모리 정보와 콘솔 로그를 표시합니다. 디버그 영역 상단에 표시되는 디버그 바를 통해 중단점Breakpoint을 제어하고 뷰의 계층 구조, 메모리 그래프를 확인할 수 있습니다.

이 책에 포함된 예제의 실행 결과는 대부분 디버그 영역을 통해 확인할 수 있습니다.

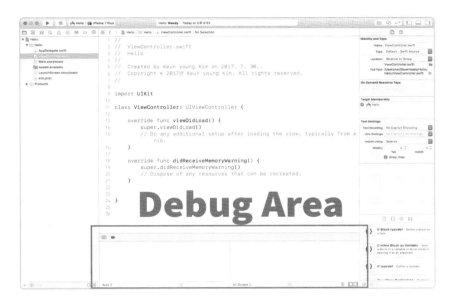

2.5 Utilities Area

유틸리티 영역은 편집기와 네비게이터에서 선택한 항목에 대한 속성 편집기를 제공합니다. 그리고 네비게이터, 편집기에 드래그 방식으로 추가할 수 있는 다양한 라이브러리를 제공합니다.

Hello, Swift!

1. 첫 번째 Swift 프로젝트

새로운 Swift 프로젝트를 만들고 Hello, World!를 출력하는 과정을 설명합니다.

STEP **01**

Welcome 화면에서 Create a new Xcode project 메뉴를 선택합니다. 또는 File 〉 New 〉 Project...(⇧⌘N) 메뉴를 선택합니다.

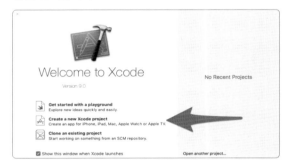

STEP **02**

프로젝트 템플릿 화면에서 iOS 〉 Single View App 항목을 선택한 후 Next 버튼을 클릭합니다.

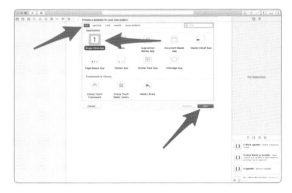

STEP **03**

프로젝트 정보를 아래와 같이 입력하고 Next 버튼을 클릭합니다.

- Product Name: Hello
- Organization Name: 회사 이름 또는 임의의 문자열
- Organization Identifier: com.example
- Language: Swift

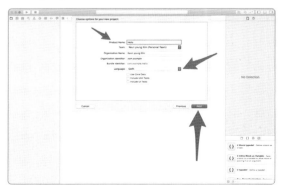

STEP **04**

프로젝트를 저장할 위치를 지정한 후 Create 버튼을 클릭합니다.

Project Navigator에서 ViewController.swift 파일을 선택합니다.

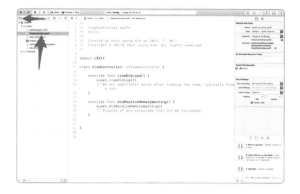

화면에 표시된 곳에 소스 코드를 입력합니다.

```
print("Hello, World!")
```

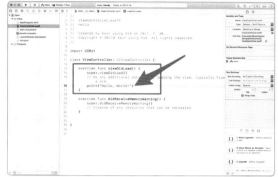

2. Build & Run

툴바에서 화살표로 표시된 부분을 클릭해서 실행할 시뮬레이터를 선택합니다. 그런 다음 왼쪽에 있는 실행 버튼을 클릭하거나 Product 〉 Run(⌘R) 메뉴를 선택합니다.

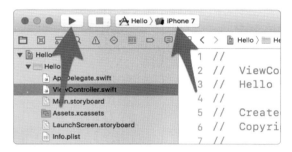

빌드가 완료되고 시뮬레이터가 실행될 때까지 잠시 기다립니다.

디버그 영역이 자동으로 표시되지 않는다면 View 〉 Debug Area 〉 Show Debug Area(⇧⌘Y) 메뉴를 선택합니다.

Show the Console 버튼을 클릭하여 콘솔 메시지를 확인합니다.

이 내용은 아래의 링크에서 동영상으로 보실 수 있습니다.

https://kxcoding.com/video/swift4-hello-swift

CHAPTER

04

로그 출력 함수

Swift는 로그를 출력하기 위해 NSLog 함수와 print 함수를 사용합니다. iOS 플랫폼에서는 콘솔 어플리케이션을 개발하는 경우가 없고 주로 Xcode 콘솔 화면에 로그를 출력하는 역할을 합니다. Swift 1.x 버전에서는 줄바꿈 여부에 따라 print 함수와 println 함수를 구분하여 사용했으나, Swift 2.0 버전부터 println 함수가 삭제되고 print 함수로 통합되었습니다.

```
let name = "Steve Jobs"
print(name)
// Steve Jobs
```

두 함수 모두 로그를 출력한 후 줄바꿈을 한다는 공통점을 가지고 있습니다. print 함수는 파라미터로 전달된 값을 출력하는 반면 NSLog 함수는 앞부분에 로그를 출력한 날짜와 시간, 파일이름 등의 정보를 함께 출력합니다.

print 함수로 로그를 출력한 후 줄바꿈 없이 이어서 로그를 출력해야 한다면 terminator 파라미터로 빈 문자열을 전달합니다. (terminator 파라미터의 기본 값은 "\n"입니다)

```
let firstName = "Steve"
let lastName = "Jobs"
print(firstName, terminator:"")
print(lastName)
// SteveJobs
```

print 함수는 첫 번째 파라미터가 가변 파라미터로 구현되어 있고 두 개 이상의 식별자를 동시에 받을 수 있습니다. 다음과 같이 firstName과 lastName을 함께 전달하면 두 상수의 값을 공백으로 구분하여 출력합니다.

```
let firstName = "Steve"
let lastName = "Jobs"
print(firstName, lastName, separator: "#")
// Steve#Jobs
```

1. debugPrint

Swift는 print 함수와 기능이 동일하지만 부가적인 디버깅 정보를 함께 출력하는 debugPrint 함수를 제공합니다. 예를 들어 debugPrint 함수는 문자열을 따옴표로 감싸 자료형을 더욱 정확히 판별할 수 있도록 도와줍니다. yearString 상수에 저장된 2015라는 문자열 값을 print 함수로 출력할 경우 숫자인지 문자열인지 구분이 애매합니다. 하지만 debugPrint 함수로 출력하면 따옴표로 감싸 값이 문자열임을 확실히 표현해 줍니다.

```
let yearString = "2015"

print(yearString)
debugPrint(yearString)
// 2015
// "2015"
```

마찬가지로 TextAlignment 열거형과 ViewAlignment 열거형이 동일한 멤버를 가지고 있는 경우, 열거형의 값을 debugPrint 함수로 출력하면 어떤 열거형에 속하는 멤버인지 정확히 판단할 수 있습니다.

```
enum TextAlignment { case Left, Right, Center }
enum ViewAlignment { case Left, Right, Center }

print(TextAlignment.Center)
print(ViewAlignment.Center)
// Center
// Center

debugPrint(TextAlignment.Center)
debugPrint(ViewAlignment.Center)
// TextAlignment.Center
// ViewAlignment.Center
```

2. dump

dump 함수는 리플렉션^{Reflection}을 통해 객체의 내용을 출력합니다. 그래서 클래스, 구조체 등 복합 자료형의 내용을 상세히 출력할 때 유용합니다.

```
let pt = CGPoint(x: 12, y: 34)
print(pt)
// (12.0, 34.0)

dump(pt)
// ▽ (12.0, 34.0)
// - x: 12.0
// - y: 34.0
```

Hello, Playground

Playground는 Swift 코드의 실행결과를 실시간으로 보여주는 매우 흥미로운 도구입니다. Playground가 없던 시절에는 프로젝트를 생성하고 값을 출력하는 코드를 일일이 추가한 후에야 시뮬레이터나 콘솔 창을 통해 결과를 확인할 수 있었습니다. 값을 출력하는 코드를 작성하는 것은 반복적이고 매우 귀찮은 작업 중 하나입니다. 이러한 코드를 작성하는데 숙달되어 있다면 문제가 없지만 처음 프로그래밍 언어를 공부한다면 어려움을 느끼게 될 가능성이 높습니다. Playground는 바로 이러한 문제점을 해결할 수 있는 훌륭한 도구입니다.

Playground는 입력한 코드의 실행결과를 실시간으로 출력하고 시간의 흐름에 따른 그래프로 보여주기도 합니다. 더 나아가 코드를 사용해서 뷰를 구성하고 있다면 각 과정의 결과를 실시간으로 보여주기도 합니다.

이 책에 포함된 대부분의 Swift 예제들은 Playground에서 직접 코드를 작성하고 결과를 확인할 수 있습니다. Playground는 언어를 공부하는데 유용할 뿐만 아니라 향후 실제 프로젝트에서 새로운 로직을 개발하거나 UI 컨트롤을 개발할 때 편리하게 사용할 수 있습니다.

1. 첫 번째 Playground

STEP **01**	STEP **02**
Welcome 화면에서 Get started with a playground 메뉴는 선택합니다. 또는 File 〉 New 〉 Playground... (⌥⇧⌘N) 메뉴를 선택합니다.	iOS 〉 Blank 항목을 선택한 후 Next 버튼을 클릭합니다.

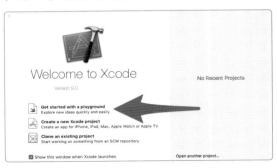

파일을 저장할 위치를 지정한 후 Create 버튼을 클릭합니다.

앞에서 설명한 과정을 완료하면 새로운 창에 Playground 화면이 표시됩니다. Playground는 소스 편집기 영역과 디버그 영역, Results Sidebar로 구성되어 있습니다.

Results Sidebar는 소스 편집기에 작성된 변수의 값을 표시합니다. print 함수를 호출하지 않고 바로 값을 확인할 수 있기 때문에 매우 편리합니다. Show / Hide the Debug Area 버튼을 클릭하면 디버그 영역을 토글할 수 있습니다.

Playground는 입력된 코드를 실시간으로 실행하기 때문에 직접 빌드할 필요가 없습니다. 하지만 비교적 성능이 낮은 맥에서는 입력 딜레이가 발생할 수 있습니다. Run 버튼을 1초 이상 클릭하면 실행 모드를 지정할 수 있는 팝업이 표시됩니다. 실행 모드를 Manually Run으로 변경하면 코드가 입력될 때마다 코드를 실행하지 않기 때문에 입력 딜레이를 줄일 수 있습니다. Manually Run 모드에서 코드를 실행하려면 Run 버튼을 클릭하거나 Editor > Execute Playground 메뉴를 선택합니다.

이 내용은 아래의 링크에서 동영상으로 보실 수 있습니다.
https://kxcoding.com/video/swift4-hello-playground

기본 용어

Swift에 대해 본격적으로 공부하기 전에 반드시 익혀야할 기본 용어에 대해 설명합니다.

1. 토큰

키워드, 식별자, 상수, 리터럴과 같이 문법적으로 더 이상 나눌 수 없는 가장 기본적인 요소입니다. 예를 들어 이 코드는 4개의 토큰^{Token}으로 구성되어 있습니다.

토큰은 언어를 구성하는 요소 중 공백이나 구두점으로 분리할 수 없는 가장 기본적인 요소, 가장 작은 단위의 요소입니다. 마치 더 이상 쪼갤 수 없는 원자라고 생각할 수 있습니다. 예를 들어 이 코드는 4개의 토큰으로 구성되어 있습니다.

```
2+3;
```

숫자 2와 + 연산자는 공백을 통해 구분할 수 있고, 마찬가지로 3과 세미콜론도 공백으로 구분할 수 있습니다.

```
2 + 3 ;
```

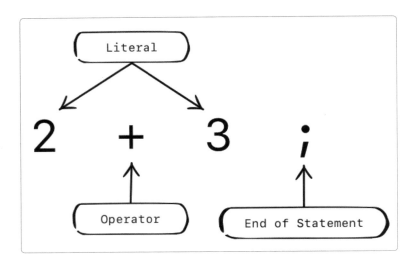

식별자, 키워드, 구두점, 리터럴, 연산자 등이 토큰에 속합니다. 앞으로 공부하게 될 if라는 키워드를 예로 조금 더 설명하겠습니다. if는 참과 거짓을 판단하기 위해 사용하는 키워드입니다. 만약 i와 f 사이에 공백을 추가해서 분리하면 더 이상 원래의 용도로 사용할 수 없게 됩니다. 즉, if는 유효한 토큰이지만 i f는 유효한 토큰이 아닙니다.

공백은 말 그대로 빈칸입니다. 공백은 프로그래밍 언어에서 토큰을 구분하는 중요한 역할을 수행합니다. 그리고 공백을 적절히 활용하면 코드의 가독성을 높일 수 있습니다. 가장 쉽게 생각할 수 있는 공백은 키보드에서 스페이스 키를 눌렀을 때 입력할 수 있는 하나의 빈칸입니다. 프로그래밍에서는 탭과 줄바꿈 문자도 공백으로 분류합니다. 하나 이상의 공백은 수에 관계없이 단 하나의 공백으로 처리됩니다.

2. 표현식

값, 변수, 연산자, 함수 등이 모여 하나의 값으로 표현되는 코드를 표현식^{Expression}이라고 합니다. 표현식은 하나의 변수 이름으로 구성된 단순한 형태부터 연산자와 조합된 복잡한 형태까지 매우 다양합니다. 표현식을 실행하여 결과 값을 얻는 것을 "표현식을 평가^{Evaluate}한다."라고 합니다.

예를 들어 x 라는 정수형 변수가 선언되어 있을 때 x는 정수 값으로 표현되는 정수 표현식입니다.

```
x
```

x + 1은 산술 표현식으로 x의 값에 1이 더해진 값이 표현식의 결과가 됩니다.

```
x + 1
```

x > 10은 논리 표현식으로 x의 값이 10을 초과하는 경우 표현식의 결과가 참이 됩니다.

```
x > 10
```

이처럼 표현식의 결과는 식에 포함된 연산자와 값에 따라서 결정됩니다. 여러 가지 형식과 연산자로 구성된 표현식은 연산자 우선순위와 값의 크기에 따라 평가 순서와 결과 값의 형식이 결정됩니다.

표현식 중 메모리 공간을 가리키는 표현식을 lvalue 라고 합니다. 반대로 rvalue는 특정 위치에 저장될 데이터를 나타내는 표현식입니다. l과 r은 연산자를 기준으로 왼쪽과 오른쪽에 있다는 것을 의미하지만 절대적인 것은 아닙니다. 아래의 코드에서 변수 x, y는 lvalue이고 정수 리터럴 7은 rvalue입니다. lvalue는 주로 할당 연산자의 왼쪽이 위치하지만 오른쪽에서 다른 lvalue에 할당될 수 있습니다.

```
int x = 7;
int y = x;
```

rvalue는 lvalue에 할당될 수 있지만 다른 lvalue나 rvalue의 값을 저장할 수 없습니다. 그래서 rvalue는 항상 할당 연산자의 오른쪽에 위치합니다.

```
7 = x;
```

3. 문장

하나 이상의 표현식이 모여 명령을 실행하는 코드를 문장Statement 또는 구문이라고 합니다. 하나의 문장은 항상 ;으로 끝납니다. Objective-C는 반드시 ;로 문장의 끝을 구분해야 하지만 Swift는 컴파일러가 문장의 끝을 자동으로 인식할 수 있기 때문에 생략할 수 있습니다.

4. 리터럴

숫자 1, 영문자 a와 같이 코드 내에서 의미가 변하지 않는 값을 리터럴Literal이라고 합니다. 주로 변수, 상수, 파라미터의 값을 지정하는데 사용합니다. 아래와 같은 문장에서 x는 정수 상수이고 7은 정수 리터럴입니다.

```
let x = 7
```

이처럼 계산식에 포함된 5 와 7 모두 리터럴입니다.

```
let x = 5 + 7
```

하지만 이 코드에서 이름에 포함된 2는 리터럴이 아니고, 7만 리터럴입니다.

```
let x2 = x > 7
```

리터럴은 rvalue이기 때문에 새로운 값을 할당할 수 없습니다. 예를 들어 숫자 리터럴 0의 값은 항상 0이고 리터럴의 값을 1로 바꿀 수 없습니다.

```
0 = 1   // Error
```

Swift는 정수 리터럴, 실수 리터럴, 문자열 리터럴, 불린 리터럴, nil 리터럴 등 다양한 리터럴을 제공합니다.

5. 주석

프로그래머가 프로젝트를 진행하는 동안 가장 적은 시간을 투자하는 작업은 코드 문서화라고 합니다. 대부분 1000 라인의 코드는 즐겁게 작성할 수 있지만, 100 라인의 주석을 작성하는 것은 매우 어렵고 지루한 작업이라고 생각할 것입니다. 하지만 코드의 양이 많아지고 프로젝트 기간이 길어질수록 주석은 매우 중요해 집니다. 프로젝트 초기에 완벽하게 이해하고 있던 코드를 시간이 지나 다시 수정해야 할 때, 코드가 이해되지 않아서 어려움을 겪은 경험을 한 번쯤은 가지고 있을 것입니다.

이 책을 공부하는 동안 작성한 코드나 상대적으로 쉽게 이해할 수 있고 짧은 코드에는 주석을 추가하지 않아도 괜찮습니다. 하지만 상용 프로젝트에서는 협업과 유지보수를 위해 충실한 주석을 작성해 두는 것이 여러모로 좋습니다. 충실한 주석은 모든 라인을 하나하나 설명하는 것이 아니라 코드의 흐름과 구현 의도를 직관적으로 설명합니다. 여기에 직관적인 식별자 이름이 더해진다면 이해하기 쉽고 유지보수하기 좋은 코드가 됩니다.

대부분의 프로그래밍 언어들은 주석을 추가할 수 있는 문법을 제공합니다. 주석은 컴파일 과정에서 무시되므로 최종 바이너리에 포함되지 않습니다. 그래서 주석의 양은 프로그램의 크기에 영향을 주지 않습니다.

5.1 한 줄 주석

한 줄 주석^{Single Line Comment}은 // 뒤에 오는 모든 내용을 주석으로 처리합니다.

```
// Single Line Comment
int a = 0; // Integer Variable
```

5.2 인라인 주석

인라인 주석^{Inline Comment}은 /*와 */ 사이에 포함된 내용을 주석으로 처리하며 코드 중간에 추가될 수 있습니다.

```
int a = /* Inline Comment */ 0;
```

5.3 블록 주석

블록 주석^{Multi-line Comment}은 두 줄 이상의 라인을 주석으로 처리할 때 사용합니다. /*는 주석의 시작을 나타내고 */는 주석의 끝을 나타내며 중간에 오는 모든 문자는 라인 수에 관계없이 주석으로 처리됩니다. 프롤로그 주석^{Prologue Comment}, 스트림 주석^{Stream Comment}으로 부르기도 합니다.

```
/* Multi-line
 Comment */
```

두 언어가 블록 주석을 처리하는 문법은 동일합니다. 하지만 Objective-C는 블록 주석이 중첩되어 있는 경우 끝을 올바르게 인식하지 못하는 문제를 가지고 있습니다.

Objective-C
```
/*
/* Multi-line
 Comment */
*/                    // Error
```

반면 Swift는 중첩 여부에 관계없이 끝을 올바르게 인식합니다.

Swift
```
/*
/* Multi-line
 Comment */
*/
```

Beginner Note

Xcode 단축키(⌘/)를 사용하면 주석을 쉽게 추가하고 제거할 수 있습니다.

---

6. 식별자

변수, 자료형, 함수 등의 요소를 구분하기 위해 사용되는 토큰입니다. 식별자^{Identifier} 이름은 영대소문자, _ 문자, 숫자로 구성되며, 첫 번째 문자로 숫자를 사용할 수 없습니다. Swift는 대소문자를 구분하는 언어이기 때문에 Name과 name은 서로 다른 식별자입니다.

7. 예약어(또는 키워드)

프로그래밍 언어에서 사용용도가 미리 지정된 단어를 예약어^{Reserved Word} 또는 키워드^{Keyword}라고 부릅니다.

```
let x = 7
```

예를 들어, 이 코드에서 let은 상수를 선언하는 키워드입니다.

```
var x = 7
```

키워드를 var로 바꾸면 x는 변수가 됩니다. 즉, var 키워드는 변수를 선언하는 키워드입니다.

```
let let = 7  // Error
```

키워드는 미리 예약된 단어이기 때문에 식별자로 사용할 수 없습니다. 예를 들어 let 키워드는 상수의 이름으로 쓸 수 없습니다.

```
let letnumber = 7
```

우리가 알고 있는 다양한 단어를 조합하면 키워드를 식별자로 사용해야 하는 경우는 모두 피할 수 있습니다. letnumber처럼 키워드가 단어에 포함된 경우는 전혀 문제가 없습니다.

> **Expert Note**
> Swift에서 예약어를 ` 문자로 감싸면 식별자로 사용할 수 있습니다.

Swift는 아래와 같이 다양한 키워드를 제공합니다.

```
class, deinit, enum, extension, func, import, init, inout, internal, let, operator,
private, protocol, public, static, struct, subscript, typealias, var, break, case,
continue, default, defer, do, else, fallthrough, for, guard, if, in, repeat, return,
switch, where, while, as, catch, dynamicType, false, is, nil, rethrows, super, self,
Self, throw, throws, true, try, _., associativity, convenience, dynamic, didSet, final,
get, infix, indirect, lazy, left, mutating, none, nonmutating, optional, override,
postfix, precedence, prefix, Protocol, required, right, set, Type, unowned, weak,
willSet
```

8. 선언과 정의

코드에서 사용할 요소는 반드시 선언^{Declaration}을 통해 이름과 성격을 지정해야 합니다. 선언은 컴파일러가 해당 요소를 인식할 수 있게 합니다. 선언이 없는(컴파일러가 인식할 수 없는) 요소는 코드에서 사용할 수 없습니다.

함수의 경우 함수의 이름, 리턴형, 파라미터를 선언한 후 함수에서 실행한 코드를 정의^{Definition}해야 합니다. 정의는 선언된 요소와 메모리 공간을 연결합니다. 일반적으로 변수는 선언과 동시에 정의되기 때문에 메모리 공간이 생성됩니다. 그러나 함수는 선언만으로 연관된 메모리 공간이 생성되지 않습니다. 그래서 선언만 있고 정의가 없는 함수를 호출하면 오류가 발생합니다. 정의는 컴파일러에게 선언된 요소의 실제 값 또는 실행할 동작을 알려주는 것입니다.

9. 초기화

변수나 상수의 값을 의미 있는 값으로 설정하는 것을 초기화^{Initialization}라고 합니다. 초기화되지 않은 값을 사용할 경우 오류가 발생할 가능성이 크기 때문에 모든 요소는 사용 전에 반드시 초기화되어야 합니다.

10. 비트

비트^{Bit}는 0 또는 1을 저장할 수 있는 데이터 단위 또는 메모리 공간의 크기입니다.

11. 바이트

8개의 비트가 모여 하나의 바이트^{Byte}를 구성합니다. 바이트는 하나의 아스키 문자를 저장할 수 있고 프로그래밍 언어에서 데이터를 처리하는 기본 단위로 사용됩니다.

12. 컴파일

컴파일^{Compile}은 일반적인 텍스트로 작성된 소스 코드를 컴퓨터가 해석할 수 있는 이진 코드(기계어)로 변환하는 과정입니다. 변환된 이진 코드를 목적 파일이라고 합니다. 이 과정을 수행하는 것은 컴파일러^{Compiler}입니다. 컴파일러는 CPU의 종류에 따라 다르게 동작하므로 프로그램을 실행하고자 하는 CPU에 맞는 컴파일러를 사용해야 합니다. Swift 소스 코드를 컴파일할 때는 Apple LLVM 컴파일러를 사용합니다.

13. 링크

링크^{Link}는 컴파일을 통해 생성된 이진 코드에 라이브러리를 연결하고 실행파일을 생성하는 과정입니다. 이 과정을 담당하는 것은 링커^{Linker}입니다. 대부분의 컴파일러는 링커를 내장하고 있기 때문에 컴파일이 완료된 후 링크를 자동적으로 수행합니다. 링크가 정상적으로 완료되면 실행 가능한 파일이 생성됩니다.

14. 빌드

빌드Build는 컴파일과 링크를 하나의 작업으로 묶어서 수행하는 것입니다. IDE에 따라서 빌드 과정에 정적 분석, 단위 테스트, 설치 파일 생성 등 부가적인 작업이 추가되기도 합니다.

15. 디버그 모드, 릴리즈 모드

모든 IDE는 작성한 소스 코드를 두 가지 모드로 빌드할 수 있는 기능을 제공합니다. 먼저 디버그 모드 Debug Mode는 주로 프로그램 개발과정에서 사용합니다. 목적파일이나 실행파일에 디버깅을 위한 정보가 추가되기 때문에 파일의 크기가 커지는 단점이 있지만, 추가된 정보를 통해 프로그램의 문제점을 비교적 쉽게 발견할 수 있습니다. 반면 릴리즈 모드Release Mode는 프로그램의 개발이 완료된 후 사용자들에게 배포하거나 판매할 프로그램을 생성하는데 사용됩니다. 디버그 정보가 파일에 추가되지 않으므로 디버그 모드에서 생성되는 파일에 비해 크기가 작습니다. 그리고 릴리즈 모드에서는 최적화를 수행하기 때문에 생성된 실행 파일이 더 빠르게 동작합니다.

16. 디버깅

디버깅Debugging은 소스 코드에 존재하는 문법적, 논리적 오류를 발견하고 수정하는 과정입니다. 대부분의 개발 툴은 디버깅에 도움을 주는 디버거를 내장하고 있으며 특정 시점의 변수 값을 확인하거나 중단점Breakpoint을 통해 프로그램의 실행 상태를 제어할 수 있습니다.

17. 컴파일 타임, 런타임

소스 코드를 작성하는 시점부터 컴파일이 완료되기까지의 기간을 컴파일 타임Compile Time이라고 합니다. 런타임Runtime은 프로그램이 실제 디바이스 또는 IDE가 제공하는 시뮬레이터에서 실행되고 있는 기간입니다.

18. 코코아

코코아Cocoa는 애플이 제공하는 객체지향 프로그래밍 개발 환경입니다. macOS 앱을 위한 인터페이스 (API) 모음인 코코아 프레임워크, iOS, tvOS, watchOS 앱을 위한 인터페이스 모음인 코코아 터치 프레임워크를 제공합니다. 개발자는 애플이 제공하는 코코아 환경을 통해 고품질의 앱을 빠르고 안정적으로 개발할 수 있고, 다양한 애플 디바이스의 하드웨어를 쉽게 조작할 수 있습니다.

19. 프레임워크

프레임워크Framework는 특정 OS 또는 개발 환경에서 프로그램을 개발하는데 사용하는 클래스와 라이브러리 집합입니다. 프로그래머는 프로그램을 구성하는 모든 기능을 직접 구현하지 않고 프레임워크가 제공하는 API를 활용합니다. 예를 들어 아이폰 화면에 이미지를 출력하는 기능은 이미 프레임워크를 통해 제공되기 때문에 직접 구현할 필요가 없습니다.

20. API

API(Application Programming Interface)는 OS와 프로그래밍 언어, 프레임워크가 제공하는 메소드(함수)입니다. 앞에서 예로든 것처럼 화면 출력과 같은 기본 기능들은 API 형태로 제공되므로 개발자가 직접 구현하지 않고 API 형태로 제공되는 메소드(함수)를 호출합니다. API는 대부분 프레임워크 또는 라이브러리 형태로 제공됩니다. 예를 들어 DB를 다루는 API 모음은 코어 데이터 프레임워크를 통해 제공되고, 화면에 그림을 그리는 API 모음은 코어 그래픽스 프레임워크를 통해 제공됩니다.

21. First-class Citizen

First-class Citizen은 프로그래밍 요소 중 다음과 같은 조건을 만족하는 요소를 의미합니다.

1. 변수와 상수로 저장할 수 있다.
2. 파라미터로 전달할 수 있다.
3. 리턴 값으로 사용할 수 있다.

한국어로 "일급 시민" 또는 "일급 객체"로 번역됩니다. 영어로는 First-class Object, First-class Type, First-class Entity 등 다양한 용어가 사용되지만 모두 동일한 의미를 가지고 있습니다.

Language Basics

PART 03

CHAPTER
01

변수와 상수

프로그래밍에서 가장 기초적인 부분은 처리할 데이터를 메모리에 저장하는 것입니다. 그리고 저장된 공간에 이름을 지정하고 값을 읽거나 새로운 값을 저장하는 과정을 반복합니다.

1. 변수

변수는 메모리에 값을 저장하고, 저장된 값을 언제든지 변경할 수 있습니다. 변수의 이름과 저장할 값의 크기를 지정하면 메모리에 변수를 위한 저장 공간이 생성됩니다. 변수의 이름은 메모리에 저장된 값을 읽거나 새로운 값을 저장할 때 사용합니다. 저장할 값의 크기는 자료형^{Data Type}으로 지정합니다.

```
var 변수 이름: 자료형
```

var는 변수의 선언을 시작하는 키워드입니다. 이어서 변수 이름이 옵니다. 변수 이름은 변수에 새로운 값을 저장하거나 저장된 값을 읽을 때, 그리고 하나의 변수를 다른 변수와 구별하는데 사용됩니다. : 문자는 변수 이름과 자료형을 구분합니다. 자료형은 정수, 실수, 문자열 등 변수에 저장할 값의 종류를 지정합니다. 참고로 :은 변수 이름, 자료형과 구분되는 토큰이기 때문에 양옆에 공백을 추가하지 않아도 됩니다. 이 책에서는 : 오른쪽에 하나의 공백을 추가하는 방식을 사용합니다.

예를 들어, 정수를 저장할 수 있는 변수는 아래와 같이 선언할 수 있습니다.

```
var num: Int
```

문자열을 저장할 수 있는 변수는 아래와 같이 선언할 수 있습니다.

```
var str: String
```

앞서 선언한 변수처럼 한 줄에 하나의 변수를 선언하는 것이 일반적입니다. 선언하려는 변수의 수가 많고 동일한 자료형을 가지고 있다면 다음과 같이 한 줄에 여러 개의 변수를 선언할 수 있습니다.

```
var 변수 이름 1, 변수 이름 2, 변수 이름 N: Int
var a, b, c: Int
```

한 개의 변수를 선언한 것에 비해 복잡해 보이지만 변수 이름 부분에 선언할 변수의 이름들을 ,로 나열한 것뿐입니다. 변수 a, b, c는 모두 정수형 변수이고 세 변수를 개별적으로 선언한 것과 동일합니다.

Swift는 다음과 같이 한 줄에 서로 다른 자료형의 변수를 선언할 수 있습니다.

```
var a: Int, b: Float, c: String
```

지금은 쉽게 설명하기 위해서 a, b, c와 같이 단순한 변수 이름을 사용하고 있지만 직접 코드를 작성할 때는 반드시 변수의 성격을 잘 설명할 수 있는 직관적인 이름을 사용해야 합니다. 변수의 이름을 지정할 때는 아래의 내용을 꼭 기억해 두시기 바랍니다.

- 변수의 이름은 소문자로 시작하는 것이 관례입니다.
- 변수의 이름은 영문자와 _ 문자로 시작할 수 있지만, 숫자나 다른 특수문자로 시작할 수 없습니다.
- Swift는 유니코드로 표현할 수 있는 한글이나 이모티콘 등을 변수 이름으로 사용할 수 있지만 가독성 측면에서 불리합니다.
- 두 개 이상의 단어로 구성된 이름은 lowerCamelCase 규칙을 사용합니다.
- 헝가리안 표기법을 사용하지 않습니다.
- 예약어는 변수 이름으로 사용할 수 없습니다.

Beginner Note – 이름 정의 규칙

이름 정의 규칙은 프로그래밍 언어에서 식별자의 이름을 정하기 위해 일반적으로 사용되는 규칙입니다. 애플에서 공식적으로 사용하고 있는 이름 정의 규칙은 UpperCamelCase와 lowerCamelCase입니다. Swift는 3.0 버전 이전까지는 Objective-C와 동일한 Coding Guidelines for Cocoa에서 제시한 가이드를 따랐습니다. 하지만 Swift 3.0 버전부터 Swift에 적합하게 개선된 Swift API Design Guidelines를 따릅니다.
UpperCamelCase는 모든 단어의 첫 문자를 대문자로 쓰는 방식으로 클래스, 구조체, 블록, 열거형, 익스텐션, 프로토콜의 이름을 지정할 때 사용합니다. lowerCamelCase는 첫 번째 단어를 제외한 모든 단어의 첫 문자를 대문자로 쓰는 방식으로 변수, 메소드, 속성, 파라미터의 이름을 지정할 때 사용합니다. 예를 들어 BookStore, UserName, MobileApplication은 UpperCamelCase 방식으로 지은 이름이고, bookStore, userName, mobileApplication은 lowerCamelCase 방식으로 지은 이름입니다.

Beginner Note – 헝가리안 표기법

변수 이름 앞에 자료형을 대표하는 접두어를 붙이는 표기법으로 찰스 시모니[Charles Simonyi]가 제안하였습니다. 아래의 나열된 변수는 모드 헝가리안 표기법으로 선언한 것입니다. 예를 들어 n은 int형 변수, b는 bool형 변수, sz는 NULL로 끝나는 문자열을 나타내는 접두어입니다.

```
int nAge;
bool bSuccess;
char* szName;
```

Expert Note – 예약어를 식별자 이름으로 사용하기

Swift에서 예약어를 ` 문자(Grave 또는 Back ticks)로 감싸주면 식별자 이름으로 사용할 수 있습니다.

```
var `if` = 123;
print(`if`)
// 123
```

나이를 저장하는 변수는 다음과 같은 이름을 사용할 수 있습니다.

```
age, ageOfMember, _age
```

하지만 다음과 같은 이름은 사용할 수 없거나 이름 정의 규칙에 어긋나므로 사용하지 않는 것이 좋습니다.

```
Age, AGE, 1age, #age, ageofmember, age_of_member
```

1.1 초기화

변수를 선언하여 값을 저장할 공간과 이름을 만들었으니 실제로 값을 저장해 보겠습니다. 값을 최초로 저장하는 것을 "초기화"라고 합니다. 초기화는 매우 중요합니다. 변수를 선언하고 아무런 값을 저장하지 않은 상태에서 변수의 값을 읽으면 어떻게 될까요? 변수가 할당된 메모리 공간에 우연히 남아 있던 의미 없는 값을 읽거나 아무런 값을 읽어오지 못할 수 있습니다. 초기화되지 않는 변수를 사용해서 발생하는 오류는 매우 빈번합니다. 변수를 선언한 후에 반드시 적절한 값으로 초기화해야 한다는 것을 기억해 두시기 바랍니다. 참고로 Swift 컴파일러는 컴파일 과정에서 초기화되지 않은 변수를 찾아 경고를 출력해 주기 때문에 실수를 사전에 방지할 수 있습니다.

변수를 초기화하는 방법은 크게 두 가지로 설명할 수 있습니다. 첫 번째는 선언과 동시에 초기화하는 방법입니다.

```
var  변수 이름 :  자료형  =  초기값
```

변수에 초기값을 저장할 때는 = 연산자^Assignment Operator를 사용합니다. = 연산자는 대입 연산자 또는 할당 연산자라고 하며 연산자 오른쪽에 있는 값을 연산자 왼쪽에 있는 변수에 저장합니다.

예를 들어 a 변수에 숫자 0을 저장하는 코드는 아래와 같이 작성할 수 있습니다.

```
var a: Int = 0
```

두 번째 방법은 선언 후에 초기화하는 것입니다. 다음과 같이 변수를 선언한 후에 이어지는 코드에서 초기값 저장합니다. 서로 다른 방식으로 보이지만 내부적인 결과는 동일하기 때문에 자신에게 편한 방식을 사용하면 됩니다.

```
var a: Int
a = 0
```

1.2 값을 읽고 쓰기

변수를 선언하고 초기값을 저장했습니다. 이제 변수에 저장된 값을 읽고 쓰는(저장하는) 문법을 공부해 보겠습니다. 사실 값을 쓰는 방법은 변수를 초기화하면서 이미 공부했습니다.

```
변수 이름 = 값
```

변수에 값을 쓸 때는 변수 이름, = 연산자, 값이 필요합니다. 변수를 선언할 때 필요했던 자료형은 필요하지 않습니다.

그럼 a 변수에 100을 저장하려면 어떤 코드가 필요할까요?

```
a = 100
```

값을 읽을 때는 변수 이름이 필요합니다. 값을 쓸 때는 할당 연산자의 도움을 받았지만 읽을 때는 그렇지 않습니다.

```
a
```

이 코드는 a에 저장된 값을 읽는 코드입니다. 값을 읽은 후 아무런 처리를 하지 않기 때문에 읽은 값은 즉시 버려집니다. Playground에서 값을 확인할 때 자주 사용하지만, 실제 프로그래밍에서 이렇게 불필요한 코드를 작성하는 경우는 거의 없습니다. 이 코드의 핵심은 변수에 저장된 값을 읽을 때 변수 이름을 사용한다는 것입니다.

b라는 새로운 변수를 선언하고 a에 저장된 값으로 초기화하려면 어떻게 해야 할까요?

```
var a: Int = 100
var b: Int = a
```

2. 상수

상수를 선언할 때는 let 키워드를 사용합니다. var 대신 let을 사용한다는 점을 제외하면 변수를 선언하는 문법과 동일합니다.

```
let 상수 이름: 자료형 = 초기값
```

이전과 마찬가지로 정수를 저장하는 상수 a를 선언하되, 이번에는 100으로 초기화해 봅시다.

```
let a: Int = 100
```

필요한 경우 아래와 같이 선언과 초기화를 분리할 수 있습니다.

```
let a: Int
a = 0
```

Swift 초기 버전에서는 이러한 코드가 허용되지 않았지만 상수를 선언한 후 최초 한 번에 한해서 초기값을 할당할 수 있도록 개선되었습니다. 상수에서 가장 중요한 점은 상수의 값을 읽기 전에 반드시 초기화해야 한다는 것입니다. 그래서 상수 a를 선언한 후 0으로 초기화하고 새로운 상수 b에 할당하는 코드는 허용되지만

```
let a: Int
a = 0
let b = a
```

상수 a를 초기화하지 않고 상수 b에 할당하는 코드는 허용되지 않습니다. 초기화되지 않은 상수를 읽는 것은 "상수의 값을 읽기 전에 반드시 초기화해야 한다."는 규칙에 위배되기 때문입니다.

```
let a: Int
let b = a          // Error
a = 0
```

3. 변수 vs 상수

짜장면과 짬뽕, 치킨과 피자, 그리고 찍먹과 부먹! 항상 선택하기 어려운 문제들이 있습니다. 변수와 상수 중에서 어떤 것을 사용해야 할까요? 사실 변수만 사용해도 큰 문제가 없습니다. 하지만 조금 더 안전한 코드를 작성하려면 값의 성격에 따라 변수와 상수를 적절히 활용해야 합니다.

• 파일이나 네트워크를 통해 읽어온 값을 변경 없이 사용한다면,
• 여러 소스에서 함께 사용하는 고정 값을 저장해야 한다면,
• 여러 스레드에서 동시에 접근해야 하는 값이라면,
• 컴파일러 최적화를 통해 더 나은 성능을 얻고 싶다면,

상수를 사용하는 것이 좋습니다. 그 외의 경우에는 변수를 사용하면 됩니다.

상수를 우선적으로 사용하고 값을 변경할 수 없다는 오류가 발생할 때, 해당 상수만 변수로 바꾸는 것도 괜찮은 습관이 될 수 있습니다. 지금은 어떤 것이 적합한지 바로 판단하기 어려울 수 있지만 어느 정도 경험이 쌓이고 자신만의 코딩 스타일을 갖추게 되면 고민 없이 선택할 수 있을 것입니다.

> 변수와 상수에 대한 내용은 아래의 링크에서 동영상으로 보실 수 있습니다.
> https://kxcoding.com/video/swift4-var-let
>
>

4. Summary

- 변수는 저장된 값을 마음대로 변경할 수 있지만 상수는 값을 저장한 후 새로운 값으로 변경할 수 없습니다.
- 변수 선언은 var 키워드로 시작합니다.

```
var 변수 이름: 자료형
var a: Int
```

- 상수 선언은 let 키워드로 시작합니다.

```
let 상수 이름: 자료형 = 초기값
let a: Int = 100
```

- 변수와 상수의 이름은 소문자 또는 _ 문자로 시작하고 lowerCamelCase 방식으로 짓는 것이 관례입니다.

```
bookStore
userName
age
_internalName
```

- 변수와 상수는 선언 후 반드시 적절한 값으로 초기화해야 합니다.

자료형

자료형에 대해 공부하기 전에 잠시 식탁을 떠올려 보겠습니다. 작은 반찬들은 접시에, 밥은 밥그릇에 국은 국그릇에 담겨져 있습니다. 그리고 소스들은 작은 종지에 담겨져 있습니다. 이렇게 식탁에 올라 오는 음식들은 제각기 크기에 맞는 식기에 담겨져 있습니다. 소스를 국그릇에 담고, 국을 종지에 담 아서 먹는 경우는 없을 것입니다.

코드를 통해 처리하는 데이터도 마찬가지입니다. 크기가 작은 데이터는 작은 메모리 공간에 저장하고 크기가 큰 데이터는 큰 메모리 공간에 저장합니다. 모든 데이터 크기에 적합한 메모리 공간을 준비하 는 것은 불가능하기 때문에 미리 정해진 몇 가지 크기로 메모리 공간을 분류합니다. 이렇게 분류된 메 모리 공간에 각각 이름을 붙이고 자료형이라는 형태로 제공합니다. 자료형을 데이터 타입^{Data Type} 또는 줄여서 타입^{Type}이라고 부르기도 합니다.

자료형은 메모리에 저장되는 데이터의 종류와 크기를 결정합니다. 예를 들어 숫자를 저장할 수 있는 자료형 중에서 가장 많이 사용되는 Int 자료형은 32비트 환경에서 4바이트, 64비트 환경에 서 8바이트의 크기를 가집니다. 여러분이 지금 사용하고 계시는 맥과 아이폰은 모두 64비트 환 경에서 동작합니다. 그래서 Int 자료형의 변수를 선언하면 메모리에 8바이트의 공간이 생성되고 9,223,372,036,854,775,807 ~ -9,223,372,036,854,775,808 사이의 값을 저장할 수 있습니다. 이렇게 큰 수를 저장할 만큼 크기 때문에 사람의 나이나 시험 점수와 같이 작은 수를 저장하기 위해서 Int 자료형을 사용하는 것은 메모리 공간이 낭비됩니다. 그래서 데이터를 효율적으로 저장할 수 있도 록 다양한 크기로 세분화된 자료형을 함께 제공합니다. 물론 요즘은 메모리 가격이 용량대비 엄청 저 렴하고, 대부분 4GB 이상 장착되어 있기 때문에 Int 자료형이 공간 낭비가 심하다 하는 것은 어떤 면 에서는 맞고 어떤 면에서는 틀린 말입니다. 심지어 스마트폰에도 1GB 이상의 메모리가 탑재되는 세 상이기 때문에 크기에 고민하지 말고 Int를 써도 전혀 문제가 없습니다. 실제로 Int는 정수를 가장 빠 르게 처리할 수 있는 자료형이고 Swift에서는 대부분의 경우 Int를 사용합니다.

> **Beginner Note**
>
> 자료형을 설명할 때 변수를 기준으로 설명하지만 특별한 언급이 없다면 상수에도 똑같이 적용됩니다.

1. 자료형의 분류

프로그래밍 언어에 따라서 제공되는 자료형의 종류와 이름이 다르지만 공통적으로 다섯 가지 자료형을 제공합니다.

- 정수 자료형
- 실수 자료형
- 불린 자료형
- 문자 자료형
- 문자열 자료형

이들은 데이터 처리에 가장 기본이 되는 자료형으로 원시 자료형^{Primitive Data Type}이라고 합니다. 원시 자료형은 Int, Double 과 같이 언어 자체적으로 제공하는 자료형으로 기본 자료형^{Basic Type}으로 부르기도 합니다. 다른 자료형과 구분되는 이름을 가지고 있다는 점에서 명명된 자료형^{Named Type}으로 구분하기도 합니다.

복합 자료형^{Compound Data Type}은 두 개 이상의 원시 자료형으로 구성된 자료형입니다. 구조체, 열거형, 클래스, 튜플 등이 복합 자료형에 속합니다. 튜플과 같이 자료형 자체가 이름을 가지고 있지 않은 경우 익명 자료형^{Anonymous Type, Unnamed Type}으로 구분할 수 있습니다.

프로그래밍 언어 또는 내장 프레임워크를 통해 제공되는 자료형은 내장 자료형^{Built-in Data Type}으로 분류할 수 있고, 구조체, 클래스 등을 활용하여 직접 구현한 자료형은 사용자 정의 자료형^{Custom Type}으로 분류할 수 있습니다.

사실 Swift는 원시 자료형을 제공하지 않습니다. 대신 원시 자료형에 해당되는 자료형을 구조체로 구현하여 제공합니다. 원시 자료형과 구현된 방식은 다르지만 마치 원시 자료형처럼 사용되기 때문에 Swift를 처음 공부하는 경우에는 원시 자료형으로 생각해도 괜찮습니다.

2. 숫자 자료형과 리터럴

숫자 자료형은 이름 그대로 정수, 실수와 같은 숫자를 저장할 수 있는 자료형입니다. 다른 자료형과 달리 저장할 수 있는 값의 범위가 무한하기 때문에 다양한 크기로 세분화되어 있고, 정수를 저장할 수 있는 정수 자료형과 실수를 저장할 수 있는 플로팅 포인트 자료형으로 분류할 수 있습니다.

숫자 자료형을 공부하기 전에 프로그래밍 언어가 숫자를 표현하는 방법에 대해 공부해 보겠습니다.

프로그래밍 언어에서 숫자는 하나 이상의 연속된 숫자로 구성된 값입니다.

숫자는 특성에 따라서 +, -, . 문자를 조합할 수 있습니다. 숫자 앞에 + 접두어를 붙이면 양수가 되며 + 접두어는 일반적으로 생략합니다.

```
+123
```

반대로 숫자 앞에 - 접두어를 붙이면 음수가 됩니다.

```
-123
```

숫자와 숫자 사이에 . 문자를 넣으면 실수가 됩니다.

```
1.23
```

10진수 실수는 지수로 표현할 수 있습니다. 이 경우 밑은 10으로 고정되고 e 또는 E 문자로 대체됩니다. 지수는 e 문자 다음에 따라 옵니다.

```
1.23e4
```

16진수 실수를 지수로 표현할 때는 밑이 2로 고정되고 p 또는 P 문자로 대체됩니다. 지수는 p 문자 다음에 옵니다.

```
0xAp2
```

이와 같이 숫자로 표현할 수 있는 값을 숫자 리터럴이라고 합니다. 숫자 리터럴과 조합할 수 있는 특수 문자들은 코드 내에서 연산자로 사용될 수 있기 때문에 숫자와 특수 문자 사이에는 공백이 들어갈 수 없습니다.

현실에서는 매우 큰 숫자를 표현할 때 가독성을 위해서 1000 단위로 구분하여 표기합니다. 하지만 +, -, . 이외의 특수 문자를 조합할 수 없는 프로그래밍 언어에서는 큰 숫자를 쉽게 파악할 수 없습니다. Swift는 이러한 문제점을 해결하기 위해서 숫자와 조합할 수 있는 특수 문자를 하나 더 추가했습니다. 다음과 같이 _ 문자를 사용해서 숫자를 원하는 단위로 구분할 수 있습니다. 다른 특수 문자와 마찬가지로 문자와 숫자 사이에 공백을 넣을 수 없으므로 주의해야 합니다.

```
100_000_000
123_456.00_01
```

숫자 리터럴을 기본적으로 10진수입니다. 프로그래밍 언어는 0 또는 0과 영문자의 조합을 접두어로 사용하여 2진수, 8진수, 16진수를 표현할 수 있습니다.

2진수를 표현할 때는 0b 접두어를 사용합니다. 10진수 10은 다음과 같이 2진수로 표현할 수 있습니다.

```
0b1010
```

8진수를 표현할 때는 0o 접두어를 사용합니다. o는 반드시 소문자 o를 사용해야 합니다. 10진수 10은 다음과 같이 8진수로 표현할 수 있습니다.

```
0o12
```

16진수는 매우 큰 숫자를 표현하거나 메모리 주소, 색상 값 등을 표현할 때 자주 활용됩니다. 16진수를 표현할 때는 0x 접두어를 사용합니다.

```
0xA
```

Swift는 자료형을 직접 지정하지 않으면 정수 리터럴을 Int, 실수 리터럴을 Double 자료형으로 처리합니다.

2. 정수 자료형

Swift는 정수를 저장할 수 있는 네 가지 자료형을 제공합니다. 정수 자료형은 각각 1, 2, 4, 8 바이트 크기를 가지고 있고 Int 뒤에 바이트를 비트로 변경한 수가 붙어있는 형태입니다. 예를 들어, Int8은 8비트, 다시 말해 1바이트 크기의 정수를 저장할 수 있습니다.

대표 자료형	Int
1 byte	Int8 / UInt8
2 bytes	Int16 / UInt16
4 bytes	Int32 / UInt32
8 bytes	Int64 / UInt64

정수 자료형은 음수를 저장할 수 있는지에 따라 Signed와 Unsigned로 구분됩니다. 음수, 양수, 0을 모두 저장할 수 있는 정수 자료형을 Signed Integer Type이라고 합니다. 반대로 음수를 저장할 수 없고 양수, 0만 저장할 수 있다면 Unsigned Integer Type입니다. Unsigned Integer Type의 이름은 Signed Integer Type의 이름 앞에 U 접두어가 붙은 형태입니다.

Unsigned Integer Type은 동일한 크기의 Signed Integer Type에 비해 표현할 수 있는 양수의 범위가 더 큽니다. Int8은 양수를 127까지 저장할 수 있지만 UInt8은 255까지 저장할 수 있습니다. 음수를 저장하는데 필요한 메모리 공간을 모두 양수를 저장하는데 사용할 수 있기 때문입니다.

Swift는 앞에서 설명한 자료형을 대표하는 정수 자료형 Int, UInt를 함께 제공합니다. 실제 프로그래밍에서는 이 두 자료형이 주로 사용되고, 특별한 이유가 없다면 대부분 Int를 사용합니다. Int 자료형은 정수를 가장 빠르게 처리할 수 있는 자료형이고 사용되는 환경에 따라 크기가 변경됩니다. 32비트 CPU 환경에서는 4바이트, 64비트 CPU 환경에서는 8바이트입니다. iOS와 macOS는 64비트 환경이므로 8바이트입니다.

자료형의 크기는 MemoryLayout 이 제공하는 size 메소드를 통해 확인할 수 있습니다. Int 자료형의 크기를 확인하려면 다음과 같은 코드를 사용합니다. 크기는 바이트 단위로 리턴됩니다.

```
MemoryLayout<Int>.size
```

Swift는 저장할 수 있는 범위를 벗어나는 값을 저장하는 코드를 발견하면 오류를 통해 알려줍니다. 범위를 확인하고 싶다면 자료형 이름 뒤에 .를 적고 min 또는 max라고 적으면 됩니다. 여기에서 min, max를 속성이라고 합니다. 예를 들어, Int 자료형에 저장할 수 있는 최소값과 최대값은 다음 코드를 통해 확인할 수 있습니다.

```
Int.min
Int.max
```

3. 실수 자료형

Swift에서 실수를 저장하는 자료형은 Float와 Double입니다. Float에 저장할 수 있는 값의 크기는 4바이트이고, Double에 저장할 수 있는 값의 크기는 8바이트입니다. 정수 자료형과 달리 signed와 unsigned로 구분하지 않고 항상 양수, 음수, 0을 모두 저장할 수 있습니다.

대표 자료형	Double
4 bytes	Float
8 bytes	Double

실수 자료형은 정수 자료형과 비교해서 반드시 기억해야할 중요한 특징을 가지고 있습니다. 먼저, 실수 자료형은 대략 8자리 ~ 16자리 정도의 소수점 정확성을 가지고 있습니다. 이 범위를 벗어나는 경우에는 값의 오차가 발생할 가능성이 매우 높습니다. 그러므로 실수 자료형에 저장된 값의 크기를 비교할 때 주의해야 합니다.

또 하나 중요한 점은, 실수 자료형에 저장할 수 있는 값의 범위는 메모리 공간의 크기에 관계없이 항상 정수 자료형보다 큽니다. 즉, 4 바이트 Float에 저장할 수 있는 값의 범위는 8 바이트 Int64 보다 큽니다. 그래서 실수 자료형 값을 정수 자료형에 저장할 경우 값이 유실될 수 있지만, 반대의 경우에는 정확한 값을 저장할 수 있습니다.

실수 자료형에 저장할 수 있는 값의 범위는 leastNormalMagnitude 속성과 greatestFiniteMagnitude 속성을 통해 확인할 수 있습니다.

```
Float.leastNormalMagnitude
Float.greatestFiniteMagnitude
Double.leastNormalMagnitude
Double.greatestFiniteMagnitud
```

이 내용은 아래의 링크에서 동영상으로 보실 수 있습니다.
https://kxcoding.com/video/swift4-numbers

4. 불린 자료형

참과 거짓을 저장하는 자료형을 불린 자료형이라고 합니다. 프로그래밍 언어마다 이름은 조금씩 다르지만 불린^{Boolean}이라는 용어는 공통적으로 사용합니다. Swift에서 불린 값을 저장하는 자료형의 이름은 Bool입니다.

1 bytes	Bool

Bool 자료형에는 불린 리터럴만 저장할 수 있는데 Swift에서는 true와 false 단 두 개만 존재합니다. true는 참을 나타내는 불린 리터럴이고, false는 거짓을 나타태는 불린 리터럴입니다. Swift는 대소문자를 엄격히 구분하기 때문에 반드시 모두 소문자로 표기해야 합니다.

```
var b: Bool = true
```

다른 언어에서는 0을 false로 0이 아닌 수를 true로 사용하기도 하는데 Swift에서는 허용되지 않습니다.

5. 문자열과 문자

프로그래밍 언어에서 문자열은 큰 따옴표로 감싼 일련의 문자입니다.

```
"Swift String"
```

Swift는 문자열 리터럴과 문자 리터럴 모두 큰 따옴표로 감쌉니다. 다음과 같이 Character 자료형을 명시적으로 지정한 경우를 제외하고 모두 문자열 리터럴이 됩니다.

```
let a: Character = "c"
```

5.1 문자열 자료형과 문자 자료형

문자열	String / NSString
문자	Character

Swift는 String이라는 문자열 전용 자료형을 제공합니다. NSString 클래스와 상호호환성을 가지고 있으며 대부분의 경우 String이 우선적으로 사용됩니다.

```
let str: String = "Swift String Literal"
```

앞서 설명한 것처럼 Swift의 문자열 리터럴과 문자 리터럴은 표현 방식이 동일합니다. 문자열 리터럴이 더 높은 우선순위를 가지고 있기 때문에 형식 추론에서는 항상 String으로 추론됩니다.

```
let str = "S"
```

Swift는 문자를 저장할 수 있는 Character 자료형을 제공합니다. "S"를 문자로 저장하고자 한다면 반드시 자료형을 Character로 지정해야 합니다.

```
let ch: Character = "S"
```

문자열과 문자에 대한 내용은 프로그래밍에서 상당히 중요한 부분입니다. 여기에서는 두 언어가 제공하는 자료형을 간략히 소개하는 것으로 마무리하고 이후에 상세히 설명할 예정입니다.

6. 알리아스

좌표를 저장하는 변수가 필요하다고 가정해 보겠습니다. 위도와 경도를 저장할 수 있는 변수를 다음과 같이 선언할 수 있습니다.

```
var lat: Double
var lon: Double
```

변수의 이름을 통해 위도와 경도를 저장한다는 것을 유추할 수 있고, 자료형을 통해서 실수를 저장한다는 것을 파악할 수 있습니다. 만약 자료형의 이름을 Coordinate로 바꿀 수 있다면 코드의 가독성이 더 높아지지 않을까요?

대부분의 프로그래밍 언어는 자료형에 새로운 이름을 부여할 수 있는 문법을 제공합니다. Swift에서는 알리아스Alias라고 부릅니다. 알리아스 문법은 typealias 키워드로 시작합니다.

```
typealias 새로운 자료형 이름 = 기존 자료형 이름
```

그럼 Double 자료형에 Coordinate라는 새로운 이름을 부여하고 좌표를 저장하는 변수를 다시 선언해 봅시다.

```
typealias Coordinate = Double
var lat: Coordinate
var lon: Coordinate
```

새로운 이름은 기존 자료형의 이름을 완전히 대체하는 것이 아닙니다. 그러므로 기존 자료형 이름을 그대로 사용할 수 있습니다. typealias는 별명처럼 새로운 이름을 하나 더 추가하는 것입니다. 앱을 개발하다보면 기존 자료형에 새로운 이름을 부여한 자료형을 많이 접하게 됩니다. 알리아스가 없더라도 코드를 작성하는데 전혀 문제가 없지만, 코드 가독성을 높이기 위해 좋은 도구인 것은 틀림없습니다.

7. Swift 특수 자료형

> **Beginner Note**
>
> 여기에서 설명하는 특수 자료형에 대한 내용은 조금 어려울 수 있습니다. 책을 처음 보는 경우에는 가볍게 읽어보고 넘어가도 괜찮습니다.

7.1 AnyObject

Objective-C의 id 자료형에 해당되는 자료형입니다. Swift는 자료형을 정확히 지정하는 것을 선호하기 때문에 코코아 API를 사용하는 경우를 제외하고 직접 사용하지 않는 것이 좋습니다.

```
var value: AnyObject = "Swift String"
value = NSNumber(value: 0)
```

7.2 Any

AnyObject는 대표할 수 있는 자료형이 클래스 형식으로 제한되지만, Any는 값 형식과 함수 형식을 포함한 모든 형식을 대표할 수 있습니다.

7.3 Selector

Swift에서 셀렉터를 나타내는 자료형은 Selector입니다. 그리고 #selector 명령문을 통해 셀렉터를 생성할 수 있습니다.

```
let sel = #selector(MyClass.doSomething)
```

8. Type Annotation & 형식 안정성

지금까지 변수를 선언하면서 항상 자료형을 명시적으로 지정하였습니다. 명시적으로 지정된 자료형을 Type Annotation이라고 합니다.

```
var a: Int
```

Type Annotation은 값을 저장할 공간의 크기와 저장할 수 있는 값의 종류를 지정합니다. "값의 종류"에 대해서 조금 더 살펴보겠습니다.

먼저 Objective-C에서 a 변수에 실수 12.3 을 할당해 보겠습니다. int에 저장할 수 있는 값은 정수이고 12.3은 실수입니다. 값의 종류가 다르지만 아래의 코드는 정상적으로 실행됩니다. 하지만 int와 같은 정수 자료형은 소수점을 저장할 수 없기 때문에 정수 부분만 저장되고 나머지는 손실됩니다. 그래서 NSLog 함수를 통해 값을 출력해 보면 12가 출력됩니다.

```Objective-C
Objective-C
int a = 12.3;
NSLog(@"%i", a);
// 12
```

할당에 사용되는 = 연산자는 왼쪽에 있는 변수의 자료형과 오른쪽에 있는 값의 자료형이 서로 호환될 때, 값의 자료형을 변수의 자료형으로 변환합니다. 만약 변수의 자료형이 저장할 수 있는 값의 범위가 작다면 앞서 확인한 결과처럼 값이 손실될 수 있습니다. 값이 손실된다는 것은 "형식 안전성이 낮다"라고 표현할 수 있습니다.

형식 안전성은 변수, 파라미터, 리턴 값 등 값을 읽고 저장하거나 코드의 다른 부분으로 전달할 때 데이터가 손실되지 않고 코드가 의도에 맞게 정상적으로 동작하는가를 나타내는 지표입니다. 형식 안정성이 높은 언어는 컴파일 과정에서 값이 손실되거나 안전하지 않은 할당 연산에 대해 경고 또는 오류를 출력합니다.

이번에는 Swift를 살펴보겠습니다. Objective-C와 달리 오류가 발생합니다.

```Swift
Swift
var a: Int = 12.3 // Error
print(a)
```

Swift는 형식 안정성이 높은 언어입니다. 그러므로 Int형 변수 a에는 정수만 할당할 수 있습니다. 지금과 같이 실수를 정수 자료형에 할당하여 값이 손실되는 경우를 허용하지 않습니다. 컴파일 과정에서 형식 안정성을 모두 검사하기 때문에 값의 손실로 인한 오류가 발생할 가능성이 거의 없습니다. Swift의 대표적인 특징 중 하나가 안정성인 것은 바로 형식 안정성이 높기 때문입니다.

8.1 형식추론

Swift 컴파일러는 변수에 저장된 값이나 리터럴을 통해 값의 형식을 유추할 수 있습니다. 이것을 형식 추론^{Type Inference}이라고 합니다. 형식 추론이 가능하다는 것은 Type Annotation을 생략할 수 있다는 것을 의미합니다.

```
var a = 0
var b = 12.3
```

컴파일러는 Type Annotation이 생략된 선언문을 만나면 할당된 초기값을 기반으로 형식 추론을 수행합니다. 앞서 정수의 대표 자료형은 Int, 실수의 대표 자료형은 Double이라고 설명했습니다. 그래서 초기값이 0인 a의 자료형은 Int, 12.3인 b의 자료형은 Double로 추론됩니다. 이 코드는 다음과 같이 자료형을 명시적으로 지정한 코드와 동일합니다.

```
var a: Int = 0
var b: Double = 12.3
```

초기값을 지정하지 않고 변수만 선언하는 경우는 어떻게 될까요? a를 선언하는 문장에서 컴파일러가 형식을 추론할 초기값이 없기 때문에 오류가 발생합니다.

```
var a            // Error
```

형식 추론에서 가장 중요한 점은 "초기값을 기반으로 형식을 추론한다."는 것입니다. 그러므로 자료형을 생략하고 형식 추론을 수행하려면 선언문에서 반드시 초기값을 제공해야 합니다. 선언과 초기화가 분리되어 있거나 리터럴의 기본 자료형이 아닌 다른 자료형으로 저장해야 한다면 이전과 같이 직접 자료형을 지정해 주어야 합니다. 즉, 12.3을 Float 자료형에 저장하고 싶다면 형식 추론을 사용할 수 없고 반드시 자료형을 Float으로 명시해야 합니다.

```
var b: Float = 12.3
```

형식 추론은 매번 자료형을 지정해야 하는 수고를 덜어주고, 잘못된 자료형을 사용하여 발생할 수 있는 오류를 사전에 방지하는 장점이 있습니다.

9. 형변환

형변환은 자료형을 다른 자료형으로 변환하는 것입니다. 메모리에 저장된 값은 변경하지 않고 일시적으로 다른 자료형으로 다루는 형변환을 Type Casting, 메모리 저장된 실제 값을 다른 자료형으로 변환하는 형변환을 Type Conversion이라고 합니다.

C 언어에서 형변환이 어떻게 실행되는지 이해하는 것은 Swift의 형변환을 이해하는데 도움이 됩니다. C 언어를 기반으로 하고 있는 Objective-C를 통해 형변환이 어떻게 실행되고 어떤 문제가 발생할 수 있는지 먼저 알아보겠습니다.

컴파일러는 대입식이나 계산식에 서로 다른 자료형의 피연산자가 포함되어 있을 때 모든 피연산자의
자료형을 일치시킨 후 식을 실행합니다.

Objective-C
```
short a = 1;
int b = 2;
int result = a + b;
```

a와 b를 더하는 식에서 자료형의 크기가 작은 a는 b의 자료형(int)으로 변환된 후 계산이 수행됩니다.
int 또는 unsigned int 자료형보다 크기가 작은 자료형은 int 또는 unsigned int 자료형으로 자동
으로 변환됩니다. 이런 변환을 정수 승급Integer Promotion이라고 합니다. 정수 승급을 통해 모든 피연산자
의 자료형을 일치시킬 수 있다면 추가 변환 없이 식이 실행됩니다.

계산식에 실수를 하나 추가해 보겠습니다.

Objective-C
```
short a = 1;
int b = 2;
double c = 3.4;
double result = a + b + c;
```

a와 b는 정수 승급을 통해 int 자료형으로 변환되었습니다. 이전과 달리 계산식에 double 자료형의
c가 포함되어 있기 때문에 다시 한 번 자료형을 일치시켜야 합니다. 형변환은 식에 포함된 모든 피연
산자의 자료형의 가장 큰 피연산자의 자료형으로 변환될 때까지 반복됩니다. 결과적으로 a, b, c는 가
장 큰 자료형인 double로 형변환됩니다.

이와 같은 자동 형변환을 암시적 형변환이라고 합니다. 암시적 형변환이 수행되는 과정을 간단히 정
리해 보면,

1. int형 보다 작은 자료형은 모든 int형으로 변환됩니다.(자동 승급)
2. 피연산자 중 하나가 unsigned int형이라면 나머지 피연산자는 모두 unsigned int형으로 변환됩
   니다.
3. 피연산자 중 하나가 long형이라면 나머지 피연산자는 모두 long형으로 변환됩니다.
4. 피연산자 중 하나가 unsigned long형이라면 나머지 피연산자는 모두 unsigned long형으로 변환
   됩니다.
5. 피연산자 중 하나가 float형이라면 나머지 피연산자는 모두 float형으로 변환됩니다.
6. 피연산자 중 하나가 double형이라면 나머지 피연산자는 모두 double형으로 변환됩니다.

이번에는 다른 코드를 살펴보겠습니다. 이 코드를 실행하면 result 변수에는 어떤 값이 저장되어 있
을까요?

Objective-C
```
int a = 10;
int b = 4;
double result = a / b;
```

a / b 계산식에서 두 변수의 자료형이 동일하므로 형변환 없이 바로 식이 실행됩니다. result에는 10을 4로 나눈 값인 2.5가 저장되어 있을 거라고 예상할 수 있습니다. 그러나 실제로 result에 저장된 값을 출력해 보면 2.0이 저장되어 있습니다. 정수 사이의 연산 결과에서 소수점 부분은 버려지기 때문입니다. 올바른 결과 값을 얻기 위해서는 실수 연산을 수행해야 합니다. 변수를 선언할 때 int 대신 float, double로 선언할 수 있지만, 이 경우에는 강제 형변환(또는 명시적 형변환)을 사용할 수 있습니다.

Objective-C는 강제 형변환을 수행하는 형변환 연산자^{Cast Operator}를 제공합니다. 형변환 연산자는 다음과 같이 변환할 자료형을 ( )로 감싼 형태를 가지고 있으며, 반드시 변환할 값이나 표현식 앞에 위치합니다.

Objective-C
(자료형)값 또는 표현식

형변환 연산자를 통해 올바른 결과를 얻을 수 있도록 코드를 수정해 보겠습니다.

Objective-C
```
int a = 10;
int b = 4;
double result = (double)a / b;
```

Objective-C처럼 암시적 형변환을 허용한다면 정수 승급을 통해 a의 자료형이 Int32로 변환되어 계산이 실행될 것입니다. 그러나 암시적 형변환을 허용하지 않는 Swift는 a와 b를 더하는 과정에서 오류를 발생시킵니다. 이 계산식을 정상적으로 실행하려면 두 변수의 자료형을 강제로 일치시켜 주어야 합니다.

Swift DataType/Casting/Casting.playground#Page2
```
var a: Int8 = 1
var b: Int32 = 2
var result = Int32(a) + b
```

Objective-C의 형변환 연산자는 자료형을 ( )로 감싸지만, Swift는 반대로 변환할 값(또는 표현식)을 ( )로 감쌉니다.

Swift
자료형(값 또는 표현식)

> **Expert Note**
> Swift의 정수 자료형은 구조체로 구현되어 있고, Int32(a)는 구조체의 생성자를 호출하는 것입니다. 원시 자료형의 값을 형변환할 때는 이처럼 생성자를 호출하는 방법을 사용하고, 인스턴스를 형변환할 때는 as 연산자 또는 as? 연산자를 사용합니다.

10. Summary

- 자료형은 메모리에 저장되는 값의 종류와 크기를 결정합니다.

- 숫자 자료형은 양수, 음수, 실수를 표현할 수 있습니다.

    ```
    +123
    -123
    1.23
    ```

- 숫자 리터럴은 10진수입니다. 미리 정의된 접두어와 조합하여 16진수, 8진수, 2진수를 표현할 수 있습니다.

    16진수 리터럴
    ```
    0xA
    ```

    8진수 리터럴
    ```
    0o12
    ```

    2진수 리터럴
    ```
    0b1010
    ```

- 정수 자료형은 1~8바이트 크기를 가지며 부호가 있는 Signed Integer와 부호가 없는 Unsigned Integer로 구분됩니다.

대표 자료형	Int
1 byte	Int8 / UInt8
2 bytes	Int16 / UInt16
4 bytes	Int32 / UInt32
8 bytes	Int64 / UInt64

- 자료형의 크기는 MemoryLayout이 제공하는 size 속성을 통해 확인할 수 있습니다.

    ```
    MemoryLayout<Int>.size
    ```

- 자료형에 저장할 수 있는 값의 범위는 미리 정의된 상수나 속성을 통해 확인할 수 있습니다.

    ```
    Int.min
    Int.max
    ```

- 실수 자료형은 부호를 가지지 않으며 음수와 양수를 모두 저장할 수 있습니다. 자료형에 크기에 관계없이 저장할 수 있는 값의 범위가 정수 자료형보다 큽니다.

대표 자료형	Double
4 bytes	Float
8 bytes	Double

- 실수 자료형은 8~16자리의 소수점 정확성을 가지고 있습니다.
- 불린 자료형은 참과 거짓을 표현할 수 있습니다.

1 bytes	Bool

- Swift는 String 문자열을 사용합니다. 문자열과 문자 리터럴을 표현하는 방식이 동일하기 때문에 문자를 저장할 때는 반드시 자료형을 지정해야 합니다.

```
let str: String = "Swift String Literal"
```

```
let ch: Character = "S"
```

- 기존 자료형에 새로운 이름을 부여할 때 알리아스를 사용합니다.

```
typealias Coordinate = Double
```

- 명시적으로 지정된 자료형을 Type Annotation이라고 합니다.

```
let a: Int
```

- Swift는 형식 추론을 통해 Type Annotation을 생략할 수 있습니다.

```
let a = 0
let b = 12.3
```

- 형변환은 값의 형식을 변환합니다.

```
자료형(값 또는 표현식)
```

CHAPTER

03

옵셔널

"값이 없음"을 표현하는 방법은 프로그래밍 언어에서 꼭 필요한 요소입니다. C 언어에서 파생된 대부분의 언어는 null 또는 NULL을 사용하고, Objective-C는 nil을 주로 사용합니다. 이들은 주로 객체나 포인터 같은 참조 형식을 대상으로 하기 때문에 값 형식을 대상으로 하는 경우에는 "값이 없음"을 표현하기 위해서 조금 억지스러운 방법을 사용합니다. 예를 들어 Foundation 프레임워크가 제공하는 다수의 메소드들은 검색 결과가 없을 경우 NSNotFound 상수를 리턴합니다.

옵셔널^{Optional}은 Swift에서 "값이 없음"을 표현하는 새로운 개념입니다. Swift는 참조 형식^{Reference Type}과 값 형식^{Value Type}에 구분 없이 nil을 사용하여 "값이 없음"을 표현합니다. 이것은 Objective-C와 상반되기 때문에 두 언어를 함께 사용할 때 주의가 필요합니다.

1. Optional Type

Swift에서 nil 값을 가질 수 있는(즉, 유효한 값이 저장되어 있지 않을 수도 있는) 참조 형식과 값 형식을 옵셔널 형식^{Optional Type}이라고 합니다. 옵셔널 형식은 초기값을 지정하지 않을 경우 nil로 초기화되고, 언제든지 유효한 값을 할당하거나 nil을 다시 할당할 수 있습니다. 반대로 nil 값을 가질 수 없는 나머지 형식들은 비옵셔널 형식^{Non-Optional Type}으로 분류합니다. 비옵셔널 형식에 nil이나 옵셔널 형식의 값을 할당하는 경우 컴파일 오류가 발생합니다.

옵셔널 형식을 선언하는 문법은 매우 단순합니다. 자료형 뒤에 ? 문자를 추가하는 점을 제외하면 변수와 상수를 선언하는 문법과 동일합니다.

```
var 변수 이름: 자료형?
let 상수 이름: 자료형?
```

예를 들어 옵셔널 형식의 정수는 다음과 같이 선언할 수 있습니다. optionalNum 변수는 선언 후 초기값을 할당하지 않았기 때문에 자동으로 nil로 초기화됩니다. 비옵셔널 형식을 선언한 후 초기화하지 않은 상태에서 값을 읽을 경우에는 컴파일 오류가 발생하는 것과 비교되는 부분입니다. 또한, 비옵셔널 형식에 nil 값을 할당하는 경우에도 컴파일 오류가 발생합니다.

```
var optionalNum: Int?
print(optionalNum)
// nil

var nonOptionalNum: Int
```

```
print(nonOptionalNum)    // Error
nonOptionalNum = nil     // Error
```

옵셔널 형식을 var로 선언했다면 변수의 사용범위 내에서 얼마든지 값을 nil 또는 유효한 값으로 재할당할 수 있습니다.

```
var optionalStr: String? = "hello"
optionalStr = nil
optionalStr = "new value"
optionalStr = nil
```

옵셔널이라는 개념이 존재하는 않는 Objective-C는 참조 형식을 언제든지 nil로 초기화할 수 있습니다. 그리고 약한 참조Weak Reference로 선언된 변수는 대상 객체의 수명에 따라 언제든지 nil로 초기화될 수 있습니다. 이러한 방식은 대부분의 경우 프로그래밍의 유연성을 높여줍니다. 하지만 nil로 메시지를 보내는 것을 오류로 판단하지 않는 특성 때문에 디버깅을 어렵게 하기도 합니다. Swift는 이러한 문제를 해결하기 위해 옵셔널이라는 새로운 개념을 도입하여 nil이 될 수 있는 형식과 그렇지 않은 형식을 엄격히 구분하고 있습니다. 즉, Int?와 Int는 서로 다른 형식으로 인식됩니다. 존재하지 않는 값으로 인한 오류를 컴파일 시점에 미리 파악하고 수정할 수 있도록 함으로써 더욱 안전한 코드를 작성할 수 있습니다.

> **Expert Note**
> 옵셔널은 열거형으로 구현되었으며 내부적으로 None, Some(T)를 연관 값으로 가지고 있습니다.

옵셔널에 대한 기초는 아래의 링크에서 동영상으로 보실 수 있습니다.
https://kxcoding.com/video/swift4-optionals

---

2. Wrapping & Unwrapping

옵셔널을 이해하는데 가장 중요한 개념은 nil 값을 가질 수 있다는 것과 값이 포장Wrapping되어 있다는 것입니다. 이해하기 쉽게 선물박스에 비유해 보겠습니다. 박스 안에 선물이 들어있는 상태는 옵셔널이 값을 가지고 있는 상태이고, 박스가 비어있다면 옵셔널이 값을 가지고 있지 않은 상태, 다시 말해 nil 값을 가지고 있는 상태라고 생각할 수 있습니다. 선물을 씹고 뜯고 맛보고 즐기려면 박스 안에서 꺼내야 하는 것처럼 옵셔널에 저장된 값을 사용하려면 값을 꺼내는 과정이 필요합니다. 이것을 추출Unwrapping이라고 하며 이 책에서는 "값을 추출한다."고 표현합니다. 값을 추출하는 방식은 강제로 추출하는 방식과 자동으로 추출되는 방식이 제공됩니다.

```
var optionalStr: String? = "hello"
print(optionalStr)
// Optional("hello")
```

optionalStr 변수는 "hello"라는 문자열을 저장하고 있는 옵셔널 형식으로 Optional("hello")와 같이 출력됩니다. 다시 선물 박스 비유로 돌아가면, 이 코드는 선물 박스 안에 들어있는 선물(문자열)을 출력한 것이 아니고 선물 박스(옵셔널 형식) 자체를 출력하고 있습니다.

옵셔널 형식에 저장된 값을 추출하는 문법은 매우 단순합니다. 옵셔널 변수 또는 표현식 뒤에 ! 문자를 붙이면 옵셔널 형식에 저장된 값이 추출됩니다.

옵셔널 표현식!

optionalStr 변수에 저장된 문자열을 추출하려면 다음과 같이 optionalStr 값을 읽을 때 ! 문자를 붙입니다. 그러면 저장되어 있는 실제 문자열 "hello"가 출력됩니다.

```
var optionalStr: String? = "hello"
print(optionalStr!)
// hello
```

만약 optionalStr 변수에 값이 저장되어 있지 않는 상태에서 값을 추출하면 어떻게 될까요?

```
var optionalStr: String?
print(optionalStr!)    // Error
```

이 코드를 실행하면 런타임 오류가 발생합니다. ! 문자는 대상이 되는 옵셔널 형식이 값을 가지고 있는가에 상관없이 항상 값 추출을 시도합니다. 유효한 값이 저장된 경우에는 값이 정상적으로 추출되지만 값이 없는 경우에는 런타임 오류가 발생합니다. 이러한 방식을 강제 추출Forced Unwrapping이라고 합니다. 그리고 강제 추출에 사용된 ! 문자를 강제 추출 연산자Forced Unwrapping Operator라고 부릅니다. 강제 추출은 런타임 오류의 위험성을 가지고 있기 때문에 if 조건문, guard 구문, 또는 옵셔널 바인딩 구문으로 값의 유효성을 확인한 후 사용하는 것이 일반적입니다.

옵셔널 형식에 저장된 값을 사용할 때 값의 유효성을 정확히 판단할 수 있다면 암시적 추출Implicit Unwrapping을 사용할 수 있습니다. 암시적 추출은 옵셔널 형식에 저장된 값을 읽을 때 비옵셔널 형식처럼 ! 연산자 없이 값을 읽을 수 있다는 장점이 있지만, 강제 추출과 마찬가지로 값이 저장되어 있지 않은 경우에는 런타임 오류가 발생합니다.

> **Beginner Note**
>
> Implicit Unwrapping은 Automatic Unwrapping이라고 부르기도 합니다.

암시적 추출을 사용하려면 옵셔널 형식을 선언할 때 ? 문자 대신 ! 문자를 사용합니다. 이렇게 선언된 옵셔널 형식을 IUO(Implicitly Unwrapped Optional)라고 합니다.

```
var 변수 이름: 자료형!
let 상수 이름: 자료형!
```

IUO로 선언된 옵셔널 형식은 값에 접근할 때 자동으로 값이 추출됩니다. 예를 들어 조금 전에 살펴본 예제와 달리 optionalStr 변수를 IUO로 선언하면 ! 연산자를 사용하지 않아도 옵셔널 형식에서 추출된 값이 출력됩니다.

```
var optionalStr: String! = "hello"
print(optionalStr)
// hello
```

3. Optional Binding

옵셔널 형식에 값이 저장되어 있지 않을 때, 다시 말해 nil이 할당되어 있을 때 값을 추출하는 것은 런타임 오류의 원인이 됩니다. 그래서 옵셔널 형식에 저장된 값을 사용하기 전에 값의 유효성을 확인해야 합니다.

```
var optionalStr: String?

if optionalStr != nil {
    print(optionalStr!)
} else {
    print("empty")
}
// empty
```

이 코드는 optionalStr 변수에 유효한 값이 저장되어 있지 않은 경우에도 런타임 오류가 발생하지 않습니다.

> **Beginner Note**
> 프로그래밍을 처음 접하는 독자들은 나머지 옵셔널에 대한 내용을 건너뛰고 앞으로 설명할 조건문, 함수, 클래스 등을 학습한 후에 나머지 부분을 다시 공부하셔도 괜찮습니다.

if 조건문을 통해서 조금 더 안전한 코드가 되었지만 여전히 ! 연산자를 사용해서 값을 추출하는 과정이 필요합니다. Swift는 유효한 값을 확인하는 과정과 값을 추출하는 과정을 동시에 처리해주는 옵셔널 바인딩 구문Optional Binding Statement을 제공합니다.

```
if let 상수 이름 = 옵셔널 표현식 {
    바인딩이 성공했을 때 실행할 코드
}
```

옵셔널 표현식 부분에는 옵셔널 변수 또는 옵셔널 형식을 리턴하는 메소드 호출 등이 올 수 있습니다. **옵셔널 표현식**의 최종 값이 nil이 아니라면 값이 **상수 이름**으로 선언한 상수에 할당됩니다. 이 상수는 **바인딩이 성공했을 때 실행할 코드**에서만 사용할 수 있는 임시 상수입니다. 만약 옵셔널 표현식의 자료형이 String? 이라면 이 상수의 자료형은 String이 됩니다. "**상수 이름** = **옵셔널 표현식**" 부분을 하나로 묶어 바인딩 항목 또는 간단히 바인딩^{Binding}이라고 부릅니다.

이어지는 예제에서 optionalStr에 저장된 문자열은 옵셔널 바인딩 구문에서 str 상수에 할당됩니다. str 상수는 옵셔널 형식이 아니므로 추출 없이 바로 값을 읽을 수 있습니다.

```
var optionalStr: String? = "hello"

if let str = optionalStr {
    print(str)
}
// hello
```

str은 let으로 선언된 상수이기 때문에 옵셔널 바인딩 구문 내에서 값을 변경할 수 없습니다. 만약 값을 변경해야 한다면 let 대신 var 키워드를 사용해서 임시 상수 대신 임시 변수로 선언해야 합니다.

```
if var 변수 이름 = 옵셔널 표현식 {
    바인딩이 성공했을 때 실행할 코드
}

var optionalStr: String? = "hello"

if var str = optionalStr {
    str += " swift!"
    print(str)
}
// hello swift!
```

옵셔널 바인딩 구문은 Swift 1.1 버전까지 하나의 바인딩만 처리할 수 있는 제약을 가지고 있었습니다. 그래서 두 개 이상의 옵셔널 형식이 모두 유효한 경우에만 실행되어야 하는 코드를 작성할 때 옵셔널 바인딩 구문을 중첩해서 작성해야 했고, 이러한 코드는 Pyramid of doom으로 불리면서 조롱과 불편함의 대상이 되었습니다. 이어지는 코드는 두 개의 옵셔널 형식으로 저장된 고객의 이름과 포인트를 추출한 후 포인트에 따라 고객의 등급을 출력하는 가상의 코드입니다. 원하는 기능을 구현하기에 전혀 문제가 없지만 추출해야할 값에 따라 중첩해야할 단계가 늘어나고 가독성이 매우 떨어진다는 단점을 가지고 있습니다.

```
let name: String? = "John doe"
let point: Int? = 1200

if let n = name {
    if let p = point {
        if p > 1000 {
            print("\(n) - Gold Membership")
```

```
            }
        }
    }
    // John doe - Gold Membership
```

Swift 1.2 버전부터 옵셔널 바인딩 구문은 두 개 이상의 바인딩을 처리할 수 있도록 개선되었습니다. 모든 바인딩은 let 또는 var 키워드로 시작하고, 개별 바인딩은 ,로 구분해서 나열합니다. 옵셔널 바인딩 구문은 모든 바인딩이 성공한 경우에만 내부 코드가 실행됩니다.

```
    if let 상수 이름 1 = 옵셔널 표현식 1, let 상수 이름 N = 옵셔널 표현식 N {
        모든 바인딩이 성공했을 때 실행할 코드
    }
```

옵셔널 바인딩 구문에서 기존 if 문처럼 불린 표현식을 추가해야 한다면 아래와 같이 ,로 구분해서 나열할 수 있습니다. 불린 표현식과 바인딩의 작성 순서는 관계가 없습니다.

```
    if let 상수 이름 = 옵셔널 표현식, 불린 표현식 {
        모든 바인딩이 성공하고 불린 표현식이 참으로 평가될 때 실행할 코드
    }
```

```
    let name: String? = "John doe"
    let point: Int? = 1200

    if let n = name, let p = point, n.characters.count > 3 && p > 1000 {
        print("\(n) - Gold Membership")
    }
    // John doe - Gold Membership
```

4. Summary

- Swift는 옵셔널 형식을 통해 nil을 저장할 수 있는 형식과 항상 유효한 값을 저장해야 하는 형식을 구분합니다.
- 옵셔널 형식을 선언할 때는 자료형 뒤에 ? 문자를 추가합니다.

```
var 변수 이름: 자료형?
```

- 옵셔널 형식에 저장된 값을 사용하기 위해서는 값을 추출해야 합니다.
- 옵셔널 표현식 뒤에 ! 연산자를 붙이면 값이 강제로 추출됩니다. 옵셔널 표현식의 값이 nil인 경우에는 런타임 오류가 발생합니다.

```
옵셔널 표현식!
```

- 옵셔널 형식을 선언할 때 ? 문자 대신 ! 문자를 사용하면 값을 읽을 때 값이 자동적으로 추출됩니다.

```
var 변수 이름: 자료형!
```

- 옵셔널 형식을 사용할 때 값의 유효성을 확인하기 위해 옵셔널 바인딩 구문을 사용합니다.

```
if let 상수 이름 = 옵셔널 표현식 {
    바인딩이 성공했을 때 실행할 코드
}
```

연산자

프로그래밍 언어는 1 + 2와 같이 사칙연산을 수행하는 산술 연산자, 값을 비교하는 비교 연산자, 참과 거짓을 판단하는 논리연산자 등 다양한 연산자를 제공합니다. Objective-C와 Swift는 C가 제공하는 대부분의 표준 연산자를 제공합니다. 특히 Swift는 연산자를 사용하면서 자주 발생할 수 있는 프로그래밍 오류를 사전에 방지할 수 있는 다양한 개선점을 가지고 있습니다.

연산자^{Operator}는 연산의 대상이 되는 피연산자^{Operand}를 하나 이상 가질 수 있습니다. 피연산자의 수에 따라 단항 연산자^{Unary Operator}, 이항 연산자^{Binary Operator}, 삼항 연산자^{Ternary Operator}로 구분할 수 있습니다.

```
-a              // 단항 연산자
a + b           // 이항 연산자
a ? b : c       // 삼항 연산자
```

연산자의 위치는 피연산자의 왼쪽, 피연산자 사이, 피연산자의 오른쪽에 올 수 있고, 위치에 따라 연산의 결과가 달라질 수 있습니다. 연산자를 위치에 따라 구분할 때는 각각 Prefix Operator, Infix Operator, Postfix Operator라고 부릅니다.

```
++a             // Prefix Operator
a++             // Postfix Operator
a + b           // Infix Operator
```

연산자는 우선순위^{Precedence}를 가지고 있습니다. 예를 들어 사칙연산에서 곱하기가 더하기보다 우선순위를 가지는 것처럼 * 연산자가 + 연산자보다 높은 우선순위를 가집니다. 그리고 수식에 사용된 연산자들이 동등한 우선순위를 가진 경우에는 결합성^{Associativity}에 따라 우선순위를 결정합니다.

연산자에 대한 기초적인 내용은 아래의 링크에서 동영상으로 보실 수 있습니다.
https://kxcoding.com/video/swift4-operator-basics

1. 산술 연산자 (Arithmetic Operator)

산술 연산자는 덧셈, 뺄셈, 곱셈, 나눗셈과 같은 기본적인 사칙연산과 나머지 연산, 부호 변경을 수행하는 연산자입니다. 산술 연산자가 포함된 표현식은 기본적으로 왼쪽에서 오른쪽으로 계산되지만, 연산자의 우선순위에 따라서 순서가 달라질 수 있습니다.

연산자	피연산자 수	연산결과	표현식
+	2	두 피연산자의 합	a + b
-	1 또는 2	단항: 부호 변경 이항: 두 피연산자의 차	-a a - b
*	2	두 피연산자의 곱	a * b
/	2	두 피연산자를 나눈 몫	a / b
%	2	두 피연산자를 나눈 나머지	a % b
&+	2	두 피연산자의 합(오버플로우 허용)	a &+ b
&-	2	두 피연산자의 차(오버플로우 허용)	a &- b
&*	2	두 피연산자의 곱(오버플로우 허용)	a &* b

1.1 + 연산자 (Addition Operator)

+ 연산자는 이항 연산자로 두 피연산자의 값을 더합니다.

```
let a = 1
let b = 2
let result = a + b
```

1.2 - 연산자 (Subtraction Operator)

- 연산자는 피연산자가 하나일 때 피연산자의 부호를 변경합니다. 예를 들어 a 변수에 1이 저장되어 있다면 - a의 값은 - 1이 됩니다. 단항 - 연산자는 특별히 Unary minus Operator 또는 Additive Inverse Operator라고 합니다.

```
let a = 1
let result = -a
```

피연산자가 두 개인 경우에는 두 피연산자의 차를 구합니다.

```
let a = 1
let b = 2
let result = a - b
```

1.3 * 연산자 (Multiplication Operator)

* 연산자는 이항 연산자로 두 피연산자를 곱합니다. Swift는 수학에서 사용하는 곱하기 기호(×) 대신 * 문자를 곱하기 기호로 사용합니다.

```
let a = 1
let b = 2
let result = a * b
```

1.4 / 연산자 (Division Operator)

/ 연산자는 이항 연산자로 두 피연산자를 나눈 몫을 구합니다. Swift는 수학에서 사용하는 나누기 기호(÷) 대신 / 문자를 나누기 기호로 사용합니다.

```
let a = 1
let b = 2
let result = a / b
```

result 변수에 저장된 결과 값은 얼마일까요? 자료형을 통해서 어느 정도 예상할 수 있듯이 0.5가 아닌 0이 저장됩니다. / 연산자는 정수 나누기^{Integer Division}에서 소수 부분을 버립니다. 0.5라는 결과를 얻기 위해서는 모든 피연산자를 실수로 바꾸어서 실수 나누기^{Floating-point Division}를 수행해야 합니다.

```
let a = 1
let b = 2
let result = Double(a) / Double(b)
```

1.5 % 연산자 (Modulo Operator)

% 연산자는 이항 연산자로 두 피연산자를 나눈 나머지를 구합니다. Swift는 2.3 버전까지 % 연산자를 통한 정수의 나머지 연산과 실수의 나머지 연산을 모두 지원했습니다. 하지만 Swift 3 버전부터 정수의 나머지 연산만 지원하며 실수의 나머지 연산은 truncatingRemainder(dividingBy:) 메소드를 사용해야 합니다.

```
let a = 34
let b = 12
let result1 = a % b
// 10

let c = 3.4
let d = 1.2
//let result2 = c % d  // Error
let result2 = c.truncatingRemainder(dividingBy: d)
// 1.0
```

1.6 산술 오버플로우

숫자 자료형은 저장 가능한 값의 범위를 가지고 있습니다. 예를 들어 Objective-C의 **short** 자료형은 −32768 ~ 32767 사이의 값을 저장할 수 있습니다. 만약 **short** 자료형 변수에 32767이 저장되어 있는데 1을 더하면 어떻게 될까요? 반대로 −32768이 저장되어 있는데 1을 빼면 어떻게 될까요?

```objc
Objective-C
short a = SHRT_MAX + 1;
NSLog(@"%i", a);
// -32768

short b = SHRT_MIN - 1;
NSLog(@"%i", b);
// 32767
```

이처럼 산술 연산의 결과 값이 저장 가능한 값의 범위를 벗어나는 문제를 산술 오버플로우Arithmetic Overflow라고 합니다. 산술 오버플로우가 발생할 경우 값이 예상 값과 큰 차이를 가지기 때문에 오류의 원인이 되기 쉽습니다. 산술 오버플로우는 코드를 실행하기 전까지 예측이 어렵고, 실제로 디버깅을 할 때 이런 종류의 오류를 찾는 것이 매우 어렵습니다. 그러므로 산술 연산의 결과 값을 저장할 때는 반드시 오버플로우의 가능성을 염두에 두고 예상 가능한 값보다 큰 값을 저장할 수 있는 자료형을 선택해야 합니다.

Swift는 기본적으로 산술 연산에서 오버플로우를 허용하지 않습니다. Objective-C와 달리 오버플로우가 발생하는 코드를 컴파일 단계에서 파악할 수 있으므로 코드의 안정성이 매우 높아집니다.

```swift
let a: Int16 = Int16.max + 1     // Error
```

의도적으로 오버플로우 결과를 활용해야 한다면 Swift에서 새로 도입된 오버플로우 연산자를 사용합니다.

1.7 오버플로우 연산자 (Overflow Operator)

Swift에 새로 도입된 오버플로우 연산자는 기본 산술 연산자와 달리 오버플로우를 허용합니다. 이 연산자는 & 문자와 산술 연산자가 조합된 형태를 가지고 있습니다. 초기에는 다섯 개의 오버플로우 연산자를 제공했지만 현재는 세 개의 오버플로우 연산자를 제공하고 있습니다.

&+ : Overflow addition

&- : Overflow subtraction

&* : Overflow multiplication

> **Expert Note**
> 초기에 제공되었던 &/ 연산자와 &% 연산자는 Swift 1.2 버전에서 삭제되었습니다.

조금 전 예제는 Int16.max에 1을 더한 결과가 오버플로우를 발생시키기 때문에 실행할 수 없습니다. 하지만 오버플로우 연산자를 사용하도록 구현을 변경하면 정상적으로 실행할 수 있고 Objective-C 와 동일한 결과를 얻을 수 있습니다.

```
let a: Int16 = Int16.max &+ 1
print(a)
// -32768

let b: Int16 = Int16.min &- 1
print(b)
// 32767

let c: Int16 = Int16.min &* Int16.max
print(c)
// -32768
```

2. 비교 연산자 (Comparison Operator)

비교 연산자(또는 관계 연산자^{Relational Operator})는 두 피연산자의 값을 비교합니다. 이 연산자는 값의 동등성과 크기를 비교할 수 있고, 비교 연산의 결과는 항상 참과 거짓을 나타내는 불린 값입니다. 주로 조건문과 제어문에서 코드의 실행여부를 판단하는데 사용됩니다.

연산자	피연산자 수	연산결과	표현식
==	2	두 피연산자의 값이 같으면 true, 다르면 false	a == b
!=	2	두 피연산자의 값이 다르면 true, 같으면 false	a != b
<	2	a의 값이 b의 값보다 작으면 true, 크거나 같으면 false	a < b
<=	2	a의 값이 b의 값보다 작거나 같으면 true, 크면 false	a <= b
>	2	a의 값이 b의 값보다 크면 true, 작거나 같으면 false	a > b
>=	2	a의 값이 b의 값보다 크거나 같으면 true, 작으면 false	a >= b

2.1 == 연산자 (Equal To Operator)

== 연산자는 두 피연산자의 값이 같으면 true를 리턴하고, 다르면 false를 리턴합니다.

```
let a = 1
let b = 2
let result = a == b
print("\(a) == \(b) : \(result)")
// 1 == 2 : false
```

2.2 != 연산자 (Not Equal to Operator)

!= 연산자는 두 피연산자의 값이 다르면 true를 리턴하고, 같으면 false를 리턴합니다.

```
let a = 1
let b = 2
```

```
let result = a != b
print("\(a) != \(b) : \(result)")
// 1 != 2 : true
```

2.3 < 연산자 (Less Than Operator)

< 연산자는 왼쪽 피연산자의 값이 오른쪽 피연산자의 값보다 작으면 true를 리턴하고, 크거나 같으면 false를 리턴합니다.

```
let a = 1
let b = 2
let result = a < b
print("\(a) < \(b) : \(result)")
// 1 < 2 : true
```

2.4 <= 연산자 (Less Than or Equal to Operator)

<= 연산자는 왼쪽 피연산자의 값이 오른쪽 피연산자의 값보다 작거나 같으면 true를 리턴하고, 크면 false를 리턴합니다.

```
let a = 1
let b = 2
let result = a < b
print("\(a) <= \(b) : \(result)")
// 1 <= 2 : true
```

2.5 > 연산자 (Greater Than Operator)

> 연산자는 왼쪽 피연산자의 값이 오른쪽 피연산자의 값보다 크면 true를 리턴하고, 작거나 같으면 false를 리턴합니다.

```
let a = 1
let b = 2
let result = a > b
print("\(a) > \(b) : \(result)")
// 1 > 2 : false
```

2.6 >= 연산자 (Greater Than or Equal to Operator)

>= 연산자는 왼쪽 피연산자의 값이 오른쪽 피연산자의 값보다 크거나 같으면 true를 리턴하고, 작으면 false를 리턴합니다.

```
let a = 1
let b = 2
let result = a >= b
print("\(a) >= \(b) : \(result)")
// 1 >= 2 : false
```

3. 항등 연산자 (Identity Operator)

연산자	피연산자 수	연산결과	표현식
==	2	두 피연산자의 참조가 동일하면 true, 동일하지 않으면 false	a == b
!=	2	두 피연산자의 참조가 동일하지 않으면 true, 동일하면 false	a != b

값 형식의 비교는 저장된 값을 비교하는 것으로 충분합니다. 하지만 참조 형식의 비교는 저장된 값 이외에 메모리 주소를 비교할 수 있어야 합니다.

> **Beginner Note**
>
> 일부 언어에서 == 연산자를 항등 연산자로, 여기에서 설명하는 항등 연산자를 완전 항등 연산자로 부르기도 합니다.

Swift는 항등 연산자를 도입하여 값 비교와 참조 비교를 명확히 구분합니다. 비교 연산자는 값 형식과 참조 형식에 관계없이 저장된 값을 비교하고, 항등 연산자는 인스턴스의 참조(메모리 주소)를 비교합니다.

```
let str1 = NSString(format: "%@", "str")
let str2 = NSString(string: str1)

if str1 == str2 {
    print("equal")
} else {
    print("not equal")
}
// equal

if str1 === str2 {
    print("identical")
} else {
    print("not identical")
}
// not identical
```

str1과 str2는 개별 인스턴스로 각기 다른 메모리 공간에 저장되어 있지만, 동일한 문자열을 저장하고 있습니다. == 연산자를 통해 값을 비교하면 같은 값을 가지고 있다고 판단하고 equal을 출력합니다. 반대로 === 연산자를 통해 참조를 비교하면 저장된 메모리 공간의 주소가 다르기 때문에 not identical을 출력합니다.

클래스, 구조체 등을 직접 구현할 때 값 비교와 참조 비교의 차이점을 명확히 이해하고 비교 연산과 항등 연산이 올바르게 실행되도록 구현해야 합니다. 비교 연산을 수행하는 메소드를 구현한다면 메소드 이름을 통해 비교 대상을 유추할 수 있도록 해야 합니다.

4. 논리 연산자 (Logical Operator)

논리 연산자는 비교 연산자와 마찬가지로 연산의 결과가 불린 값입니다. 비교 연산자의 피연산자는 주로 값인 반면 논리 연산자의 피연산자는 불린 표현식입니다. 대부분의 불린 표현식은 비교 연산자를 포함하고 있어서 피연산자를 비교식이라고 할 수 있습니다.

연산자	피연산자 수	연산결과	표현식
&&	2	두 피연산자가 모두 참이면 true, 하나라도 거짓이면 false	a && b
||	2	두 피연산자 중 하나가 참이면 true, 모두 거짓이면 false	a || b
!	2	피연산자가 참이면 false, 거짓이면 true	!a

4.1 && 연산자 (Logical AND Operator)

&& 연산자는 모든 피연산자의 결과 값이 참인 경우 true를 리턴하고, 하나의 피연산자 혹은 모든 피연산자의 결과 값이 거짓인 경우 false를 리턴합니다.

```
let a = 1
let b = 2

if a % 2 == 0 && b % 2 == 0 {
    print(true)
} else {
    print(false)
}
// false
```

4.2 || 연산자 (Logical OR Operator)

|| 연산자는 피연산자의 결과 값이 하나라도 참인 경우 true를 리턴하고, 모든 피연산자의 결과 값이 거짓인 경우 false를 리턴합니다.

```
let a = 1
let b = 2

if a % 2 == 0 || b % 2 == 0 {
    print(true)
} else {
    print(false)
}
// true
```

4.3 ! 연산자 (Logical Negation Operator)

! 연산자의 피연산자의 결과 값이 참인 경우 false를 리턴하고, 거짓인 경우 true를 리턴합니다. 즉, 피연산자의 결과와 반대인 결과 값을 리턴합니다. NOT Operator라고 부르기도 합니다.

```
let a = 1
```

```
if !(a % 2 == 0) {
    print(true)
} else {
    print(false)
}
// true
```

4.4 Short-circuit Evaluation & Side Effect

논리 연산자는 첫 번째 논리식의 결과에 따라 전체 결과를 도출할 수 있는 경우가 많습니다. 예를 들어 && 연산자의 첫 번째 논리식이 거짓이면 두 번째 논리식을 평가하지 않고 전체 결과(거짓)를 얻을 수 있습니다. 마찬가지로 || 연산자의 첫 번째 논리식이 참이면 두 번째 논리식을 평가하지 않고 전체 결과(참)를 얻을 수 있습니다. 논리 연산자는 결과 도출에 필요한 최소한의 논리식만 평가하고 나머지 논리식은 평가하지 않습니다. 이러한 평가 방식을 우리말로 단락 평가, 영어로 Short-circuit Evaluation이라고 합니다.

Short-circuit Evaluation 평가 방식은 피연산자의 논리식이 단순 비교식으로 구성되어 있다면 별다른 문제가 없습니다. 하지만, 논리식 내에서 함수를 호출하거나 값을 조작하는 코드가 포함되어 있다면 주의해야 합니다.

```
var a = 1
var b = 2

func updateLeft() -> Bool {
    a += 1
    return true
}

func updateRight() -> Bool {
    b += 1
    return true
}

if updateLeft() && updateRight() {
    //...
}

print(a)
print(b)
// 2
// 3
```

이 코드에서 updateLeft() 함수는 a의 값을 1 증가시키고 true를 리턴합니다. updateRight() 함수는 b의 값을 1 증가시키고 true를 리턴합니다. 첫 번째 논리식인 updateLeft()의 결과는 참입니다. && 연산의 결과는 두 번째 논리식을 평가한 후에 도출할 수 있고, 그 과정에서 두 변수의 값이 모두 1씩 증가합니다.

이번에는 updateLeft() 함수에서 false를 리턴하도록 수정해 보겠습니다.

```
var a = 1
var b = 2

func updateLeft() -> Bool {
    a += 1
    return false
}

func updateRight() -> Bool {
    b += 1
    return true
}

if updateLeft() && updateRight() {
    //...
}

print(a)
print(b)
// 2
// 2
```

이전과 달리 첫 번째 논리식의 결과가 거짓입니다. 그래서 두 번째 논리식의 결과에 관계없이 && 연산의 결과가 거짓입니다. 첫 번째 논리식이 평가될 때 a += 1에 의해 a의 값이 1 증가했지만, 두 번째 논리식은 평가되지 않고 b의 값 역시 초기값에서 변동이 없습니다.

이처럼 표현식이 평가된 후 변수의 값이 변경되는 현상을 Side Effect라고 합니다. Side Effect는 "부작용"으로 번역할 수 있고, 사전에는 3가지 뜻으로 설명되어 있습니다.

• 어떤 일에 부수적으로 일어나는 바람직하지 못한 작용
• 약이 지닌 그 본래의 작용 이외에 부수적으로 일어나는 작용
• 특히 유해한 것을 이른다

현실에서 사용하는 부작용의 의미는 부정적입니다. 하지만 프로그래밍에서 Side Effect는 우리가 알고 있는 부작용의 의미와는 조금 다릅니다.(이 책에서는 "부작용" 대신 Side Effect를 번역 없이 그대로 표기합니다.) 조금 더 넓게 정의해보면, Side Effect는 코드의 실행결과로 인해 값 또는 상태가 변경되는 것입니다.

```
a = 1 + 2
```

이 문장을 실행하면 한 번의 Side Effect가 발생합니다. = 연산자를 통해 a의 값이 변경되기 때문입니다.

```
1 + 2
```

이 문장은 1이나 2의 의미를 변경시키거나 산술 연산의 결과를 변수에 저장하지 않습니다. 그래서 여기에서는 Side Effect가 발생하지 않습니다.

프로그래밍에서 Side Effect는 정상적이고 필요한 동작입니다. Side Effect는 항상 예측 가능한 범위 내에 있어야 하고 의도한 결과를 도출해야 합니다. 하지만 Side Effect를 고려하지 않고 코드를 작성하다보면 의도와 다른 결과로 인해 오류가 발생할 수 있습니다.

Short-circuit Evaluation 평가 방식에서 첫 번째 논리식은 항상 평가되므로 Side Effect를 가진 코드가 논리식에 포함되어 있어도 안전합니다. 그러나 두 번째 논리식은 첫 번째 논리식의 결과에 따라 평가되지 않을 수도 있기 때문에 Side Effect를 가진 코드가 포함되어 있다면 논리적인 오류가 발생할 가능성이 매우 높습니다. Side Effect로 인해 발생하는 논리적인 오류는 디버깅 과정에서 발견하기 어려운 오류 중 하나입니다. 그러므로 논리 연산자를 사용할 때, 논리식에 Side Effect를 가진 코드를 포함시키지 않는 것이 좋습니다.

앞서 살펴본 예제에서 논리식의 결과에 관계없이 두 변수의 값이 모두 증가해야 한다는 요구조건이 있다고(즉, Side Effect가 발생해야 한다고) 가정해 보겠습니다. 이 경우에는 논리 연산자를 사용하기 전에 미리 논리식의 결과를 도출하고, 그 결과를 논리 연산자의 피연산자로 사용하도록 코드를 변경할 수 있습니다. 이 코드의 실행결과를 보면 Short-circuit Evaluation에 관계없이 두 변수의 값이 1씩 증가한 것(즉, Side Effect를 모두 예측할 수 있고, 의도한 결과를 도출)을 확인할 수 있습니다.

```
let resultA = updateLeft()
let resultB = updateRight()
if resultA && resultB {
    //...
}

print(a)
print(b)
// 2
// 3
```

5. 비트 연산자 (Bitwise Operator)

비트 연산자는 지금까지 공부한 연산자와 달리 메모리에 저장된 실제 바이너리 값, 즉 비트를 조작하는 연산자입니다. 그래서 프로그래밍을 처음 공부한다면 이해하기 어려울 수 있습니다.

연산자	피연산자 수	연산결과	표현식
&	2	두 비트에 저장된 값이 모두 1인 경우 결과 비트에 1을 저장하고, 나머지 경우에는 결과 비트에 0을 저장	a & b
¦	2	두 비트에 저장된 값 중 하나라도 1인 경우 결과 비트에 1을 저장하고, 두 비트에 저장된 값이 모두 0인 경우에만 결과 비트에 0을 저장	a ¦ b
^	2	두 비트에 저장된 값이 같으면 결과 비트에 0을 저장하고, 다르면 1을 저장	a ^ b
~	1	비트에 저장된 값을 반전	~a
<<	2	지정된 횟수만큼 왼쪽으로 비트를 이동	a << b
>>	2	지정된 횟수만큼 오른쪽으로 비트를 이동	a >> b

비트 연산자를 통해 수행하는 작업은 대부분 다른 연산자를 통해 동일한 결과를 얻을 수 있습니다. 그렇다면 비트 연산자는 왜 사용할까요? 가장 큰 이유는 연산 속도가 빠르기 때문입니다. 그리고 비트 연산을 응용하면 비교적 짧은 코드로 복잡한 로직을 구현할 수 있고, 메모리 사용량을 최적화할 수 있습니다. 하지만 CPU의 성능이 매우 높아지고 듀얼 코어, 쿼드 코어 CPU가 일반화된 현 시점에는 비트 연산자를 통해 큰 속도 향상을 기대하기 어렵고, 배우기 어렵기 때문에 자주 사용되지 않는 추세입니다.

비트 연산자의 피연산자는 반드시 정수 혹은 정수 표현식이어야 합니다. 피연산자가 실수인 경우에는 컴파일 오류가 발생합니다. 이것은 컴퓨터가 실수를 저장하는 방식과 관련이 있습니다. 정수는 값 자체가 2진수로 변환되어 메모리에 저장되지만 실수는 더 넓은 범위와 소수점을 저장하기 위해서 지수와 가수로 나누어 저장합니다. 실수의 비트를 조작할 경우 지수부분과 가수부분의 데이터가 손상될 가능성이 매우 높고, 그 결과 예측할 수 없는(또는 의미가 없는) 값이 되어 버립니다. 그래서 비트 연산자는 실수의 비트 연산을 지원하지 않습니다.

비트 연산자를 공부할 때 1을 참, 0을 거짓으로 정하고 논리 연산의 결과와 비교하면 더욱 쉽게 이해할 수 있습니다.

5.1 & 연산자 (Bitwise AND Operator)

& 연산자는 비교 대상인 비트에 저장된 값이 모두 1인 경우 결과 비트에 1을 저장하고, 나머지 경우에는 결과 비트에 0을 저장합니다.

a	b	a & b
0	0	0
0	1	0
1	0	0
1	1	1

이번 예제는 두 변수에 정수 값을 저장하고 & 연산의 결과를 출력합니다.

> **Beginner Note**
>
> 비트 연산을 조금 더 비트 연산답게 설명하기 위해서 변수의 초기값을 이진수 리터럴로 설정하고 있지만, 10진수나 16진수 리터럴을 사용해도 동일한 결과를 얻을 수 있습니다.

```
let a = 0b00100011
let b = 0b00011010

print(a & b)
// 2
```

```
a 00100011
b 00011010  &
  ──────────
  00000010
```

a와 b의 비트 값은 오른쪽 두 번째 비트가 일치하고 나머지는 일치하지 않습니다. 그래서 오른쪽 두 번째 결과 비트에는 1이 저장되고 나머지 결과 비트에는 0이 저장됩니다. 이진수 00000010을 10진수로 변환하면 2가 되므로 예제를 실행하면 2가 출력됩니다.

5.2 | 연산자 (Bitwise OR Operator)

| 연산자는 비교 대상인 비트에 저장된 값 중 하나라도 1인 경우 결과 비트에 1을 저장하고, 두 비트에 저장된 값이 모두 0인 경우에만 결과 비트에 0을 저장합니다.

a	b	a | b
0	0	0
0	1	1
1	0	1
1	1	1

```
let a = 0b00100011
let b = 0b00011010

print(a | b)
// 59
```

```
a 00100011
b 00011010  |
  ─────────
  00111011
```

5.3 ^ 연산자 (Bitwise XOR Operator)

^ 연산자는 비교 대상인 비트에 저장된 값이 같으면 결과 비트에 0을 저장하고, 다르면 1을 저장합니다.

a	b	a ¦ b
0	0	0
0	1	1
1	0	1
1	1	0

```
let a = 0b00100011
let b = 0b00011010

print(a ^ b)
// 57
```

```
a 00100011
b 00011010  ^
  ─────────
  00111001
```

5.4 ~ 연산자 (Bitwise NOT Operator)

~ 연산자는 단항 연산자로 비트에 저장된 값을 반전시킵니다. 즉, 1은 0으로 바꾸고 0은 1로 바꿉니다.

a	~a
0	1
1	1

```
let a = 0b00100011

print(~a)
// -36

print(~(~a))
// 35
```

~ 연산을 한 번 실행하면 비트가 반전되고, 반전된 비트에서 다시 ~ 연산을 실행하면 원래의 비트가 됩니다.

5.5 《《 연산자 (Bitwise Left Shift Operator)

《《 연산자는 지정된 횟수만큼 왼쪽으로 비트를 이동시킵니다. 그 결과 왼쪽에 있던 비트는 유실되고 오른쪽에는 0이 저장된 새로운 비트가 추가됩니다.

a	a 《《 1
0001	0010
1100	1000

```
let a = 10
print(a 《《 1)
// 20
```

a 《《 n은 a를 2와 n번 곱한 것과 결과가 같습니다. a 《《 1은 a * 2보다 조금 더 빠르게 실행됩니다.

5.6 》》 연산자 (Bitwise Right Shift Operator)

》》 연산자는 지정된 횟수만큼 오른쪽으로 비트를 이동시킵니다. 《《 연산자와 마찬가지로 오른쪽에 있던 비트는 유실됩니다. 왼쪽에 새롭게 추가되는 비트는 부호 비트에 따라서 값이 달라집니다. 값의 자료형이 unsigned형이라면 부호 비트의 값은 항상 0이고 새롭게 추가되는 비트의 값 역시 항상 0이

됩니다. 그러나 값의 자료형이 signed형인 경우에는 조금 복잡합니다. 부호비트의 값이 0이라면 새롭게 추가되는 비트의 값이 0이지만, 부호비트의 값이 1이라면 시스템에 따라서 처리하는 방식이 달라집니다.

a	a >> 1
0001	0000
1100	0110

```
let a = 10
print(a >> 1)
// 5
```

```
a   00001010
a>>1 00000101
```

a >> n은 a를 2로 n번 나눈 것과 결과가 같습니다. a / 2 대신 a >> 1을 사용하면 나누기 결과를 조금 더 빨리 얻을 수 있습니다.

6. 할당 연산자 (Assignment Operator)

할당 연산자는 왼쪽 피연산자에 오른쪽 피연산자의 연산 결과를 저장합니다. 가장 일반적으로 사용되는 할당 연산자는 = 연산자입니다. 나머지 연산자는 산술 연산자 또는 비트 연산자와 조합된 형태로 복합 할당 연산자Compound Assignment Operator라고 합니다.

연산자	피연산자 수	연산결과	표현식
=	2	오른쪽 피연산자의 값을 왼쪽 피연산자에 할당	a = b
+=	2	두 피연산자의 + 연산 결과를 왼쪽 피연산자에 할당	a += b
-=	2	두 피연산자의 - 연산 결과를 왼쪽 피연산자에 할당	a -= b
*=	2	두 피연산자의 * 연산 결과를 왼쪽 피연산자에 할당	a *= b
/=	2	두 피연산자의 / 연산 결과를 왼쪽 피연산자에 할당	a /= b
%=	2	두 피연산자의 % 연산 결과를 왼쪽 피연산자에 할당	a %= b
&=	2	두 피연산자의 & 연산 결과를 왼쪽 피연산자에 할당	a &= b
¦=	2	두 피연산자의 ¦ 연산 결과를 왼쪽 피연산자에 할당	a ¦= b
^=	2	두 피연산자의 ^ 연산 결과를 왼쪽 피연산자에 할당	a ^= b
<<=	2	두 피연산자의 << 연산 결과를 왼쪽 피연산자에 할당	a <<= b
>>=	2	두 피연산자의 >> 연산 결과를 왼쪽 피연산자에 할당	a >>= b

할당 연산자의 왼쪽 피연산자는 항상 lvalue입니다. 오른쪽 피연산자는 리터럴, 변수와 상수, 계산식, 함수 호출 등 다양한 표현식이 될 수 있습니다. 즉, lvalue와 rvalue가 모두 올 수 있습니다.

```
let a = 0
let b = a
let c = 1 + 2
let d = abs(-2)
```

이번 예제는 if 문에서 a의 값을 비교하고 있습니다. 아직 if 문을 배우지 않았지만 코드를 실행해 보면 a의 값은 2가 아니기 때문에 value of a is not 2가 출력됩니다.

Objective-C
```
int a = 1;
if (a == 2) {
    NSLog(@"value of a is 2");
} else {
    NSLog(@"value of a is not 2");
}
// value of a is not 2
```

프로그래머가 자주 하는 실수 중 하나는 값을 비교할 때 == 연산자 대신 = 연산자를 사용하는 것입니다. 만약 이 예제에서 == 연산자를 = 연산자로 바꾸면 어떻게 될까요?

Objective-C
```
int a = 1;
if (a = 2) {
    NSLog(@"value of a is 2");
} else {
    NSLog(@"value of a is not 2");
}
// value of a is 2
```

이번에는 value of a is 2가 출력됩니다. a에 2를 할당했기 때문에 올바른 결과를 출력한 것 같습니다. 그러면 a에 7을 할당한 다음 실행해 보면 value of a is not 2가 출력될까요?

Objective-C
```
int a = 1;
if (a = 7) {
    NSLog(@"value of a is 2");
} else {
    NSLog(@"value of a is not 2");
}
// value of a is 2
```

이번에도 value of a is 2가 출력됩니다. 이렇게 되는 이유는 무엇일까요? a = 7이라는 표현식의 결과는 무엇일까요? Objective-C의 if 문은 ( ) 안에 포함된 표현식의 결과가 0이 아니라면 항상 참으로 판단합니다. 예제에서 a에 0이 아닌 값이 할당되었고 if 문은 a의 저장된 값을 통해 조건이 참이라고 판단한 것입니다. == 연산자 대신 = 연산자를 잘못 사용하면 조건을 판단하는 코드가 논리적 오류가 있는 결과를 도출하고 비교 대상의 값이 의도치 않게 변경되는 문제가 발생합니다. Objective-C 컴파일러는 이러한 코드를 오류로 판단하지 않고 단순히 경고만 출력합니다.

이 문제를 해결하는 방법 중 하나는 피연산자의 위치를 변경하는 것입니다. a == 7, 7 == a 두 표현식의 결과는 동일합니다.

Objective-C
```objc
int a = 1;
if (7 == a) {
    NSLog(@"value of a is 2");
} else {
    NSLog(@"value of a is not 2");
}
// value of a is not 2
```

이전과 동일한 실수를 한다면 이번에는 컴파일 오류가 발생합니다. lvalue인 변수 a에는 7을 저장할 수 있지만, rvalue인 리터럴에는 값을 저장할 수 없기 때문입니다. C 계열의 언어를 사용할 때는 대부분 이런 기법을 사용하여 = 연산자로 인한 논리적 오류를 사전에 방지합니다.

Objective-C
```objc
int a = 1;
if (7 = a) {                                        // Error
    NSLog(@"value of a is 2");
} else {
    NSLog(@"value of a is not 2");
}
```

이전과 동일한 실수를 한다면 이번에는 컴파일 오류가 발생합니다. lvalue인 변수 a에는 7을 저장할 수 있지만, rvalue인 리터럴에는 값을 저장할 수 없기 때문입니다. C 계열의 언어를 사용할 때는 대부분 이런 기법을 사용하여 = 연산자로 인한 논리적 오류를 사전에 방지합니다.

Objective-C
```objc
int a = 1;
if (7 = a) {                                        // Error
    NSLog(@"value of a is 2");
} else {
    NSLog(@"value of a is not 2");
}
```

간략히 정리하면 할당 연산자가 포함된 표현식의 결과는 왼쪽 피연산자에 저장된 값과 동일하고, 0이 아닌 값이 저장되어 있다면 조건식에서 참으로 판단할 수 있습니다.

Swift의 할당 연산자는 Objective-C와 큰 차이점을 가지고 있습니다. Swift에서 할당 연산자가 포함된 표현식은 결과를 반환하지 않습니다. 그래서 조건식에서 사용될 경우 조건을 판단할 값이 리턴되지 않기 때문에 컴파일 오류가 발생합니다.

```
Swift
var a = 1
if a = 2 {                    // Error
    //...
}
```

6.1 = 연산자 (Basic Assignment Operator)

= 연산자는 오른쪽 피연산자의 값을 왼쪽 피연산자에 할당합니다.

```
let a = 0
```

6.2 += 연산자 (Addition Assignment Operator)

+= 연산자는 두 피연산자의 + 연산 결과를 왼쪽 피연산자에 할당합니다.

```
var a = 1
a += 2
print(a)
// 3

var b = 1
b = b + 2
print(b)
// 3
```

6.2 -= 연산자 (Subtraction Assignment Operator)

-= 연산자는 두 피연산자의 - 연산 결과를 왼쪽 피연산자에 할당합니다.

```
var a = 1
a -= 2
print(a)
// -1

var b = 1
b = b - 2
print(b)
// -1
```

6.3 *= 연산자 (Multiplication Assignment Operator)

*= 연산자는 두 피연산자의 * 연산 결과를 왼쪽 피연산자에 할당합니다.

```
var a = 1
a *= 2
print(a)
// 2

var b = 1
b = b * 2
print(b)
```

```
// 2
```

6.4 /= 연산자 (Division Assignment Operator)

/= 연산자는 두 피연산자의 / 연산 결과를 왼쪽 피연산자에 할당합니다.

```
var a = 1.0
a /= 2
print(a)
// 0.5

var b = 1.0
b = b / 2
print(b)
// 0.5
```

6.5 %= 연산자 (Modulo Assignment Operator)

%= 연산자는 두 피연산자의 % 연산 결과를 왼쪽 피연산자에 할당합니다.

```
var a = 1
a %= 2
print(a)
// 1

var b = 1
b = b % 2
print(b)
// 1
```

6.6 |= 연산자 (Bitwise OR Assignment Operator)

|= 연산자는 두 피연산자의 | 연산 결과를 왼쪽 피연산자에 할당합니다.

```
var a = 1
a |= 2
print(a)
// 3

var b = 1
b = b | 2
print(b)
// 3
```

6.7 ^= 연산자 (Bitwise XOR Assignment Operator)

^= 연산자는 두 피연산자의 ^ 연산 결과를 왼쪽 피연산자에 할당합니다.

```
var a = 1
a ^= 2
print(a)
// 3
```

```
var b = 1
b = b ^ 2
print(b)
// 3
```

6.8 <<= 연산자 (Bitwise Left Shift Assignment Operator)

<<= 연산자는 두 피연산자의 << 연산 결과를 왼쪽 피연산자에 할당합니다.

```
var a = 1
a <<= 2
print(a)
// 4

var b = 1
b = b << 2
print(b)
// 4
```

6.9 >>= 연산자 (Bitwise Right Shift Assignment Operator)

>>= 연산자는 두 피연산자의 >> 연산 결과를 왼쪽 피연산자에 할당합니다.

```
var a = 8
a >>= 2
print(a)
// 2

var b = 8
b = b >> 2
print(b)
// 2
```

7. 조건 연산자 (Ternary Conditional Operator)

조건 연산자는 피연산자가 3개이고 삼항 연산자라고 부르기도 합니다. 앞서 설명했던 연산자와 비교해 문법이 조금 독특합니다.

조건식 ? 표현식1 : 표현식2

조건식이 참이라면 표현식1이 연산의 결과로 선택되고, 거짓이라면 표현식2가 선택됩니다. 주로 특정 조건에 따라 사용할 값을 선택할 때 사용합니다. 예를 들어 아래의 코드를 살펴보겠습니다. 조건 연산자의 조건식이 참이므로 a에 저장된 값이 선택되고 max에는 a의 값이 저장됩니다.

```
let a = 10
let b = 5
let max = a > b ? a : b
print(max)
// 10
```

조건 연산자로 구현한 코드는 if 문을 사용하여 동일한 결과를 얻을 수 있습니다.

```
let a = 10
let b = 5
var max = 0
if a > b {
        max = a
} else {
        max = b
}
```

조건 연산자는 경우의 수가 2개인 경우 if 문에 비해 간략한 코드를 작성할 수 있는 장점이 있습니다. 하지만 경우의 수가 3개를 넘어가는 경우에는 코드의 가독성이 급격히 떨어지는 단점이 있고, 이 경우에는 if 문을 사용하는 것이 좋습니다.

8. Nil Coalescing Operator

이름을 저장하는 String? 변수가 있고 이름을 출력할 때 유효한 값이 없다면 "John doe"로 출력해야 한다고 가정하겠습니다. 옵셔널 바인딩 구문을 사용하면 다음과 같이 구현할 수 있습니다.

```
let name: String? = nil

if let n = name {
    print(n)
} else {
    print("John doe")
}
// John doe
```

옵셔널 바인딩 구문 내부에서 처리하는 코드와 else 블록의 코드가 동일하므로 조건 연산자를 사용하는 코드로 작성할 수 있습니다. 이 코드는 안정성에 영향을 주지 않고 코드의 양을 줄일 수 있다는 장점이 있지만 동시에 ! 연산자로 값을 강제 추출해야 한다는 단점도 가지고 있습니다.

```
let name: String? = nil
print(name != nil ? name! : "John doe")
// John doe
```

Nil Coalescing 연산자는 이항 연산자로 a ?? b 와 같은 형태를 가지고 있습니다. 왼쪽 피연산자인 표현식 부분에는 대부분 최종 결과가 옵셔널 형식인 표현식이 옵니다. 평가된 표현식의 값이 nil이 아니라면 표현식의 값이 자동으로 추출됩니다. 오른쪽 피연산자는 표현식이 nil인 경우 사용할 값 또는 표현식입니다.

표현식 ?? 표현식이 nil인 경우 사용할 값 또는 표현식

조건 연산자를 사용한 코드를 ?? 연산자를 사용하도록 수정해 보겠습니다. 조건 연산자에 비해 직관적인 코드를 작성할 수 있고 name 변수의 값이 nil이 아닌 경우 자동으로 값이 추출되기 때문에 일반

변수처럼 사용할 수 있습니다. 그리고 nil인 경우 사용할 값을 지정해 두었기 때문에 런타임 오류도 발생하지 않습니다.

```
let name: String? = nil
print(name ?? "John doe")
// John doe
```

?? 연산자의 두 피연산자가 서로 다른 자료형의 값이 될 수 있는지 확인해 보겠습니다. 예제를 조금 수정하여 name 변수에 값이 없을 경우 출력할 값을 0으로 변경해 보겠습니다. 예제를 실행해보면 0이 정상적으로 출력됩니다.

```
let name: String? = nil
print(name ?? 0)
// 0
```

이번에는 ?? 연산자로 선택한 값을 새로운 변수에 할당하는 경우를 고려해 보겠습니다. 이 코드에서 validName 상수의 자료형은 무엇일까요? name 변수에 값이 저장되어 있는 경우에는 String이 되고, nil인 경우에는 Int가 된다고 예상할 수 있습니다. 그러나 Swift는 이러한 코드를 허용하지 않습니다. 자료형을 엄격하게 구분하는 Swift에서 String과 Int는 서로 호환되지 않은 자료형이기 때문에 컴파일 오류가 발생합니다.

```
let name: String? = nil
let validName = name ?? 0  // Error
```

그렇다면 이 코드는 왜 정상적으로 실행되었을까요?

```
print(name ?? 0)
```

해답은 print 함수의 파라미터 자료형에 있습니다. 이 파라미터의 자료형이 가장 범용적인 Any이기 때문에 어느 경우에도 값을 받아들일 수 있어서 오류가 발생하지 않았던 것입니다. 하지만 validName 상수에 할당하는 코드에서는 형식 추론을 통해 자료형을 결정할 때 String, Int 중 어느 자료형을 사용해야 하는지 모호하기 때문에 오류가 발생합니다. 이런 이유로 인해 ?? 연산자의 오른쪽 피연산자의 자료형은 대부분 왼쪽 피연산자의 자료형과 일치하거나 호환되는 비옵셔널 자료형을 가집니다. 예를 들어 왼쪽 피연산자의 자료형이 String?이라면 오른쪽 피연산자의 자료형은 String이 됩니다.

```
let name: String? = nil
let validName = name ?? "John doe"
// John doe

let num: Int? = nil
let validNum = num ?? 0
// 0
```

9. 범위 연산자

범위 연산자^{Range Operator}는 Swift에서 새롭게 도입된 연산자로 반복문의 범위를 정의하거나 switch 문에서 범위를 매칭하는 등 다양한 부분에서 사용됩니다. 이 연산자는 이항 연산자이고 왼쪽 피연산자는 시작 값, 오른쪽 피연산자는 종료 값입니다. 종료 값이 범위에 포함되는가에 따라 Closed Range와 Half-Open으로 구분합니다. Swift 4에서는 시작 값과 종료 값 중 하나만 지정할 수 있는 One-Sided Range가 새롭게 도입되었습니다.

연산자	피연산자 수	연산결과	표현식
...	1 또는 2	종료 값이 포함된 범위	a ... b a ... ... b
..<	1 또는 2	종료 값이 포함되지 않은 범위	a ..< b ..< b

9.1 Closed Range Operator

... 연산자는 시작 값과 종료 값을 모두 포함하는 범위를 정의합니다.

시작 값...종료 값

예를 들어 0부터 3까지의 범위를 생성한 후 for-in 반복문으로 전달하면 0부터 3까지 총 4번 반복됩니다.

```
let range = 0...3
for index in range {
    print(index)
}
// 0
// 1
// 2
// 3
```

일반적으로 범위를 정의할 때 정수 리터럴을 사용하게 되지만, 실수와 함수의 리턴 값을 사용하여 범위를 지정하는 것도 가능합니다.

```
let rangeOfDouble = 0.0...10.0
let rangeOfReturnVaule = min(0, -2)...max(7, 10)
```

9.2 Half-Open Range Operator

..< 연산자는 ... 연산자와 달리 종료 값이 범위에 포함되지 않습니다.

시작 값..<종료 값

이 코드에서 종료 값을 3으로 전달했지만 종료 값이 범위에 포함되지 않습니다. 그래서 0부터 2까지의 범위가 생성됩니다.

```
let range = 0..<3
for index in range {
    print(index)
}
// 0
// 1
// 2
```

Expert Note

Half-Open Range Operator는 Swift 발표 초기에는 .. 이었지만 Xcode 6 beta 3에서 ..<으로 변경되었습니다.

9.3 Reverse Range

범위 연산자는 오름차순의 범위를 정의할 수 있습니다. 왼쪽 피연산자는 오른쪽 피연산자 보다 클 수 없다는 제약이 있기 때문에 내림차순의 범위는 정의할 수 없습니다. 내림차순의 범위가 필요하다면 reversed() 메소드를 사용하여 범위를 역순으로 변경할 수 있습니다.

```
let range = 0..<3

for index in range.reversed() {
    print(index)
}
// 2
// 1
// 0
```

9.4 One-Sided Range

앞에서 공부한 두 범위연산자를 통해 범위를 표현할 때는 시작 값과 종료 값을 모두 지정했습니다. 즉, 범위 연산자는 항상 이항연산자로 사용되었습니다. 하지만 Swift 4부터 두 값 중 하나만 지정할 수 있게 되었습니다. 다시 말해 범위 연산자를 단항연산자로도 사용할 수 있습니다. 피연산자가 하나이기 때문에 시작 값과 종료 값 중 하나만 지정할 수 있고, 지정되지 않는 나머지 하나의 값은 컴파일러가 자동으로 채워줍니다. 하지만 연산자가 사용된 위치에 따라서 허용되지 않는 경우가 있기 때문에 잘 구분해서 사용해야 합니다. 주로 문자열이나 컬렉션에서 서브스크립트 문법으로 범위를 지정할 때 사용하고 단순 반복 범위를 표현할 때는 사용하지 않습니다.

... 연산자를 One-Sided 형태로 사용할 때는 시작 값만 지정하는 형태와 종료 값만 지정하는 형태를 모두 사용할 수 있습니다.

시작 값...
...종료 값

예를 들어 문자열 배열의 서브스크립트에서 One-Sided Range를 사용하면 범위의 시작 인덱스와 종료 인덱스 중 하나를 지정할 수 있고 나머지 생략된 인덱스는 배열의 시작 인덱스 또는 종료 인덱스로 자동으로 채워집니다.

```
let list = ["A", "B", "C", "D", "E"]

list[2...]
// C, D, E

list[...2]
// A, B, C
```

..< 연산자는 시작 값만 지정하는 형태는 사용할 수 없고 종료 값을 지정하는 형태로만 사용할 수 있습니다.

..<종료 값

조금 전 예제를 ..< 연산자로 바꾸어 보면 0..<2 범위와 동일한 결과를 얻을 수 있습니다.

```
list[..<2]
// A, B
```

반복 범위를 지정할 때는 가능하다면 One-Sided Range를 사용하지 않는 것이 좋습니다. 이 코드에서 시작 인덱스만 지정할 경우 종료 인덱스가 자동으로 결정되는데 수는 무한대이고 종료 값을 판단할 수 없기 때문에 결국 무한루프에 빠지게 됩니다.

```
for _ in 0... {
    // infinite loop
}
```

10. 연산자 우선순위

모든 연산자는 우선순위를 가지고 있습니다. 우선순위는 하나의 표현식에서 다수의 연산자가 사용되었을 때 계산의 순서를 결정하는 기준이 됩니다. 산술 연산자는 우리가 익히 알고 있는 수학의 우선순위와 동일합니다. 즉, * 연산자와 / 연산자, % 연산자는 + 연산자, - 연산자 보다 높은 우선순위를 가집니다. 동일한 우선순위를 가진 연산자는 결합성Associativity에 따라 우선순위를 결정합니다.

더하기와 곱하기가 포함된 계산식이 있습니다. 이 식의 결과 값은 얼마일까요?

```
1 + 2 * 3
```

연산자의 우선순위에 따라 2 * 3이 먼저 계산된 후, 1이 더해져 7이 됩니다. 만약 1 + 2를 먼저 계산한 후 3을 곱해야 한다면 어떻게 해야 할까요? 먼저 계산식을 두 개로 분리하는 것을 생각해 볼 수 있습니다.

```
var result = 1 + 2
result = result * 3
print(result)
// 9
```

이 방식으로 원하는 결과를 얻을 수 있지만, 코드가 필요 이상으로 길어지는 단점이 있고, 연산자의 수가 늘어날수록 분리해야 하는 계산식이 늘어날 수 있습니다. 대부분의 프로그래밍 언어는 우선순위에 관계없이 계산 순서를 지정할 수 있는 괄호 연산자를 제공합니다. 계산식에 ( )가 포함되어 있다면 우선순위에 관계없이 가장 먼저 계산됩니다.

```
var result = (1 + 2) * 3
print(result)
// 9
```

( ) 연산자 내부에는 주로 계산식이 포함되고, 필요에 따라 중첩할 수 있고 가장 내부에 있는 계산식이 먼저 계산됩니다. 사실 모든 연산자의 우선순위를 기억할 필요는 없습니다. 대신 ( ) 연산자를 사용하여 의도한 결과를 도출하도록 우선순위를 직접 지정하는 것이 좋습니다.

11. Summary

- 연산자는 연산의 대상이 되는 피연산자를 하나 이상 가질 수 있습니다. 피연산자의 수에 따라 단항 연산자, 이항 연산자, 삼항 연산자로 구분합니다.

```
-a              // 단항 연산자
a + b           // 이항 연산자
a ? b : c       // 삼항 연산자
```

- 연산자의 위치에 따라 Prefix Operator, Infix Operator, Postfix Operator 구분합니다.

```
++a             // Prefix Operator
a++             // Postfix Operator
a + b           // Infix Operator
```

- 연산자는 우선순위를 가지고 있으며 수식에서 높은 우선순위를 가진 연산이 먼저 수행됩니다.

- 우선순위가 동일한 경우 결합성에 따라 우선순위가 결정됩니다.

- 논리 연산자는 결과 도출에 필요한 최소한의 논리식만 평가하고 나머지 논리식은 평가하지 않습니다. 이러한 평가 방식을 Short-circuit Evaluation이라고 합니다.

- Side Effect는 코드의 실행 결과로 인해 값 또는 상태가 변경되는 것입니다.

- 산술 연산자 목록

연산자	피연산자 수	연산결과	표현식
+	2	두 피연산자의 합	a + b
-	1 또는 2	단항: 부호 변경 이항: 두 피연산자의 차	-a a - b
*	2	두 피연산자의 곱	a * b
/	2	두 피연산자를 나눈 몫	a / b
%	2	두 피연산자를 나눈 나머지	a % b
&+	2	두 피연산자의 합(오버플로우 허용)	a &+ b
&-	2	두 피연산자의 차(오버플로우 허용)	a &- b
&*	2	두 피연산자의 곱(오버플로우 허용)	a &* b

• 비교 연산자 목록

연산자	피연산자 수	연산결과	표현식
==	2	두 피연산자의 값이 같으면 true, 다르면 false	a == b
!=	2	두 피연산자의 값이 다르면 true, 같으면 false	a != b
<	2	a의 값이 b의 값보다 작으면 true, 크거나 같으면 false	a < b
<=	2	a의 값이 b의 값보다 작거나 같으면 true, 크면 false	a <= b
>	2	a의 값이 b의 값보다 크면 true, 작거나 같으면 false	a > b
>=	2	a의 값이 b의 값보다 크거나 같으면 true, 작으면 false	a >= b

• 항등 연산자 목록

연산자	피연산자 수	연산결과	표현식
==	2	두 피연산자의 참조가 동일하면 true, 동일하지 않으면 false	a == b
!=	2	두 피연산자의 참조가 동일하지 않으면 true, 동일하면 false	a != b

• 논리 연산자 목록

연산자	피연산자 수	연산결과	표현식
&&	2	두 피연산자가 모두 참이면 true, 하나라도 거짓이면 false	a && b
¦¦	2	두 피연산자 중 하나가 참이면 true, 모두 거짓이면 false	a ¦¦ b
!	2	피연산자가 참이면 false, 거짓이면 true	!a

• 비트 연산자 목록

연산자	피연산자 수	연산결과	표현식
&	2	두 비트에 저장된 값이 모두 1인 경우 결과 비트에 1을 저장하고, 나머지 경우에는 결과 비트에 0을 저장	a & b
¦	2	두 비트에 저장된 값 중 하나라도 1인 경우 결과 비트에 1을 저장하고, 두 비트에 저장된 값이 모두 0인 경우에만 결과 비트에 0을 저장	a ¦ b
^	2	두 비트에 저장된 값이 같으면 결과 비트에 0을 저장하고, 다르면 1을 저장	a ^ b
~	1	비트에 저장된 값을 반전	~a
<<	2	지정된 횟수만큼 왼쪽으로 비트를 이동	a << b
>>	2	지정된 횟수만큼 오른쪽으로 비트를 이동	a >> b

- 할당 연산자 목록

연산자	피연산자 수	연산결과	표현식
=	2	오른쪽 피연산자의 값을 왼쪽 피연산자에 할당	a = b
+=	2	두 피연산자의 + 연산 결과를 왼쪽 피연산자에 할당	a += b
-=	2	두 피연산자의 - 연산 결과를 왼쪽 피연산자에 할당	a -= b
*=	2	두 피연산자의 * 연산 결과를 왼쪽 피연산자에 할당	a *= b
/=	2	두 피연산자의 / 연산 결과를 왼쪽 피연산자에 할당	a /= b
%=	2	두 피연산자의 % 연산 결과를 왼쪽 피연산자에 할당	a %= b
&=	2	두 피연산자의 & 연산 결과를 왼쪽 피연산자에 할당	a &= b
¦=	2	두 피연산자의 ¦ 연산 결과를 왼쪽 피연산자에 할당	a ¦= b
^=	2	두 피연산자의 ^ 연산 결과를 왼쪽 피연산자에 할당	a ^= b
<<=	2	두 피연산자의 << 연산 결과를 왼쪽 피연산자에 할당	a <<= b
>>=	2	두 피연산자의 >> 연산 결과를 왼쪽 피연산자에 할당	a >>= b

- 피연산자가 3개인 조건 연산자는 조건식에 따라 실행할 표현식을 선택할 수 있습니다.

    조건식 ? 표현식1 : 표현식2

- Nil Coalescing 연산자는 왼쪽 피연산자가 nil이 아닌 경우 왼쪽 피연산자의 값을 추출하고 nil인 경우 오른쪽 피연산자의 값을 사용합니다.

    표현식 ?? 표현식이 nil인 경우 사용할 값 또는 표현식

- 범위 연산자는 범위를 지정할 수 있으며 종료 값이 범위에 포함되는지에 따라 Closed Range와 Half-Open으로 구분합니다.

    Closed Range
    시작 값...종료 값

    Half-Open Range
    시작 값..<종료 값

- Closed Range 연산자는 One-Sided Range 형태로 사용될 때 시작 값 또는 종료 값만 지정하는 형태를 모두 사용할 수 있습니다.

    Closed Range
    시작 값...
    ...종료 값

- Half-Open Range 연산자는 One-Sided Range 형태로 사용될 때 종료 값을 지정하는 현태만 사용할 수 있습니다.

```
Half-Open Range
..<종료  값
```

- 연산자의 우선순위에 관계없이 ( ) 안에 포함된 연산이 가장 먼저 실행됩니다. 그러므로 우선순위를 고려하여 계산식을 구성하는 것보다 ( )를 사용하는 것이 좋습니다.

제어문: 반복문

프로그램은 데이터를 조작한 다음 조건을 판단하고 작업을 반복하는 코드의 모음으로 이루어집니다. 데이터를 조작하는 역할을 하는 것은 앞에서 공부한 연산자이고, 작업을 반복하는 것은 이번에 공부할 반복문입니다.

반복문은 코드를 반복해서 실행합니다. 가장 일반적인 반복문은 for-in 반복문이고 정해진 횟수를 반복하는 코드를 작성하는데 적합합니다. 반복 횟수가 정해져 있지 않고 특정 조건에 따라 반복여부가 결정되는 코드에는 while 반복문을 사용할 수 있습니다.

1. for-in 반복문

Swift는 C 스타일의 For-Condition-Increment Loop를 제공하지 않습니다. Swift 초기 버전에서는 제공되었지만 Swift 2.2에서 더 이상 사용하지 않는 것으로 표시(Deprecated)되었고, Swift 3에서 완전히 제거되었습니다.

> **Beginner Note** – Deprecated
>
> 안정성 또는 중요도가 떨어져 더 이상 사용되지 않는 API는 Deprecated되었다고 표현합니다. API를 바로 삭제할 경우 하위 호환성에 문제가 발생하기 때문에 일정 기간 동안 Deprecated 경고를 표시하여 새로운 API로 전환할 시간을 줍니다. Xcode에서 Deprecated 경고가 표시되면 안내 메시지에 따라 새로운 API로 전환하는 것이 좋습니다.

for-in 반복문은 범위 연산자로 표현된 범위만큼 반복하거나, 문자열, 컬렉션을 순회할 수 있습니다. 루프 상수의 자료형은 형식 추론을 통해 자동으로 결정되므로 명시적으로 선언하지 않습니다. C 스타일의 for 반복문에 비해 문법이 간결하고 더 나은 성능을 제공합니다.

```
for 루프 상수 in 컬렉션/문자열/범위 {
    반복할 코드
}
```

이 예제는 for-in 반복문을 통해 배열을 순회하면서 요소를 출력합니다.

```
let list = ["One", "Two", "Three"]
for str in list {
    print(str)
}
// One
// Two
// Three
```

또한, 문자열을 순회하면서 개별 문자를 나열할 수 있습니다.

```
let str = "One"
for ch in str {
    print(ch)
}
// O
// n
// e
```

아래와 같이 범위 연산자를 사용하여 반복 범위를 지정할 수 있습니다. 이 반복문은 2에서 5까지 모두 4번 반복합니다.

```
for index in 2..<6 {
    print(index)
}
// 2
// 3
// 4
// 5
```

만약 반복문 내에서 루프 상수를 사용하지 않는다면 _ 문자를 사용해서 생략할 수 있습니다. 이것을 와일드카드 패턴Wildcard Pattern이라고 합니다.

```
for _ in 2..<6 {
    // …
}
```

for-in 반복문은 기본적으로 오름차순으로 반복합니다. 내림차순으로 반복하려면 아래와 같이 reversed() 메소드를 사용하여 대상을 역순으로 배열해야 합니다.

```
let list = ["One", "Two", "Three"]
for str in list.reversed() {
    print(str)
}
// Three
// Two
// One

let str = "One"
for ch in str.characters.reversed() {
    print(ch)
}
```

```
// e
// n
// 0

for index in (2..<6).reversed() {
    print(index)
}
// 5
// 4
// 3
// 2
```

범위 연산자의 경우 반드시 괄호로 감싼 후 reversed( ) 메소드를 호출해야 합니다.

2. while 반복문

while 반복문은 조건식이 참일 때 코드를 반복적으로 실행합니다. for-in 반복문과 달리 반복 횟수가 정해져 있지 않기 때문에 자칫 무한루프에 빠지기 쉽습니다.

```
while 조건식 {
        반복할 코드
}
```

반복 제어 변수 i를 선언한 후 i의 값이 3보다 작을 때까지 반복하도록 while 반복문을 구현해 보겠습니다. 반복문 내부는 단순히 i의 값을 출력하도록 구현합니다.

```
var i = 0
while i < 3 {
        print(i)
}
```

이 코드를 실행해보면 0이 반복적으로 출력되면서 무한루프가 발생합니다. 조건식에서 i의 값을 확인한 후 반복할 코드를 실행하고 다시 i의 값을 확인할 때 i의 값이 항상 0이기 때문에 무한루프가 발생하는 것입니다. 이 코드에서는 i의 값을 반복마다 증가시키는 코드가 필요합니다. 아래와 같이 반복할 코드를 실행한 후 i의 값을 증가시키는 코드를 구현하면 의도한대로 동작합니다.

```
var i = 0
while i < 3 {
        print(i)
        i += 1
}
// 0
// 1
// 2
```

2.1 repeat-while

repeat-while 반복문은 while 반복문의 변종으로 조건식을 평가하는 순서가 다릅니다. while 반복문은 조건식을 평가한 후 참인 경우에만 실행하지만, repeat-while 반복문은 먼저 실행한 후 조건식을 평가합니다. 그래서 조건식에 관계없이 반드시 한 번은 실행되는 특징을 가지고 있습니다.

Swift는 초기 버전은 다른 언어와 동일한 이름의 do-while 반복문을 제공했습니다. 그러나 do 키워드를 사용한 새로운 오류 처리 문법이 도입되면서 do-while 반복문은 repeat-while로 이름이 변경되었습니다.

```
repeat {
    반복할 코드
} while 조건식
```

while 반복문의 예제를 조금 바꾸어서 i의 초기값을 10으로 설정하고 동일한 조건으로 while 반복문과 repeat-while 반복문을 구현해 보겠습니다. i의 값이 3보다 크기 때문에 while 반복문의 조건식이 false로 평가되고 반복문 내부의 코드는 실행되지 않습니다. 반복문이 바로 종료되었기 때문에 i의 값역시 증가하지 않습니다. 다시 i의 값을 10으로 초기화한 후 repeat-while 반복문을 실행합니다. 이번에는 반복문의 조건을 판단하기 전에 반복문의 코드를 먼저 실행합니다. 그래서 do-while 10이 출력되고 i의 값이 1 증가됩니다. 이어서 반복문의 조건을 판단할 때 i의 값이 3보다 크기 때문에 반복문이 종료됩니다. 반복문이 종료된 후 다시 i의 값을 출력해보면 after do-while 11이 출력됩니다.

```swift
var i = 10
while i < 3 {
    print("while \(i)")
    i += 1
}

print("after while \(i)")
// after while 10

i = 10
repeat {
    print("do-while \(i)")
    i += 1
} while i < 3
// do-while 10

print("after do-while \(i)")
// after do-while 11
```

while 반복문은 조건식을 판단한 후 코드를 실행하고, repeat-while 반복문은 코드를 실행한 후 조건식을 판단한다는 것을 꼭 기억해 두시기 바랍니다.

3. 중첩된 반복문

반복문은 두 단계 이상 중첩해서 사용할 수 있습니다. 이번에는 두 개의 반복문을 중첩시켜 구구단을 출력하는 코드를 구현해 보겠습니다. 이 코드에서 반복 제어 변수 i는 "단"을 나타내고 j는 각 단에 곱할 수를 나타냅니다. 외부 반복문은 1에서 9까지 아홉 번 반복하면서 내부의 반복문을 실행합니다. 내부 반복문은 다시 1에서 9까지 아홉 번 반복하면서 제어 변수 i와 j를 곱한 결과를 출력합니다. 외부 반복문이 1번 반복될 때 내부 반복문은 9번 반복합니다. 즉, 내부 반복문의 반복이 완료된 후에 외부 반복문이 다음 반복 단계로 이동합니다.

```
for i in 1...9 {
    for j in 1...9 {
        print("\(i) x \(j) = \(i * j)")
    }

    print("")
}

// 1 x 1 = 1
// 1 x 2 = 2
// ...
// 9 x 8 = 72
// 9 x 9 = 81
```

4. Summary

- for-in 반복문은 문자열, 컬렉션, 범위를 순회할 수 있습니다.

```
for 루프 상수 in 컬렉션/문자열/범위 {
    반복할 코드
}
```

- while 반복문은 조건식이 true로 평가되는 동안 코드를 반복적으로 실행합니다.

```
while 조건식 {
    반복할 코드
}
```

- repeat-while 반복문은 코드를 실행한 후 조건식을 평가합니다. 조건식의 평가 결과에 관계없이 코드가 적어도 한 번은 실행됩니다.

```
repeat {
    반복할 코드
} while 조건식
```

- 반복문은 필요에 따라 여러 단계로 중첩할 수 있습니다.

CHAPTER
06

제어문: 조건문

조건문은 특정 조건에 따라 실행할 코드를 결정합니다. Swift는 if 조건문과 switch 조건문을 제공합니다.

1. if 조건문

if 조건문은 조건식의 결과에 따라 코드를 실행할 때 사용합니다. 조건식이 참일 때 실행할 코드와 거짓일 때 실행할 코드를 지정할 수 있고 각각 if 블록, else 블록이라고 부릅니다. if 블록은 필수이고 else 블록은 생략할 수 있습니다.

```
if 조건식 {
    조건식이 참일 때 실행할 코드
}
```

if 문에서 여러 가지 조건을 판단해야 한다면 else if 블록을 통해 참인 조건을 여러 개 추가할 수 있습니다.

```
if 조건식1 {
    조건식1이 참일 때 실행할 코드
} else if 조건식2 {
    조건식2가 참일 때 실행할 코드
}
```

else 블록은 if 문에 포함된 모든 조건식이 거짓일 때 실행됩니다.

```
if 조건식1 {
    조건식1이 참일 때 실행할 코드
} else if 조건식2 {
    조건식2가 참일 때 실행할 코드
} else {
    모든 조건이 거짓일 때 실행할 코드
}
```

if 문은 if 블록과 else if 블록에서 참인 조건식을 만날 때까지 순서대로 조건식을 평가합니다. 참인 조건식이 있다면 이어지는 블록은 무시합니다. 예를 들어 조건식1이 참이라면 if 블록을 실행하고 이어지는 else if 블록과 else 블록을 무시합니다. 만약, 조건식2가 참이라면 조건식1과 2는 모두 평가되고 else if 블록이 실행됩니다. 조건식 1, 2가 모두 거짓이라면 else 블록이 실행됩니다.

if 문에서 각 블록의 순서와 작성 가능한 숫자, 생략 가능 여부는 미리 정해져 있습니다. if 블록은 if 문의 시작 부분에, else if 블록은 if 블록 다음에, else 블록은 if 문의 마지막 부분에 작성해야 합니다.

	if 블록	else if 블록	else 블록
작성 순서	1	2	3
작성 가능 수	1	이론상 무한대	1
생략 가능	X	O	O

if 문을 사용해서 2의 배수를 확인하는 코드를 작성해 보겠습니다.

```
let number = 6
if number % 2 == 0 {
    print("\(number) is a multiple of 2")
} else {
    print("\(number) is not a multiple of 2")
}
// 6 is a multiple of 2
```

이 코드는 조건 연산자로 바꾸어 쓸 수 있습니다. 각 블록에서 실행해야 하는 코드가 한 줄이라면 때로는 가독성을 높이는데 도움이 되기도 합니다.

```
let number = 6
print(number % 2 == 0 ? "\(number) is a multiple of 2" : "\(number) is not a multiple of 2")
```

여기에 3의 배수를 확인하는 else if 블록을 추가합니다.

```
let number = 6
if number % 2 == 0 {
    print("\(number) is a multiple of 2")
} else if number % 3 == 0 {
    print("\(number) is a multiple of 3")
} else {
    print("...")
}
// 6 is a multiple of 2
```

number에 저장된 숫자 6은 2의 배수인 동시에 3의 배수입니다. if 블록의 조건식과 else if 블록의 조건식이 모두 참이지만 if 문의 특성상 가장 먼저 참으로 평가된 if 블록이 실행되고 else if 블록은 무시됩니다. 만약 2의 배수인 동시에 3의 배수인지 확인하고 싶다면 두 블록의 조건식을 하나의 조건식으로 작성해야 합니다.

```
let number = 6
if number % 2 == 0 && number % 3 == 0 {
    print("\(number) is a multiple of 2 and 3")
} else {
    print("...")
}
// 6 is a multiple of 2 and 3
```

if 문에서 조건식을 구현 의도에 맞게 작성하는 것은 매우 중요합니다. 조금 전 예제와 같이 조건식에 여러 개의 조건이 포함되어 있는 경우에 더욱 주의해야 합니다. 유명한 개발자 유머를 통해 조건식의 중요성에 대해 알아보겠습니다.

어느 개발자가 퇴근길에 아내에게 전화를 걸었다.

개발자 : 여보 나 지금 퇴근. 집에 가는 길에 마트 들를 건데 뭐 사다 줄까?
아　내 : 우유 두 개 사와.
개발자 : 그리고?
아　내 : 만약 마트에 달걀이 있으면 여섯 개 사다 줘.

귀가한 개발자, 아내에게 우유 여섯 개를 건넨다.

아　내 : 왜 이렇게 우유를 많이 샀어?
개발자 : 마트에 달걀이 있길래..

먼저 아내의 의도를 코드로 풀어보겠습니다. 우유 두 개는 반드시 사와야 하고, 달걀은 판매되고 있다면 여섯 개를 사와야 합니다. 달걀이 판매되고 있다고 가정하면 아내는 우유 두 개와 달걀 여섯 개가 든 장바구니를 받아야 합니다. 이 예제에서 print 함수는 물건을 사는 함수라고 가정합니다.

```
print("우유 2")

let eggExists = true
if eggExists {
    print("달걀 6")
}
// 우유 2
// 달걀 6
```

그러나 개발자 남편은 달걀을 판매하고 있는가를 사야하는 우유의 수를 판단하는 조건으로 착각하고 있습니다. "만약 마트에 달걀이 있으면 (우유를) 여섯 개 사다 줘."로 이해한 것입니다. 이것을 코드로 풀어보면 앞의 코드와 완전히 달라집니다.

```
let eggExists = true
if eggExists {
    print("우유 6")
} else {
    print("우유 2")
}
// 우유 6
```

실제로 구현의도에 맞지 조건식으로 인해 발생하는 논리적인 오류를 발견하는 것은 매우 어렵습니다. 그러므로 구현의도를 조건식으로 바꾸고 결과를 검증하는 연습을 많이 하는 것이 중요합니다. 그리고 디버깅 시에 원인을 발견하기 어려운 오류가 있다면 조건식부터 검증해 보는 것도 좋은 방법입니다.

2. guard

guard 문은 Swift 2.0에서 새롭게 도입되었습니다. if 문과 유사하며 제어문과 반복문의 중첩을 획기적으로 줄이고 가독성을 높이는데 도움을 줍니다.

```
guard 불린 표현식 else {
    return // 또는 break, continue, throw 중 하나
}
```

```
guard 옵셔널 바인딩, 불린 표현식 else {
    return // 또는 break, continue, throw 중 하나
}
```

guard 키워드 뒤에 조건을 판단하는 불린 표현식 또는 옵셔널 바인딩 구문이 위치하고 마지막 부분에 else 블록이 위치합니다. 불린 표현식과 옵셔널 바인딩은 ,로 구분하여 함께 사용할 수 있습니다. guard 문은 guard와 else 사이에 포함된 모든 불린 표현식이 true 이고 옵셔널 바인딩이 성공한 경우 이어지는 코드를 수행하고, 나머지 경우에는 else 블록에 포함된 코드를 수행합니다. if 문과 달리 else 블록을 생략할 수 없고, else 블록에서 반드시 guard 문이 포함된 범위[Scope]에 있는 코드의 실행을 중지해야 합니다. 그렇지 않은 경우에는 컴파일 오류가 발생합니다. return, break, continue, throw 문을 사용해서 코드의 실행을 중지할 수 있고 guard 문이 포함된 블록에 따라서 특정 흐름 제어문을 사용할 수 없는 경우가 있습니다. 예를 들어 guard 문이 포함된 인접 코드 블록이 함수 또는 메소드라면 else 절에서 break와 continue를 사용할 수 없습니다.

guard 문은 코드를 실행하기 위한 조건을 판단하고 조건이 충족되지 않을 경우 실행을 즉시 중단하는 패턴을 구현하는데 주로 사용됩니다. 예를 들어 서버로부터 데이터를 가져오는 fetchData(_:) 함수가 있고, 이 함수는 서버 API의 URL을 구성하는 파라미터를 딕셔너리 형식의 파라미터로 받는다고 가정하겠습니다. 그리고 이 함수는 파라미터에 id 문자열이 포함되어 있고, API URL이 올바른 형식의 URL 데이터이고, URL 로부터 다운로드한 결과가 nil이 아닌 경우에 print 함수로 결과를 출력합니다. 이 가상의 함수는 다음과 같이 구현할 수 있습니다.

```swift
func fetchData(param: [String: Any]) throws {
    if let id = param["id"] as? String {
        let urlStr = "https://kxcoding.com/api-sample/echo/\(id)"
        if let url = URL(string: urlStr) {
            if let result = try? String(contentsOf: url) {
                print(result)
            }
        }
    }
}
```

이 함수는 3단계나 중첩되어 있어서 가독성이 떨어집니다. 옵셔널 바인딩 부분을 개선하여 중첩 단계를 줄일 수 있지만 한 줄에 너무 많은 코드가 작성되어 여전히 가독성이 떨어집니다.

```swift
func fetchData(param: [String: Any]) throws {
    if let id = param["id"] as? String, let url = URL(string:
       "https://kxcoding.com/api-sample/echo/\(id)"),
       let result = try? String(contentsOf: url) {
        print(result)
    }
}
```

guard 문을 사용하면 옵셔널 바인딩 구분을 통해 확인하는 세 가지 조건을 만족시키면서 가독성이 향상된 코드를 작성할 수 있습니다.

```swift
func fetchData(param: [String: Any]) throws {
    guard let id = param["id"] as? String else {
        return
    }

    let urlStr = "https://kxcoding.com/api-sample/echo/\(id)"
    guard let url = URL(string: urlStr) else {
        return
    }

    guard let result = try? String(contentsOf: url) else {
        return
    }

    print(result)
}
```

이 코드는 첫 번째 guard 문에서 param 딕셔너리에 id 키와 연관된 문자열 값이 있을 경우 id 상수에 할당합니다. 만약 id 키가 존재하지 않거나 연관된 값이 문자열이 아닌 경우 else 블록이 실행되고 fetchData 함수의 실행을 종료합니다. 나머지 guard 문 역시 앞서 가정한 실행 조건들을 확인하고 조건이 만족되지 않은 경우 else 블록에서 함수의 실행을 종료합니다. guard 문으로 확인한 세 가지 조건이 모두 만족된 경우에만 마지막 print 함수가 실행됩니다. if 문을 중첩해서 구현한 코드와 동일한 기능을 구현한 코드이지만 코드 실행에 필요한 조건을 더 직관적으로 구현할 수 있고 조건이 만족되지 않을 경우 코드의 실행 흐름을 더욱 명확하게 표현할 수 있는 장점을 가지고 있습니다.

guard 문에서 옵셔널 바인딩으로 바인딩한 상수(또는 변수)의 사용 범위^{Scope}는 guard 문이 포함된 코드의 사용범위와 동일합니다. 예를 들어 if 문과 결합된 옵셔널 바인딩 구문을 사용한 적이 있다면 첫 번째 guard 문에서 바인딩된 id를 else 절 내부에서만 사용할 수 있는 것으로 생각할 수 있습니다. 하지만 id는 guard 문이 포함된 fetchData 함수 내부에서 사용할 수 있습니다. url과 result 상수 역시 이어지는 코드에서 사용할 수 있습니다.

3. switch 조건문

if 조건문에서 특정 블록은 자신의 조건식이 참인 경우 실행됩니다. switch 조건문은 if 조건문과 기능적인 면에서 매우 유사하지만 지정한 값과 블록의 값이 동일한 경우에 블록을 실행합니다. 이러한 값 비교를 Value Matching이라고 합니다.

switch 조건문은 비교할 값과 하나 이상의 case 블록, 하나의 default 블록으로 구성됩니다. 비교할 값은 생략할 수 없으며 switch 조건문 내부에는 적어도 하나의 case 블록이 포함되어야 합니다. default 블록은 if 조건문의 else 블록과 유사하며 생략 가능합니다.

```
switch 표현식(비교할 값) {
case 상수 표현식1:
    표현식과 상수 표현식1의 값이 동일할 때 실행할 코드
case 상수 표현식2, 상수 표현식3:
    표현식과 상수 표현식2의 값 또는 상수 표현식3의 값이 동일할 때 실행할 코드
default:
    표현식과 일치하는 값을 가진 상수 표현식이 없을 때 실행할 코드
}
```

switch 조건문은 하나의 case 블록이 실행된 후 이어지는 case 블록을 실행하지 않고 바로 종료합니다. default 블록은 반드시 switch 조건문의 마지막 부분에 추가해야 하며 다른 위치에 추가한 경우 컴파일 오류가 발생합니다.

```
let number = 3
switch number {
case 0:
    print("zero")
case 1:
    print("one")
case 2:
    print("two")
case 3:
    print("three")
case 4:
    print("four")
case 5:
    print("five")
default:
    print("Out of range")
}
// three
```

switch 조건문은 모든 경우의 수를 처리해야 한다는 제약을 가지고 있습니다. 그래서 default 블록을 주석 처리한 후 실행해 보면 오류가 발생합니다. 다른 C 계열의 언어에서는 switch 조건문이 모든 경우의 수를 처리하지 않더라도 코드를 실행하는데 별다른 제약이 없지만, Swift에서는 컴파일 오류가 발생합니다. 처리되지 않은 경우의 수로 인해 발생하는 논리적인 오류를 막기 위한 안전장치를 추가한 것입니다.

앞의 예제에서 number의 자료형은 Int이고 약 21억 개의 정수를 표현할 수 있으므로 그만큼의 case 블록을 추가해야 할까요? 다행스럽게도 처리가 필요한 값에 해당하는 case 블록만 추가한 후 나머지 경우의 수는 default 블록에서 처리하도록 하면 전혀 문제가 없습니다. default 블록에서 실행할 코드가 없다면 break 명령어를 추가하는 것으로 충분합니다.

```swift
switch number {
    //…
default:
    break
}
```

Swift의 switch 조건문은 하나의 블록을 실행한 후 이어지는 블록을 실행하지 않고 바로 종료합니다. 이것은 Implicit fall through를 허용하지 않기 때문입니다. 반대로 C 계열의 언어들은 Implicit fall through를 허용하기 때문에 블록 마지막에 break를 써주지 않으면 매칭 여부에 관계없이 다음 블록이 이어서 실행됩니다. 다른 언어처럼 Implicit fall through를 허용하려면 fallthrough 키워드를 사용합니다. case 블록에 fallthrough가 포함되어 있다면 fallthrough가 포함되어 있지 않는 case 블록을 만날 때까지 계속 실행됩니다.

```swift
let number = 3
switch number {
case 0:
    print("zero")
    fallthrough
case 1:
    print("one")
    fallthrough
case 2:
    print("two")
    fallthrough
case 3:
    print("three")
    fallthrough
case 4:
    print("four")
    fallthrough
case 5:
    print("five")
    fallthrough
default:
    print("Out of Range")
}
```

```
// three
// four
// five
// Out of Range
```

여러 개의 case 블록을 하나로 병합할 때는 하나의 case 키워드 다음에 상수 표현식을 , 로 구분하여 나열합니다.

```
let number = 3
switch number {
case 0, 1, 2:
    print("0 ~ 2")
case 3, 4, 5:
    print("3 ~ 5")
default:
    print("Out of range")
}
// 3 ~ 5
```

이 예제는 범위 연산자를 매칭시키도록 구현할 수 있습니다. 숫자를 매칭시킬 경우 모든 숫자를 개별적으로 나열하는 것보다 가독성 높은 코드를 구현할 수 있습니다.

```
let number = 3
switch number {
case 0...2:
    print("0 ~ 2")
case 3...5:
    print("3 ~ 5")
default:
    print("Out of range")
}
// 3 ~ 5
```

이번에는 switch 조건문을 이용해서 문자열을 매칭 시켜 보겠습니다. 문자열 매칭에서 기억해야 할 내용은 대소문자를 구문한다는 것입니다. 예를 들어 아래의 코드에서 company 상수에 저장된 문자열은 첫 번째 case와는 매칭되지 않습니다.

```
let company = "apple"

switch company {
case "APPLE":
    print("iMac")
case "apple":
    print("iPhone")
case "google":
    print("Android")
case "ms":
    print("Windows Phone")
default:
```

```
            print("Something else")
    }

    // iPhone
```

switch 조건문은 다수의 조건을 가진 경우 가독성 측면에서 매우 유리합니다. 어떠한 규칙이 있는 것은 아니지만 일반적으로 3~4개 정도의 조건을 판별하는 코드를 작성할 때는 if 조건문, 그 이상의 조건을 판별하는 경우에는 switch 조건문의 가독성이 좋습니다.

4. if 와 switch 상호 변환

if 조건문과 switch 조건문으로 작성된 코드는 상호 변환할 수 있습니다. switch 조건문을 공부하면서 살펴본 첫 번째 예제를 if 조건문으로 구현한 코드와 비교해 보겠습니다. 코드의 실행 결과는 동일하지만 가독성은 차이가 있습니다. 앞서 언급했던 것처럼 적은 수의 조건을 비교하는 코드를 작성할 때는 if 조건문이 유리합니다.

switch	if

let number = 3
switch number {
case 0:
    print("zero")
case 1:
    print("one")
case 2:
    print("two")
case 3:
    print("three")
case 4:
    print("four")
case 5:
    print("five")
default:
    print("Out of range")
}
	let number = 3
	if number == 0 {
	    print("zero")
	} else if number == 1 {
	    print("one")
	} else if number == 2 {
	    print("two")
	} else if number == 3 {
	    print("three")
	} else if number == 4 {
	    print("four")
	} else if number == 5 {
	    print("five")
	} else {
	    print("Out of range")
	}

5. break

break는 반복문, switch 조건문에서 실행을 종료하는 명령문입니다.

예를 들어 0에서 10까지 반복하는 for-in 반복문이 있습니다. 이 반복문은 i가 2보다 클 경우 break 명령문을 실행합니다. 실행 결과를 보면 i가 3일 때 break 명령문이 실행되었고 0 ~ 2까지 출력된 후 for 반복문이 종료됩니다.

```
for i in 0...10 {
    if i > 2 {
        break
    }

    print(i)
}

// 0
// 1
// 2
```

반복문에서 break 명령문은 가장 인접한 반복문의 실행을 종료한다는 것에 주의해야 합니다. 만약, 반복문이 중첩되어 있고, 내부 반복문에서 break 명령문을 실행하면 내부 반복문은 종료되지만, 외부 반복문은 지정된 횟수만큼 정상적으로 실행됩니다.

```
for i in 0..<3 {
    for j in 0...10 {
        if j > 2 {
            break
        }

        print("inner \(j)")
    }

    print("OUTER \(i)")
}
// inner 0
// inner 1
// inner 2
// OUTER 0
// inner 0
// inner 1
// inner 2
// OUTER 1
// inner 0
// inner 1
// inner 2
// OUTER 2
```

이 예제의 결과를 보면 내부 반복문은 세 번 반복한 후 종료되지만, 외부 반복문은 지정된 횟수를 모두 반복하는 것을 확인할 수 있습니다. 그래서 내부 반복문에 세 번 반복한 후 종료되는 과정이 총 세 번 반복되고 있습니다. 만약, 내부 반복문이 종료될 때 외부 반복문이 함께 종료되도록 하려면 다음과 같이 내부 반복문의 상태를 파악할 수 있는 코드를 추가해야 합니다.

```
for i in 0..<3 {
    var shouldBreak = false

    for j in 0...10 {
        if j > 2 {
            shouldBreak = true
            break
```

```
        }

        print("inner \(j)")
    }

    if shouldBreak {
        break
    }

    print("OUTER \(i)")
}

// inner 0
// inner 1
// inner 2
```

이 예제에서 shouldBreak 변수는 내부 반복문이 종료되었는지 확인하는데 사용합니다. 내부 반복문이 종료될 때 이 변수의 값이 true로 업데이트됩니다. 외부 반복문은 이 값을 확인한 후 참인 경우 반복문을 종료합니다. 결과적으로 내부 반복문이 세 번 반복한 후 모든 반복문이 종료됩니다. 출력되는 결과 역시 큰 차이를 보이고 있습니다. 마지막에 Outer x 로그가 출력되지 않는 것은 외부 반복문이 이 로그를 출력하기 전에 종료되었기 때문입니다. 만약, Outer x를 출력한 후 종료해야 한다면 shouldBreak 값을 확인하는 if 조건문을 print 함수 뒤로 옮겨야 합니다. break 명령문이 실행된 후 동일한 범위에 있는 이어지는 코드들은 실행되지 않으므로 break 위치를 신중하게 결정해야 합니다.

6. continue

continue는 반복문에서 현재 반복을 종료하고 다음 반복으로 이동하는 명령문입니다. 이 명령문은 break 명령문과 달리 반복문 전체를 종료하지 않습니다.

```
for i in 1...10 {
    print("iteration #\(i)")

    if i % 2 != 0 {
        continue
    }

    print(i)
}

// iteration #1
// iteration #2
// 2
// iteration #3
// iteration #4
// 4
// iteration #5
// iteration #6
// 6
// iteration #7
// iteration #8
```

```
// 8
// iteration #9
// iteration #10
// 10
```

이 예제는 1에서 10까지 반복하면서 현재의 반복 횟수(iteration #n)와 반복 값(n)을 출력합니다. i 의 값이 짝수가 아닐 경우 continue 명령문을 실행하고 다음 반복으로 이동합니다. 출력된 결과를 보면 총 10번의 반복 횟수가 출력되고 짝수에 해당되는 반복 값만 출력됩니다. 다음과 같이 continue 명령문을 break 명령문으로 바꾼 후 실행결과를 보면 두 명령문의 차이를 더 쉽게 이해할 수 있습니다.

```
for i in 1...10 {
    print("iteration #\(i)")

    if i % 2 != 0 {
        break
    }

    print(i)
}

// iteration #1
```

7. return

return 명령문은 주로 함수(또는 메소드)의 실행을 종료하고 리턴 값이 있는 경우 호출자에게 값을 전달하는 역할을 합니다. 자세한 사용법은 함수를 설명하는 부분으로 미루고 여기에서는 반복문과 조건문에서 사용되는 경우 break 명령문과 어떤 차이가 있는지 알아보겠습니다.

doSomething() 함수는 for-in 반복문을 실행한 후 DONE 로그를 출력하는 간단한 함수입니다.

```
func doSomething() {
    for i in 0...10 {
        if i > 2 {
            break
        }

        print(i)
    }

    print("DONE")
}
```

이 함수를 호출하면 다음과 같이 로그가 출력됩니다.

```
// 0
// 1
// 2
// DONE
```

for-in 반복문은 i의 값이 2보다 큰 경우 break 명령문에 의해 종료됩니다. 이어서 DONE 로그가 출력되고 함수의 실행이 종료됩니다. break를 return으로 바꾸면 결과가 어떻게 달라질까요?

```swift
func doSomething() {
    for i in 0...10 {
        if i > 2 {
            return
        }

        print(i)
    }

    print("DONE")
}
```

다시 함수를 호출하면 아래와 같이 로그가 출력됩니다.

```
// 0
// 1
// 2
```

return 명령문은 break 명령문과 마찬가지로 반복문을 종료합니다. 그러나 한걸음 더 나아가 반복문이 포함된 함수의 실행을 즉시 종료합니다. 즉, DONE 로그가 출력되기 전에 doSomething() 함수의 실행이 종료되는 것입니다. 그리고 반복문이 중첩되어 있는 경우 가장 인접한 반복문만 종료하는 break 명령문과 달리 중첩 단계에 관계없이 모든 반복문과 함수의 실행을 종료합니다.

8. Labeled Statements

Swift는 Labeled Statements를 통해 반복문과 조건문에 이름을 지정할 수 있습니다. 지정된 이름은 break, continue 명령문과 함께 사용하며, 코드의 실행 흐름을 유연하게 구현할 수 있는 장점이 있습니다.

이름을 지정하는 문법은 매우 단순합니다. 예를 들어 for 반복문에 LOOP라는 이름을 지정하고 싶다면 for 키워드 앞에 LOOP:을 추가합니다. 이름에는 공백이 추가될 수 없지만 : 문자의 양옆에는 공백을 추가하거나 줄바꿈을 할 수 있습니다.

```swift
LOOP: for i in 0..<10 {
    // …
}

LOOP:
for i in 0..<10 {
    // …
}
```

중첩된 반복문에서 shouldBreak 변수를 활용하여 전체 반복문을 종료하는 예제를 다시 보겠습니다.

```
for i in 0..<3 {
    var shouldBreak = false

    for j in 0...10 {
        if j > 2 {
            shouldBreak = true
            break
        }

        print("inner \(j)")
    }

    if shouldBreak {
        break
    }

    print("OUTER \(i)")
}
```

Labeled Statements를 활용하면 shouldBreak 변수를 사용하지 않고 동일한 실행결과를 더욱 단순하고 직관적으로 구현할 수 있습니다.

```
OUTER: for i in 0..<3 {
    for j in 0...10 {
        if j > 2 {
            break OUTER
        }

        print("inner \(j)")
    }

    print("OUTER \(i)")
}
```

이 예제는 이전 예제와 달리 break 명령문 뒤에 실행을 종료할 반복문의 이름을 지정하고 있습니다. 그래서 자신이 포함된 내부 반복문 대신 지정된 이름과 동일한 이름을 가진 외부 반복문을 종료합니다.

9. Summary

- if 조건문은 조건에 따라 실행할 코드를 if 블록, else if 블록, else 블록으로 구현합니다.

```
if 조건식1 {
    조건식1이 참일 때 실행할 코드
} else if 조건식2 {
    조건식2가 참일 때 실행할 코드
} else {
    모든 조건이 거짓일 때 실행할 코드
}
```

- if 조건문은 조건식이 참인 블록을 만나면 해당 블록의 코드를 실행하고 종료합니다. 이어지는 조건식은 평가되지 않습니다.

- if 조건문에서 else if 블록과 else 블록은 생략할 수 있습니다.

- guard 문은 코드를 실행하기 위한 조건을 판단하고 조건이 충족되지 않을 경우 실행을 즉시 중단하는 패턴을 구현하는데 주로 사용됩니다.

```
guard 불린 표현식 else {
    return // 또는 break, continue, throw 중 하나
}
```

```
guard 옵셔널 바인딩, 불린 표현식 else {
    return // 또는 break, continue, throw 중 하나
}
```

switch 조건문은 비교할 값과 하나 이상의 case 블록, 하나의 default 블록으로 구성됩니다.

```
switch 표현식 {
case 상수 표현식1:
    표현식과 상수 표현식1의 값이 동일할 때 실행할 코드
case 상수 표현식2, 상수 표현식3:
    표현식과 상수 표현식2의 값 또는 상수 표현식3의 값이 동일할 때 실행할 코드
default:
    표현식과 일치하는 값을 가진 상수 표현식이 없을 때 실행할 코드
}
```

- switch 조건문은 Implicit Fall through를 허용하지 않습니다.

- switch 조건문은 정수, 문자열, 실수, 범위 등 다양한 값을 매칭할 수 있습니다.

- break는 반복문, switch 조건문에서 실행을 종료하는 명령문입니다. 코드 블록이 중첩되어 있는 경우 가장 인접한 블록의 실행을 종료합니다.

- continue는 반복문에서 현재 반복을 종료하고 다음 반복으로 이동하는 명령문입니다.

- return 명령문은 중첩 여부에 관계없이 반복문과 조건문의 실행을 종료합니다.

메모리와 포인터

CHAPTER

07

현재 사용 중인 컴퓨터의 메모리 용량은 얼마인가요? 보통 4GB에서 8GB 사이의 메모리를 사용할 것이고, 16GB 이상의 메모리를 사용하시는 분도 있을 것입니다. 여기서 말하는 메모리는 실행 중인 프로그램과 프로그램에서 사용되는 데이터를 저장하는데 사용되는 메인 메모리입니다. 파일을 저장하기 위해 사용하는 하드 디스크 역시 데이터를 저장한다는 의미에서 일종의 메모리입니다.

프로그래밍 책에서 메모리에 대해서 설명하는 이유는 모든 데이터가 메모리에서 처리되기 때문입니다. 메모리의 구조와 종류, 저장방식에 대한 이해는 프로그래머의 기본 소양입니다. 메모리에 대한 내용은 따분하고 어려울 수 있지만, 메모리에 대해서 알고 프로그램을 만드는 것과 그렇지 못한 것은 하늘과 땅 차이입니다.

1. 0 or 1

메모리를 가장 단순하게 정의하면 "0과 1을 저장할 수 있는 저장 공간을 가진 반도체"입니다. 메모리는 전압 차이를 이용해서 데이터를 저장합니다. 전기가 들어오면 1, 전기가 들어오지 않으면 0이 저장됩니다.

메모리의 저장 단위는 bit부터 YB까지 다양하게 세분화되어 있습니다.

저장단위	크기
bit	0과 1을 저장할 수 있는 기본 단위
nibble	4bit
byte	8bit
word	2byte(16bit) 또는 4byte(32bit)
KB(Kilobyte)	1024byte
MB(Megabyte)	1024KB
GB(Gigabyte)	1024MB
TB(Terabyte)	1024GB
PB(Petabyte)	1024TB
EB(Exabyte)	1024PB
ZB(Zettabyte)	1024EB
YB(Yottabyte)	1024ZB

메모리에 0 또는 1을 저장할 수 있는 가장 작은 공간은 비트^{Bit}입니다. 비트는 컴퓨터공학에서 정보의 기본 단위로 사용되고 있습니다. 프로그래밍 언어는 8개의 비트가 모인 바이트^{Byte}를 기본 단위로 사용합니다.

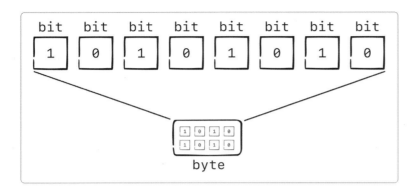

하나의 비트에는 0 또는 1을 저장할 수 있습니다. 다른 숫자는 저장할 수 없습니다. 컴퓨터는 데이터의 종류에 관계없이 항상 2진수로 변환하여 저장합니다. 그래서 0과 1 밖에 모르는 바보라고 표현하기도 합니다.

그렇다면 1바이트에는 얼마만큼의 값을 저장할 수 있을까요?

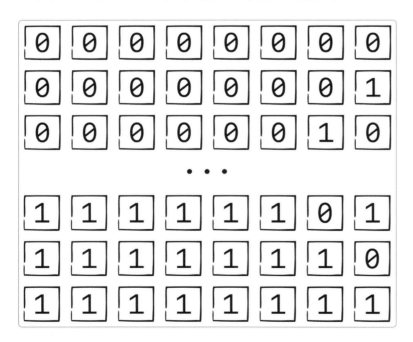

1 바이트는 모든 비트에 0이 저장된 경우부터 모두 1이 저장된 경우까지 256개의 경우의 수를 표현할 수 있습니다. 메모리에 양수를 저장하는 경우에는 0~255까지 저장할 수 있고 양수와 음수를 모두 저장하는 경우에는 −128~127까지 저장할 수 있습니다.

```
let num: UInt = 22
```

1 바이트 메모리에 양수 22가 어떻게 저장되는지 알아보겠습니다. 22를 8자리 이진수로 바꾸면 00010110이 되고, 아래와 같은 모습으로 메모리에 저장됩니다. 나열된 비트 중에서 가장 왼쪽에 있는 비트를 "최상위 비트"(MSB, Most Significant Bit), 가장 오른쪽에 있는 비트를 "최하위 비트"(LSB, Least Significant Bit)라고 합니다. 실제 데이터를 저장하고 있는 비트는 "데이터 비트"라고 합니다.

양수를 저장하는 경우 8개의 비트를 모두 데이터 비트로 사용하기 때문에 0~255 사이의 값을 저장할 수 있습니다. 하지만 양수와 음수를 함께 저장해야 하는 경우에는 저장방식이 조금 달라집니다.

컴퓨터는 음수를 있는 그대로 저장할 수 없습니다. 대부분의 컴퓨터는 최상위 비트를 사용해서 양수와 음수를 나타내는 방법을 사용하고 있습니다. 최상위 비트의 값이 0이면 양수로 인식하고 1이면 음수로 인식합니다. 이러한 역할을 하는 비트를 "부호비트$^{Sign Bit}$"라고 합니다. 하나의 비트를 부호비트로 사용하기 때문에 실제 데이터를 저장하는 데이터 비트가 하나 줄어들게 됩니다. 결과적으로 저장할 수 있는 값의 범위도 달라집니다.

초창기 컴퓨터는 음수를 저장하기 위해 단순히 부호비트를 1로 바꾸고 나머지 비트는 양수와 동일한 비트를 사용하는 방식을 사용하였습니다. 하지만 이 방식은 여러 가지 문제점으로 인해 더 이상 사용되지 않으며 현재는 "2의 보수" 방식을 사용하고 있습니다. 2의 보수의 방식은 양수의 비트 값을 ~ 연산한 다음 1을 더해서 음수를 표현하는 방식입니다. ~ 연산은 비트가 1인 경우 0으로, 0인 경우 1로 바꾸는 비트 연산입니다.

−22를 2의 보수 방식을 사용해서 2진수로 표현하는 방법은 다음과 같습니다.

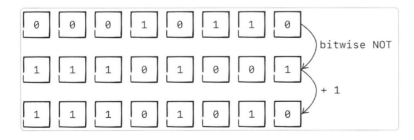

−22는 이진수 11101010이고 메모리에는 다음과 같이 저장됩니다.

이런 방식으로 메모리에 저장된 값은 고유한 메모리 주소를 가집니다. 즉, 1 바이트를 저장할 수 있는 공간마다 고유한 메모리 주소가 할당되고, CPU는 이 주소를 통해 메모리에 저장된 값에 접근합니다. 아래의 그림과 같이 1KB 크기의 메모리는 최소 저장단위인 1바이트로 구분된 1024개의 공간에 0부터 1023까지의 주소를 할당합니다. CPU가 첫 번째 메모리에 접근할 때는 0번 주소를 사용하고 마지막 메모리에 접근할 때는 1023번 주소를 사용합니다.

메모리 주소	메인 메모리
1023	1byte
1022	1byte
1021	1byte
1020	1byte
	~
2	1byte
1	1byte
0	1byte

CPU는 메모리 주소를 저장하고 특정 위치에 접근하기 위해 "주소 레지스터"를 사용합니다. 32비트 CPU에서 주소 레지스터의 크기는 32비트이고, 4,294,967,296개의 메모리 주소에 접근할 수 있습니다. 이것을 GB 단위로 환산하면 4GB입니다. 32비트 CPU를 사용하는 컴퓨터에서 사용가능한 최대 메모리 용량이 4GB로 제한되는 것은 바로 이런 이유 때문입니다. 그럼 64비트 CPU를 사용하는 컴퓨터에서 사용할 수 있는 최대 메모리의 용량은 얼마일까요? 64비트 CPU는 총 18,446,744,073,709,551,616개의 메모리 주소에 접근할 수 있으므로 이론적으로 16EB라는 어마어마한 크기의 메모리를 사용할 수 있습니다.

2. Endianness, Byte order

엔디언Endianness 또는 바이트 오더Byte Order는 바이트를 배열하는 방식을 표현하는 용어로 최상위 비트가 먼저 배열되는 경우 빅 엔디언Big-endian, 최하위 비트가 먼저 배열되는 경우 리틀 엔디언Little-endian이라고 합니다. Intel CPU가 내장된 맥에서 개발하는 경우 리틀 엔디언 방식을 사용합니다.

코어 파운데이션 프레임워크는 바이트 오더와 연관된 다양한 함수를 제공합니다. CFByteOrderGetCurrent() 함수를 통해 시스템에서 바이트 오더를 처리하는 방법을 얻을 수 있고, CFSwapXXXBigToHost(), CFSwapXXXLittleToHost() 등의 함수를 통해 바이트 오더를 변환할 수 있습니다.

3. 메모리 공간 분류

프로그램을 실행하면 OS는 실행에 필요한 메모리 공간을 할당합니다. 할당되는 메모리 공간은 크게 스택, 힙, 데이터 영역, 코드 영역으로 구분됩니다.

스택Stack 영역은 지역 변수, 파라미터, 리턴 값 등이 저장되는 영역입니다. LIFO 방식의 스택으로 메모리 공간을 관리합니다. 예를 들어 함수를 실행하면 함수에서 사용하는 모든 지역 변수와 리턴 값이 스택 영역에 추가됩니다. 이때 연관된 모든 메모리는 스택 프레임Stack Frame내부에 함께 저장됩니다. 스택 프레임은 함수의 실행이 종료되면 스택 영역에서 제거되고 다른 함수에서 메모리 영역을 사용할 수 있게 됩니다.

힙Heap 영역은 동적으로 할당된 데이터가 저장되는 영역입니다. 데이터 영역과 스택 영역은 컴파일러가 미리 할당할 공간의 크기를 예측할 수 있지만 동적으로 할당되는 특성으로 인해 공간의 크기를 예측할 수 없습니다. 힙 영역에 저장된 데이터는 직접 해제하지 않을 경우 프로그램이 종료될 때까지 유지됩니다.

데이터 영역에는 정적 변수와 전역 변수가 저장됩니다. 이 영역에 저장된 데이터는 프로그램이 종료될 때까지 유지됩니다. 코드 영역에는 기계어로 변역된 프로그램 코드가 저장됩니다.

4. Summary

- 비트는 0과 1을 저장할 수 있는 가장 작은 메모리 공간으로 정보의 기본 단위로 사용됩니다.

- 8개의 비트가 모인 바이트는 프로그래밍에서 데이터 처리의 기본 단위로 사용됩니다.

- 음수는 2의 보수 방식으로 저장됩니다.

- 메모리에 저장된 값은 고유한 주소를 가집니다.

- 엔디언은 바이트를 배열하는 방식으로 최상위 비트가 먼저 배열되면 빅 엔디언, 최하위 비트가 먼저 배열되면 리틀 엔디언 방식입니다.

- 메모리 공간은 스택, 힙, 데이터 영역, 코드 영역으로 구분합니다.

- 스택 영역은 지역 변수, 파라미터, 리턴 값 등이 저장되는 영역으로 연관된 코드의 실행이 종료되면 자동으로 메모리에서 제거됩니다.

- 힙 영역은 동적으로 할당된 데이터가 저장되는 영역으로 직접 제거하지 않을 경우 프로그램이 종료될 때까지 유지됩니다.

- 데이터 영역에는 정적 변수와 전역 변수가 저장되며 프로그램이 종료될 때까지 유지됩니다.

- 코드 영역에는 기계어로 번역된 프로그램 코드가 저장됩니다.

값 형식과 참조 형식

자료형은 메모리에서 저장되는 위치에 따라 값 형식^{Value Type}과 참조 형식^{Reference Type}으로 구분합니다.

1. 값 형식

정수, 실수, 불린, 문자와 같은 기본 자료형과 구조체, 열거형은 값 형식으로 분류합니다. 값 형식으로 선언된 값은 메모리의 스택 영역에 저장됩니다. 예를 들어 변수 a를 선언한 후 값을 10으로 초기화하면 스택 영역에 Int 크기만큼의 메모리가 생성되고 10이 저장됩니다.

```
var a = 10
```

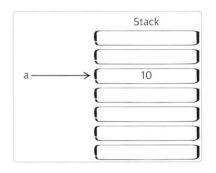

값 형식은 선언과 동시에 메모리 공간이 생성됩니다. 그래서 유효한 값으로 초기화하지 않는 경우 할당된 메모리 공간에 있던 이전 값이 저장될 수 있습니다. 이런 값을 쓰레기 값이라고 부릅니다. 쓰레기 값은 프로그램에서 논리적인 오류의 원인이 되기 쉽습니다. 그래서 Swift 컴파일러는 코드를 통해 명시적으로 초기화하지 않은 값을 읽으면 컴파일 오류를 발생시킵니다.

값 형식은 파라미터로 전달되거나 리턴 값으로 사용될 때 항상 같은 값을 가진 복사본이 생성됩니다. 새로운 변수 b를 선언한 후 a를 할당하면 a에 저장되어 있는 값이 b에 저장(복사)됩니다. a와 b는 동일한 값을 가지고 있지만 별도의 메모리 공간에 저장되어 있는 개별 변수입니다. 그래서 b의 값을 변경하더라도 a의 값은 영향을 받지 않습니다.

```
let a = 123
var b = a
print(a, b)
// 123 123

b = 456
print(a, b)
// 123 456
```

스택 공간에 생성된 값 형식의 메모리는 자신이 속한 범위^{Scope}의 코드 실행이 종료되면 자동으로 제거됩니다. 아래의 코드에서 파라미터 v와 변수 a는 doSomething() 함수의 실행이 시작될 때 생성되었다가 실행이 종료되면 제거됩니다. 마찬가지로 변수 b는 if 조건문의 코드가 실행될 때 생성되었다가 if 조건문이 종료되면 제거됩니다.

```
func doSomething(v: Int) {
    let a = 123

    if v > 100 {
        let b = 123
    }
}
```

값 형식으로 저장된 값을 비교할 때는 스택에 저장된 실제 값을 비교합니다. 예를 들어 값 형식으로 선언된 a, b 변수의 값을 비교하면 두 변수의 메모리 공간에 저장된 실제 값이 비교됩니다.

```
let a = 12
let b = 34

if a == b {
    // ...
}
```

2. 참조 형식

클래스, 클로저는 참조 형식으로 분류합니다. 참조 형식의 값을 저장하기 위해서는 스택과 힙 영역에 각각 하나씩, 모두 두 개의 메모리 공간이 필요합니다. 참조 형식의 값은 힙 영역에 저장되고 스택 영역에는 힙 영역에 저장된 값의 주소가 저장됩니다.

참조 형식은 선언 후 값을 초기화하지 않으면 기본적으로 nil이 저장됩니다. 즉, 스택 공간에 생성된 str 변수의 메모리에는 0x0 주소가 저장됩니다. 그리고 초기값을 지정하지 않았기 때문에 힙 영역에는 메모리 공간이 생성되지 않습니다. 예를 들어 NSString 문자열 str을 선언하면 스택 영역에 0x0 주소가 저장된 메모리 공간이 하나 생성됩니다.

```
var str: NSString
```

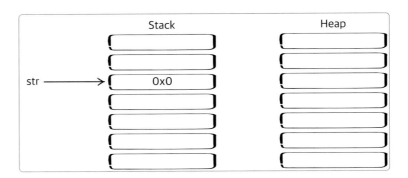

값 형식은 선언과 동시에 메모리 공간이 자동으로 생성되지만 참조 형식은 직접 메모리 공간을 생성해야 합니다. Swift에서는 생성자가 이 역할을 담당합니다. NSString 문자열을 생성하고 "Hello"로 초기화하면 힙 영역에 "Hello"를 저장할 메모리 공간이 생성되고, 이 메모리의 주소를 저장하는 공간이 스택에 생성됩니다.

```
var str: NSString = NSString(string: "Hello")
```

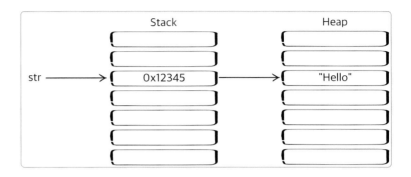

참조 형식의 값은 직접 제거하기 전까지 메모리 공간에서 사라지지 않습니다. C 계열의 언어는 free 함수를 통해 메모리를 직접 제거할 수 있지만, Swift는 참조 형식에 nil을 할당하는 방식으로 메모리를 제거합니다. ARC를 메모리 관리 모델로 사용하는 경우 메모리 해제 작업을 자동으로 처리해주기 때문에 크게 신경 쓰지 않아도 됩니다.

참조 형식은 파라미터로 전달되거나 리턴 값으로 사용될 때 힙 공간에 저장된 값 대신 스택 공간에 저장되어 있는 주소가 전달됩니다. 참조 형식에 저장된 값은 대부분 두 개 이상의 복합 값으로 구성되어 있기 때문에 값 형식보다 데이터의 크기가 큽니다. 그래서 값 형식처럼 복사본이 생성된다면 메모리 공간의 낭비가 심해지고 프로그램의 성능이 저하됩니다. 참조 형식은 이런 문제를 해결하기 위해서 주소를 전달하는 것입니다.

참조 형식은 값을 저장하기 위해 두 개의 메모리 공간을 사용하기 때문에 스택에 저장된 주소를 비교하는 방법과 힙에 저장된 값을 비교하는 방법을 별도로 제공합니다. Swift에서 비교 연산자는 참조 형식에 저장된 값을 비교하도록 재정의되어 있습니다. 그래서 == 연산자는 힙 영역에 저장된 값을 비교합니다. 스택 영역에 저장된 주소를 비교할 때는 항등 연산자^{Identity Operator}를 사용합니다.

```
let a = NSString(string: "Hello")
let b = NSString(string: "Hello")

if a == b {
    print("\(a) == \(b)")
} else {
    print("\(a) != \(b)")
}
// Hello == Hello
```

```
if a == b {
    print("\(a) == \(b)")
} else {
    print("\(a) != \(b)")
}
// Hello != Hello
```

3. 박싱과 언박싱

코드를 작성하다 보면 값 형식을 참조 형식으로 바꾸거나 참조 형식을 값 형식으로 바꾸어야 하는 경우가 있습니다. 값 형식을 참조 형식으로 바꾸는 것을 박싱^{Boxing}이라고 합니다. 값 형식을 참조 형식이라는 상자에 넣는 것으로 비유할 수 있습니다. 예를 들어 정수형 변수 a를 NSArray 배열에 저장하려면 NSNumber 클래스로 박싱한 후 저장해야 합니다.

```
let a = 123
let numObj = NSNumber(value: a)
var list = NSArray(object: numObj)
```

박싱과 반대로 참조 형식을 값 형식으로 바꾸는 것을 언박싱^{Unboxing}이라고 합니다. 참조형식으로 포장되어 있는 값을 꺼내는 것으로 비유할 수 있습니다. 이전 예제에서 박싱한 값은 NSNumber 클래스가 제공하는 메소드를 통해 값 형식으로 언박싱할 수 있습니다.

```
let a = 123
let numObj = NSNumber(value: a)
let value = numObj.intValue
```

박싱과 언박싱은 대상의 형식을 실제로 변경하는 것은 아닙니다. 박싱은 값 형식과 동일한 값을 가진 새로운 참조 형식을 생성하고, 언박싱은 참조 형식의 힙 영역에 저장된 값과 동일한 값을 가진 새로운 값 형식을 생성합니다. 박싱과 언박싱 과정에서 새로운 메모리 공간이 할당되어야 하기 때문에 성능에 영향을 줄 수 있습니다. 그래서 불필요한 박싱과 언박싱을 피하는 것이 좋습니다.

정수, 실수, 불린 형식을 박싱할 때는 NSNumber 클래스를 사용하고, 나머지 값 형식을 박싱할 때는 NSValue 클래스를 사용합니다. 언박싱의 경우 모든 참조 형식을 언박싱할 수 있는 것은 아닙니다. 박싱과 마찬가지로 NSNumber, NSValue 인스턴스가 언박싱의 대상이 될 수 있습니다.

박싱과 언박싱 과정에서 자료형의 불일치로 인한 값의 손실이 발생할 수 있습니다. 예를 들어 실수 123.45를 NSNumber로 박싱한 후, intValue 메소드를 통해 언박싱하면 소수 부분이 유실됩니다. 마찬가지로 Int64 형 정수를 박싱한 후 Int32 형으로 언박싱하면 원래 값이 유실되어 잘못된 값이 박싱됩니다. 그러므로 가능한 동일한 자료형으로 박싱과 언박싱을 수행해야 하며 그 이외의 경우에는 값의 유실 가능성에 주의해야 합니다.

```
let a = 123.45
let aObj = NSNumber(value: a)
let aValue = aObj.intValue

print(a, ",", aValue)
// 123.45 , 123

let b = Int64.max
let bObj = NSNumber(value: b)
let bValue = bObj.int32Value

print(b, ",", bValue)
// 9223372036854775807 , -1
```

4. Summary

- 기본 자료형과 구조체, 열거형은 값 형식으로 분류됩니다.

- 값 형식으로 선언된 값은 메모리의 스택 영역에 저장됩니다.

- 값 형식은 파라미터로 전달될거나 리턴 값으로 사용될 때 항상 같은 값을 가진 복사본이 생성됩니다.

- 스택 영역에 생성된 값 형식의 메모리는 값이 속한 범위의 코드 실행이 종료되면 자동으로 제거됩니다.

- 클래스, 문자열, 배열, 블록, 클로저는 참조 형식으로 분류됩니다.

- 참조 형식의 값은 힘 영역에 저장되고 스택 영역에 힙 영역의 주소가 저장됩니다.

- 참조 형식의 값은 직접 제거하기 전까지 메모리 공간에서 사라지지 않습니다.

- 참조 형식은 파라미터로 전달되거나 리턴 값으로 사용될 때 스택 영역에 저장되어 있는 주소가 전달됩니다.

- 박싱은 값 형식을 참조 형식으로 바꾸는 것이고, 언박싱은 참조 형식을 값 형식으로 바꾸는 것입니다.

- 코코아는 박싱에 사용되는 NSNumber, NSValue 클래스를 제공합니다.

- 박싱과 언박싱 과정에서 자료형의 불일치로 인한 값의 손실이 발생할 수 있으므로 주의해야 합니다.

CHAPTER

09

문자와 문자열

프로그래밍에서 문자열은 큰 따옴표("") 사이에 포함된 일련의 문자 집합입니다. Swift는 문자열 리터럴과 문자 리터럴을 표현할 때 모두 큰 따옴표를 사용합니다. 큰 따옴표 사이에 포함된 문자 집합은 형식추론을 사용하는 경우 항상 문자열로 추론됩니다. 그래서 문자 리터럴로 처리하고 싶다면 형식추론을 사용할 수 없고 Character 자료형을 명시적으로 지정해야 합니다.

```
// Swift 문자열
let str = "Swift String"

// Swift 문자
let ch: Character = "A"
```

Swift 4에는 새로운 멀티라인 문자열 리터럴이 추가되었습니다. 싱글 라인 문자열 리터럴과 달리 큰 따옴표, ₩ 문자, 줄바꿈 문자를 리터럴에 추가할 수 있습니다. 멀티라인 문자열 리터럴은 """과 """사이에 포함됩니다.

```
// Single-line String Literal
"Swift String"

// Multiline String Literal
"""
Swift
"String"
"""
```

멀티라인 문자열 리터럴에서 """는 반드시 한 줄에 단독으로 써야 합니다. 그래서 아래와 같은 코드는 모두 오류입니다.

```
"""Swift"""  // Error

"""Swift     // Error
"""

"""
Swift"""     // Error
```

닫는 """의 위치도 주의해야 합니다. 닫는 """는 멀티라인 문자열 리터럴에서 들여쓰기의 기준이 됩니다. 이어지는 코드에서 str에 처음 저장한 리터럴에는 들여쓰기가 전혀 되어 있지 않고, 두 번째 저장한 리터럴에는 들여쓰기가 되어 있습니다. 하지만 변수를 출력해 보면 두 줄 앞에 공백이 없는 문자열이 출력됩니다. 두 리터럴에 저장된 모든 라인이 닫는 """과 들여쓰기 단계가 동일하기 때문입니다.

```
var str = """
Multiline
String Literal
"""

print(str)
//Multiline
//String Literal

str = """
        Multiline
        String Literal
        """

print(str)
//Multiline
//String Literal
```

만약 닫는 """보다 들여쓰기를 더 많이 한다면 그 때부터는 문자열 리터럴에 실제로 들여쓰기가 적용
됩니다. 예를 들어 두 번째 줄을 닫는 """보다 세 문자 들여쓰고 출력해 보면 두 번째 줄이 첫 번째 줄
보다 뒤에 출력됩니다.

```
var str = """
Multiline
    String Literal
"""

print(str)
//Multiline
//    String Literal
```

이런 특징으로 인해서 리터럴에 포함된 모든 문자열은 닫는 """와 같은 위치에서 시작하거나 뒤에서
시작해야 합니다. 만약 닫는 """보다 앞에서 시작된다면 오류가 발생합니다.

```
var str = """
Multiline
    String Literal
    """                    // Error
```

1. 문자열 자료형

Swift는 값 형식의 String과 참조 형식의 NSString 클래스를 통해 문자열을 처리합니다. 두 형
식은 유니코드를 지원하며 인코딩과 관련된 복잡한 부분을 처리해 줍니다. Swift 문자열의 경우
Objective-C 문자열에 비해 더 나은 성능과 현대적인 구현을 제공합니다. 동시에 NSString과 호환
성을 유지하고 있어서 Objective-C 코드를 함께 사용할 때에도 언어의 차이에 관계없이 일관적인 코
드를 작성할 수 있습니다.

NSString은 코코아에서 문자열을 처리하는 대표적인 클래스입니다. 이 클래스는 Foundation 프레임

워크를 통해 제공되는 불변 클래스^{Immutable Class}입니다. 가변 클래스^{Mutable Class}인 NSMutableString이 함께 제공되며 주로 Objective-C에서 문자열을 처리할 때 사용합니다. 언어 자체적으로 제공하는 원시 자료형이 아니기 때문에 Swift에서 동일하게 사용할 수 있으며 Swift의 String 문자열과 호환됩니다.

String은 NSString과 달리 값 형식^{Value Type}인 구조체로 구현되어 있고 새로운 문자열을 생성하거나 파라미터로 전달될 때 기본적으로 새로운 복사본이 생성됩니다. NSString과의 호환성으로 인해 String을 참조 형식^{Reference Type}으로 혼동할 수 있으므로 주의해야 합니다. 긴 문자열을 복사하는 경우 참조^{Reference}를 사용하는 NSString 문자열에 비해 성능 면에서 불리하지만, 문자열이 반드시 복사되어야 하는 경우에만 새로운 복사본을 생성하도록 컴파일러 최적화를 수행하고 있어서 인지할 수 있을 만큼의 성능 저하는 발생하지 않습니다. Swift에서는 이러한 최적화 방식을 copy-on-write 전략이라고 부릅니다.

이 책에서는 두 자료형을 구분해서 언급해야 하는 경우, NSString을 파운데이션 문자열이라고 하고, String을 Swift 문자열이라고 부릅니다.

2. 가변성

문자열을 생성한 후 내용을 수정할 수 없다면 불변 문자열^{Immutable String}이라고 합니다. 그리고 문자열의 내용 변경 가능성을 나타내는 특성을 문자열의 가변성^{Mutability}이라고 합니다. 불변 문자열과 대응되는 가변 문자열^{Mutable String}은 문자열의 내용을 수정할 수 있습니다. 불변 문자열과 달리 내용을 수정할 때 현재의 메모리 공간을 그대로 사용하며 수정된 문자열을 저장할 수 없는 경우 공간의 크기가 자동으로 조절됩니다.

파운데이션 문자열의 가변성은 클래스 이름을 통해 결정됩니다. NSString 문자열은 불변 문자열이고, NSMutableString 문자열은 가변 문자열입니다. Swift 문자열의 가변성은 let, var 키워드를 통해 결정됩니다. 가변성만을 고려했을 때, let으로 선언된 문자열은 NSString, var로 선언된 문자열은 NSMutableString과 동일합니다. String을 var로 선언한 경우에는 다양한 연산자와 메소드를 통해 문자열을 변경할 수 있습니다. 변경 과정에서 메모리 공간이 부족해지면 변경된 문자열을 모두 저장할 수 있는 새로운 메모리 공간을 할당합니다. 새로운 메모리 공간을 할당하고 복사하는 작업은 성능에 영향을 줍니다. Swift는 Exponential growth 전략을 통해 새로운 메모리 공간을 할당할 때마다 이전보다 두 배 이상 큰 공간을 할당합니다. 이 전략은 새로운 메모리 공간이 할당되는 횟수를 최대한 줄여주므로 대부분의 문자열 작업을 상수 시간에 처리할 수 있게 해 줍니다.

3. 문자열 생성

새로운 문자열을 만드는 방법은 크게 두 가지로 구분할 수 있습니다. 가장 쉬운 방법은 문자열 리터럴을 통해 생성하는 것입니다.

```
let emptyString = ""
let str = "Swift String"
```

두 번째 방법은 생성자를 이용하는 것입니다.

```
let emptyString = String()
let str = String(stringLiteral: "Swift String")
let nsstr = NSString(string: "Swift String")
```

String은 다양한 자료형의 값으로부터 문자열을 쉽게 생성할 수 있도록 다양한 생성자를 제공합니다.

```
let intValue = 7
let intString = String(intValue)

let doubleValue = 12.34
let doubleString = String(doubleValue)

let bool = true
let boolString = String(bool)

let str = "Swift"
let anotherString = String(str)

let unicode = "\u{2665}"
let unicodeString = String(unicode)

let charList: [Character] = ["S", "w", "i", "f", "t"]
let strFromChar = String(charList)
```

4. 문자 생성

앞서 언급한 것처럼 Swift에서 문자열 리터럴과 문자 리터럴은 표현 방식이 동일합니다. 형식 추론에서 ""로 감싼 리터럴은 항상 문자열 리터럴이 되므로 문자를 생성할 때는 반드시 Character 자료형을 명시적으로 지정해야 합니다.

```
let ch: Character = "A"
```

두 개 이상의 문자를 포함하고 있는 리터럴은 문자가 될 수 없습니다. "AA" 리터럴을 문자로 지정하면 컴파일 오류가 발생합니다.

```
let ch: Character = "AA" // Error
```

Character 자료형은 String과 마찬가지로 생성자를 제공합니다. 생성자를 통해 문자를 생성한다면 자료형을 생략할 수 있습니다.

```
let ch = Character("A")
```

생성자로 문자를 생성하는 경우에도 반드시 하나의 문자를 전달해야 합니다. 그렇지 않은 경우에는 "AA" 리터럴로 문자를 생성한 것과 마찬가지로 오류가 발생합니다.

Swift
```
let ch = Character("AA") // Error
```

문자는 문자열과 비어있다는 개념이 다릅니다. 빈 문자열은 길이가 0인 상태, 즉, 아무런 문자가 포함되어 있지 않는 문자열을 의미합니다. 하지만 문자의 경우 빈 문자는 하나의 공백으로만 표시할 수 있습니다.

```
let ch1: Character = " "
let ch2 = Character(" ")
```

그러므로 다음과 같이 문자를 생성하는 코드는 오류입니다.

```
let ch1: Character = ""  // Error
let ch2 = Character("")  // Error
let ch3 = Character()    // Error
```

5. 문자열 길이 확인

문자열을 처리할 때 가장 기초적인 작업은 길이를 확인하는 것입니다. NSString 문자열은 length 속성을 통해 길이를 확인할 수 있습니다.

```
let str: NSString = "Foundation String"
print(str.length)
// 17
```

Expert Note

length 속성은 문자열에 포함된 UTF-16 코드 유닛 수를 리턴합니다.

String 문자열의 길이 count 속성을 통해 확인할 수 있습니다.

```
let str = "Swift String"
print(str.count)
// 12
```

빈 문자열의 길이는 0입니다. 문자열이 비어있는지 확인하려면 문자열의 길이와 0을 비교합니다.

```
let str: NSString = "Foundation String"
if str.length == 0 {
    // ...
}
```

String 문자열은 isEmpty 속성으로 더욱 직관적인 코드를 작성할 수 있습니다.

```
let str = "Swift String"
if str.isEmpty {
    // ...
}
```

6. 문자열 비교

이번에는 문자열 비교에 관해 알아보겠습니다. NSString 문자열에서 문자열을 비교하는 기본적인 메소드는 isEqual(to:) 입니다. 이 메소드는 두 문자열을 비교한 후 같은 문자열인 경우 true를 리턴합니다.

```
let a: NSString = "Apple"
let b = "Orange"

if (a.isEqual(to: b)) {
    print("Equal")
} else {
    print("Not Equal")
}
// Not Equal
```

이 메소드는 문자열의 길이와 각 문자의 코드 유닛을 모두 비교합니다. 문자열을 비교하는 메소드 중에서 가장 빠른 결과를 얻을 수 있고 코드 유닛을 비교하기 때문에 대소문자를 구분합니다. 그래서 다음과 같이 "Apple"과 "apple"을 서로 다른 문자열이라고 판단합니다.

```
let a: NSString = "Apple"
let b = "apple"

if (a.isEqual(to: b)) {
    print("Equal")
} else {
    print("Not Equal")
}
// Not Equal
```

문자열 비교에 자주 사용되는 또 하나의 메소드는 compare(_:) 입니다. 이 메소드는 isEqual(to:) 메소드와 마찬가지로 대소문자를 구분하지만, 리턴형이 ComparisonResult 열거형입니다. ComparisonResult 열거형은 두 문자열의 동일성뿐만 아니라 사전 정렬 순서를 표현할 수 있습니다.

```
let a: NSString = "Apple"
let b = "apple"

let result = a.compare(b)
switch result {
    case .orderedAscending:
        print("ASC")
    case .orderedSame:
        print("SAME")
    case .orderedDescending:
```

```
        print("DESC")
    }
    // ASC
```

사전 정렬 순서는 문자의 코드 값이 기준이 됩니다. 즉, 대문자 A의 코드 값은 65이고, 소문자 a의 코드 값은 97이므로 A가 a 앞에 옵니다. 그래서 compare(_:) 메소드의 결과는 ComparitonResult. orderedAscending이 됩니다. 예제를 조금 바꾸어 "apple"과 "Banana"를 비교해 보겠습니다.

```
let a: NSString = "apple"
let b = "Banana"

let result = a.compare(b)

switch result {
case .orderedAscending:
    print("ASC")
case .orderedSame:
    print("SAME")
case .orderedDescending:
    print("DESC")
}
// DESC
```

실제 영어사전을 보면 사과는 바나나 앞에 표기되어 있습니다. 만약, 이 메소드가 코드 값을 비교한다는 사실을 모른다면 예제의 실행 결과를 ASC 라고 생각할 수 있습니다. 그러나 a의 코드 값(97)은 B의 코드 값(66)보다 크기 때문에 DESC 가 출력됩니다. 이처럼 문자열을 비교할 때 우리에게 익숙한 사전 순서 대신 코드 값을 기준으로 사고하는 것이 매우 중요합니다. 이것은 문자열을 정렬할 때도 마찬가지입니다.

만약, 앞의 예제와 달리 대소문자를 구분할 필요가 없다면 어떻게 해야 할까요? 가장 쉬운 방법은 caseInsensitiveCompare(_:) 메소드를 사용하는 것입니다. 이 메소드는 "Apple"과 "apple"을 동일한 문자열로 판단합니다. 메소드의 리턴형이 Bool이 아니고 ComparisonResult 열거형이므로 열거형 멤버와 비교해야 합니다.

```
let a: NSString = "Apple"
let b = "apple"

if (a.caseInsensitiveCompare(b) == ComparisonResult.orderedSame) {
    print("Equal")
} else {
    print("Not Equal")
}
// Equal
```

String 문자열은 == 연산자와 != 연산자를 통해 동일성을 비교할 수 있습니다. NSString의 isEqual(to:) 메소드와 마찬가지로 대소문자를 구분합니다.

```
let a = "Apple"
let b = "apple"

if a == b {
    print("Equal")
} else {
    print("Not Equal")
}
// Not Equal
```

나머지 비교 연산자(<, <=, >, >=)는 compare(_:) 메소드처럼 String 문자열의 사전 순서를 비교할 수 있습니다.

```
let a = "Apple"
let b = "apple"

let result = a.compare(b)

switch result {
case .orderedAscending:
    print("ASC")
case .orderedSame:
    print("SAME")
case .orderedDescending:
    print("DESC")
}
// ASC

if a < b {
    print("ASC")
} else {
    print("SAME OR DESC")
}
// ASC
```

대소문자를 구분해야 하는 경우에는 NSString 문자열과 마찬가지로 caseInsensitiveCompare(_:) 메소드를 사용합니다.

이제 문자열의 비교 범위를 고려해 보겠습니다. 지금까지 설명한 방법은 모두 문자열 전체를 비교합니다. 하지만 NSString 문자열과 String 문자열은 다양한 범위를 비교 대상으로 지정할 수 있습니다. 예를 들어 문자열의 접두어/접미어를 비교하거나 원하는 범위만 지정해서 비교할 수 있습니다. 여기에 사용되는 메소드는 compare(_:options:range:) 입니다. options 파라미터를 통해 문자열 비교 방식을 지정하는 다양한 옵션을 전달할 수 있습니다. 자세한 내용은 문자열 검색에서 설명합니다. options 파라미터로 전달된 []은 옵션을 사용하지 않는다는 것을 의미합니다. range 파라미터가 이번 예제의 핵심이며 검색하고자 하는 범위를 전달합니다.

String 문자열에서 비교 범위를 지정하는 메소드의 이름은 동일하지만 비교 범위를 Range<Index> 형태로 전달해야 합니다. 그리고 options 파라미터에는 [ ]을 전달해야 합니다. [ ]은 Swift에서 빈 옵션을 나타냅니다.

```
let a = "Swift 4.0"
let b = "Swift"

var result = a.compare(b)
print(result.rawValue)
// 1
// ComparisonResult.orderedDescending

let compareRange = b.startIndex..<b.endIndex
result = a.compare(b, options: [], range: compareRange)
print(result.rawValue)
// 0
// ComparisonResult.orderedSame
```

단순히 문자열의 접두어와 접미어를 비교할 경우에는 hasPrefix(_:) 메소드와 hasSuffix(_:) 메소드를 사용할 수 있습니다. 두 메소드는 대소문자를 구분하므로 대소문자 구분이 필요하지 않은 경우에는 compare(_:options:range:) 메소드를 String.CompareOptions.caseInsensitive 옵션과 함께 사용해야 합니다.

```
let a = "Swift"

if a.hasPrefix("Swi") {
    // ...
}

if a.hasSuffix("Programming") {
    // ...
}

let compareRange = a.startIndex..<a.index(a.startIndex, offsetBy: 4)
let result = a.compare("swi", options: [.caseInsensitive], range: compareRange)

print(result.rawValue)
// 1
```

7. 문자열 연결

또 하나의 기초적인 작업은 새로운 문자 또는 문자열을 추가하는 것입니다. NSString 문자열은 불변 객체이므로 생성 후에 저장된 문자열을 변경할 수 없습니다. 불변 객체로 생성된 문자열은 내용을 편집할 때마다 항상 새로운 문자열이 생성됩니다. appending(_:) 메소드는 파라미터로 전달한 문자열이 추가된 새로운 문자열을 리턴합니다.

```
let str1: NSString = "Swift"
let str2 = str1.appending(" Programming")

print(str2)
// Swift Programming
```

단순히 문자열을 연결하는 것 외에 원하는 포맷으로 구성된 문자열을 연결할 수 있습니다. 이러한 문자열을 형식 문자열^{Format String} 또는 형식화된 문자열^{Formatted String} 이라고 합니다. 메소드 이름에 format 이라는 단어가 포함되어 있는 경우 형식화된 문자열을 사용할 수 있습니다. 형식화된 문자열을 연결하는 메소드는 appendingFormat(_:) 입니다.

```
let str1: NSString = "Swift"
let str2 = str1.appendingFormat(" %.1f %@", 4.0, "Programming")

print(str2)
// Swift 4.0 Programming
```

NSString 문자열은 내용을 편집할 때마다 항상 새로운 문자열이 생성됩니다. 새로운 문자열을 생성하지 않고 내용을 편집하고 싶다면 NSMutableString을 사용해야 합니다. 앞의 예제와 동일한 기능을 제공하는 메소드는 append(_:)와 appendFormat(_:)입니다.

```
let str = NSMutableString(string: "Swift")

str.append(" Programming")
print(str)
// Swift Programming

str.setString("Swift")
str.appendFormat(" %.1f %@", 4.0, "Programming")

print(str)
// Swift 4.0 Programming
```

이 예제에서 사용된 NSMutableString 문자열은 오직 하나이고, 문자열의 내부 저장 공간은 문자열의 길이에 따라 자동으로 관리됩니다. 중간에 사용된 setString(_:) 메소드는 NSMutableString에 저장된 문자열을 지정한 문자열로 교체합니다. 주로 문자열을 편집하기 전에 초기화하는 용도로 활용합니다. 특히, 빈 문자열로 초기화하는 경우에는 빈 문자열 리터럴을 전달해야 합니다. nil을 전달한다면 런타임 오류가 발생합니다.

```
str.setString(nil)                // Error
```

String 문자열은 let 또는 var 키워드를 사용하여 가변성을 결정합니다. let으로 선언된 문자열은 불변 문자열인 NSString 문자열, var로 선언된 문자열은 가변 문자열인 NSMutableString으로 생각하면 이해하기 쉽습니다.

String 문자열은 appendingString(_:) 과 유사한 이름의 메소드를 사용하지 않습니다. 대신 + 연산자와 += 연산자를 활용하여 두 문자열을 연결합니다.

```
let str = "Swift" + " Programming"
print(str)
// Swift Programming

var str1 = "Swift"
str1 += " Programming"
print(str1)
// Swift Programming
```

마찬가지로 appendingFormat(_:) 와 유사한 메소드는 제공하지 않으며, 조금 후에 설명할 String Interpolation을 사용합니다.

```
let version = 4.0
let str = "Swift \(version) Programming"
print(str)
// Swift 4.0 Programming
```

String 문자열은 var로 선언하면 NSMutableString에서 제공하는 것과 유사한 메소드를 사용할 수 있습니다. append(_:) 메소드는 현재 저장된 문자열에 문자 또는 문자열을 연결합니다. NSMutableString과 마찬가지로 내부 저장 공간은 문자열의 길이에 따라 자동으로 관리됩니다.

```
var str = "Swift"
str.append(" Programming")
str.append(Character("!"))

print(str)
// Swift Programming!
```

8. 문자열 인덱스와 범위

문자열에 포함된 개별 문자에 접근하려면 문자의 위치를 나타내는 인덱스[Index]를 사용합니다. 그리고 인덱스와 길이를 하나로 묶거나 두 개의 인덱스를 하나로 묶어 문자열의 범위[Range]를 표현할 수 있습니다.

NSString 문자열은 정수 인덱스를 사용합니다. 예를 들어 첫 번째 문자의 인덱스는 0이고 두 번째 문자의 인덱스는 1입니다. 문자열의 첫 번째 문자를 얻으려면 character(at:) 메소드에 0을 전달합니다. character(at:) 메소드는 지정된 인덱스의 문자를 unichar 자료형으로 리턴합니다. 잘못된 인덱스를 전달할 경우 NSRangeException 예외가 발생하므로 주의해야 합니다. Swift의 print 함수는

unichar 문자의 코드 값을 출력하므로 Character로 변환 후 출력해야 실제 문자를 확인할 수 있습니다.

```
let nsstr: NSString = "Foundation String"
let ch2 = nsstr.character(at: 0)

print(ch2)
// 70

print(Character(UnicodeScalar(ch2)!))
// F
```

NSRange는 정수 인덱스와 길이로 범위를 표현하는 구조체이고 주로 NSString 문자열과 함께 사용됩니다. NSRange 구조체는 문자열의 일부분을 추출하거나 특정 문자열의 위치를 확인하는데 사용할 수 있습니다. 0번 인덱스부터 3개의 문자를 포함하는 범위는 다음과 같이 생성할 수 있습니다.

```
let range = NSMakeRange(0, 3)
```

String 문자열은 인덱스를 사용해서 문자열에 접근할 수 있는 서브스크립트 문법Subscript Syntax을 지원합니다. Swift는 인코딩으로 인해 발생할 수 있는 문제점을 해결하기 위해서 정수 인덱스 대신 String.Index라고 하는 새로운 인덱스 형식Index Type을 사용합니다. 정수 인덱스에 익숙하다면 처음에는 이해하기 조금 어려울 수 있지만, String과 String.Index에서 제공하는 다양한 속성과 메소드를 활용하면 쉽게 사용할 수 있습니다.

첫 번째 문자의 인덱스는 startIndex 속성으로 얻을 수 있습니다. 첫 번째 문자를 출력하는 코드는 다음과 같습니다.

```
let str = "Swift String"
let firstCh = str[str.startIndex]
print(firstCh)
// S
```

마지막 인덱스는 endIndex 속성으로 얻을 수 있습니다. 여기에서 주목해야 할 점은 마지막 인덱스와 마지막 문자의 인덱스는 다르다는 것입니다. endIndex는 "past-the-end", 즉, 마지막 문자 인덱스의 다음 인덱스입니다. 그래서 마지막 문자에 접근하려면 index(before:) 메소드를 통해 이전 인덱스를 얻어야 합니다.

```
let str = "Swift String"
let lastCh = str[str.index(before: str.endIndex)]

print(lastCh)
// g
```

빈 문자열의 startIndex와 endIndex는 동일하므로 두 값을 비교해서 빈 문자열인지 판단할 수 있습니다.

```
let emptyString = ""
if emptyString.startIndex == emptyString.endIndex {
    // ...
}
```

NSString 문자열에서 특정 문자에 접근하려면 해당 위치의 정수 인덱스를 전달합니다. 하지만 String 문자열은 startIndex 또는 endIndex를 기준으로 접근해야 합니다.

index(before:) 메소드는 파라미터로 전달한 인덱스의 이전 인덱스를 리턴합니다.
반대로 index(after:) 메소드는 파라미터로 전달한 인덱스의 다음 인덱스를 리턴합니다. 예를 들어 두 번째 문자에 접근하려면 index(after:) 메소드에 첫 번째 문자의 인덱스인 startIndex를 전달합니다.

```
let str = "Swift String"
let secondCh = str[str.index(after: str.startIndex)]
print(secondCh)
// w
```

index(_:offsetBy:) 메소드는 전달된 횟수만큼 이동한 인덱스를 리턴합니다. 양수를 전달할 경우 다음 인덱스로 n만큼 이동하고, 음수를 전달할 경우 이전 인덱스로 n만큼 이동합니다. 예를 들어 세 번째 문자에 접근하려면 index(_:offsetBy:) 메소드에 startIndex와 2를 전달합니다.

```
let str = "Swift String"
let thirdCh = str[str.index(str.startIndex, offsetBy: 2)]
print(thirdCh)
// i
```

index(_:offsetBy:) 메소드를 통해 얻은 인덱스가 startIndex의 이전 인덱스 이거나 endIndex와 같거나 endIndex의 이후 인덱스면 오류가 발생하므로 주의해야 합니다.

```
str[str.index(before: str.startIndex)]  // Error
str[str.index(after: str.endIndex)]     // Error
```

String.Index는 문자열에 포함된 문자의 위치를 지정하기 위해 사용합니다. 서브스크립트 문법을 사용할 때 String.Index를 전달하면 해당 인덱스에 위치한 하나의 Character가 리턴됩니다. 문자열의 서브스크립트 문법은 인덱스뿐만 아니라 범위를 처리할 수 있고, 범위를 전달할 경우 해당 범위를 문자열을 리턴합니다. 문자열의 범위는 Range<String.Index>로 표현하며 다음과 같이 범위 연산자를 사용하면 원하는 범위를 쉽게 생성할 수 있습니다. 한 가지 주의할 점은 범위 연산자를 사용하여 범위를 생성할 때 정수를 사용할 수 없다는 것입니다. 반드시 앞에서 설명한 String.Index의 속성과 메소드를 사용하여 유효한 범위를 생성해야 합니다.

```
let str = "Swift String"
let range = str.startIndex..<str.index(str.startIndex, offsetBy: 5)

let subStr = str[range]
print(subStr)
// Swift
```

9. 문자열 순회

String 문자열은 Swift의 빠른 열거를 통해 쉽게 순회할 수 있습니다. 각 문자는 Character 형식으로 반복 상수에 전달됩니다.

```
let str = "Apple"
for ch in str {
    print(ch)
}
```

10. 문자열 편집

문자열을 편집하는 방법에 대해 조금 더 알아보겠습니다. NSString 클래스로 생성된 문자열이나 let으로 선언된 문자열은 불변 문자열^{Immutable String}이므로 편집 기능이 매우 제한적입니다. 그리고 문자열 자체를 편집하는 것이 아니라 원본 문자열에 편집 내용을 반영한 새로운 문자열이 생성됩니다. 문자열을 생성한 후 자주 편집해야 한다면 NSMutableString 클래스를 사용하거나 String 문자열을 var로 선언해야 합니다.

문자열 편집은 크게 삽입, 치환, 삭제로 분류할 수 있습니다.

10.1 삽입

문자열 연결에서 사용한 메소드는 모두 문자열의 마지막에 새로운 문자열을 추가합니다. 여기에서 설명하는 메소드는 지정된 인덱스에 새로운 문자열을 추가합니다. 인덱스는 반드시 유효한 범위 내에 있어야 합니다. 그렇지 않을 경우 런타임 오류가 발생하므로 주의해야 합니다.

NSMutableString 문자열은 insert(_:at:) 메소드를 제공합니다.

```
let str = NSMutableString(string: "Swift Programming")
str.insert(" 4.0", at: 5)

print(str)
// Swift 4.0 Programming
```

> **Beginner Note**
>
> 이 예제에서 Swift의 NSMutableString은 let으로 선언되어 있습니다. 이것은 str 상수에 저장된 NSMutableString 인스턴스를 다른 인스턴스로 변경할 수 없다는 의미이고 NSMutableString으로 생성된 문자열의 가변성에는 영향을 주지 않습니다.

String 문자열은 지정된 인덱스에 새로운 문자를 추가하는 insert(_:at:) 메소드와 문자열을 추가하는 insert(contentsOf:at:) 메소드를 제공합니다. 인덱스를 전달할 때는 반드시 String.Index 형태로 전달해야 합니다.

```
var str = "Swift Programming"
str.insert("!", at: str.endIndex)

print(str)
// Swift Programming!

str.insert(contentsOf: " 4.0", at: str.index(str.startIndex, offsetBy: 5))

print(str)
// Swift 4.0 Programming!
```

10.2 치환

치환은 조건과 일치하는 부분을 치환하는 방법과 지정한 범위를 치환하는 방법이 제공됩니다. 그리고 현재 문자열을 직접 치환하거나 치환된 결과를 새로운 문자열로 리턴하는가에 따라서 선택해야 하는 클래스가 달라집니다.

NSString 문자열은 지정된 문자열을 새로운 문자열로 치환하는 replacingOccurrences(of:with:) 메소드와 지정한 범위를 새로운 문자열로 치환하는 replacingCharacters(in:with:) 메소드를 제공합니다. NSString 문자열은 불변 문자열이므로 원본 문자열은 편집되지 않으며 치환된 새로운 문자열이 리턴됩니다.

```
let str = NSString(string: "Switch Programming")
var result = str.replacingOccurrences(of: "switch", with: "Swift")

print(result)
// Switch Programming

if str.isEqual(to: result) {
    print("Equal")
} else {
    print("Not equal")
}
// Equal

result = str.replacingOccurrences(of: "switch", with: "Swift", options:
[.caseInsensitive], range: NSRange(location: 0, length: str.length))

print(result)
// Swift Programming

let replaceRange = NSRange(location: 0, length: 6)
result = str.replacingCharacters(in: replaceRange, with: "Swift")

print(result)
// Swift Programming
```

여기에서 사용한 메소드는 다른 문자열 메소드와 마찬가지로 대소문자를 구분합니다. 그래서 원본 문자열에서 대소문자가 완전히 일치하는 문자열을 찾지 못하면 치환을 하지 않고 원본 문자열을 그대로 리턴합니다. 만약 문자열이 정상적으로 치환되었는지 확인하고 싶다면 예제와 같이 str과 result

를 비교합니다.

NSMutableString은 NSString을 상속한 클래스이므로 앞에서 설명한 메소드를 모두 사용할 수 있습니다. 여기에 더해 저장된 문자열을 직접 편집할 수 있는 메소드를 추가로 제공합니다.

```
var str = NSMutableString(string: "Switch Programming")
str.replaceOccurrences(of: "switch", with: "Swift", options: [.caseInsensitive], range:
NSMakeRange(0, str.length))

print(str)
// Swift Programming

str = NSMutableString(string: "Switch Programming")

let replaceRange = NSMakeRange(0, 6)
str.replaceCharacters(in: replaceRange, with: "Swift")

print(str)
// Swift Programming
```

String 문자열은 선언 시 사용한 키워드에 따라서 사용할 수 있는 메소드가 달라집니다. let으로 선언된 경우 NSString 문자열과 유사한 메소드를 사용할 수 있고, var로 선언된 경우 NSMutableString 문자열과 마찬가지로 문자열 자체를 편집할 수 있는 메소드를 추가로 사용할 수 있습니다. 다만, NSMutableString과 달리 범위를 사용해서 치환을 하는 replaceSubrange(_:with:) 메소드만 사용할 수 있습니다. 이번 예제는 앞의 예제와 달리 범위를 직접 생성하지 않고 range(of:) 메소드를 사용해서 "Swift"로 치환할 "Switch"의 범위를 얻어옵니다.

```
let str = "Switch Programming"
let result = str.replacingOccurrences(of: "Switch", with: "Swift")

print(result)
// Swift Programming

var editableStr = "Switch Programming"
if let replaceRange = editableStr.range(of: "Switch") {
    editableStr.replaceSubrange(replaceRange, with: "Swift")
}

print(editableStr)
// Swift Programming
```

10.3 삭제

불변 문자열인 NSString 문자열은 내부의 문자열을 삭제한다는 개념과는 어울리지 않습니다. 불변 문자열의 내용을 삭제하는 유일한 방법은 nil을 할당하는 것뿐입니다.

NSMutableString 문자열은 지정된 범위를 삭제하거나 setString(_:) 메소드를 활용하여 현재 저장된 문자열을 삭제하고 빈 문자열로 초기화할 수 있습니다.

```
let str = NSMutableString(string: "Swift Programming")
let deleteRange = NSRange(location: 5, length: 12)
str.deleteCharacters(in: deleteRange)

print(str)
// Swift

str.setString("")
// 빈 문자열
```

String 문자열은 NSString 문자열보다 개선된 형태의 삭제 메소드를 제공합니다. 먼저
removeAll(keepingCapacity:) 메소드를 통해 빈 문자열로 초기화할 수 있습니다. keepingCapacity
파라미터는 문자열을 삭제한 후 문자열이 차지하고 있던 메모리 공간을 어떻게 처리할지 결정합니다.
true를 전달하면 기존 메모리 공간을 그대로 유지합니다. 문자열을 초기화한 후 비슷한 길이의 문자
열로 편집한다면 메모리 공간이 새롭게 할당되는 과정을 생략할 수 있어서 성능상의 이점을 가질 수
있습니다.

```
var str = "Swift Programming"
str.removeAll(keepingCapacity: true)
```

특정 범위를 삭제하려면 removeSubrange(_:) 메소드를 사용합니다.

```
var str = "Swift 4.0 Programming"
let removeRange = str.index(str.startIndex, offsetBy: 6)..<str.index(str.startIndex,
offsetBy: 10)
str.removeSubrange(removeRange)

print(str)
// Swift Programming
```

인덱스를 사용하여 특정 문자를 삭제하려면 remove(at:) 메소드를 사용합니다. 이 메소드는 다른 삭
제 메소드와 달리 삭제된 문자를 리턴합니다.

```
var str = "Swift Programming"
let removed = str.remove(at: str.startIndex)

print(removed)
// S
print(str)
// wift Programming
```

11. 문자열 추출

문자열 추출은 원본 문자열을 변경하지 않고 지정한 범위에 있는 문자열을 새로운 문자열로 리턴합
니다.

```
let str: NSString = "123456789"
let substringRange = NSRange(location: 0, length: 3)
```

```
let result = str.substring(with: substringRange)

print(result)
// 123
```

만약 추출하려는 범위가 문자열의 시작부터 특정 인덱스 사이라면 substring(to:) 메소드를 사용할 수 있습니다. 이 메소드는 인덱스 0부터 파라미터로 전달된 인덱스 이전까지의 문자열을 추출합니다. 예를 들어 파라미터로 3을 전달할 경우 인덱스 0 ~ 인덱스 2 사이의 문자열이 추출됩니다.

```
let str: NSString = "123456789"
let result = str.substring(to: 3)

print(result)
// 123
```

특정 인덱스부터 문자열 마지막까지 추출하려면 substring(from:) 메소드를 사용합니다. substring(to:) 메소드와 달리 파라미터로 전달하는 인덱스는 추출되는 문자열 범위에 포함됩니다. 예를 들어 파라미터로 3을 전달할 경우 인덱스 3부터 문자열 마지막까지 추출됩니다.

```
let str: NSString = "123456789"
let result = str.substring(from: 3)

print(result)
// 456789
```

String 문자열은 서브스크립트 문법을 통해 문자열을 더욱 직관적으로 추출할 수 있습니다.

```
let str = "123456789"
let result = str[str.startIndex..<str.index(str.startIndex, offsetBy: 3)]

print(result)
// 123
```

이번에는 조금 특별한 추출 메소드를 공부해 보겠습니다. components(separatedBy:) 메소드는 문자열을 지정된 문자열을 기준으로 분리한 후 결과를 배열로 리턴합니다. 예를 들어 이 메소드에 5를 전달하면 str 문자열은 5를 기준으로 1234와 6789로 분리됩니다. 분리된 결과는 list 배열로 리턴됩니다. 기준이 된 문자열은 결과에 포함되지 않는다는 점을 기억해 두시기 바랍니다.

```
let str = "123456789"
let list = str.components(separatedBy: "5")

for item in list {
    print(item)
}
// 1234
// 6789
```

12. 문자열 검색

문자열 검색은 기본적으로 대소문자를 구분하며 왼쪽에서 오른쪽으로 진행됩니다. contains(_:) 메소드는 파라미터로 전달한 문자열이 포함되어 있는지 확인합니다.

```
let str = "Swift Programming"
if str.contains("Swift") {
    // ...
}
```

range(of:) 메소드는 문자열 검색에서 가장 많이 사용되는 메소드입니다. 이 메소드는 contains(_:) 메소드와 달리 검색된 문자열의 범위(NSRange)를 리턴합니다. 검색 결과는 NSRange의 location, length 속성을 통해 확인할 수 있습니다.

```
let str: NSString = "Swift Programming"
let result = str.range(of: "Swift")

print("location: \(result.location)")
print("length: \(result.length)")
// location: 0
// length: 5
```

만약 검색 결과가 없다면 location 속성에 NSNotFound라는 특별한 상수가 할당됩니다. 다음과 같이 if 조건문을 통해 검색 결과를 확인하는 코드를 작성할 수 있습니다.

```
let str: NSString = "Swift Programming"
let result = str.range(of: "Swift")

if result.location == NSNotFound {
    // ...
}
```

String 문자열은 검색 결과를 Range<String.Index>로 리턴합니다. 그리고 리턴 값은 옵셔널이기 때문에 다음과 같이 옵셔널 바인딩 구문을 활용하여 검색 성공 여부를 확인할 수 있습니다. 즉, NSString 문자열은 검색 결과가 없을 경우 location 속성에 NSNotFound 상수가 할당된 NSRange를 리턴하지만, String 문자열은 nil을 리턴합니다.

```
let str = "Swift Programming"
if let result = str.range(of: "Swift") {
    print(result)
} else {
    print("Not found")
}
// 0..<5
```

13. 문자열 옵션

지금까지 설명한 문자열 메소드들은 몇 가지 공통적인 특징을 가지고 있습니다.

- 대소문자를 구분합니다.
- 문자열을 왼쪽에서 오른쪽으로 처리합니다.
- 문자열 길이가 짧을수록 사전 정렬 순서가 앞섭니다.
- 문자열 사전 정렬 순서는 문자의 코드를 정수로 변경한 값에 따라 결정됩니다.
- 같은 문자라도 발음 기호가 붙어있다면 다른 문자로 판단합니다.
- 문자열을 구성하는 코드가 다르더라도 사람에게 보이는 문자열이 같다면 같은 문자열로 판단합니다.
- 동일한 모양의 문자라도 언어내에서 사용하는 의미가 다르다면 다른 문자로 판단합니다.

여기에서 나열한 것과 다른 조건으로 문자열을 처리해야 한다면 문자열 옵션을 직접 지정해야 합니다. 문자열 옵션은 String.CompareOptions 구조체 또는 NSString.CompareOptions 구조체의 멤버로 지정합니다. 문자열 메소드 중 아래와 같이 options라는 이름의 파라미터를 받는 메소드로 문자열 옵션을 전달할 수 있습니다.

```
compare(_:options:)
range(of:options;)
replacingOccurrences(of:with:options:range:)
```

보통 하나의 옵션을 전달하지만 필요에 따라서 두 개 이상의 옵션을 함께 전달할 수 있습니다. 이 때에는 반드시 배열 형태로 전달해야 합니다.

```
let str = "String Options"
str.range(of: "S", options: .caseInsensitive)
str.range(of: "S", options: [.caseInsensitive, .anchored])
```

이 코드처럼 문자열 옵션의 전체 이름을 사용하지 않고 축약형으로 사용할 수 있습니다. 예를 들어 String.CompareOptions.caseInsensitive 옵션은 .caseInsensitive로 축약할 수 있습니다.

13.1 Case Insensitive Search: String.CompareOptions.caseInsensitive

대소문자를 무시하는 옵션입니다. 문자열 비교에서 사용했던 caseInsensitiveCompare(_:) 메소드는 compare(_:options:) 메소드를 호출할 때 Case Insensitive Search 옵션을 전달한 것과 동일합니다.

```
let str = "Swift"

let result = str.compare("swift", options: [.caseInsensitive])
if result == .orderedSame {
    // ...
}
```

13.2 Literal Search: String.CompareOptions.literal

한글은 유니코드로 표현할 때 완성형과 조합형을 사용할 수 있습니다. 예를 들어 "한글"은 완성형으로 표현할 때 두 개의 유니코드 포인트를 사용하고, 조합형으로 표현할 때 여섯 개의 유니코드 포인트를 사용합니다.

```
let precomposed = "\u{D55C}\u{AE00}"
let decomposed = "\u{1112}\u{1161}\u{11AB}\u{1100}\u{1173}\u{11AF}"
```

이와 같이 동일한 문자를 표현하는 방식에 차이가 있기 때문에 문자열 함수들은 기본적으로 우리 눈에 보이는 결과를 기준으로 비교와 검색을 수행합니다. 그래서 문자열을 구성하는 유니코드는 다르지만 같은 문자열로 판단합니다.

```
let precomposed = "\u{D55C}\u{AE00}"
let decomposed = "\u{1112}\u{1161}\u{11AB}\u{1100}\u{1173}\u{11AF}"

if decomposed.compare(precomposed) == .orderedSame {
    print("equal")
} else {
    print("not equal")
}
// equal
```

Literal Search 옵션은 문자열을 구성하는 유니코드 포인트를 직접 비교합니다. 그래서 같은 문자라고 하더라도 서로 다른 유니코드로 구성되어 있다면 다른 문자열로 판단합니다. 앞의 예제와 달리 문자열을 표현할 수 있는 모든 유니코드 문자를 확인할 필요가 없기 때문에 더 빠르게 결과를 얻을 수 있습니다.

```
let precomposed = "\u{D55C}\u{AE00}"
let decomposed = "\u{1112}\u{1161}\u{11AB}\u{1100}\u{1173}\u{11AF}"

if decomposed.compare(precomposed, options: [.literal]) == .orderedSame {
    print("equal")
} else {
    print("not equal")
}
// not equal
```

13.3 Backwards Search: String.CompareOptions.backwards

Baskwards Search 옵션은 이름 그대로 문자열을 뒤에서부터 검색합니다. 예를 들어 range(of:) 메소드는 문자열에 원하는 결과가 두 개 이상 존재할 경우 첫 번째 결과를 리턴하지만, 이 옵션을 사용하면 반대로 마지막 결과(즉, 뒤에서 첫 번째 결과)를 리턴합니다.

```
let str = "Swift Programming"
if let result = str.range(of: "i") {
    print(str.distance(from: str.startIndex, to: result.lowerBound))
    // 2
}
```

```
if let result = str.range(of: "i", options:[.backwards]) {
    print(str.distance(from: str.startIndex, to: result.lowerBound))
    // 14
}
```

13.4 Anchored Search: String.CompareOptions.anchored

Anchored Search 옵션은 문자열 전체를 확인하지 않고 시작 부분 또는 끝 부분만 검색합니다. 조금 전 예제에서 range(of:) 메소드는 검색 방향에 관계없이 문자열에 결과가 존재한다면 결과를 리턴합니다. 하지만 Anchored Search 옵션을 사용하면 앵커로 지정한 부분에 검색 결과가 없으면 검색에 실패한 것으로 판단합니다. 예를 들어 "Swift Programming" 문자열에서 "Swift"의 위치를 검색할 때, Anchored Search 옵션을 사용하면 문자열의 시작 부분에서 "Swift"를 검색합니다. 이 경우에는 "Swift"의 범위를 얻을 수 있습니다. 하지만 Backwards Search 옵션을 조합하여 문자열 마지막 부분을 앵커로 지정하면 "Swift" 문자열이 포함되어 있지만 문자열의 접미어가 아니기 때문에 검색에 실패합니다.

```
let str = "Swift Programming"
if let result = str.range(of: "Swift", options:[.anchored]) {
    print(str.distance(from: str.startIndex, to: result.lowerBound))
    // 0
}

if let result = str.range(of: "Swift", options:[.anchored, .backwards]) {
    print(str.distance(from: str.startIndex, to: result.lowerBound))
}
// nil
```

이 옵션은 hasPrefix(_:), hasSuffix(_:) 메소드의 기본 옵션으로 원하는 결과를 얻을 수 없을 때 활용할 수 있습니다. 단독으로 사용할 경우에는 큰 의미가 없고 예제와 같이 다른 옵션과 조합하여 사용합니다. 문자열 옵션을 조합하려면 [ ] 사이에 원하는 옵션을 ,로 구분하여 나열합니다.

13.5 Numeric Search: String.CompareOptions.numeric

파일 이름을 정렬하는 프로그램을 만들어야 한다고 가정해 보겠습니다. 디렉토리에는 10개의 텍스트 파일이 있고 각 파일의 이름은 file0.txt, file10.txt와 같은 형태를 가지고 있습니다. file9.txt는 file10.txt 앞에 있어야 할까요? 아니면 뒤에 있어야 할까요?

문자열은 기본적으로 각 위치에 있는 문자의 코드를 비교합니다. 사람은 9가 10보다 작다고 판단하지만 코드는 e 문자 다음에 오는 1과 9의 코드를 비교합니다. 그래서 file9는 file10 뒤에 정렬됩니다. 만약 file9를 file10 앞에 정렬하고 싶다면 file09와 같이 파일 이름을 변경하는 트릭을 쓸 수도 있지만 Numeric Search 옵션이 더 좋은 선택입니다. Numeric Search 옵션은 문자열에 숫자가 포함되어 있는 경우 숫자 자체의 크기를 비교합니다.

```
let file9 = "file9.txt"
let file10 = "file10.txt"
var result = file9.compare(file10)
print(result.rawValue)
// 1 (ComparisonResult.orderedDescending)

result = file9.compare(file10, options: [.numeric])

print(result.rawValue)
// -1 (ComparisonResult.orderedAscending)
```

13.6 Diacritic Insensitive Search: String.CompareOptions.diacriticInsensitive

알파벳 문자는 다양한 발음 부호를 가질 수 있습니다. 같은 문자라도 발음 부호가 다르면 서로 다른 문자로 판단합니다. 예를 들어 "A"는 "Ä"와 다른 문자로 판단됩니다. 문자열 비교와 검색에서 발음 부호를 무시할 때 사용할 수 있는 옵션이 바로 Diacritic Insensitive Search 옵션입니다.

```
let withoutDiacritic = "A"
let withDiacritic = " "

var result = withoutDiacritic.compare(withDiacritic)
print(result.rawValue)
// -1 (ComparisonResult.orderedAscending)

result = withoutDiacritic.compare(withDiacritic, options: [.diacriticInsensitive])

print(result.rawValue)
// 0 (ComparisonResult.orderedSame)
```

13.7 Width Insensitive Search: String.CompareOptions.widthInsensitive

한국, 중국, 일본 등 아시아 국가에서는 문자를 전각 문자 또는 반각 문자로 인쇄할 수 있습니다. 전각 문자는 일반적으로 영문자의 고정 폭을 기준으로 두 배의 너비를 가지는 문자이고, 반각 문자는 전각 문자의 절반의 너비를 가지는 문자입니다. 두 문자는 서로 같은 문자를 표시하는 가에 관계없이 항상 다른 문자로 판단됩니다. Width Insensitive Search 옵션은 전각/반각 문자를 구분하지 않고 비교할 때 사용합니다. 다음 예제는 전각 문자 "ァ"와 반각문자 "ｱ"를 비교합니다.

```
let fullWidth = "\u{30A1}"
let halfWidth = "\u{FF67}"

var result = fullWidth.compare(halfWidth)
print(result.rawValue)
// -1

result = fullWidth.compare(halfWidth, options:[.widthInsensitive])

print(result.rawValue)
// 0
```

13.8 Forced Ordering Search: String.CompareOptions.forcedOrdering

문자열을 정렬할 때 Case Insensitive Search 옵션을 사용하면 "String"과 "string"을 동일한 순서로 판단합니다. 이 경우에는 동일한 순서 내에서 문자열의 순서를 비교할 수 있는 옵션이 필요합니다. Forced Ordering Search 옵션은 다른 옵션에 의해 두 문자열의 순서가 동일하다고 판단될 때, 문자의 코드와 같은 조건들을 활용해서 최대한 순서를 구분하도록 강제합니다.

```
let upper = "STRING"
let lower = "string"

var result = upper.compare(lower, options: [.caseInsensitive])

print(result.rawValue)
// 0

result = upper.compare(lower, options:[.forcedOrdering, .caseInsensitive])

print(result.rawValue)
// -1
```

13.9 Regular Expression Search: String.CompareOptions.regularExpression

문자열을 검색할 때 정규 표현식을 사용해야 한다면 Regular Expression Search 옵션을 사용할 수 있습니다. 예를 들어 회원 가입이 필요한 프로그램을 만들 때 사용자가 입력한 이메일 값을 검증해야 한다면 이 옵션을 사용해서 쉽게 구현할 수 있습니다.

```
let emailPattern = "([0-9a-zA-Z_-]+)@([0-9a-zA-Z_-]+)(\\.[0-9a-zA-Z_-]+){1,2}"
let emailAddress = "user@example.com"

if let result = emailAddress.range(of: emailPattern, options: [.regularExpression]) {
    print("valid email")
} else {
    print("invalid email")
}
// valid email
```

14. 문자열 변환

14.1 대소문자 변환

NSString 문자열에서 대소문자를 변환할 때 세 가지 속성을 사용할 수 있습니다. capitalized 속성은 문자열에 포함된 각 단어의 첫 번째 문자를 대문자로, 나머지 문자를 소문자로 변환한 문자열을 리턴합니다. lowercased 속성은 모든 문자를 소문자로 변환한 문자열을 리턴하고, uppercased 속성은 모든 문자를 대문자로 변환한 문자열을 리턴합니다.

```
let nsstr: NSString = "Lorem ipsum"

print(nsstr.capitalized)
```

```
// Lorem Ipsum

print(nsstr.uppercased)
// LOREM IPSUM

print(nsstr.lowercased)
// lorem ipsum
```

String 문자열에서는 capitalized 속성과 uppercased() 메소드, lowercased() 메소드를 사용할 수 있습니다.

```
let str = "Lorem ipsum"

print(str.capitalized)
// Lorem Ipsum

print(str.uppercased())
// LOREM IPSUM

print(str.lowercased())
// lorem ipsum
```

14.2 숫자 값으로 변환

NSString 문자열은 문자열을 숫자로 쉽게 변환할 수 있는 다양한 속성을 제공합니다. 이 속성은 몇 가지 제약을 가지고 있습니다.

- 문자열은 숫자만 포함하고 있어야 합니다.
- 문자열은 숫자로 시작해야 합니다.
- 문자열에 두 개 이상의 숫자가 포함되어 있다면 첫 번째 숫자로 변환됩니다.

예를 들어 integerValue 속성을 사용해서 문자열 "777"과 "777"이 포함된 문자열을 숫자 777로 변환할 수 있습니다. 세 번째 문자열과 같이 숫자로 변환할 수 없는 경우에는 0이 리턴됩니다.

```
var str: NSString = "777"
var value = str.integerValue
print(value)
// 777

str = "777 grants all file access permissions to all user types."
value = str.integerValue
print(value)
// 777

str = "the value 777 grants all file access permissions to all user types."
value = str.integerValue
print(value)
// 0
```

제공하는 속성은 전체 속성은 다음과 같습니다.

```
intValue
integerValue
longLongValue
floatValue
doubleValue
boolValue
```

String 문자열은 이러한 속성을 제공하지 않습니다. 대신 자료형에서 제공하는 생성자를 사용할 수 있습니다. 예를 들어 Int 자료형은 문자열을 파라미터로 받는 생성자를 제공합니다. 이 생성자는 파라미터로 전달된 문자열을 정수로 변환할 수 없는 경우 nil을 리턴합니다. NSString 문자열과 달리 문자열에 숫자가 아닌 다른 문자가 포함되어 있는 경우에는 숫자로 변환할 수 없습니다.

```
let str = "777"
if let value = Int(str) {
    print(value)
}
```

앞에서 설명한 내용은 문자열을 숫자로 변환할 때 많은 제약을 가지고 있습니다. 조금 후에 설명할 스캐너를 사용하면 다양한 옵션을 사용하여 문자열에 포함된 숫자를 더욱 정확히 인식하고 변환할 수 있습니다.

14.3 음역

자주 사용되지는 않지만 음역^{Transliteration}을 위한 메소드를 제공합니다. 음역은 외국어의 음을 특정 언어로 표기하는 것으로, "america"를 한글로 음역하면 "아메리카"가 됩니다. NSString 문자열과 String 문자열이 제공하는 음역기능은 한글의 경우 만족할만한 결과를 얻기 힘들지만, 가타카나와 히라가나의 경우 비교적 정확한 결과를 얻을 수 있습니다. 문자열을 음역할 수 없는 경우에는 nil이 리턴됩니다.

```
let str = "america"

let korean = str.applyingTransform(StringTransform.latinToHangul, reverse: false)

print(korean)
// 아메릳아

let hiragana = str.applyingTransform(StringTransform.latinToHiragana, reverse: false)

print(hiragana)
// あめりか

let katakana = str.applyingTransform(StringTransform.latinToKatakana, reverse: false)

print(katakana)
// アメリカ
```

15. String Interpolation

변수나 리터럴, 표현식 등의 조합으로 새로운 문자열을 구성하는 것을 String Interpolation이라고 합니다. Swift는 Objective-C에서 사용하는 전통적인 방식부터 Swift에서 새롭게 도입된 방식을 모두 사용할 수 있습니다.

전통적인 String Interpolation에 사용되는 문자열 리터럴은 일반 문자열 리터럴과 달리 %@, %ld 와 같은 포맷 지정자Format Specifier를 포함하고 있습니다. 이런 문자열을 특별히 형식 문자열Format String 또는 형식화된 문자열Formatted String이라고 합니다. 형식 문자열에 포함된 포맷 지정자는 전달된 파라미터의 값으로 대체되어 문자열을 구성합니다.

```
let language = "Swift"
let nsstr = NSString(format: "Let's learn %@", language)
print(nsstr)
// Let's learn Swift

let str = String(format: "Let's learn %@", language)
print(str)
// Let's learn Swift
```

예제에서 사용된 포맷 문자열에 포함된 %@은 모든 객체를 표현할 수 있는 포맷 지정자로 language에 저장된 문자열로 대체됩니다.

> ### Expert Note
> %@은 객체의 description 메소드가 리턴하는 문자열로 대체됩니다.

15.1 포맷 지정자

포맷 지정자는 % 문자와 대체될 값의 종류를 식별하는 문자들로 구성됩니다. 그리고 두 문자 사이에는 표현할 값의 크기를 지정할 수 있는 길이 수식어Length Modifiers를 추가할 수 있습니다.

포맷 지정자	표현하는 값
%@	객체
%%	% 문자
%d, %D	정수
%u, %U	부호 없는(Unsigned) 정수
%x, %X	부호 없는(Unsigned) 정수를 16진수로 출력
%o, %O	부호 없는(Unsigned) 정수를 8진수로 출력
%f	8바이트 실수
%c	1바이트 아스키 문자
%C	유니코드 문자
%s	C 문자열

길이 수식어	
l	long
L	long double
z	site_t

이어지는 예제는 포맷 지정자를 사용하는 코드를 보여줍니다. 이 예제는 몇 가지 주목할 내용이 있습니다. 먼저 %f를 사용해서 실수를 출력하면 기본적으로 소수점 부분이 6자리가 출력됩니다. 출력되는 자리수를 지정하고 싶다면 %와 f 사이에 .n을 추가합니다. 예제와 같이 %.1f로 지정하면 소수점 부분을 한자리만 출력합니다. 실수를 지수 형태로 출력하고 싶다면 %f 대신 %e를 사용합니다.

포맷 지정자로 대체되는 값은 문자열 내부에서 값을 표현하는데 필요한 정확한 길이로 대체됩니다. 만약 값을 대체할 때 원하는 길이를 직접 지정하고 싶다면 % 문자 다음에 원하는 길이를 지정할 수 있습니다. 예제와 같이 20으로 지정하면 문자열이 20글자 너비로 대체되며 나머지 공간은 공백으로 출력됩니다. 기본적으로 오른쪽 정렬로 출력되지만 -20과 같이 음수로 지정하면 왼쪽 정렬로 출력됩니다. 예제에서는 %s를 대상으로 했지만 다른 포맷 지정자에서도 사용할 수 있습니다.

```
let intValue = 123
var str = String(format: "value is %ld", intValue)
print(str)
// value is 123

let integerValue: NSInteger = 456
str = String(format: "value is %ld", integerValue)
print(str)
// value is 456

let doubleValue = 12.34
str = String(format: "value is %f", doubleValue)
print(str)
// value is 12.340000

str = String(format: "value is %e", doubleValue)
print(str)
// value is 1.234000e+01

let floatValue: CGFloat = 56.78
str = String(format: "value is %.1f", floatValue)
print(str)
// value is 56.8

let cString = NSString(string: "C String").utf8String!
str = String(format: "[%-20s]", cString)
```

```
print(str)
// [C String          ]

str = String(format: "[%20s]", cString)
print(str)
// [              C String]
```

이번에는 포맷 지정자의 순서에 대해 고려해 보겠습니다. 형식 문자열에 포함된 첫 번째 포맷 지정자는 첫 번째 파라미터의 값으로 대체됩니다. 만약 첫 번째 포맷 지정자를 두 번째 파라미터의 값으로 대체해야 한다면 어떻게 해야 할까요? %문자 다음에 원하는 순서를 나타내는 인덱스와 $문자를 추가하면 됩니다. 배열의 인덱스와 달리 첫 번째 순서의 인덱스는 1입니다. 예제를 통해 실제 사용방법을 알아보겠습니다.

```
let result = "result"
let doubleValue = 12.34

var str = String(format: "The %@ is %.2f.", result, doubleValue)
print(str)
// The result is 12.34.

str = String(format: "%2$.2f is the %1$@.", result, doubleValue)
print(str)
// 12.34 is the result.
```

이제 Swift에서 새롭게 도입된 String Interpolation에 대해 알아보겠습니다. 기존 방식과 달리 포맷 지정자를 사용하지 않고 직접 문자열 내부에 원하는 값을 삽입합니다. 값은 \(와) 사이에 표현식, 변수, 상수 등으로 전달할 수 있습니다.

```
let result = "result"
let doubleValue = 12.34

var str = "The \(result) is \(doubleValue)."
print(str)
// The result is 12.34.

str = "\(doubleValue) is the \(result).";
print(str)
// 12.34 is the result.
```

전달된 값은 자료형에 가장 적합한 형태로 문자열에 삽입됩니다. 기존 방식에 비해 매우 직관적으로 형식 문자열을 구성할 수 있지만 상세한 포맷을 직접 지정할 수 없는 단점이 있습니다. 예를 들어 doubleValue의 값을 소수점 첫째 자리까지 출력하고 싶다면 다음과 같이 기존 방식으로 구성한 문자열을 전달하거나 소수점 둘째 자리를 0으로 만든 후 전달해야 합니다.

```
let result = "result"
let doubleValue = 12.34
let valueStr = String(format: "%.1f", doubleValue)

var str = "The \(result) is \(valueStr)"
```

```
print(str)
// The result is 12.3

str = "The \(result) is \(round(doubleValue * 10.0) / 10.0)"
print(str)
// The result is 12.3
```

16. 유니코드와 인코딩

유니코드^{Unicode}로 표시할 수 있는 모든 문자는 Character Repertoire에 포함되어 있고, 여기에 포함된 각 문자는 고유한 코드 포인트^{Code Point}를 할당받습니다. 코드 포인트는 정수 형태의 식별자로 유니코드 스칼라^{Unicode Scalar}라고 부르기도 합니다.

모든 코드 포인트는 코드 공간^{Code Space}내에 존재합니다. 코드 공간은 코드 포인터의 범위에 따라 두 영역으로 구분됩니다. 첫 번째 영역은 U+0000에서 U+FFFF 사이의 영역으로 Basic Multilingual Plane이라고 부릅니다. 두 번째 영역은 U+10000에서 U+10FFFF 사이의 영역으로 Supplemental Multilingual Plane이라고 부릅니다. Supplemental Multilingual Plane 영역은 64000개 단위의 섹션으로 구분되어 있습니다. 전체 코드 영역은 모두 17개의 섹션(Basic Multilingual Plane 1개, Supplemental Multilingual Plane 16개)으로 구분되어 있고 1088000개의 코드 포인트를 할당할 수 있습니다.

문자가 특정 인코딩으로 표현될 때 문자의 코드 포인트는 하나 이상의 코드 유닛^{Code Unit}과 맵핑됩니다. 코드 유닛은 인코딩에서 문자를 표현하는 최소 단위입니다. 유니코드는 코드 유닛의 크기에 따라 UTF-8, UTF-16, UTF-32로 분류됩니다. UTF-8 인코딩에서 하나의 코드 유닛은 8비트로 구성되고 UTF-16과 UTF-32 인코딩에서는 각각 16비트, 32비트로 구성됩니다. UTF-8 인코딩에서 하나의 코드 포인트는 크기에 따라 최대 4개의 코드 유닛과 맵핑됩니다. 가장 큰 코드 포인트를 저장하려면 32비트가 필요하기 때문입니다. UITF-16 인코딩에서는 최대 2개의 코드 유닛과 맵핑되고, UTF-32 인코딩에서는 하나의 유닛으로 모든 코드 포인트를 맵핑할 수 있습니다.

유니코드 문자는 문자열 내부에서 16진수 형태로 표현합니다.

```
\u{코드 포인트}
```

예를 들어 ♥ 문자의 코드 포인트는 U+2665이고 다음과 같은 코드를 통해 문자로 생성할 수 있습니다.

```
let heart: Character = "\u{2665}"
print(heart)
// ♥
```

16.1 Grapheme Cluster

유니코드 문자는 하나의 코드 포인트로 표현하거나 두 개 이상의 코드 포인트 조합으로 표현할 수 있습니다. 하나의 문자를 표현하는 코드 포인트의 집합을 문자소 클러스터^{Grapheme Cluster}라고 합니다. 예를 들어 "한"이라는 문자는 다음과 같이 두 가지 방식으로 표현할 수 있습니다. 한글을 표현할 때 하나의 코드 포인트로 표현하는 방식을 완성형, 두 개 이상의 코드 포인트로 표현하는 방식을 조합형 인코딩이라고 합니다. precomposedHan 문자열은 하나의 코드 포인트로 "한" 문자를 구성하고, decomposedHan 문자열은 초성, 중성, 종성을 구성하는 3개의 코드 포인트로 "한" 문자를 구성합니다.

```swift
let precomposedHan = "\u{D55C}"
print(precomposedHan)
// 한

let decomposedHan = "\u{1112}\u{1161}\u{11AB}"
print(decomposedHan)
// 한
```

두 문자열을 비교하는 코드를 작성해 보겠습니다. 이 코드를 실행해보면 Foundation 문자열과 Swift 문자열에서 정반대의 결과가 출력됩니다. 이유가 무엇일까요?

```swift
let precomposedHan = "\u{D55C}"
print(precomposedHan)
// 한

let decomposedHan = "\u{1112}\u{1161}\u{11AB}"
print(decomposedHan)
// 한

if precomposedHan == decomposedHan {
    print("\(precomposedHan) == \(decomposedHan)")
} else {
    print("\(precomposedHan) != \(decomposedHan)")
}
// 한 == 한


let precomposedHan: NSString = "\u{D55C}"
print(precomposedHan)
// 한

let decomposedHan: NSString = "\u{1112}\u{1161}\u{11AB}"
print(decomposedHan)
// 한

if precomposedHan == decomposedHan {
    print("\(precomposedHan) == \(decomposedHan)")
} else {
    print("\(precomposedHan) != \(decomposedHan)")
}
// 한 != 한
```

NSString 문자열은 코드 포인트를 기준으로 문자열 연산을 처리합니다. 그래서 화면에 출력되는 문자는 동일하지만 문자를 구성하는 코드 포인트가 다르기 때문에 다른 문자열로 판단하는 것입니다. String 문자열은 문자소 클러스터를 기준으로 문자열 연산을 처리합니다. 그래서 두 문자열이 서로 다른 코드 포인트로 구성되어 있더라도 화면에 표시되는 모양과 의미가 같다면 동일한 문자열로 판단합니다.

이번에는 café 문자열을 통해 NSString 문자열과 String 문자열의 차이를 다시 확인해 보겠습니다. é 문자는 U+00E9 코드 포인트로 표현하거나 cafe 문자열과 U+0301 코드 포인트를 조합하여 표현할 수 있습니다. 코드 포인트 단위로 연산을 처리하는 NSString 문자열은 precomposedCafe 문자열의 길이를 4로 판단하고 decomposedCafe 문자열의 길이를 5로 판단합니다. 실제 화면에 출력되는 문자의 수가 아니라 문자열을 구성하는 코드 포인트의 수와 일치합니다. 반면 문자소 클러스터 단위로 연산을 처리하는 String 문자열은 코드 포인트의 수에 관계없이 문자열의 길이를 모두 4로 판단합니다.

```
let precomposedCafe = "caf\u{00E9}"
print("\(precomposedCafe) - \(precomposedCafe.characters.count)")
// caf  - 4

let decomposedCafe = "cafe" + "\u{0301}"
print("\(decomposedCafe) - \(decomposedCafe.characters.count)")
// cafe´ - 4

if precomposedCafe == decomposedCafe {
    print("\(precomposedCafe) == \(decomposedCafe)")
} else {
    print("\(precomposedCafe) != \(decomposedCafe)")
}
// caf  == cafe´
```

```
let precomposedCafe: NSString = "caf\u{00E9}"
print("\(precomposedCafe) - \(precomposedCafe.length)")
// caf  - 4

let decomposedCafe: NSString = "cafe\u{0301}"
print("\(decomposedCafe) - \(decomposedCafe.length)")
// cafe´ - 5

if precomposedCafe == decomposedCafe {
    print("\(precomposedCafe) == \(decomposedCafe)")
} else {
    print("\(precomposedCafe) != \(decomposedCafe)")
}
// caf  != cafe´
```

16.2 인코딩

NSString 문자열과 String 문자열은 ASCII, UTF-8, UTF-16과 같이 널리 활용되는 인코딩을 모두 지원합니다. 지원되는 인코딩 목록은 availableStringEncodings 속성으로 확인할 수 있습니다.

```
let encodings = String.availableStringEncodings
for encodingConstant in encodings {
    print("\(encodingConstant.rawValue) - \(String.localizedName(of:
        ↪encodingConstant))")
}
```

인코딩 목록은 String.Encoding 구조체로 구현되어 있고 아래와 같이 자주 사용되는 인코딩이 형식 속성으로 선언되어 있습니다.

```
public static let ascii: String.Encoding
public static let nextstep: String.Encoding
public static let japaneseEUC: String.Encoding
public static let utf8: String.Encoding
public static let isoLatin1: String.Encoding
public static let symbol: String.Encoding
public static let nonLossyASCII: String.Encoding
public static let shiftJIS: String.Encoding
public static let isoLatin2: String.Encoding
public static let unicode: String.Encoding
public static let windowsCP1251: String.Encoding
public static let windowsCP1252: String.Encoding
public static let windowsCP1253: String.Encoding
public static let windowsCP1254: String.Encoding
public static let windowsCP1250: String.Encoding
public static let iso2022JP: String.Encoding
public static let macOSRoman: String.Encoding
public static let utf16: String.Encoding
public static let utf16BigEndian: String.Encoding
public static let utf16LittleEndian: String.Encoding
public static let utf32: String.Encoding
public static let utf32BigEndian: String.Encoding
public static let utf32LittleEndian: String.Encoding
```

문자열을 특정 인코딩으로 변환할 수 있는지 확인하려면 canBeConverted(to:) 메소드를 사용합니다. 이 메소드는 파라미터로 전달된 인코딩으로 손실 없이 변환할 수 있는 경우 true를 리턴합니다. data(using:) 메소드는 문자열을 지정된 인코딩으로 변환합니다. Data 인스턴스로 변환된 데이터는 네트워크를 통해 전달하거나 새로운 인코딩으로 변환된 문자열을 생성하는데 사용할 수 있습니다. data(nil:) 메소드는 인코딩 과정에서 손실을 허용하지 않기 때문에 손실이 발생한 경우 nil을 리턴합니다. 만약 인코딩 과정에서 손실을 허용하려면 data(using:allowLossyConversion:) 메소드를 사용합니다. 이 메소드의 두 번째 파라미터에 true를 전달하면 인코딩 손실이 허용됩니다.

```
let str = "String"
if str.canBeConverted(to: String.Encoding.utf32) {
    if let encodedData = str.data(using: String.Encoding.utf32) {
        // ...
    }
}
```

17. 문자 집합

하나 이상의 유니코드 문자로 구성된 문자 집합^{Character Set}은 문자열 검색에 자주 활용됩니다. 문자 집합은 CharacterSet 구조체의 인스턴스입니다. NSCharacterSet 클래스도 제공하지만 이 책에서는 다루지 않습니다. CharacterSet 구조체는 다양한 표준 문자 집합을 생성할 수 있는 메소드를 제공합니다. 필요에 따라 원하는 문자로 구성된 문자 집합을 직접 생성할 수 있습니다.

예를 들어 대문자로 구성된 문자 집합은 uppercaseLetters 속성으로 생성할 수 있습니다.

```
let charSet = NSCharacterSet.uppercaseLetters
```

문자 집합을 rangeOfCharacter(from:) 메소드에 전달하면 문자열에서 문자 집합에 포함된 문자를 검색할 수 있습니다. 이 메소드는 문자열에서 문자 집합에 포함된 문자가 검색된 첫 번째 위치를 리턴합니다. rangeOfCharacter(from:options:) 메소드를 통해 앞에서 공부한 다양한 문자열 옵션을 사용할 수 있습니다. 아래의 코드와 같이 Backward Search 옵션을 사용하면 검색된 마지막 위치를 리턴합니다.

```
let charSet = CharacterSet.uppercaseLetters
let str = "loRem Ipsum"
if let range = str.rangeOfCharacter(from: charSet) {
    print(str.distance(from: str.startIndex, to: range.lowerBound))
    // 2
}

if let range = str.rangeOfCharacter(from: charSet, options: [.backwards]) {
    print(str.distance(from: str.startIndex, to: range.lowerBound))
    // 6
}
```

trimmingCharacters(in:) 메소드는 문자열의 시작 부분과 끝 부분에서 문자 집합에 포함된 문자를 삭제한 새로운 문자열을 리턴합니다. 문자열 앞뒤에 포함된 특수 문자와 공백 문자를 제거하는데 주로 사용됩니다.

```
let charSet = NSCharacterSet.whitespaces
let str = " A p p l e "
print("[\(str)]")
// [ A p p l e ]

let result = str.trimmingCharacters(in: charSet)
print("[\(result)]")
// [A p p l e]
```

새로운 문자 집합은 원하는 문자를 지정해 직접 생성하거나 표준 문자 집합을 편집하는 방식으로 생성할 수 있습니다. 이어지는 코드에서 customCharSet 문자 집합은 #문자와 %문자로 구성된 새로운 문자 집합입니다. customAlphaNumSet 문자 집합은 표준 Alphanumeric 문자 집합을 복사한 후 #, % 문자를 추가하고 홀수 문자를 제거한 문자 집합니다.

```
let customCharSet = CharacterSet(charactersIn: "#%")

var tmpSet = CharacterSet.alphanumerics
tmpSet.insert(charactersIn: "#%")
tmpSet.remove(charactersIn: "13579")
let customAlphaNumSet = tmpSet
```

마지막으로 문자 집합을 통해 이메일 주소를 분해하는 코드를 작성해 보겠습니다. 이 코드는 @ 문자와 . 문자가 포함된 emailCharSet 문자 집합을 생성합니다. 그리고 문자 집합을 components(separatedBy:) 메소드로 전달하여 emailAddress 문자열에 저장된 이메일 문자열을 분해합니다. 이메일 주소 userId@ example.com는 userId, example, com으로 분해됩니다.

```
let emailCharSet = CharacterSet(charactersIn: "@.")

let emailAddress = "userId@example.com"
let components = emailAddress.components(separatedBy: emailCharSet)
for str in components {
    print(str)
}
// userId
// example
// com
```

문자 집합은 코드 성능에 영향을 줄 수 있으므로 반복적으로 문자 집합을 생성하는 것보다 하나의 문자 집합을 재사용하는 것이 좋습니다.

18. Summary

- 문자열은 " " 사이에 포함된 일련의 문자 집합으로 String 구조체와 NSString 클래스를 통해 처리합니다. Swift는 String 문자열을 주로 사용합니다.

    ```
    let str: String = "Swift String"
    ```

- Swift는 문자열과 동일한 리터럴로 문자를 표현하므로 문자를 저장할 때는 반드시 자료형을 명시적으로 지정해야 합니다.

    ```
    let ch: Character = "A"
    ```

- NSString 문자열과 String 문자열은 유니코드를 지원합니다.
- 생성 후 내용을 변경할 수 없는 문자열을 불변 문자열, 내용을 변경할 수 있는 문자열을 가변 문자열이라고 합니다.
- NSString 문자열은 NSString 클래스와 NSMutableString을 통해 가변성을 처리합니다.
- String 문자열은 let, var 키워드를 통해 가변성을 결정합니다.
- NSString 문자열은 클래스로 구현되어 있고 String 문자열은 구조체로 구현되어 있습니다.
- Swift는 String 문자열을 복사할 때 발생할 수 있는 성능 문제를 copy-on-write 최적화를 통해 해결합니다. String 문자열은 반드시 필요한 경우에만 복사됩니다.
- NSString 문자열은 문자열의 개별 문자에 접근할 때 정수 인덱스를 사용합니다.
- String 문자열은 String.Index 형식으로 개별 문자에 접근합니다.
- NSString 문자열과 String 문자열은 문자열 검색에 사용할 수 있는 다양한 옵션을 제공합니다.
- NSString 문자열은 코드 포인트를 기준으로 문자열 연산을 처리합니다.
- String 문자열은 문자소 클러스터를 기준으로 문자열 연산을 처리합니다.

CHAPTER
10

숫자와 값. 그리고 객체

숫자와 불린 값은 코드에서 값 형식으로 처리됩니다. 값 형식은 때때로 참조 형식(객체)으로 변환해서 처리해야 합니다. 가장 대표적인 예는 파운데이션 프레임워크에서 제공하는 컬렉션(NSArray, NSDictionary, NSSet)에 숫자를 저장할 때입니다. 그리고 NSNumberFormatter 클래스를 통해 숫자를 원하는 형식의 문자열로 변환할 때에도 숫자를 참조 형식으로 변환해야 합니다.

1. NSNumber

NSNumber 클래스는 숫자와 불린 값을 객체로 박싱하는 클래스입니다. 이 클래스는 직관적인 이름을 가진 생성자를 제공합니다. 예를 들어 불린 값, 정수, double형 실수는 아래와 같이 박싱할 수 있습니다. 박싱된 객체는 ...Value 속성을 통해 값 형식으로 언박싱할 수 있습니다.

```
var boolValue = true
let boolObject = NSNumber(value: boolValue)
boolValue = boolObject.boolValue

var integerValue = 123
let integerObject = NSNumber(value: integerValue)
integerValue = integerObject.intValue

var doubleValue = 12.3
let doubleObject = NSNumber(value: doubleValue)
doubleValue = doubleObject.doubleValue
```

NSNumber로 박싱된 객체를 언박싱할 때 반드시 박싱에 사용된 값과 동일한 자료형으로 언박싱해야 하는 것은 아닙니다. 앞의 예제에서는 동일한 자료형으로 언박싱하고 있지만 아래의 코드와 같이 다른 자료형으로 언박싱할 수 있습니다. 다만 언박싱 과정에서 값이 유실될 수 있으므로 주의해야 합니다.

```
let doubleValueFromInteger = integerObject.doubleValue
print("\(integerObject) -> \(doubleValueFromInteger)")
// 123 -> 123.0

let integerValueFromDouble = doubleObject.intValue
print("\(doubleObject) -> \(integerValueFromDouble)")
// 12.3 -> 12
```

NSNumber 객체로 박싱된 값은 stringValue 속성을 통해 문자열로 쉽게 변환할 수 있습니다. 불린 객체를 문자열로 변환할 경우에는 "1" 또는 "0"으로 변환됩니다.

```
let boolObject = NSNumber(value: true)
print(boolObject.stringValue)
// 1

let integerObject = NSNumber(value: 123)
print(integerObject.stringValue)
// 123

let doubleObject = NSNumber(value: 12.3 + 4.56)
print(doubleObject.stringValue)
// 16.86
```

NSNumber 객체가 박싱한 값을 비교할 때는 isEqual(to:) 메소드와 compare(_:) 메소드를 사용할 수 있습니다. isEqual(to:) 메소드는 두 객체에 저장된 값의 동일성을 비교합니다.

```
let integerObject = NSNumber(value: 123)
let doubleObject = NSNumber(value: 123.0)

if integerObject.isEqual(to: doubleObject) {
    print("\(integerObject) == \(doubleObject)")
} else {
    print("\(integerObject) != \(doubleObject)")
}
// 123 == 123
```

compare(_:) 메소드는 ComparisonResult 열거형을 리턴하므로 값의 동일성뿐만 아니라 크기를 비교할 수 있습니다.

```
let integerObject = NSNumber(value: 123)
let doubleObject = NSNumber(value: 12.3 + 4.56)

let result = integerObject.compare(doubleObject)
switch result {
case .orderedAscending:
    print("\(integerObject) < \(doubleObject)")
case .orderedSame:
    print("\(integerObject) == \(doubleObject)")
case .orderedDescending:
    print("\(integerObject) > \(doubleObject)")
}
// 123 > 16.86
```

2. NSValue

NSValue 클래스는 값 형식과 포인터, 구조체, id 자료형의 값을 박싱하기 위해 사용합니다. 예를 들어 NSRange로 표현된 범위 값을 NSArray 배열에 저장하려면 다음과 같이 NSValue 객체로 박싱해야 합니다. 박싱된 객체는 rangeValue 속성을 통해 NSRange 값으로 다시 언박싱할 수 있습니다.

```
let rangeValue = NSRange(location: 0, length: 7)
let rangeObject = NSValue(range: rangeValue)

let unboxedRangeValue = rangeObject.rangeValue
print(NSStringFromRange(unboxedRangeValue))
// {0, 7}
```

NSValue 클래스는 iOS 앱 개발에 자주 사용되는 구조체를 처리할 수 있는 메소드와 속성을 제공합니다. 이어지는 코드는 이런 구조체를 박싱하고 언박싱하는 코드를 보여줍니다.

```
// CGPoint
var ptValue = CGPoint(x: 100.0, y: 200.0)
let pointObject = NSValue(cgPoint: ptValue)
ptValue = pointObject.cgPointValue

// CGVector
var vectorValue = CGVector(dx: 100.0, dy: 200.0)
let vectorObject = NSValue(cgVector: vectorValue)
vectorValue = vectorObject.cgVectorValue

// CGSize
var sizeValue = CGSize(width: 100.0, height: 200.0)
let sizeObject = NSValue(cgSize: sizeValue)
sizeValue = sizeObject.cgSizeValue

// CGRect
var rectValue = CGRect(x: 0.0, y: 0.0, width: 100.0, height: 200.0)
let rectObject = NSValue(cgRect: rectValue)
rectValue = rectObject.cgRectValue

// CGAffineTransform
var atValue = CGAffineTransform.identity
let atObject = NSValue(cgAffineTransform: atValue)
atValue = atObject.cgAffineTransformValue

// UIEdgeInsets
var insetsValue = UIEdgeInsets(top: 10, left: 10, bottom: 10, right: 10)
let insetsObject = NSValue(uiEdgeInsets: insetsValue)
insetsValue = insetsObject.uiEdgeInsetsValue
```

NSValue 객체에 저장된 값을 비교할 때는 isEqual(to:) 메소드를 사용합니다.

```
let pointObject = NSValue(cgPoint: CGPoint(x: 100, y: 200))
let sizeObject = NSValue(cgSize: CGSize(width: 100, height: 200))

if (pointObject.isEqual(to: sizeObject)) {
    print("\(pointObject) == \(sizeObject)")
} else {
    print("\(pointObject) != \(sizeObject)")
}
// NSPoint: {100, 200} != NSSize: {100, 200}
```

3. 숫자 형식 문자열

숫자를 원하는 형식의 문자열로 변경해야 한다면 NumberFormatter 클래스를 사용합니다. 이 클래스는 NSNumber 인스턴스에 저장된 숫자 값을 형식화된 문자열로 변환하거나 문자열에서 숫자 값을 추출하여 NSNumber 인스턴스로 변환합니다.

NumberFormatter 클래스는 다양한 스타일과 속성을 제공합니다. 이들을 활용하면 앱에서 필요한 대부분의 형식을 처리할 수 있습니다.

```
NumberFormatter.Style.none
NumberFormatter.Style.decimal
NumberFormatter.Style.currency
NumberFormatter.Style.percent
NumberFormatter.Style.scientific
NumberFormatter.Style.spellOut
NumberFormatter.Style.ordinal
NumberFormatter.Style.currencyISOCode
NumberFormatter.Style.currencyPlural
NumberFormatter.Style.currencyAccounting
```

이번 예제는 NSNumber 인스턴스에 저장된 값을 형식화된 문자열로 출력하는 방법을 보여줍니다. 먼저 NumberFormatter 클래스의 인스턴스를 생성한 후 numberStyle 속성을 지정합니다. numberStyle 속성은 변환될 문자열의 스타일을 지정하는 매우 중요한 속성입니다. 이 속성이 none 이외의 값으로 설정되어 있어야 정상적인 결과를 얻을 수 있습니다. string(from:) 메소드는 파라미터로 전달된 NSNumber 인스턴스를 지정된 스타일의 문자열로 변환하여 리턴합니다. 같은 기능을 가진 string(for:) 메소드는 값 형식을 박싱없이 파라미터로 전달할 수 있습니다. 예제는 styles 배열에 NumberFormatter.Style 열거형에 선언되어 있는 모든 스타일을 저장한 후 반복문에서 각 스타일을 설정하고 결과를 확인합니다.

```
let styles = [NumberFormatter.Style.decimal,
              NumberFormatter.Style.currency,
              NumberFormatter.Style.percent,
              NumberFormatter.Style.scientific,
              NumberFormatter.Style.spellOut,
              NumberFormatter.Style.ordinal,
              NumberFormatter.Style.currencyISOCode,
              NumberFormatter.Style.currencyPlural,
              NumberFormatter.Style.currencyAccounting]

let num = NSNumber(value: 123)
let formatter = NumberFormatter()

for style in styles {
    formatter.numberStyle = style
```

```
        if let result = formatter.string(from: num) {
            print(result);
        }
    }
    // 123
    // $123.00
    // 12,300%
    // 1.23E2
    // one hundred twenty-three
    // 123rd
    // USD123.00
    // 123.00 US dollars
    // $123.00
```

NumberFormatter 인스턴스는 시뮬레이터나 실제 디바이스의 지역 설정과 언어 설정에 따라 적합한 값을 출력합니다. 이전 예제의 실행 결과는 시뮬레이터의 지역과 언어 설정이 미국/영어로 설정되어 있는 경우입니다. 설정 앱에서 지역 설정을 변경하거나 NumberFormatter 인스턴스를 생성한 후 locale 속성을 한국으로 변경하면 우리나라에서 사용하는 방식으로 결과가 출력됩니다.

```
    // ...
    let formatter = NumberFormatter()
    formatter.locale = Locale(identifier: "Ko-kr")
    // ...

    // 123
    // ₩123
    // 12,300%
    // 1.23E2
    // 백이십삼
    // 123.
    // KRW123
    // 123대한민국 원
    // ₩123
```

4. Summary

- 숫자와 불린 값은 값 형식이므로 파운데이션 컬렉션에 저장하기 위해 참조 형식으로 박싱해야 합니다.
- NSNumber 클래스는 숫자와 불린 값을 객체로 박싱하는 클래스입니다.
- 숫자와 불린 값 이외의 갑 형식을 박싱하는 클래스는 NSValue 입니다.
- Swift가 제공하는 컬렉션은 값 형식을 저장할 수 있으므로 박싱이 필요 없습니다.
- NSNull 클래스는 nil을 박싱하는 클래스입니다.
- NSNumber 인스턴스에 저장된 값은 NumberFormatter 클래스를 통해 형식 문자열로 변경할 수 있습니다.

함수

수학 시간에 일차방정식을 배웠던 기억을 더듬어 볼 시간입니다. 함수 f(x)는 x의 값에 따라서 다른 결과를 도출합니다. 예를 들어 x가 2일 경우 f(x)의 결과는 3이 됩니다.

f(x) = x + 1

방금 정의한 함수 f(x)가 포함된 또 다른 식을 만들 수 있습니다.

y = f(x) X 2

y의 값은 함수 f(x)의 결과 값에 2를 곱한 값이 됩니다. 예를 들어 x가 2일 경우 f(x)의 결과는 3이 되고, y의 최종 값은 3에 2를 곱한 6이 됩니다. 이처럼 함수는 입력 값을 넣으면 정해진 수식에 따라 출력 값을 돌려줍니다. 함수의 장점은 임의의 입력 값을 전달할 수 있고, 특정 수식을 여러 곳에서 반복적으로 사용할 수 있다는 것입니다.

프로그래밍에서 함수는 특정 기능을 수행하는 코드 조각입니다. f(x) 함수에 원하는 숫자를 전달한 것처럼 원하는 데이터를 전달하여 결과 값을 얻거나 특정 작업을 수행합니다. 함수에 전달되는 데이터를 파라미터라고 하며, 함수가 도출한 결과 값을 리턴 값이라고 합니다. 수학의 함수와 마찬가지로 한 번 정의한 후 여러 곳에서 반복적으로 사용할 수 있습니다. 함수를 사용하는 것을 프로그래밍에서는 "함수를 호출한다."라고 표현합니다. 그리고 함수를 작성하는 것을 "함수를 선언한다." 또는 "함수를 구현한다."라고 표현합니다.

함수에 대한 기초적인 내용은 아래의 링크에서 동영상으로 보실 수 있습니다.
https://kxcoding.com/video/swift4-functions

1. 함수 vs 메소드

함수와 메소드는 모두 코드 조각을 지칭하는 용어이지만 몇 가지 차이점이 있습니다. 함수는 코드의 최상위 레벨에 선언되고, 메소드는 특정 형식 내부에 선언됩니다. 함수는 함수 이름만으로 호출할 수 있지만, 메소드는 반드시 연관된 형식 이름이나 인스턴스 이름을 통해 호출해야 합니다.

여기에서는 특정 형식과 연관되지 않은 함수에 대해 설명하고, 메소드는 클래스와 구조체를 설명하는 부분에서 설명합니다.

2. 함수의 구성 요소

함수는 네 가지 요소로 구성됩니다. 함수 이름과 파라미터를 하나로 묶어 함수 시그니처^{Signature} 또는 함수 헤드라고 부릅니다.

* 함수 이름
* 파라미터
* 리턴형
* 실행할 코드

함수 선언은 func 키워드로 시작합니다. 함수 문법에서 파라미터 목록과 리턴형 사이에 있는 화살표 (->)는 리턴 화살표^{Return Arrow}라고 부릅니다.

```
func 함수 이름(파라미터 목록) -> 리턴형 {
    실행할 코드
}
```

이어지는 코드에서 plusOne(x:) 함수는 파라미터로 전달된 값에 1을 더한 후 리턴합니다. multiplyTwo(x:) 함수는 plusOne(x:) 함수의 결과에 2를 곱한 후 리턴합니다.

```
func plusOne(x: Int) -> Int {
    return x + 1
}

func multiplyTwo(x: Int) -> Int {
    return plusOne(x: x) * 2
}
```

3. 함수의 이름과 함수 호출

수의 이름은 camelBack 방식으로 짓는 것이 관례입니다. 즉, PlusOne 보다 plusOne으로 짓는 것이 좋습니다. log, write, read와 같이 자주 사용하는 단어를 이름으로 사용할 경우 함수의 사용범위 내에 동일한 이름을 사용하는 함수가 존재할 가능성이 높습니다. 이 경우에는 좀 더 구체적인 이름을 사용하거나 접두어를 사용합니다.

함수를 사용하려면 함수를 "호출"해야 합니다. 함수를 호출할 때는 함수 이름을 사용합니다.

함수 이름(파라미터 목록)

앞에서 구현한 두 함수는 다음과 같이 호출할 수 있습니다.

```
var result = plusOne(x: 1)
print(result)
// 2

result = multiplyTwo(x: 2)
print(result)
// 6
```

4. 파라미터

$f(x) = x + 1$에서 x를 파라미터Parameter라고 합니다. 파라미터는 함수를 선언할 때 ( ) 사이에 ,로 구분하여 나열합니다. 함수가 받을 수 있는 파라미터 수에는 제한이 없지만 가독성을 위해 대부분 10개 이내로 선언합니다. multiplyTwo 함수에서 곱하는 값 2를 파라미터로 바꾸어 보겠습니다. 함수의 이름을 multiply로 바꾸고, 2를 대체하는 파라미터 by를 추가합니다.

Beginner Note

파라미터를 한국어로 번역하면 매개변수가 됩니다. 이 책에서는 번역 없이 파라미터를 그대로 사용합니다.

파라미터는 "파라미터 이름: 자료형" 형태로 선언합니다. 파라미터가 두 개 이상인 경우 ,로 구분하여 나열합니다. 함수를 호출할 때도 마찬가지로 전달되는 값을 ,로 구분합니다.

```
func multiply(x: Int, by: Int) -> Int {
    return plusOne(x: x) * by
}

let result = multiply(x: 1, by: 3)
// 6
```

4.1 파라미터가 없는 함수

파라미터가 필요 없는 경우에는 ( ) 사이를 비워둡니다. 함수를 선언하거나 호출할 때 파라미터 목록은 생략할 수 있지만 ( )는 생략할 수 없습니다.

```
func onePlusOne() -> Int {
    return 1 + 1
}

let result = onePlusOne()
// 2
```

4.2 파라미터의 사용범위와 생명주기, 가변성

파라미터는 기본적으로 함수 외부에서 접근할 수 없습니다. 함수가 실행되는 동안 함수 내부에서만 접근할 수 있으며, 함수가 시작되는 시점에 메모리에 생성되었다가 종료되는 시점에 제거됩니다.

Swift 함수의 파라미터는 상수입니다. 상수라는 것은 함수 내부에서 파라미터의 값을 새로운 값으로 변경할 수 없다는 것을 의미합니다. 이것은 파라미터로 전달되는 값이 의도와 다르게 변경되는 오류를 사전에 방지할 수 있지만, 코드의 유연성은 떨어집니다. Swift 3 이전 버전에서는 파라미터를 변수로 선언할 수 있는 문법이 제공되었지만 이제는 더 이상 사용할 수 없습니다.

4.3 Formal Parameter와 Argument

이미 존재하는 변수를 파라미터로 전달하는 코드를 보겠습니다. 7이 저장된 상수 x와 plusOne 함수에 전달한 파라미터 x, plusOne 함수 내부에서 사용하는 파라미터 x는 모두 동일한 상수일까요? 그리고 모두 동일한 값을 가지고 있을까요?

```swift
func plusOne(x: Int) -> Int {
    return x + 1
}

let x = 7
let result = plusOne(x: x)
// 8
```

7이 저장된 상수 x와 plusOne 함수를 호출할 때 전달한 파라미터 x는 동일한 상수입니다. 그러나 함수 내부에서 사용하는 파라미터 x는 동일한 이름을 가지고 있지만 함수가 실행될 때마다 새롭게 생성되는 상수입니다. 이 상수의 값은 함수를 호출할 때 전달한 값으로 초기화됩니다. 그러므로 세 x는 동일한 상수가 아니지만 동일한 값을 가지고 있습니다.

예제 코드를 조금 바꾸어보겠습니다. 상수의 이름을 value로 변경했습니다.

```swift
func plusOne(x: Int) -> Int {
    return x + 1
}

let value = 7
let result = plusOne(x: value)
// 8
```

지금까지 함수를 호출할 때 전달되는 value와 함수 내부에서 사용되는 x를 모두 파라미터라고 설명했습니다. 하지만 전자는 인자[Argument] 또는 Actual Parameter, 후자는 Formal Parameter로 구분합니다. 이 용어를 사용하여 다시 정리하면,

* 함수를 호출할 때, 이미 선언되어 있는 변수나 상수, 또는 리터럴을 인자로 전달할 수 있습니다.
* Formal Parameter는 함수가 실행될 때 생성되며 인자의 값으로 초기화됩니다.

- 함수의 실행이 종료되면 Formal Parameter는 메모리에서 사라집니다. 하지만 인자로 전달된 변수, 상수는 사라지지 않습니다.
- 함수 내부에서 Formal Parameter의 값을 변경하더라도 인자의 값이 변경되지는 않습니다. (Formal Parameter를 입출력 파라미터로 선언한 경우에는 값이 변경됩니다.)

> **Beginner Note**
>
> 이 책은 인자와 파라미터를 구분하여 설명해야 하거나, 문맥을 통해 쉽게 구분할 수 없는 경우를 제외하고 두 용어를 파라미터로 설명합니다.

4.4 Argument Label & Parameter Name

모든 Formal Parameter는 이름을 가지고 있습니다. 파라미터 이름은 함수 내부에서 인자를 통해 파라미터로 전달된 값에 접근하기 위해 필요합니다. 함수를 호출할 때, 파라미터의 자료형과 일치하는(또는 변환 가능한) 값을 가진 인자를 전달해야 하지만 파라미터의 이름은 고려대상이 아닙니다.

multiply 함수를 호출하는 코드를 다시 보겠습니다. 인자를 파라미터 이름과 함께 전달하고 있습니다.

```
multiply(x: 1, by: 2)
```

인자와 함께 전달된 파라미터 이름을 인자 레이블Argument Label이라고 합니다. 함수를 호출할 때는 인자를 인자 레이블과 함께 전달해야 합니다.

이번에는 multiply 함수를 선언한 코드를 다시 보겠습니다. 두 파라미터 x, by를 선언할 때 이름을 지정했지만, 인자 레이블을 지정하는 곳은 보이지 않습니다.

```
func multiply(x: Int, by: Int) -> Int {
    let tmp = x + 10
    return plusOne(tmp) * by
}
```

그렇다면 인자 레이블은 언제 지정된 것일까요? 파라미터를 선언할 때 인자 레이블을 별도로 지정하지 않으면 파라미터의 이름이 인자 레이블로 사용됩니다. 즉, 파라미터 x의 인자 레이블은 x, 파라미터 by의 인자 레이블은 by입니다.

이제 파라미터 x, by에 새로운 인자 레이블을 지정해 보겠습니다. 인자 레이블은 파라미터를 선언할 때 파라미터 이름 앞에 표기합니다. 파라미터 이름과 마찬가지로 camelBack 규약으로 이름을 짓는 것이 좋습니다. 인자 레이블은 함수를 호출할 때 파라미터의 역할을 파악할 수 있는 중요한 힌트입니다. 그러므로 간결하면서도 파라미터의 역할을 쉽게 파악할 수 있는 직관적인 이름을 사용해야 합니다.

```
func 함수 이름(인자 레이블 파라미터 이름: 파라미터 자료형) {
    실행할 코드
}
```

```
func multiply(value x: Int, multiplier by: Int) -> Int {
    return plusOne(x: x) * by
}
```

이제 multiply 함수는 다음과 같이 호출해야 합니다.

```
multiply(value: 1, multiplier: 2)
```

인자 레이블과 파라미터 이름은 동일한 파라미터를 가리키는 요소이지만 상호 배타적입니다. 즉, 인자 레이블은 함수를 호출할 때 사용할 수 있고, 함수 내부에서는 사용할 수 없습니다. 마찬가지로 파라미터 이름은 함수 내부에서 사용할 수 있지만, 인자 레이블을 대신해서 사용할 수 없습니다.

```
func multiply(value x: Int, multiplier by: Int) -> Int {
    return plusOne(value) * multiplier    // Error
}

multiply(x: 1, by: 2)     // Error
```

특정 파라미터의 인자 레이블을 생략하고 싶다면 파라미터를 선언할 때 인자 레이블을 _ 문자로 대체합니다. 예를 들어 multiply 함수의 인자 레이블을 모두 생략하려면 다음과 같이 구현해야 합니다.

```
func multiply(_ x: Int, _ by: Int) -> Int {
    //...
}
```

인자 레이블이 생략된 함수는 함수를 호출할 때 인자만 전달합니다.

```
multiply(1, 2)
```

4.5 파라미터 기본 값

Swift 함수는 파라미터를 선언할 때 기본 값을 지정할 수 있습니다. 예를 들어 multiply 함수에서 by 파라미터의 기본 값을 2로 지정하려면 다음과 같이 구현합니다.

```
func 함수 이름(인자 레이블 파라미터 이름: 파라미터 자료형 = 기본 값) {
    실행할 코드
}

func multiply(value x: Int, multiplier by: Int = 2) -> Int {
    //...
}
```

기본 값이 지정된 파라미터는 함수 호출 시 생략할 수 있습니다. multiply 함수를 호출할 때 multiplier 인자를 전달하지 않으면 기본 값 2가 by 파라미터로 전달됩니다. 그래서 아래의 코드에 있는 함수의 호출 결과는 동일합니다.

```
var result = multiply(value: 3, multiplier: 2)
print(result)
// 8

result = multiply(value: 3)
print(result)
// 8
```

파라미터의 기본 값을 지정할 때 세 가지 사항에 주의해야 합니다. 기본 값을 가진 파라미터는 가능한 파라미터 목록의 마지막에 위치하는 것이 좋습니다. 상수를 선언하는 것과 달리 형식 추론을 사용할 수 없으므로 자료형을 생략할 수 없습니다. 그리고 함수를 호출할 때 발생할 수 있는 모호함을 방지하기 위해서 인자 레이블을 생략하지 않아야 합니다.

4.6 가변 파라미터

함수를 호출할 때 전달하는 인자의 수는 함수를 선언할 때 결정됩니다. 즉, 함수 선언 시 두 개의 파라미터를 선언했다면 함수를 호출할 때 두 개의 인자를 전달해야 합니다. (여기에서 파라미터가 기본 값을 가지고 있어서 생략할 수 있는 경우는 고려하지 않습니다.)

앞에서 사용했던 plusOne 함수를 조금 변경해서 인자로 전달된 두 수의 합을 리턴하도록 구현해 보겠습니다.

```
func plus(a: Int, b: Int) -> Int {
    return a + b
}
```

만약 세 수의 합을 더해야 한다면 파라미터를 하나 더 추가할 수 있습니다. 하지만, 이 경우에는 호출 시 세 개의 인자를 전달해야 하므로 두 수를 더하는데 사용할 수 없습니다. 그러므로 두 개의 인자를 받는 함수와 세 개의 인자를 받는 함수를 따로 선언해야 합니다. 한 개부터 n 개의 숫자를 처리할 수 있는 모든 함수를 구현하는 것은 매우 비효율적입니다. 바로 이러한 상황에서 가변 파라미터^{Variadic Paramter}를 사용할 수 있습니다.

보통 파라미터와 인자는 1:1로 매칭되지만 가변 파라미터는 인자와 n:1로 매칭됩니다. 다시 말해 파라미터를 가변 파라미터로 선언하면 두 개 이상의 인자를 하나의 파라미터 이름으로 전달할 수 있습니다. 함수는 단 하나의 가변 파라미터를 선언할 수 있으며, 호출 시 모호함을 피하기 위해서 파라미터 목록 마지막에 선언해야 합니다.

```
func 함수 이름(인자 레이블 파라미터 이름: 파라미터 자료형...) {
    실행할 코드
}
```

가변 파라미터는 자료형 뒤에 ...이 따라오는 것을 제외하면 일반 파라미터와 선언 문법이 동일합니다.

```
func plus(_ numbers: Int...) -> Int {
    var sum = 0
```

```
    for n in numbers {
        sum += n
    }

    return sum
}

var result = plus(1, 2)
print(result)
// 3

result = plus(1, 2, 3)
print(result)
// 6

result = plus(1, "I am String! Not a Integer!")   // Error
```

가변 파라미터는 함수 내부에 배열로 전달됩니다. numbers 파라미터의 자료형이 Int로 지정되어 있기 때문에 이 파라미터로 전달되는 모든 인자는 Int 배열로 전달됩니다. 그래서 함수 내부에서 numbers 파라미터를 직접 열거할 수 있습니다. 뿐만 아니라 count 속성으로 가변 인자의 수를 언제든지 확인할 수 있으므로 별도의 인자로 전달할 필요가 없습니다. 마지막 라인과 같이 서로 다른 자료형의 인자를 전달해서 발생할 수 있는 오류도 컴파일 시점에 확인할 수 있습니다.

4.7 입출력 파라미터

입출력 파라미터에 대해 공부하기 전에 파라미터의 가변성에 대해 다시 한 번 정리하겠습니다. 파라미터는 상수이기 때문에 함수 내부에서 값을 변경할 수 없습니다. 그래서 값을 변경하고 싶다면 임시 변수를 선언한 후 이 변수를 변경해야 합니다. 이런 제약과 함께 인자로 전달된 값이 복사된다는 특징으로 인해서 변수를 인자로 전달하고 함수 내부에서 값을 변경해도 원래 변수의 값에는 전혀 영향을 주지 않습니다.

이어지는 코드에서 인자로 전달한 str 변수와 to 파라미터는 같은 값을 가지고 있지만 복사를 통해 서로 다른 메모리 공간에 생성된 값입니다. 그래서 함수 내부에서 to 파라미터의 값을 임시 변수에 저장하고, 다시 임시 변수의 값을 다른 값으로 변경하더라도 함수 외부에 있는 str 변수에는 전혀 영향을 주지 않습니다. sayHello(to:) 함수를 호출한 후에도 str 변수에는 여전히 Swift가 저장되어 있습니다.

```
func sayHello(to: String) {
    var tmp = to
    tmp = "Apple"
    print("Hello, \(tmp)")
}

var str = "Swift"
sayHello(to: str)
```

만약 이 코드에서 인자로 전달한 str 변수를 함수 내부에서 직접 변경하고 싶다면 입출력 파라미터를 사용합니다. 입출력 파라미터는 기본 파라미터 선언에 inout 키워드를 추가해서 선언할 수 있습니다. inout 키워드는 :과 자료형 사이에 추가합니다.

```
func 함수 이름(파라미터 이름: inout 파라미터 자료형) {
    실행할 코드
}
```

파라미터를 입출력 파라미터로 선언하면 함수를 호출할 때 인자를 전달하는 방법도 조금 달라집니다. 입출력 파라미터로 전달되는 인자 앞에는 반드시 &문자를 공백 없이 붙여 써야 합니다.

```
&인자
```

이전 코드를 입출력 파라미터를 사용하는 코드로 바꾸어 보겠습니다. 이 코드는 함수 내부에서 to 파라미터의 값을 Apple로 변경합니다. 함수를 호출할 때 전달하는 str 앞에는 & 문자를 공백 없이 붙여서 씁니다. 이 함수를 호출하기 전에는 str 변수에 Swift가 저장되어 있지만, 함수를 호출한 후 다시 출력해 보면 함수 내부에서 변경한 Apple이 출력됩니다. 즉, 입출력 파라미터로 전달한 str 변수의 값이 직접 변경된 것입니다.

```
func sayHello(to: inout String) {
    to = "Apple"
}

var str = "Swift"
sayHello(to: &str)

print(str)
// Apple
```

입출력 파라미터는 몇 가지 제약을 가지고 있습니다. 입출력 파라미터는 기본 값을 가질 수 없고 가변 인자 파라미터^{Variadic Parameter}를 입출력 파라미터로 선언할 수 없습니다. 그리고 inout, let은 서로 배타적이기 때문에서 입출력 파라미터 선언 시 함께 사용할 수 없습니다.

입출력 파라미터의 내부적인 처리에 대해 조금 더 상세하게 알아보겠습니다. 인자를 입출력 파라미터에 전달하면 메모리에 새로운 임시 파라미터가 생성되고 인자의 값으로 초기화됩니다. 내부에서 값을 변경할 경우 임시 파라미터의 값이 변경됩니다. 이 시점에서 인자로 전달한 변수의 값은 변경되지 않습니다. 함수의 실행이 종료된 후 임시 파라미터의 값이 인자로 전달된 변수에 할당됩니다. 이 방식을 Copy-in Copy-out 또는 Call by Value Result라고 합니다.

5. 리턴 값과 리턴형

함수를 실행하면 정해진 규칙에 따라 결과가 도출됩니다. 프로그래밍에서 함수 실행 후 도출된 결과를 리턴 값, 리턴 값의 자료형을 리턴형이라고 합니다. 예를 들어 앞에서 구현한 plusOne 함수는 실행 결과로 정수를 리턴하고, 이 정수의 자료형은 Int입니다.

```
func plusOne(x: Int) -> Int {
    return x + 1
}
```

리턴형은 함수를 선언할 때 지정합니다. 파라미터 목록 다음에 리턴 화살표를 적은 후 리턴형을 지정합니다.

모든 함수가 반드시 결과를 리턴하는 것은 아닙니다. 조금 전 구현한 swap 함수는 리턴형을 가지지 않은 함수입니다. 그래서 리턴 화살표와 리턴형을 모두 생략합니다.

```
func swap(lhs: inout Int, rhs: inout Int) {
    // ...
}
```

Swift에는 파라미터 또는 리턴값이 없다는 것을 나타내는 Void 키워드가 존재합니다. Void는 실제로 빈 튜플이고 ( )로 표기할 수 있습니다. swap 함수가 값을 리턴하지 않는다는 것을 명시적으로 지정하고 싶다면 아래와 같이 구현할 수 있지만 실제 프로그래밍에서는 거의 사용되지 않습니다.

```
func swap(lhs: inout Int, rhs: inout Int) -> Void {
    // ...
}
```

5.1 return

return은 함수와 메소드에서 값을 리턴하는 명령문입니다. return 키워드 뒤에 단일 값 또는 표현식을 전달하면 함수를 호출한 곳으로 결과 값이 전달됩니다.

```
return 표현식
```

리턴형을 선언한 함수는 반드시 함수 내에서 값을 리턴해야 합니다. 함수 내부에서 다양한 조건문을 사용하고 있다면 조건에 따라서 값을 리턴하는 코드가 실행되지 않는 경우가 없도록 주의해야 합니다. 예를 들어 doSomething 함수를 구현하고 파라미터 x의 값이 10보다 작을 경우 0을 리턴하도록 구현한 코드를 보겠습니다. 이 함수는 x의 값의 따라서 값이 리턴되지 않는 경우의 수가 있기 때문에 컴파일 오류의 원인이 됩니다.

```
func doSomething(x: Int) -> Int {
    if x < 10 {
        return 0
    }
}
```

컴파일 오류를 수정하려면 x의 값이 10보다 크거나 같은 경우에도 값을 리턴하도록 return 명령문을 추가해야 합니다.

```
func doSomething(x: Int) -> Int {
    if x < 10 {
        return 0
    }

    return -1
}
```

return 명령문은 결과 값을 전달한 후 함수의 실행을 즉시 종료합니다. doSomething 함수에서 if 조건문이 참인 경우 return 0 명령문이 실행된 후 함수가 종료됩니다. 그래서 return 0 명령문 뒤에 위치하는 나머지 코드는 실행되지 않습니다.

리턴 값이 없는 함수에서 return 명령문은 표현식 없이 단독으로 함수의 실행을 종료하는 역할을 수행합니다. 리턴 값이 있는 경우와 달리 return 명령문을 호출하는 것은 필수가 아닙니다. 아래의 함수는 x가 10보다 크거나 같을 경우 로그를 출력합니다. 하지만 10보다 작을 경우 return 명령문이 실행되고 함수가 즉시 종료되기 때문에 로그는 더 이상 출력되지 않습니다.

```
func doSomething(x: Int) {
    if x < 10 {
        return
    }

    print("Log Something...")
}
```

5.2 복합 값 리턴

함수는 두 개 이상의 값을 동시에 리턴할 수 없는 제약을 가지고 있습니다. 문법적으로 두 개 이상의 리턴형을 표현할 수 없습니다. 대부분의 프로그래밍 언어들은 리턴할 값을 하나로 묶는 구조체나 클래스를 구현하여 문제를 해결합니다.

이번에는 가변인자로 전달된 값의 합과 평균을 리턴하는 함수를 구현해 보겠습니다. 먼저 두 값을 동시에 리턴하기 위해 새로운 구조체를 선언합니다. 이 구조체의 이름은 Stat이고 합과 평균을 저장하는 sum, avg 멤버를 가지고 있습니다. statistics 함수는 가변 인자로 전달된 값의 합과 평균을 동시에 리턴하기 위해 리턴형을 Stat으로 선언합니다. 함수 내부에서 새로운 Stat 구조체 변수의 sum, avg 멤버를 계산된 합과 평균으로 초기화한 후 리턴합니다. 이 구조체를 전달 받은 후 sum, avg 멤버의 값을 읽으면 함수가 계산한 결과를 확인할 수 있습니다.

```
struct Stat {
    let sum: Double
    let avg: Double
}

func statistics(_ numbers: Int...) -> Stat {
    var sum = 0
```

```
        for n in numbers {
            sum += n
        }

        return Stat(sum: Double(sum), avg: Double(sum) / Double(numbers.count))
    }

let result = statistics(1, 2, 3, 4, 5)
print("sum: \(result.sum)")
print("avg: \(result.avg)")
// sum: 15.0
// avg: 3.0
```

튜플을 활용하면 코드를 조금 더 간결하게 구현할 수 있습니다.

```
func statistics(_ numbers: Int...) -> (sum: Double, avg: Double) {
    var sum = 0

    for n in numbers {
        sum += n
    }

    return (sum: Double(sum), avg: Double(sum) / Double(numbers.count))
}

let result = statistics(1, 2, 3, 4, 5)
print("sum: \(result.sum)")
print("avg: \(result.avg)")
// sum: 15.0
// avg: 3.0
```

6. 함수의 본문

함수 선언에서 { 와 } 사이에 포함된 영역을 함수의 본문Function Body이라고 합니다. 함수 본문에는 함수의 역할을 구현하는 코드가 포함됩니다. 본문 내에서 선언된 변수는 파라미터와 마찬가지로 함수가 실행될 때 생성되었다가 함수가 종료될 때 제거되는 지역 변수입니다.

7. Function Types

모든 함수는 파라미터의 자료형과 리턴형으로 구성된 함수 형식Function Type(또는 함수 자료형)으로 표현할 수 있습니다. 함수 형식은 C의 함수 포인터Function Pointer와 매우 유사한 개념입니다. 함수는 First-class Citizen으로 함수를 직접 파라미터로 전달하거나 리턴할 수 있습니다. 그리고 변수나 상수의 값으로 할당할 수 있습니다.

앞에서 구현한 multiply 함수는 두 개의 Int형 파라미터를 전달받고 실행 결과를 Int형 정수로 리턴하는 함수입니다. 이 함수의 함수 형식은 다음과 같습니다.

```
(Int, Int) -> Int
```

값을 리턴하지 않는 swap 함수는 다음과 같이 표현할 수 있습니다. 빈 튜플 ( )은 Void 키워드로 대체할 수 있습니다.

```
(inout Int, inout Int) -> ()
```

함수 형식을 공부하기 위해 사칙연산을 수행하는 네 개의 메소드를 구현해 보겠습니다. 각 함수에는 실제로 어떤 함수가 호출되었는지 확인할 수 있도록 함수의 이름을 출력하는 코드가 포함되어 있습니다.

```
func add(_ a: Int, _ b: Int) -> Int {
    print(#function)
    return a + b
}

func subtract(_ a: Int, _ b: Int) -> Int {
    print(#function)
    return a - b
}

func multiply(_ a: Int, _ b: Int) -> Int {
    print(#function)
    return a * b
}

func divide(_ a: Int, _ b: Int) -> Int {
    print(#function)
    return a / b
}
```

여기에서 구현한 모든 메소드는 2개의 Int형 파라미터와 Int형 리턴 값을 가지고 있습니다. 이것을 함수 형식으로 표현하면 (Int, Int) -> Int 입니다. 함수 형식은 곧 자료형입니다. 그래서 다음과 같이 새로운 상수를 선언하고 함수를 할당할 수 있습니다. 함수가 할당된 상수의 이름은 함수의 또 다른 이름이 됩니다. 예제에서 calc 상수의 이름으로 함수를 호출하는 것은 add 함수를 호출하는 것과 동일합니다.

```
let calc: (Int, Int) -> Int = add

var result = add(1, 2)
print(result)
// add
// 3

result = calc(1, 2)
print(result)
// add
// 3
```

형식 추론을 사용하여 calc 상수의 자료형을 생략할 수 있습니다.

```
let calc = add
```

함수 형식을 사용해서 간단한 계산기를 구현해 보겠습니다. 이 예제는 사용자가 입력한 두 값이 firstOperand, secondOperand 상수에 저장되고 선택한 연산자가 op 상수에 저장되어 있다고 가정합니다.

```
let firstOperand = 2
let secondOperand = 3
let op = "*"

var function: ((Int, Int) -> Int)?

switch op {
case "+":
    function = add
case "-":
    function = subtract
case "*":
    function = multiply
case "/":
    function = divide
default:
    break
}

if let calc = function {
    let result = calc(firstOperand, secondOperand)
    print("\(firstOperand) \(op) \(secondOperand) = \(result)")
} else {
    print("not supported")
}
// multiply
// 2 * 3 = 6
```

function은 (Int, Int) -> Int 함수 형식^{Function Type}을 저장하는 변수입니다. 지원하지 않는 연산자를 처리하기 위해 nil 값을 가질 수 있도록 옵셔널^{Optional}로 선언합니다. 이 코드와 같이 함수 형식을 옵셔널로 선언할 때는 반드시 함수 형식 전체를 괄호로 묶어 주어야 합니다. 만약 괄호 없이 (Int, Int) -> Int?로 지정하는 경우에는 Int형 파라미터 2개를 받아 Int?를 리턴하는 함수 형식이기 때문에 예제에서 사용하는 함수 형식과 일치하지 않습니다.

이어지는 switch 조건문은 op에 저장된 연산자에 따라 적합한 함수를 function 변수에 할당하고, 일치하는 연산자가 없는 경우에는 초기화된 값을 유지합니다. 옵셔널 바인딩을 통해 function 변수에 유효한 함수가 할당되어 있는지 확인한 후, 바인딩된 이름으로 함수를 호출합니다.

이번에는 함수를 파라미터로 받는 함수를 구현해 보겠습니다. processResult 함수는 실행할 함수와 피연산자 두 개를 파라미터로 받아 실행 결과를 리턴합니다. 파라미터 f의 자료형에 주목해서 보시기 바랍니다.

```
let firstOperand = 2
let secondOperand = 3
let op = "*"
```

```
var function: ((Int, Int) -> Int)?

switch op {
case "+":
    function = add
case "-":
    function = subtract
case "*":
    function = multiply
case "/":
    function = divide
default:
    break
}

func processResult(function f: (Int, Int) -> Int, lhs: Int, rhs: Int) -> Int {
    return f(lhs, rhs)
}

if let calc = function {
    let result = processResult(function: calc, lhs: firstOperand, rhs: secondOperand)
    print("\(firstOperand) \(op) \(secondOperand) = \(result)")
} else {
    print("not supported")
}
// multiply
// 2 * 3 = 6
```

새로 구현할 selectOperator 함수는 전달된 연산자를 처리하는 함수를 리턴합니다. 이 함수의 리턴형을 지정하는 부분에 두 개의 리턴 화살표가 포함되어 있어서 문법에 익숙하지 않은 경우 직관적으로 파악하기 어렵습니다. 함수 선언에 포함된 첫 번째 리턴 화살표는 항상 함수의 파라미터와 리턴형을 구분하는 역할을 합니다. 그리고 두 번째 리턴 화살표가 존재한다면 함수 형식을 리턴한다는 것을 의미하며, 이것은 함수가 리턴하는 함수 형식의 리턴형을 나타내는 리턴 화살표입니다. 단순하지만 혼동하기 쉬운 문법이므로 두 리턴 화살표의 차이점을 꼭 기억해 두시기 바랍니다.

```
let firstOperand = 2
let secondOperand = 3
let op = "*"

func selectOperator(operator op: String) -> ((Int, Int) -> Int)? {
    switch op {
    case "+":
        return add
    case "-":
        return subtract
    case "*":
        return multiply
    case "/":
        return divide
    default:
        return nil
```

```
        }
    }

    func processResult(function f: (Int, Int) -> Int, lhs: Int, rhs: Int) -> Int {
        return f(lhs, rhs)
    }

    if let calc = selectOperator(operator: op) {
        let result = processResult(function: calc, lhs: firstOperand, rhs: secondOperand)
        print("\(firstOperand) \(op) \(secondOperand) = \(result)")
    } else {
        print("not supported")
    }
    // multiply
    // 2 * 3 = 6
```

8. Nested Functions

앞에서 구현한 함수들은 전역 공간Global Scope에 선언된 전역 함수Global Function입니다. 실행 결과를 출력하기 위해 자주 사용했던 print 함수 역시 전역 함수의 일종입니다. 전역 함수는 위치에 관계없이 호출할 수 있다는 장점이 있지만 객체지향 프로그래밍과는 어울리지 않습니다. 코드의 가독성이 떨어지고 객체지향의 특징 중 하나인 은닉성Information Hiding을 만족시키지 못하기 때문입니다. 특히 코드의 규모가 커질수록 커플링Coupling이 심해지고 스레드Thread를 사용하는 경우 안정성이 떨어질 수 있습니다.

Beginner Note - Coupling

Coupling은 하나의 모듈이 다른 모듈에 의존하는 정도를 표현하는 용어입니다. 일반적으로 커플링이 적을수록 가독성이 높고 유지보수가 쉬운 코드가 됩니다. 커플링과 관련된 내용은 아래의 URL을 참고해 주시기 바랍니다.

http://ko.wikipedia.org/wiki/결합도
http://vandbt.tistory.com/13

Swift는 함수 내부에서 또 다른 함수를 구현할 수 있습니다. 이러한 함수를 내포된 함수Nested Function라고 합니다. 내포된 함수의 사용 범위Scope는 자신을 포함하고 있는 함수의 범위로 제한되기 때문에 앞서 설명했던 전역 함수의 단점들을 개선할 수 있습니다.

사칙 연산을 수행하는 네 개의 함수는 selectOperator 함수의 내포된 함수로 선언할 수 있습니다. 내포된 함수(add, subract, multiply, divide)는 기본적으로 selectOperator 함수 내부로 사용범위가 제한됩니다. 외부에서는 함수를 인식하거나 직접 호출할 수 없습니다.

```
func selectOperator(operator op: String) -> ((Int, Int) -> Int)? {
    func add(_ a: Int, _ b: Int) -> Int {
        print(#function)
        return a + b
    }
```

```
            func subtract(_ a: Int, _ b: Int) -> Int {
                print(#function)
                return a - b
            }

            func multiply(_ a: Int, _ b: Int) -> Int {
                print(#function)
                return a * b
            }

            func divide(_ a: Int, _ b: Int) -> Int {
                print(#function)
                return a / b
            }

            switch op {
            case "+":
                return add
            case "-":
                return subtract
            case "*":
                return multiply
            case "/":
                return divide
            default:
                return nil
            }
        }
```

하지만 selectOperator 함수와 같이 함수 형식을 리턴하는 경우에는 호출자가 포함된 공간으로 사용 범위가 확대됩니다. 각 함수를 selectOperator 함수 외부에서 직접 호출할 수 없지만 리턴된 함수를 통해서 내포된 함수를 간접적으로 호출할 수 있습니다.

내포된 함수는 자신을 포함하고 있는 함수에 선언된 변수와 파라미터의 값에 접근하거나 다른 내포된 함수를 자유롭게 호출할 수 있습니다. 아래의 예제에서 내포된 함수는 selectOperator 함수 내부에서 선언된 str 상수와 파라미터 op의 값이 조합된 로그 문자열을 출력합니다.

```
func selectOperator(operator op: String) -> ((Int, Int) -> Int)? {
    let str = "CALL Nested Function"

    func add(_ a: Int, _ b: Int) -> Int {
        print("\(str) [\(#function)] matching operator \(op)")
        return a + b
    }

    func subtract(_ a: Int, _ b: Int) -> Int {
        print("\(str) [\(#function)] matching operator \(op)")
        return a - b
    }

    func multiply(_ a: Int, _ b: Int) -> Int {
        print("\(str) [\(#function)] matching operator \(op)")
```

```
        return a * b
    }

    func divide(_ a: Int, _ b: Int) -> Int {
        print("\(str) [\(#function)] matching operator \(op)")
        return a / b
    }

    switch op {
    case "+":
        return add
    case "-":
        return subtract
    case "*":
        return multiply
    case "/":
        return divide
    default:
        return nil
    }
}

// CALL Nested Function [multiply] matching operator *
```

9. Summary

- 함수는 형식 외부에 선언된 코드 조각으로 이름을 통해 호출할 수 있습니다.
- 메소드는 형식 내부에 선언된 코드 조각으로 형식 이름이나 인스턴스 이름을 통해 호출할 수 있습니다.
- 함수와 메소드는 코드에서 반복적으로 호출할 수 있으며 코드의 재사용성을 높여주는 요소입니다.
- 함수는 함수 이름, 파라미터, 리턴형, 함수 본문으로 구성됩니다.
- 함수 선언 문법은 아래와 같습니다.

```
func 함수 이름(파라미터 목록) -> 리턴형 {
    실행할 코드
}
```

- 함수는 함수의 이름으로 호출합니다.

```
함수 이름(파라미터 목록)
```

- 파라미터는 함수를 호출할 때 함수 내부로 전달되는 값입니다.
- 파라미터는 함수 외부에서 접근할 수 없고 함수의 실행이 시작될 때 생성되고 함수의 실행이 완료되면 제거됩니다.
- 파라미터는 상수이므로 함수 내부에서 값을 변경할 수 없습니다.
- 함수를 호출할 때 전달되는 값을 Argument 또는 Actual Parameter라고 하며, 함수 내부에서 사용되는 파라미터를 Formal Parameter라고 합니다.
- Argument와 함께 전달된 파라미터 이름을 인자 레이블이라고 합니다.
- 인자 레이블과 파라미터 이름은 배타적인 요소입니다. 인자 레이블은 함수 호출에 사용되며 함수 내부에서 사용할 수 없습니다. 파라미터 이름은 함수 호출에 사용할 수 없지만 함수 내부에서 사용할 수 있습니다.
- Swift 함수는 파라미터의 기본 값을 설정할 수 있습니다. 기본 값이 지정된 파라미터는 함수를 호출할 때 생략할 수 있습니다.
- 기본 값을 가진 파라미터는 파라미터 목록 마지막에 선언하는 것이 좋습니다.
- 파라미터를 가변 파라미터로 선언하면 다수의 값을 하나의 파라미터로 전달할 수 있습니다.
- 가변 파라미터의 값은 배열로 전달됩니다.
- inout 키워드를 통해 입출력 파라미터를 선언할 수 있습니다. 입출력 파라미터는 함수 내부에서 포인터를 사용하지 않고 인자의 값을 변경할 수 있습니다.

```
func 함수 이름(인자 레이블 파라미터 이름: 파라미터 자료형) {
    실행할 코드
}
```

- 입출력 파라미터는 기본 값을 선언할 수 없고 가변 인자 파라미터를 입출력 파라미터로 지정할 수 없습니다.
- 함수 실행 후 도출된 결과를 리턴 값, 리턴 값의 자료형을 리턴형이라고 합니다. 값을 리턴할 때는 return 명령문을 사용합니다.

- 값을 리턴하지 않을 경우 리턴형을 생략합니다.
- 복합 값을 리턴할 때 튜플을 활용할 수 있습니다.
- 함수는 First-class Citizen이므로 파라미터로 전달하거나 리턴형으로 사용할 수 있습니다.
- 함수 내부에 내포된 함수를 구현할 수 있습니다. 내포된 함수의 사용 범위는 자신을 포함하고 있는 함수의 범위로 제한됩니다.

클로저

CHAPTER

12

클로저Closure는 비교적 짧고 독립적인 코드 조각입니다. Objective-C에서는 블록, 다른 언어에서 람다Lmabda라는 이름으로 표현되기도 합니다. 주로 특정 기능을 캡슐화 하거나 작업이 완료되었을 때 실행할 콜백 코드를 구현하기 위해 사용합니다.

클로저는 세 가지 형태를 가지고 있습니다. 앞서 설명한 전역 함수와 내포된 함수는 이름을 가진 클로저로 분류할 수 있습니다. Swift를 공부할 때 일반적으로 말하는 클로저는 클로저 표현식으로 작성된 익명 함수입니다. 클로저 표현식은 주로 인라인 클로저Inline Closure를 작성하는데 사용되며 형식 추론과 문법 최적화를 통해 간략하게 작성할 수 있습니다.

가장 기본적인 형태의 클로저는 다음과 같은 문법으로 선언합니다. 파라미터 목록과 리턴형을 선언하는 문법은 함수와 동일합니다. 입출력 파라미터, 가변인자 파라미터를 사용할 수 있지만 파라미터의 기본 값은 지정할 수 없습니다. 리턴형 뒤에 따라오는 in 키워드는 클로저의 선언과 구현(실행할 코드)을 분리해주는 역할을 합니다. 함수의 경우 구현 부분을 { }로 감싸주었지만 클로저는 선언과 구현이 포함된 모든 부분을 감싸주어야 합니다.

```
{ (파리미터 목록) -> 리턴형 in 실행할 코드 }
```

파라미터와 리턴형을 가지지 않는 클로저는 실행할 코드를 제외한 나머지 요소를 모두 생략할 수 있습니다.

```
{ 실행할 코드 }
```

"Hello, World!" 문자열을 출력하는 클로저는 다음과 같이 구현할 수 있습니다.

```
{ print("Hello, World!") }
```

클로저는 함수 형식과 마찬가지로 참조 형식으로 분류됩니다. 자료형은 함수와 동일한 방식으로 표현하며, 파라미터와 리턴형이 없는 클로저의 자료형은 () -> () 입니다. 변수나 상수에 할당할 때는 보통 형식 추론을 통해 자료형을 생략합니다. 다음과 같이 상수에 클로저를 할당한 후 함수처럼 호출할 수 있습니다.

```
let simpleClosure = { print("Hello, World!") }
simpleClosure()
// Hello, World!
```

파라미터와 리턴형을 가진 클로저는 다음과 같이 선언할 수 있습니다. `simpleClosure` 상수의 자료형은 형식 추론을 통해 (String) -> (String)이 됩니다. 이 자료형은 클로저 표현식에서 추론됩니다.

```
let simpleClosure = { (str: String) -> String in
    return "Hello, \(str)"
}

let result = simpleClosure("Swift Closure")
print(result)
// Hello, Swift Closure
```

이번에는 클로저를 파라미터로 받는 함수를 구현해 보겠습니다. `performClosure` 함수는 (String) -> (String) 자료형의 클로저를 파라미터로 받고 클로저 실행결과를 출력합니다.

```
func performClosure(_ c: (String) -> (String)) {
    let result = c("Swift Closure")
    print(result)
}
```

클로저를 인자로 전달할 때 변수나 상수를 전달하거나 인라인 클로저로 전달할 수 있습니다.

```
let simpleClosure = { (str: String) -> String in
    return "Hello, \(str)"
}

performClosure(simpleClosure)
// Hello, Swift Closure

performClosure ({ (str: String) -> (String) in
    return "Hello, \(str)"
})
// Hello, Swift Closure
```

1. 문법 최적화

클로저 표현식은 문법 최적화를 통해 단순하게 작성할 수 있습니다. 앞에서 `performClosure(_:)` 함수로 전달한 인라인 클로저를 문법 최적화를 통해 축약해 보겠습니다.

파라미터의 자료형과 리턴형을 추론할 수 있다면 생략할 수 있습니다. `performClosure(_:)` 함수의 선언을 통해 클로저의 파라미터와 리턴형을 추론할 수 있습니다. 그래서 파라미터의 자료형과 리턴형을 생략할 수 있습니다.

```
performClosure ({ str in
    return "Hello, \(str)"
})
```

클로저가 하나의 return 명령문으로 구현되어 있다면 return 키워드를 생략할 수 있습니다. 이런 방식을 암시적 리턴^{Implicit Return}이라고 합니다. 인라인 클로저에 두 개 이상의 문장이 포함되어 있는 경우에는 사용할 수 없습니다.

```
performClosure ({ str in
    "Hello, \(str)"
})
```

클로저는 클로저 내부에서 사용할 수 있는 축약된 인자 이름^{Shorthand Argument Name}을 제공합니다. 축약된 인자 이름은 $문자와 0부터 시작하는 정수가 조합된 형태를 가지고 있습니다. 예를 들어 첫 번째 인자의 이름은 $0, 두 번째 인자의 이름은 $1 입니다. 축약된 인자 이름을 사용하면 파라미터 이름 선언과 in 키워드를 생략할 수 있습니다.

```
performClosure ({ "Hello, \($0)" })
```

클로저 표현식과 문법 최적화에 대한 내용은 아래의 링크에서 동영상으로 보실 수 있습니다.
https://kxcoding.com/video/swift4-closure-expr

2. 연산자 메소드

클로저가 두 개의 파라미터를 비교한 후 결과를 Bool로 리턴한다면 인라인 클로저를 연산자 메소드로 대체할 수 있습니다. 예를 들어 컬렉션을 정렬할 때 사용하는 sort 함수는 (Element, Element) -> (Bool) 자료형의 클로저를 파라미터로 받습니다. 이 클로저는 요소를 정렬하는 방식을 구현합니다. 숫자 배열을 정렬하는 코드는 다음과 같이 구현할 수 있습니다.

```
let numbers = [1, 7, 23, 5, 8, 3, 6]
let orderedNumbers = numbers.sorted(by: { (lhs: Int, rhs: Int) in
    return lhs < rhs
})

print(orderedNumbers)
// [1, 3, 5, 6, 7, 8, 23]
```

인라인 클로저로 전달되는 파라미터의 자료형은 Int이고, Int는 값을 비교할 수 있는 < 연산자를 연산자 메소드로 구현하고 있습니다. 그래서 인라인 클로저를 연산자 메소드로 대체할 수 있습니다.

```
let numbers = [1, 7, 23, 5, 8, 3, 6]
let orderedNumbers = numbers.sorted(by: <)

print(orderedNumbers)
// [1, 3, 5, 6, 7, 8, 23]
```

3. Trailing Closure

인라인 클로저는 함수의 호출 구문에 포함되는 형태이므로 클로저의 구현 부분이 단순한 경우에 적합합니다. 반대로 클로저의 구현이 복잡한 경우에는 트레일링 클로저로 구현하는 것이 좋습니다. 인라인 클로저와 트레일링 클로저의 가장 큰 차이는 클로저가 포함되는 위치입니다. 인라인 클로저는 함수 호출 시 사용하는 팔호 내부에 위치하고, 트레일링 클로저는 팔호 이후에 위치합니다.

```
// Inline Closure
performClosure ({ "Hello, \($0)" })

// Trailing Closure
performClosure() { "Hello, \($0)" }
```

트레일링 클로저는 클로저가 함수의 마지막 파라미터로 전달되는 경우에만 사용할 수 있습니다. 함수에 클로저 파라미터 하나만 존재하는 경우에는 ( )를 생략할 수 있습니다. 이러한 문법이 새로운 함수를 선언하는 것과 유사하고 실제 파라미터 수를 혼동할 수도 있기 때문에 주의해서 보아야 합니다.

```
performClosure { "Hello, \($0)" }
```

함수를 호출하는 문장에서 함수 이름 다음에 바로 { }가 온다면 이 함수는 하나의 파라미터를 가지고 있고, 이 파라미터는 트레일링 클로저라는 것을 직관적으로 유추할 수 있어야 합니다.

4. Capture Value

클로저는 자신이 선언되어 있는 범위에 있는 변수에 접근할 수 있습니다. 클로저는 외부에 선언되어 있는 변수를 클로저 내부에서 사용하기 위해 값을 획득Capture합니다. 클로저가 획득한 값은 원래 범위를 벗어나더라도 클로저가 실행되는 동안 메모리에 유지됩니다.

값을 획득하는 방식은 두 가지로 구분할 수 있습니다. 첫 번째 방식은 값이 획득될 때 클로저 내부로 복사본이 전달되는 것으로 Objective-C 블록의 기본 동작입니다. 두 번째 방식은 복사본 대신 참조가 내부로 전달되는 것으로 Swift 클로저의 기본 동작입니다.

이번 예제는 클로저 외부에 선언되어 있는 num 변수의 값을 클로저 내부에서 접근하는 코드를 보여줍니다. 이 코드에서 블록이 선언되는 시점에 num의 참조가 블록 내부로 전달됩니다. 그래서 외부에서 num 변수의 값을 변경하면 블록 내부에서 접근하는 num의 값도 변경됩니다.

```
var num = 0

let closure = { print("inside of block: \(num)") }

num += 10

print("outside of block: \(num)")

closure()
// outside of block: 10
// inside of block: 10
```

이번에는 블록 내부에서 획득된 값을 변경하는 코드를 보겠습니다. 클로저 내부에서 num의 값을 변경하면 클로저 외부의 num 변수도 같은 값으로 변경됩니다.

```
var num = 0

let closure = {
    num += 10
    print("inside of block: \(num)")
}

print("outside of block: \(num)")
closure()
print("outside of block: \(num)")

// outside of block: 0
// inside of block: 10
// outside of block: 10
```

Swift에서 클로저가 획득하는 변수는 복사본 대신 참조가 전달된다고 설명했습니다. 하지만 항상 참조가 전달되는 것은 아닙니다. Swift 컴파일러는 최적화를 수행하면서 블록 내부에서 값을 변경하지 않는 변수를 복사하기도 합니다.

클로저를 사용할 때 가장 주의해야 하는 것은 값 획득으로 인해 순환 참조 문제가 발생할 수 있다는 것입니다. 이 문제를 해결하기 위해 주로 약한 참조^{Weak Reference}와 클로저 획득 목록^{Closure Capture List}을 사용합니다. 자세한 내용은 메모리 관리 부분에서 설명합니다.

5. 클로저 활용

코코아 프레임워크는 클로저를 활용하는 다양한 메소드를 제공합니다. 예를 들어 NSString 클래스는 클로저를 통해 문자열을 라인별로 열거하는 enumerateLines(invoking:) 메소드를 제공합니다. 이번 예제는 Apple 홈페이지의 HTML 코드를 문자열로 변환한 후 라인별로 출력합니다.

```
if let url = URL(string: "http://www.apple.com") {
    let str = try String(contentsOf: url)
    str.enumerateLines(invoking: { (line, stop) in
        print(line)
    })
}
```

5.1 GCD

GCD는 멀티 스레드 프로그래밍을 위해 Apple에서 제공하는 기술입니다. GCD는 실행할 코드를 지정할 때 클로저를 사용합니다. 사실 클로저를 공부해야 하는 이유의 70% 이상이 GCD 때문이라고 해도 과언이 아닙니다. GCD에 대해서는 이후에 상세하게 설명합니다.

이번 예제에서 사용된 asyncAfter(deadline:execute:) 함수는 지정된 시간이 경과된 후에 호출할 코드를 클로저로 전달받습니다.

```
DispatchQueue.main.asyncAfter(deadline: .now() + 5) {
    print("Done")
}
```

5.2 Enumeration

컬렉션은 블록을 통해 열거 성능을 높일 수 있는 방법을 제공합니다. 예를 들어 NSArray 배열의 요소를 열거할 때 다음과 같은 코드를 사용하면 열거를 더 빠르게 실행합니다.

```
let list: NSArray = ["Apple", "Orange", "Melon"]

list.enumerateObjects(options: NSEnumerationOptions.concurrent) { (element, index, stop)
in
    print(element)
}
```

6. Summary

- Swift의 클로저는 아래와 같은 문법으로 선언합니다.

  `{ (파리미터 목록) -> 리턴형 in 실행할 코드 }`

- Swift 클로저는 참조 형식입니다.
- 클로저는 외부에 선언되어 있는 변수를 클로저 내부에서 사용할 때 값을 캡처합니다.
- 캡처한 값은 대상의 사용 범위에 관계없이 클로저가 실행되는 동안 메모리에 유지됩니다.
- 클로저는 값을 캡처할 때 참조를 전달합니다.
- 클로저가 값을 캡처할 때 발생할 수 있는 참조 사이클 문제는 약한 참조와 클로저 캡처 목록을 통해 해결할 수 있습니다.

튜플

두 개 이상의 값을 동시에 리턴하는 함수를 만들어야 한다고 가정해 보겠습니다. Objective-C는 주로 클래스나 구조체로 새로운 자료형을 만들거나 딕셔너리와 같은 컬렉션에 담아 리턴하는 방식으로 구현합니다. 메모리를 아껴야 하는 상황이라면 공용체Union Type를 사용하거나 비트 플래그Bit Flags를 이용할 수도 있습니다. 이러한 방식들은 새로운 자료형을 정의하거나 값을 조작하기 위해 까다로운 비트 연산을 수행해야 한다는 단점이 있습니다. Swift는 튜플Tuple이라는 새로운 자료형을 도입하여 이 문제를 조금 더 간결하고 직관적으로 처리합니다. 파이썬Python 개발 경험을 가지고 있다면 튜플에 대해서 쉽게 이해할 수 있을 것입니다.

Int 자료형에는 한 번에 하나의 숫자만 저장할 수 있습니다. 동시에 두 개 이상의 숫자를 저장할 수는 없습니다. 이것은 String이나 Double과 같은 다른 자료형도 마찬가지입니다. 프로그래밍에서 하나의 값을 저장할 수 있는 형식을 스칼라 타입Scalar Type이라고 합니다.

튜플은 동시에 두 개 이상의 값을 저장할 수 있는 형식으로 복합 타입Composite Type분류됩니다. 앞으로 공부하게 될 구조체와 클래스는 튜플과 마찬가지로 두 개 이상의 값을 저장할 수 있지만 데이터의 구조를 미리 정의해야 합니다. 반면 튜플은 데이터 구조를 정의하지 않고, 심지어 데이터 구조에도 제약이 없이 다양한 복합 타입의 값을 매우 편리하게 저장할 수 있습니다. 하지만 데이터 구조가 임시로 사용되는 경우에 적합하고, 코드에서 반복적으로 사용되는 데이터 구조는 구조체와 클래스로 구현하는 것이 좋습니다. Swift에서는 주로 함수에서 두 개 이상의 값을 리턴하거나 컬렉션을 열거할 때 반복 상수로 활용됩니다.

1. Unnamed Tuples

```swift
let member = (1, "James", "Seoul", "010-0000-0000")
let result = (true, "1 record(s) fetched successfully.")
```

member는 하나의 정수와 3개의 문자열로 구성된 튜플이고, result는 하나의 불린 값과 문자열로 구성된 튜플입니다. 괄호 사이에 원하는 값을 ,로 구분하여 나열하면 간단하게 튜플을 구성할 수 있습니다. 이처럼 가장 단순한 형태의 튜플을 익명 튜플Unnamed Tuple이라고 합니다. 멤버의 자료형은 형식추론을 통해 결정됩니다.

```swift
(값 1, 값 2, ...)
```

튜플 표현식은 괄호 사이에 두 개 이상의 표현식이 ,로 구분되어 있습니다. 마지막에 있는 …은 두 개 이상이 올 수 있다는 의미입니다. 튜플에 저장되는 개별 값은 튜플 멤버라고 하거나 줄여서 멤버라고 부릅니다. 멤버들의 자료형은 반드시 일치할 필요가 없고 어떤 조합도 가능합니다. 하지만 튜플에 저장되는 멤버의 수는 선언 시점에 결정되고 나중에 추가하거나 삭제할 수 없습니다. 멤버에 저장된 값을 변경하는 것은 가능합니다.

2. Tuple Type

튜플의 자료형을 표현하는 방식은 매우 단순합니다. member의 자료형은 (Int, String, String, String)이고 result의 자료형은 (Bool, String)입니다. 튜플을 선언할 때 주로 자료형을 생략하지만, 필요에 따라 다음과 같이 자료형을 직접 지정할 수 있습니다.

> **Swift** Tuple/Tuple.playground#Page2
> ```
> let member:(Int, String, String, String) = (1, "James", "Seoul", "010-0000-0000")
> let result: (Bool, String) = (true, "1 record(s) fetched successfully.")
> ```

3. 튜플 멤버에 접근하기

튜플에 저장된 멤버에 접근할 때는 0부터 시작하는 인덱스를 사용합니다. 예를 들어 member 튜플에 저장되어 있는 첫 번째 값은 member.0 으로 읽을 수 있습니다.

> 튜플.인덱스

스칼라 형식의 경우 변수나 상수의 이름만 쓰면 값에 접근할 수 있었지만 튜플은 두 개 이상의 값이 저장되어 있기 때문에 한 단계가 더 필요합니다. 이 문법에서 튜플 부분에는 튜플을 저장하고 있는 변수나 상수의 이름이나 튜플 표현식이 올 수 있습니다. 이어서 점을 찍고 인덱스나 멤버 이름을 쓰면 해당 멤버에 접근할 수 있습니다.

```
let member = (1, "James", "Seoul", "010-0000-0000")
let result = (true, "1 record(s) fetched successfully.")

let memberId = member.0
print(memberId)
// 1

let name = member.1
print(name)
// James

let address = member.2
print(address)
// Seoul

let tel = member.3
print(tel)
// 010-0000-0000
```

```
let fetchResultMessage = result.1
print(fetchResultMessage)
// 1 record(s) fetched successfully.
```

이 예제는 member 튜플에 저장되어 있는 값을 인덱스를 통해 읽은 후 개별 상수에 저장하고 있습니다.

튜플 멤버의 가변성은 let 키워드와 var 키워드로 결정됩니다. 튜플을 let 키워드로 선언한 상수에 저장하면 멤버의 값을 읽을 수 있지만 변경할 수는 없습니다. 그래서 첫 번째 멤버의 값을 읽는 코드는 문제가 없지만 할당 연산자를 통해 새로운 값을 할당하면 오류가 발생합니다.

```
let member = (1, "James", "Seoul", "010-0000-0000")

member.0
member.0 = 123   // Error
```

이 코드에서 let 키워드를 var로 바꾸면 멤버의 값을 자유롭게 변경할 수 있습니다. 당연한 얘기겠지만 해당 멤버와 동일한 자료형의 값으로 변경할 수 있습니다. 정수 멤버에 문자열을 저장하거나, 멤버의 순서를 변경하는 것은 불가능합니다.

```
var member = (1, "James", "Seoul", "010-0000-0000")

member.0
member.0 = 123
```

4. Decomposition

튜플의 분해 문법^{Decomposition Syntax}을 사용하면 튜플에 저장된 멤버를 추출하여 개별 상수나 변수에 저장할 수 있습니다.

```
let 또는 var (이름1, 이름2, 이름N) = 튜플
```

분해 문법은 let 키워드 또는 var 키워드로 시작합니다. 그리고 이어지는 괄호 안에는 각 멤버를 저장할 상수 또는 변수의 이름이 나열됩니다. 여기에서 주의할 점은 괄호 사이에 포함된 이름과 튜플에 저장된 멤버의 수가 동일해야 한다는 것입니다.

```
let member = (1, "James", "Seoul", "010-0000-0000")

let (memberId, name, address, tel) = member

print(memberId)
print(name)
print(address)
print(tel)
// 1
// James
// Seoul
// 010-0000-0000
```

튜플을 분해하는 과정에서 모든 값을 분해할 필요가 없다면 불필요한 값을 _ 문자로 제외할 수 있습니다. 예를 들어 member 튜플의 첫 번째 값을 제외하는 코드를 다음과 같이 구현할 수 있습니다.

```
let (_, name, address, tel) = member
```

만약 _ 문자를 사용하지 않고 아래와 같이 구현한 경우에는 컴파일 오류가 발생합니다. member 튜플에 저장된 값은 4개인데 분해 대상이 되는 상수는 3개만 지정되었기 때문입니다. 튜플을 분해할 때는 반드시 _ 문자 또는 유효한 변수, 상수 이름의 수와 튜플에 저장된 값의 수가 일치해야 합니다.

```
let (name, address, tel) = member          // Error
```

분해 문법으로 선언된 상수는 동일한 범위 내에서 유효한 상수입니다. 즉, 이후에 동일한 이름을 가진 상수를 선언하는 것은 오류입니다.

```
let member = (1, "James", "Seoul", "010-0000-0000")
let (memberId, name, address, tel) = member
// ..
let memberId = 123        // Error
```

5. Named Tuples

튜플에 저장된 값을 인덱스를 통해 읽는 것은 가독성 측면에서 불리합니다. member 튜플에 어떤 값들이 저장되어 있는지 모른다면 member.1로 회원의 이름을 읽을 수 있다는 것을 파악하는 것은 불가능합니다. 튜플 분해 문법이 가독성에 도움을 주지만 튜플에 저장된 값의 역할을 파악하고 있어야 합니다.

튜플은 저장된 값의 이름을 지정하지 않으면 0부터 시작하는 숫자를 기본 이름으로 할당합니다. 지금까지 사용했던 인덱스는 실제로 튜플이 자동으로 할당한 이름이었습니다. 튜플을 생성할 때 값의 성격을 파악할 수 있는 이름을 지정하면 코드의 가독성이 좋아집니다. 이러한 튜플을 기명 튜플^{Named Tuple}이라고 합니다.

Named Tuple을 생성하는 문법은 Type Annotation 문법과 유사하기 때문에 혼동하지 않도록 주의해야 합니다. 값과 이름은 : 으로 구분되고 : 의 왼쪽에는 값의 이름이, 오른쪽에는 값이 옵니다. 예제에서 사용했던 member 튜플을 Named Tuple로 변경해 보겠습니다.

```
(이름 1: 값 1, 이름 2: 값 2, 이름 N, 값 N)
```

```
let member = (id: 1, name: "James", address: "Seoul", phone: "010-0000-0000")

let memberId = member.id
let name = member.name
let address = member.address
let tel = member.phone
```

6. Summary

- 튜플은 두 개 이상의 값을 하나의 이름으로 저장할 수 있는 형식입니다.
- 익명 튜플은 ( ) 사이에 값을 나열하여 선언할 수 있습니다.

  | (값 1, 값 2, ...)

- 튜플에 저장된 값은 인덱스를 통해 읽을 수 있습니다.

  | 튜플.인덱스

- 튜플 멤버의 가변성은 let 키워드와 var 키워드를 통해 결정됩니다.

- 튜플 분해 문법을 통해 튜플에 저장된 값을 개별 상수에 바인딩할 수 있습니다.

  | let 또는 var (이름1, 이름2, 이름N) = 튜플

- 튜플 분해 과정에서 불필요한 값은 _ 문자로 제외할 수 있습니다.

- 기명 튜플은 ( ) 사이에 값과 이름을 :로 구문하여 선언할 수 있습니다.

  | (이름 1: 값 1, 이름 2: 값 2, 이름 N, 값 N)

- 기명 튜플에 저장된 값은 인덱스와 이름으로 접근할 수 있습니다.

컬렉션

컬렉션^{Collection}은 데이터의 모음을 쉽게 처리하기 위해 사용하는 특별한 자료형입니다. 컬렉션은 데이터를 효율적으로 저장하고 관리할 수 있는 다양한 기능을 제공합니다. 대표적인 컬렉션으로 배열^{Array}, 딕셔너리^{Dictionary}, 셋^{Set}이 있습니다. 배열은 데이터를 순서대로 저장하는 컬렉션입니다. 딕셔너리는 사전과 같이 키와 값을 하나의 쌍으로 저장하는 컬렉션이고, 셋은 수학에서 배운 집합 연산을 편리하게 수행할 수 있는 컬렉션입니다.

컬렉션에 대해 공부하기 전에 몇 가지 용어에 대해 알아보겠습니다. 컬렉션에 저장된 개별 데이터를 요소^{Element}라고 부릅니다. 딕셔너리에 저장되는 요소는 데이터에 해당되는 값^{Value}과 이 값에 접근할 때 사용하는 키^{Key}로 구성됩니다. 키와 값을 하나로 묶어서 엔트리^{Entry}라고 부르기도 하지만 이 책에서는 요소로 통일해서 표기합니다.

컬렉션은 메소드를 통해 공통적인 기능을 제공하지만 컬렉션 고유의 특징에 따라서 성능에 차이가 날 수 있습니다. 그래서 각 컬렉션의 특징을 이해하고 올바르게 사용하는 것이 중요합니다.

Swift에서는 Foundation 프레임워크에서 제공하는 컬렉션 클래스와 Swift Standard Library에서 제공하는 컬렉션 구조체를 모두 사용할 수 있습니다. Foundation 컬렉션에 저장할 수 있는 요소는 객체로 제한됩니다. 그래서 원시 자료형으로 저장된 값, 구조체 값 등은 반드시 NSNumber, NSValue 객체로 박싱한 후 저장해야 합니다. 컬렉션이 저장할 수 있는 자료형은 제한이 없기 때문에 서로 다른 자료형의 객체를 하나의 컬렉션에 함께 저장할 수 있습니다. Swift 컬렉션은 구조체로 구현된 일반화 컬렉션^{Generic Collection}입니다. 컬렉션에 저장할 수 있는 자료형에 제한이 없는 Foundation 컬렉션과 달리 저장할 요소의 자료형을 선언 시점에 명확히 지정합니다. 그래서 서로 다른 자료형의 요소를 동일한 컬렉션에 추가하는 것은 허용되지 않습니다. 요소의 실제 자료형을 확인하기 위한 코드를 작성할 필요가 없으며 잘못된 자료형으로 처리하여 발생할 수 있는 오류를 사전에 차단합니다. 참조 형식과 값 형식을 모두 저장할 수 있고, 특히 값 형식을 박싱 없이 바로 저장할 수 있습니다.

1. 컬렉션의 가변성

컬렉션은 초기화 후에 요소를 편집(추가, 수정, 삭제)할 수 있는가에 따라서 가변형과 불변형으로 구분됩니다. 불변 컬렉션은 일반적으로 개별 요소에 접근하고 모든 요소를 열거하거나 검색하는 기능을 제공합니다. 가변 컬렉션은 불변 컬렉션이 제공하는 기능에 더해 요소를 편집할 수 있는 기능을 제공합니다.

Foundation 프레임워크는 세 가지 대표적인 불변 컬렉션 클래스와 이들을 상속한 가변 컬렉션 클래스를 제공합니다. Swift 컬렉션은 별도의 자료형으로 구분하지 않고 let, var 키워드를 통해 컬렉션의 가변성을 결정합니다.

	불변형	가변형
Foundation 컬렉션	NSArray	NSMutableArray
	NSDictionary	NSMutableDictionary
	NSSet	NSMutableSet
Swift 컬렉션	let으로 선언	var로 선언

컬렉션의 가변성은 컬렉션에 저장된 요소의 가변성에 영향을 주지 않습니다. 예를 들어 불변 컬렉션에 가변 문자열이 저장되어 있다고 가정해 보겠습니다. 컬렉션에 새로운 가변 문자열을 추가하는 것은 불가능 하지만 문자열 자체의 내용을 변경하는 것은 가능합니다. 가변 문자열을 불변 컬렉션에 저장한다고 해서 문자열 자체가 불변 문자열이 되는 것은 아닙니다. 반대로 가변 컬렉션에 불변 문자열을 저장하면, 컬렉션에 새로운 문자열을 추가할 수 있지만 문자열의 내용은 변경할 수 없습니다.

컬렉션을 가변형과 불변형으로 구분하는 것을 통해 얻게 되는 가장 큰 이점은 스레드 안정성입니다. 불변 컬렉션은 동시에 여러 스레드에서 접근해도 안전합니다. 하지만 가변 컬렉션은 여러 스레드가 동시에 값을 변경할 경우 오류가 발생하거나 의도하지 않은 결과를 얻을 수 있습니다. 컬렉션이 생성된 후 저장된 요소를 수정할 필요가 없다면 항상 불변 컬렉션을 사용하는 것이 좋습니다.

2. Swift 컬렉션 최적화

Swift 컬렉션은 모두 구조체로 구현된 값 형식입니다. Foundation 컬렉션의 경우 참조가 사용되는 것과 대조적으로 값이 사용될 때마다 복사되어야 합니다. 컬렉션 자료형은 Int, Double과 같은 스칼라 자료형에 비해 상대적으로 큰 데이터를 저장하고 있기 때문에 매번 복사를 수행하는 것은 성능에 나쁜 영향을 줍니다. Swift 컬렉션은 이러한 단점을 극복하기 위해서 문자열과 마찬가지로 반드시 복사가 필요한 경우에만 실제 복사를 수행하도록 최적화하고 있습니다.

이해를 돕기 위해 10,000개의 숫자를 저장하고 있는 배열이 있다고 가정하겠습니다. 이 배열을 다른 변수에 할당하면 값 형식의 특성상 10,000개의 숫자가 복사되어야 합니다. 두 배열의 내용이 동일한 경우에도 복사되기 때문에 메모리 공간의 낭비가 심해집니다. Swift 컬렉션은 copy-on-write 최적화로 이 문제를 해결합니다. 배열의 내용이 변경되지 않는 한 두 배열은 메모리에 저장된 동일한 데이터를 사용합니다. 특정 시점에 배열의 내용을 변경하면 복사본을 생성하고 변경사항을 적용합니다. 이처럼 매번 복사를 수행하지 않고 실제 복사가 필요한 시점까지 연기함으로써 불필요한 메모리 공간의 낭비와 성능저하를 막는 것입니다.

3. 배열

배열은 요소를 순서대로 정렬하는 컬렉션입니다. 요소에 접근하기 위해 인덱스를 사용하며 동일한 요소를 중복 저장할 수 있습니다. Foundation 컬렉션에서 배열을 대표하는 클래스는 NSArray, NSMutableArray 입니다. 요소의 자료형에 관계없이 모든 객체를 하나의 배열에 저장할 수 있습니다. Swift 컬렉션에서 배열을 대표하는 자료형은 Array이고 객체로 대표되는 참조 형식과 값 형식을 모두 저장할 수 있지만 요소의 자료형이 동일해야 합니다.

배열 리터럴은 [와] 사이에 요소를 나열한 형태로 표현합니다.

```
[요소1, 요소2, 요소3, 요소N]
[] // 빈 배열
```

배열 리터럴은 배열은 선언과 동시에 초기화할 때 매우 유용합니다. 예를 들어 문자열 배열은 다음과 같이 선언하고 초기화할 수 있습니다.

```
// Swift Array
let stringArray = ["Apple", "Orange", "Banana"]

// Foundation Array
let stringNSArray: NSArray = ["Apple", "Orange", "Banana"]
```

리터럴 대신 생성자를 사용한다면 다음과 같이 구현할 수 있습니다.

```
let stringArray = Array(["Apple", "Orange", "Banana"])
let stringNSArray = NSArray(objects: "Apple", "Orange", "Banana")
```

배열을 선언할 때 초기화할 요소가 없다면 빈 배열을 생성할 수 있습니다. 빈 배열은 나중에 새로운 요소를 추가할 수 없다면 의미가 없기 때문에 불변 배열을 빈 배열로 선언하는 경우는 거의 없습니다.

```
// Foundation Array
let emptyArray1: NSMutableArray = []
let emptyArray2 = NSMutableArray()

// Swift Array
var emptyStringArray1: Array<String> = []
var emptyStringArray2 = Array<String>()
var emptyStringArray3: [String] = []
var emptyStringArray4 = [String]()
```

Swift에서 배열 리터럴을 통해 빈 배열을 생성할 때는 반드시 배열에 저장할 자료형을 지정해야 합니다. Swift 배열은 동일한 자료형의 요소를 저장해야하기 때문에 선언 시점에 요소의 자료형을 파악할 수 있어야 합니다. 문자열 요소가 포함된 배열 리터럴로 초기화하는 경우에는 형식 추론을 통해 요소의 자료형을 유추할 수 있지만 빈 배열 리터럴에는 형식 추론에 필요한 정보가 없습니다.

```
var emptyArray = [] // 오류
```

Swift 배열의 자료형은 기본적은 다음과 같은 형식으로 표현합니다.

Array<요소의 자료형>

그리고 [ ]을 사용한 단축 문법을 제공합니다. Swift에서는 단축 문법을 주로 사용하며 이 책에서도 단축 문법을 주로 사용합니다.

[요소의 자료형]

> **Beginner Note**
>
> Swift에는 다양한 단축 문법이 제공되면 이러한 문법을 "Sugar" syntax 라고 부릅니다. Sugar Syntax는 기존 문법을 사용하기 쉽고 직관적으로 이해할 수 있도록 만들어진 문법입니다. 개발자의 입맛에 맞는 달달한 문법이기 때문에 설탕이 들어가 있는 센스 있는 이름을 가지게 되었고, Syntactic Sugar라는 이름으로 부르기도 합니다.

> **Expert Note**
>
> Swift 컬렉션을 선언할 때 요소의 자료형을 Any 또는 AnyObject로 지정하면 Foundation 컬렉션처럼 자료형에 관계없이 객체나 값을 저장할 수 있습니다. 그러나 반드시 필요한 경우가 아니면 사용하지 말아야 할 안티패턴 중 하나입니다.

배열에 대한 기초적인 내용은 아래의 링크에서 동영상으로 보실 수 있습니다.
https://kxcoding.com/video/swift4-array-basics

3.1 배열에 포함된 요소의 수

배열에 포함된 요소의 수는 count 속성으로 확인할 수 있습니다. 배열이 비어있는지 확인하려면 count 속성의 값을 0과 비교합니다. Array 배열의 경우 isEmpty 속성을 사용할 수 있습니다.

```
let fruits = ["Apple", "Orange", "Banana"]
let countOfFruits = fruits.count

if !fruits.isEmpty {
    print("\(countOfFruits) element(s)")
} else {
    print("empty array")
}
// 3 element(s)
```

3.2 요소에 접근

배열에 저장된 요소는 정수 인덱스를 통해 접근할 수 있습니다. 인덱스는 배열이 제공하는 메소드 또는 서브스크립트 문법으로 전달합니다. 배열의 인덱스는 0부터 시작하므로 첫 번째 요소의 인덱스는 0, 마지막 요소의 인덱스는 "배열에 포함된 요소의 수 - 1" 입니다.

NSArray 클래스는 특정 인덱스에 있는 요소를 리턴하는 object(at:) 메소드를 제공합니다.

```
let fruits: NSArray = ["Apple", "Orange", "Banana"]
let first = fruits.object(at: 0)
let last = fruits.object(at: fruits.count - 1)

print(first)
print(last)
// Apple
// Banana
```

이 메소드는 거의 사용되지 않으며 서브스크립트 문법을 주로 사용합니다.

```
let fruits: NSArray = ["Apple", "Orange", "Banana"]
let first = fruits[0]
let last = fruits[fruits.count - 1]
```

인덱스는 항상 유효한 범위 내에 있어야 합니다. 만약 인덱스가 0보다 작거나 배열에 포함된 요소의 수와 크거나 같다면 오류가 발생합니다. 그래서 인덱스를 사용하기 전에 if 조건문을 통해 인덱스의 범위를 확인하는 것이 안전합니다.

```
let fruits: NSArray = ["Apple", "Orange", "Banana"]
let index = 100
if index >= 0 && index < fruits.count {
    print(fruits[index])
} else {
    print("Out of bounds")
}
// Out of bounds
```

Array 배열은 startIndex, endIndex 속성을 제공합니다. 첫 번째 인덱스와 마지막 인덱스를 정수로 지정하는 것보다 속성을 제공하는 값을 사용하는 것이 안전합니다. endIndex 속성은 배열의 마지막 요소 다음의 인덱스를 리턴합니다. 그러므로 유효한 인덱스 범위는 startIndex 부터 endIndex - 1 까지 입니다.

```
let fruits = ["Apple", "Orange", "Banana"]
let index = 100
if index >= fruits.startIndex && index < fruits.endIndex {
    // …
}
```

배열은 첫 번째 요소와 마지막 요소에 접근할 수 있는 특별한 속성을 제공합니다. NSArray 배열은

firstObject와 lastObject, Array 배열은 first, last라는 이름을 사용합니다. 이 속성들은 배열이 비어있는 경우 nil을 리턴하므로 값을 사용하기 전에 유효한 값이 리턴되었는지 확인해야 합니다. Swift 에서는 if 조건문 보다 옵셔널 바인딩 문법을 활용하는 것이 좋습니다.

```
let fruits = ["Apple", "Orange", "Banana"]

if let first = fruits.first {
    // ...
}

if let last = fruits.last {
    // ...
}
```

3.3 요소 검색

contains(_:) 메소드는 파라미터로 전달된 객체가 NSArray 배열에 포함되어 있는지 확인합니다.

```
let alphabet: NSArray = ["A", "B", "C", "D", "E"]

if alphabet.contains("A") {
    print("contains A")
}
// contains A
```

특정 요소의 인덱스를 파악하고 싶다면 index(of:) 메소드를 사용합니다. 배열에 전달된 요소가 포함되어 있다면 해당 요소의 인덱스가 리턴되고, 포함되어 있지 않다면 NSNotFound가 리턴됩니다.

Beginner Note

NSNotFound는 미리 정의된 상수로 Foundation 프레임워크에서 검색 결과가 없다는 것을 나타내기 위해 자주 활용됩니다.

```
let alphabet: NSArray = ["A", "B", "C", "D", "E"]
let index = alphabet.index(of: "C")

if index != NSNotFound {
    print("index of C: \(index)")
}
// index of C: 2
```

검색 조건을 지정하여 조건과 일치하는 요소를 파악하고 싶다면 NSArray의 filteredArrayUsingPredicate(_:) 메소드를 사용합니다. 이 메소드는 검색 조건을 지정하는 NSPredicate 객체를 통해 요소를 비교한 후 조건이 일치하는 요소들을 새로운 배열로 리턴합니다. NSMutableArray 역시 유사한 메소드를 제공하는데 가변 배열의 특성상 새로운 배열을 리턴하지 않고 현재 배열에 포함된 요소 중 조건이 일치하는 요소를 제외한 나머지 요소를 삭제합니다.

```
let productNames: NSArray = ["iPhone", "iPad", "Mac Pro", "iPad Pro", "Macbook Pro"]
let prefixPredicate = NSPredicate(format: "SELF BEGINSWITH %@", "i")
let filteredArray = productNames.filtered(using: prefixPredicate)

print(filteredArray)
// ["iPhone", "iPad", "iPad Pro"]

let mutableProductNames = NSMutableArray(array: productNames)
let suffixPredicate = NSPredicate(format: "SELF ENDSWITH %@", "o")
mutableProductNames.filter(using: suffixPredicate)

print(mutableProductNames)
// [""Mac Pro", "iPad Pro", "Macbook Pro"]
```

Array 배열에서 지정된 요소가 포함되어 있는지 확인하는 메소드는 contains(_:) 입니다. 이 메소드
는 클로저를 통해 검색 조건을 더욱 상세하게 구현할 수 있습니다.

```
let alphabet = ["A", "B", "C", "D", "E"]
if alphabet.contains("C") {
    print("contains C")
}
// contains C

if alphabet.contains(where: { $0 == "A"}) {
    print("contains A")
}
// contains A
```

Array는 NSPredicate 객체를 사용해서 검색 조건을 지정하는 NSArray와 달리 클로저를 통해 검색 조
건을 구현합니다.

```
let productNames = ["iPhone", "iPad", "Mac Pro", "iPad Pro", "Macbook Pro"]
let filteredArray = productNames.filter { (element) -> Bool in
    return element.hasPrefix("i")
}
print(filteredArray)
// ["iPhone", "iPad", "iPad Pro"]
```

indexOf(_:) 메소드는 파라미터로 전달된 요소의 인덱스를 옵셔널로 리턴합니다. 즉, 전달된 요소가
배열에 존재한다면 요소의 인덱스가 리턴되고, 존재하지 않는다면 nil이 리턴됩니다. NSNotFound 상
수를 통해 검색 결과를 리턴하는 NSArray와 대조되는 부분입니다.

```
let alphabet = ["A", "B", "C", "D", "E"]

if let index = alphabet.index(of: "C") {
```

```
        print("index of C: \(index)")
    }
    // index of C: 2
```

3.4 배열 비교

두 배열이 동일한 배열인지 판단하는 조건은 두 가지입니다. 첫 번째 조건은 요소의 순서이고 두 번째 조건은 isEqual(_:) 메소드의 결과(NSArray) 또는 == 연산자로 비교한 결과(Array)입니다. 배열에 포함된 모든 요소가 동일한 순서대로 저장되어 있고 동일한 인덱스를 isEqual(_:) 메소드로 비교한 결과가 true라면 두 배열은 동일한 배열이라고 판단합니다.

NSArray 배열을 비교하는 메소드는 isEqual(to:) 입니다. 예를 들어 다음과 같이 문자열 배열을 비교하면 요소가 저장된 순서와 대소문자가 완전히 일치하는 경우에만 같은 배열로 판단합니다. 문자열을 비교할 때 기본적으로 대소문자를 구분하기 때문입니다.

```
let alphabet: NSArray = ["A", "B", "C", "D", "E"]
let upper = ["A", "B", "C", "D", "E"];
let shuffled = ["E", "B", "C", "A", "D"];
let lower = ["a", "b", "c", "d", "e"];
let mixed = ["A", "b", "C", "d", "e"];

if alphabet.isEqual(to: upper) {
    print("alphabet == upper")
} else {
    print("alphabet != upper")
}

if alphabet.isEqual(to: shuffled) {
    print("alphabet == shuffled")
} else {
    print("alphabet != shuffled")
}

if alphabet.isEqual(to: lower) {
    print("alphabet == lower")
} else {
    print("alphabet != lower")
}

if alphabet.isEqual(to: mixed) {
    print("alphabet == mixed")
} else {
    print("alphabet != mixed")
}

// alphabet == upper
// alphabet != shuffled
// alphabet != lower
// alphabet != mixed
```

NSArray 배열을 비교할 때 isEqual(to:)의 결과로 인해 원하는 결과를 얻을 수 없다면 배열의 모든 요소를 열거하면서 두 배열에 포함된 요소를 비교하는 코드를 직접 구현해야 합니다. 이번 예제는 요소의 대소문자에 관계없이 요소의 수와 저장된 순서가 같다면 동일한 배열로 판단하도록 구현한 코드입니다.

```
let alphabet: NSArray = ["A", "B", "C", "D", "E"]
let lower = ["a", "b", "c", "d", "e"];

var equal = true
if alphabet.count == lower.count {
    for i in 0..<alphabet.count {
        let lhs = alphabet[i] as! NSString
        let rhs = lower[i]

        if lhs.caseInsensitiveCompare(rhs) != .orderedSame {
            equal = false
            break
        }
    }
}

if equal {
    print("alphabet == lower")
} else {
    print("alphabet != lower")
}
// alphabet == lower
```

Array는 isEqual(to:) 메소드에 대응하는 elementsEqual(_:) 메소드를 제공합니다. 이 메소드 역시 요소의 순서가 동일하고 두 요소를 == 연산자로 비교한 결과가 true인 경우에만 동일한 배열로 판단합니다. Swift는 == 연산자로 요소뿐만 아니라 배열 자체를 비교할 수 있기 때문에 elementsEqual(_:) 메소드 대신 사용할 수 있습니다.

```
let alphabet = ["A", "B", "C", "D", "E"]
let lower = ["a", "b", "c", "d", "e"];

if alphabet == lower {
    print("alphabet == lower")
} else {
    print("alphabet != lower")
}
// alphabet != lower
```

elementsEqual(_:by:) 메소드는 요소의 비교 조건을 상세하게 지정할 때 활용합니다. 비교 조건은 클로저로 전달합니다. 이 클로저는 두 개의 요소를 비교한 결과를 Bool로 리턴합니다.

```
let alphabet = ["A", "B", "C", "D", "E"]
let lower = ["a", "b", "c", "d", "e"];

if alphabet.elementsEqual(lower, by: { $0.lowercased() == $1.lowercased() }) {
    print("alphabet == lower")
} else {
    print("alphabet != lower")
}
```

3.5 새로운 요소 추가

NSMutableArray 클래스는 새로운 요소를 추가할 수 있는 메소드를 제공합니다. add(_:) 메소드는 새로운 요소를 배열의 마지막에 추가하고, insert(_:at:) 메소드는 원하는 위치에 새로운 요소를 추가합니다.

```
let alphabet = NSMutableArray()
alphabet.add("B")

print(alphabet)
// ["B"]

alphabet.insert("A", at: 0)

print(alphabet)
// ["A", "B"]
```

var로 선언된 Array는 append(_:) 메소드와 insert(_:at:) 메소드를 통해 새로운 요소를 추가할 수 있습니다. let으로 선언한 불변 배열은 새로운 요소를 추가할 수 없습니다.

```
var alphabet = [String]()
alphabet.append("B")

alphabet.insert("A", at: 0)
```

> ### Beginner Note
> 배열에 새로운 요소를 추가할 때 add(_:) 메소드 또는 append(_:) 메소드를 사용하면 insert(_:at:) 메소드에 비해 좋은 성능을 얻을 수 있습니다. 배열에 마지막 부분에 새로운 요소를 추가하는 경우에는 메모리 공간을 다시 정렬할 필요가 없지만, 중간 부분에 추가하는 경우에는 해당 인덱스 이후의 요소들을 새로운 메모리로 이동시키는 과정이 필요하기 때문입니다. 이 내용은 요소를 삭제하는 경우에도 동일하게 적용됩니다.

3.6 요소 교체

배열에 포함된 요소는 두 가지 방식으로 교체할 수 있습니다. 첫 번째는 특정 인덱스에 있는 하나의 요소를 새로운 요소로 교체하는 것입니다. NSMutableArray 배열은 replaceObject(at:with:) 메소드를 제공합니다.

```
var alphabet = NSMutableArray(array: ["A", "B", "C"])
alphabet.replaceObject(at: 0, with: "Z")

print(alphabet)
// ["Z", "B", "C"]
```

하지만 메소드를 사용한 코드보다는 서브스크립트 문법을 활용하는 방식을 주로 사용합니다. 다음과 같이 교체할 인덱스를 지정한 후 값을 할당하면 새로운 값으로 교체됩니다.

```
alphabet[0] = "Z"
```

Array 배열은 하나의 요소를 교체할 수 있는 메소드를 제공하지 않으므로 항상 서브스크립트 문법을 사용합니다.

```
var alphabet = ["A", "B", "C"]
alphabet[0] = "Z"
print(alphabet)
// ["Z", "B", "C"]
```

두 번째 방식은 특정 범위에 있는 요소들을 새로운 요소들로 교체하는 것입니다.
NSMutableArray 배열은 NSRange 구조체로 지정된 범위를 새로운 배열에 포함된 요소로 교체하는 replaceObjects(range:with:) 메소드를 제공합니다.

```
var alphabet = NSMutableArray(array: ["A", "B", "C"])
let range = NSRange(location: 0, length: 2)
alphabet.replaceObjects(in: range, withObjectsFrom: ["X", "Y"])

print(alphabet)
// ["X", "Y", "C"]
```

Array 배열은 Range<Int> 구조체로 지정된 범위를 교체하는 replaceRange(_:with:) 메소드를 제공합니다. 이 메소드에 사용되는 범위는 범위 연산자를 활용하여 쉽게 생성할 수 있습니다.

```
var alphabet = ["A", "B", "C"]
alphabet.replaceSubrange(0..<2, with: ["X", "Y"])

print(alphabet)
// ["X", "Y", "C"]
```

요소의 범위를 컴파일 시점에 정확히 파악할 수 없다면 정수를 사용해서 범위를 구성하는 것보다 배열이 제공하는 startIndex, endIndex 속성을 활용하여 범위를 구성하는 것이 안전합니다.

```
var alphabet = ["A", "B", "C"]
alphabet.replaceSubrange(alphabet.startIndex..<alphabet.endIndex.advanced(by: -1), with:
["X", "Y"])

print(alphabet)
// ["X", "Y", "C"]
```

Swift의 경우 서브스크립트 문법으로 범위를 지정할 수 있으므로 다음과 같이 더욱 단순하고 직관적인 코드를 작성할 수 있습니다.

```
var alphabet = ["A", "B", "C"]
alphabet[alphabet.startIndex..<alphabet.endIndex.advanced(by: -1)] = ["X", "Y"]

print(alphabet)
// ["X", "Y", "C"]
```

지정된 범위와 교체할 요소의 수에 따라서 요소를 교체하기 전과 후의 요소 수가 달라질 수 있습니다. 그러므로 요소의 수에 따라 결과가 달라지는 코드가 있다면 반드시 요소를 교체한 후 배열의 요소 수를 확인하도록 신중하게 코드를 작성해야 합니다.

배열에 포함된 모든 요소를 새로운 요소로 교체하려면 setArray(_:) 메소드를 사용합니다. 특히, 빈 배열을 파라미터로 전달하여 모든 요소를 삭제하는 방식으로 활용할 수 있습니다.

```
var alphabet = NSMutableArray(array: ["A", "B", "C"])
alphabet.setArray(["K", "R"])
print(alphabet)
// ["K", "R"]

alphabet.setArray([])
print(alphabet)
// [] 빈 배열
```

Array 배열은 setArray(_:) 와 유사한 메소드를 제공하지 않습니다. 앞의 코드와 동일한 결과를 얻으려면 다음과 같이 새로운 배열을 할당합니다.

```
var alphabet = ["A", "B", "C"]
alphabet = ["K", "R"]
print(alphabet)
// ["K", "R"]

alphabet = []
print(alphabet)
// []
```

3.7 요소 삭제

NSMutableArray는 특정 인덱스 또는 범위의 요소를 삭제하는 메소드를 제공합니다. 특정 인덱스의 요소를 삭제할 때 removeObject(at:) 메소드를 사용하고, 삭제할 요소의 범위를 지정할 때 removeObjects(in:) 메소드를 사용합니다.

```
var alphabet = NSMutableArray(array: ["A", "B", "C", "D", "E"])
alphabet.removeObject(at: 0)

print(alphabet)
// ["B", "C", "D", "E"]
```

```
alphabet.removeObjects(in: NSMakeRange(0, 3))

print(alphabet)
// ["E"]
```

removeLastObject() 메소드는 배열의 마지막 요소를 삭제합니다. NSMutableArray는 이 메소드에 대응되는 removeFristObject() 메소드는 제공하지 않으므로 첫 번째 요소를 삭제할 때는 앞에서 설명한 removeObject(at:) 메소드에 인덱스 0을 전달합니다. removeAllObjects() 메소드는 배열에 포함된 모든 요소를 삭제합니다.

```
var alphabet = NSMutableArray(array: ["A", "B", "C", "D", "E"])
alphabet.removeLastObject()
print(alphabet)
// ["A", "B", "C", "D"]

alphabet.removeAllObjects()
print(alphabet)
// []
```

삭제할 요소를 특정할 수 있다면 remove(_:) 메소드를 사용할 수 있습니다. 이 메소드는 먼저 index(of:) 메소드를 통해 전달된 요소를 검색한 후, 유효한 인덱스가 리턴된 경우에만 removeObject(at:) 메소드를 호출합니다. 인덱스로 요소를 삭제할 경우 잘못된 인덱스를 전달하여 NSRangeException 예외가 발생할 위험이 있지만 remove(_:) 메소드는 전달된 요소가 배열에 존재하지 않을 경우 아무런 동작을 하지 않기 때문에 조금 더 안전한 방식입니다.

```
var alphabet = NSMutableArray(array: ["A", "B", "C", "D", "E"])
alphabet.remove("C")

print(alphabet)
// ["A", "B", "D", "E"]
```

remove(_:) 메소드는 전달된 요소를 배열에 저장된 모든 요소와 비교한 후 삭제할 요소를 결정합니다. 만약 비교할 요소의 범위를 한정해야 한다면 remove(_:in:) 메소드를 사용합니다. 예를 들어 앞의 예제와 같이 "C"를 파라미터로 전달하되 비교할 요소의 범위를 처음 두 개의 요소로 한정하면 "C"는 범위에 포함되지 않기 때문에 삭제되지 않습니다.

```
var alphabet = NSMutableArray(array: ["A", "B", "C", "D", "E"])
alphabet.remove("C", in: NSMakeRange(0, 2))

print(alphabet)
// ["A", "B", "C", "D", "E"]
```

Array 배열은 NSMutableArray와 유사한 메소드뿐만 아니라 삭제할 요소를 더욱 상세하게 지정할 수 다양한 메소드를 제공합니다. remove(at:) 메소드는 지정된 인덱스의 요소를 삭제하고 삭제된 요소를 리턴합니다. NSMutableArray에서 대응되는 메소드와 달리 삭제된 요소를 확인해야 할 때 유용합니다.

```
var alphabet = ["A", "B", "C", "D", "E"]
let removed = alphabet.remove(at: 0)

print(removed)
// A

print(alphabet)
// ["B", "C", "D", "E"]
```

removeFirst(), removeLast() 메소드는 각각 첫 번째 요소와 마지막 요소를 삭제합니다. remove(at:) 메소드와 마찬가지로 삭제된 요소를 리턴합니다. 정수를 파라미터로 전달할 경우 첫 번째 요소 또는 마지막 요소부터 n개의 요소를 삭제할 수 있고, 이 경우에는 삭제된 요소를 리턴하지 않습니다.

```
var alphabet = ["A", "B", "C", "D", "E"]

let first = alphabet.removeFirst()
print(first)
// A

print(alphabet)
// ["B", "C", "D", "E"]

alphabet.removeFirst(2)
print(alphabet)
// ["D", "E"]

let last = alphabet.removeLast()
print(last)
// E

print(alphabet)
// ["D"]
```

removeLast() 메소드는 빈 배열에서 호출할 경우 오류가 발생합니다. 런타임에 배열의 길이를 정확히 판단할 수 없는 상황에서 마지막 요소를 삭제해야 한다면 popLast() 메소드를 사용할 수 있습니다. 이 메소드는 삭제된 요소를 옵셔널로 리턴합니다. 그래서 배열이 비어 있거나 다른 이유로 인해 요소가 삭제되지 않은 경우 nil을 리턴할 뿐 오류가 발생하지는 않습니다.

```
var alphabet = ["A", "B", "C", "D", "E"]

if let last = alphabet.popLast() {
    print(last)
    // "E"
}
print(alphabet)
// ["A", "B", "C", "D"]
```

removeAll(keepingCapacity:) 메소드는 배열에 포함된 모든 요소와 저장 공간을 삭제합니다. 만약, 요소를 모두 삭제한 후 이어서 새로운 요소를 채운다면 keepingCapacity 파라미터로 true를 전달하여 저장 공간을 그대로 유지할 수 있습니다. 이 경우 불필요한 저장 공간의 할당과 해제가 일어나지 않아서 성능향상에 도움이 됩니다.

```
var alphabet = ["A", "B", "C", "D", "E"]
alphabet.removeAll(keepingCapacity: true)

print(alphabet)
// []
```

3.8 정렬

배열을 정렬할 때 가장 중요한 것은 두 요소의 순서를 판단하는 코드를 작성하는 것입니다. NSArray 는 주로 셀렉터, 블록, Sort Descriptor 중 하나를 사용해서 요소의 순서를 지정합니다.

sortedArray(using:) 메소드는 파라미터로 전달된 셀렉터를 사용해서 두 요소의 순서를 비교한 후 정렬된 새로운 배열을 리턴합니다. MSMutableArray는 sort(using:) 메소드로 저장된 요소를 정렬합 니다. 셀렉터를 전달할 때 주의할 점은 배열에 포함된 요소가 제공하는 메소드의 셀렉터를 전달해야 한다는 것입니다. 그렇지 않은 경우에는 런타임 오류가 발생합니다. 이번 예제는 대소문자 문자열이 저장된 alphabet 배열의 요소 순서를 무작위로 섞은 후 caseInsensitiveCompare(_:) 메소드로 정 렬하는 코드를 보여줍니다. 배열의 정렬 결과는 코드를 실행할 때마다 조금씩 달라질 수 있는데, 이것 은 "a"와 "A"를 caseInsensitiveCompare(_:) 메소드로 비교한 결과가 .orderedSame이기 때문입니 다. 즉, "b"는 항상 "a"와 "A" 다음에 정렬되지만 "a"와 "A"의 정렬 위치는 서로 바뀔 수 있습니다.

```
let alphabet = NSMutableArray(array: ["A", "B", "C", "a", "b", "c"])

for i in 0 ..< (alphabet.count - 1) {
    let j = Int(arc4random_uniform(UInt32(alphabet.count - i))) + i
    swap(&alphabet[i], &alphabet[j])
}

print(alphabet)
// ["C", "b", "a", "c", "B", "A"]

let sortedArray = alphabet.sortedArray(using: #selector(NSString.
caseInsensitiveCompare(_:)))

print(sortedArray)
// ["a", "A", "B", "b", "C", "c"]

alphabet.sort(using: #selector(NSString.caseInsensitiveCompare(_:)))

print(alphabet)
// ["a", "A", "B", "b", "C", "c"]
```

이 예제는 다음과 같이 클로저를 사용하여 정렬하는 코드로 변경할 수 있습니다.

```
let alphabet = NSMutableArray(array: ["A", "B", "C", "a", "b", "c"])

let sortedArray = alphabet.sortedArray(comparator: { (obj1, obj2) -> ComparisonResult in
    return (obj1 as! String).caseInsensitiveCompare(obj2 as! String)
```

```
})

print(sortedArray)
// ["a", "A", "B", "b", "C", "c"]

alphabet.sort(comparator: { (obj1, obj2) -> ComparisonResult in
    return (obj1 as! String).caseInsensitiveCompare(obj2 as! String)
})

print(alphabet)
// ["a", "A", "B", "b", "C", "c"]
```

Sort Descriptor는 요소를 정렬할 때 기준이 되는 대상 또는 속성을 지정하며 NSSortDescriptor 클래스를 통해 사용할 수 있습니다. 배열에 KVC를 지원하는 요소가 저장되어 있을 때 오름차순 또는 내림차순으로 정렬하는 코드를 쉽게 작성할 수 있습니다.

```
var alphabet = NSMutableArray(array: ["A", "B", "C", "D", "E"])

for i in 0 ..< (alphabet.count - 1) {
    let j = Int(arc4random_uniform(UInt32(alphabet.count - i))) + i
    swap(&alphabet[i], &alphabet[j])
}
print(alphabet)
// ["B", "E", "C", "A", "D"]

let asc = NSSortDescriptor(key: "self", ascending: true)
var sortedArray = alphabet.sortedArray(using: [asc])

print(sortedArray)
// ["A", "B", "C", "D", "E"]

let desc = NSSortDescriptor(key: "self", ascending: false)
sortedArray = alphabet.sortedArray(using: [desc])

print(sortedArray)
// ["E", "D", "C", "B", "A"]
```

Array는 NSArray에 비해 비교적 적은 코드로 정렬을 구현할 수 있습니다. 배열에 포함된 요소를 < 연산자로 비교할 수 있다면 sort() 또는 sorted() 메소드로 정렬할 수 있습니다. 전자는 정렬된 새로운 배열을 리턴하고, 후자는 배열에 포함된 요소를 정렬합니다.

```
var alphabet = ["A", "B", "C", "D", "E"]

for i in 0 ..< (alphabet.count - 1) {
    let j = Int(arc4random_uniform(UInt32(alphabet.count - i))) + i
    guard i != j else { continue }
    alphabet.swapAt(i, j)
}
print(alphabet)
// ["B", "E", "D", "C", "A"]

let sortedArray = alphabet.sorted()
```

```
print(sortedArray)
// ["A", "B", "C", "D", "E"]

alphabet.sort()

print(alphabet)
// ["A", "B", "C", "D", "E"]
```

앞에서 사용한 두 메소드는 클로저를 파라미터로 받을 수 있습니다. 예를 들어 요소를 내림차순으로 정렬하고 싶다면 > 연산자로 두 요소를 비교하는 클로저를 전달합니다.

```
var alphabet = ["A", "B", "C", "D", "E"]

for i in 0 ..< (alphabet.count - 1) {
    let j = Int(arc4random_uniform(UInt32(alphabet.count - i))) + i
    guard i != j else { continue }
    alphabet.swapAt(i, j)
}
print(alphabet)
// ["B", "E", "D", "C", "A"]

let sortedArray = alphabet.sorted { $0 > $1 }

print(sortedArray)
// ["E", "D", "C", "B", "A"]

alphabet.sort { $0 > $1 }

print(alphabet)
// ["E", "D", "C", "B", "A"]
```

요소의 저장 순서를 역순으로 정렬하려면 reversed() 메소드를 사용합니다. 이 메소드의 리턴 값은 형식 추론을 통해 ReverseRandomAccessCollection이 되기 때문에 자료형을 직접 지정해 주거나 생성자에 전달하면 별도의 형변환 없이 역순으로 정렬된 배열을 쉽게 얻을 수 있습니다.

```
let alphabet = ["A", "B", "C", "D", "E"]

var result = alphabet.reversed()
print(result)
// ReverseRandomAccessCollection<Array<String>>(_base: ["A", "B", "C", "D", "E"])

var result2: [String] = alphabet.reversed()

print(result2)
// ["E", "D", "C", "B", "A"]

result2 = [String](alphabet.reversed())

print(result2)
// ["E", "D", "C", "B", "A"]
```

3.9 범위 추출

특정 범위에 있는 요소들을 새로운 배열로 추출하려면 NSArray의 subarray(with:) 메소드를 사용합니다.

```
let alphabet: NSArray = ["A", "B", "C", "D", "E"]
let subArray = alphabet.subarray(with: NSMakeRange(1, 3))

print(subArray)
// ["B", "C", "D"]
```

Array 배열은 서브스크립트 문법과 범위 연산자를 조합하여 배열을 추출합니다.

```
let alphabet = ["A", "B", "C", "D", "E"]
let subArray = alphabet[1..<4]
print(subArray)
// ["B", "C", "D"]
```

dropFirst() 메소드는 배열의 첫 번째 요소를 제외한 나머지 요소를 새로운 배열로 리턴합니다. 두 개 이상의 요소를 제외할 경우 dropFirst(_:) 메소드로 정수 파라미터를 전달합니다. 아래와 같이 3을 전달할 경우 처음 3개의 요소를 제외한 나머지 요소의 배열이 리턴됩니다.

```
let alphabet = ["A", "B", "C", "D", "E"]

var result = alphabet.dropFirst()
print(result)
// ["B", "C", "D", "E"]

result = alphabet.dropFirst(3)
print(result)
// ["D", "E"]
```

dropLast(), dropLast(_:) 메소드는 앞서 설명한 메소드와 유사하지만 배열 마지막 부분에 있는 요소를 제외한다는 차이점이 있습니다.

```
let alphabet = ["A", "B", "C", "D", "E"]

var result = alphabet.dropLast()
print(result)
// ["A", "B", "C", "D"]

result = alphabet.dropLast(3)
print(result)
// ["A", "B"]
```

prefix(_:) 메소드는 배열의 처음부터 n개의 요소를 추출하여 새로운 배열로 리턴합니다. 파라미터로 전달하는 값은 인덱스가 아닌 추출할 요소의 수입니다. 그래서 배열에 포함된 요소의 수 보다 큰 값을 전달하더라도 오류가 발생하지 않으며 전체 배열이 리턴됩니다.

prefix(upTo:) 메소드는 배열의 시작 인덱스부터 지정한 인덱스 이전까지의 요소를 추출하여 새로운 배열로 리턴합니다. 추출되는 범위는 0..<param과 동일합니다.

prefix(through:) 메소드는 prefix(upTo:) 메소드와 유사하지만 파라미터로 전달한 인덱스에 위치한 요소까지 포함하여 추출한다는 차이점이 있습니다. 추출되는 범위는 0...param입니다.

```
let alphabet = ["A", "B", "C", "D", "E"]

var result = alphabet.prefix(2)
print(result)
// ["A", "B"]

result = alphabet.prefix(upTo: 2)

print(result)
// ["A", "B"]

result = alphabet.prefix(through: 2)

print(result)
// ["A", "B", "C"]
```

suffix(_:) 메소드는 배열의 마지막에 위치한 n개의 요소를 새로운 배열로 리턴합니다. suffix(from:) 메소드는 파라미터로 전달한 인덱스를 포함하여 이후의 모든 요소를 새로운 배열로 리턴합니다. 추출되는 범위는 param..<endIndex입니다.

```
let alphabet = ["A", "B", "C", "D", "E"]

var result = alphabet.suffix(2)
print(result)
// ["D", "E"]

result = alphabet.suffix(from: 2)

print(result)
// ["C", "D", "E"]
```

3.10 배열 변환

componentJoined(by:) 메소드는 NSArray 배열에 저장된 요소를 파라미터로 전달한 분리자Separator로 연결한 문자열을 리턴합니다.

```
let alphabet: NSArray = ["A", "B", "C", "D", "E"]
let str = alphabet.componentsJoined(by: "#")

print(str)
// A#B#C#D#E
```

Array 배열은 joined(separator:) 메소드를 통해 앞의 예제와 동일한 코드를 구현합니다.

```
let alphabet = ["A", "B", "C", "D", "E"]
let str = alphabet.joined(separator: "#")

print(str)
// A#B#C#D#E
```

map(_:) 메소드는 Array 배열의 모든 요소를 순회하면서 파라미터로 전달한 클로저를 실행한 결과 값을 포함하고 있는 새로운 배열을 리턴합니다. 예를 들어서 alphabet 배열에 저장된 대문자를 소문자로 변경한 배열을 얻으려면 다음과 같이 구현할 수 있습니다.

```
let alphabet = ["A", "B", "C", "D", "E"]
let result = alphabet.map { $0.lowercased() }

print(result)
// ["a", "b", "c", "d", "e"]
```

3.11 Array 배열의 메모리 공간과 최적화

배열은 초기화에 사용된 요소의 수에 따라 최초 저장 공간의 크기가 결정됩니다. 이후 새로운 요소가 추가될 때마다 저장 공간을 확인하고, 요소를 추가할 공간이 부족하다면 새로운 저장 공간을 할당한 후, 이전 요소와 추가할 요소를 새로운 저장 공간으로 복사합니다. 새로운 저장 공간의 크기는 항상 이전 저장 공간의 2배입니다. 이러한 방식을 Exponential Growth Strategy라고 하며 성능에 영향을 줄 수 있는 저장 공간 할당 작업이 최대한 적게 발생하도록 합니다.

예를 들어 3개의 문자열로 초기화된 list 배열의 초기 저장 공간의 크기는 3이 됩니다. 저장 공간의 크기는 capacity 속성으로 확인할 수 있습니다. 그 후, 하나의 요소를 추가하면 배열의 길이는 4가 되지만 용량은 3의 두 배인 6으로 늘어납니다. 다시 다섯 개의 요소를 추가하면 6의 두 배인 12로 늘어납니다. 하지만 배열의 요소를 삭제하여 길이가 줄더라도 저장 공간이 축소되지는 않습니다.

배열을 사용할 때 필요한 저장 공간의 크기를 미리 예측할 수 있다면 reserveCapacity(_:) 메소드를 통해 필요한 저장 공간을 할당할 수 있습니다. 이 메소드로 할당되는 공간의 크기는 파라미터로 전달한 크기보다 크거나 같습니다. 저장 공간을 미리 할당하는 것은 저장 공간 할당 횟수를 줄여주므로 성능 향상에 큰 도움이 됩니다.

```
var list = ["A", "B", "C"]
print("total: \(list.capacity), current: \(list.count)")
// total: 3, current: 3

list += ["D"]
print("total: \(list.capacity), current: \(list.count)")
// total: 6, current: 4

list += ["E", "F", "G", "H", "I"]
print("total: \(list.capacity), current: \(list.count)")
// total: 12, current: 9
```

```
list[1..<6] = ["A"]
print("total: \(list.capacity), current: \(list.count)")
// total: 12, current: 5

var reservedList = [String]()
reservedList.reserveCapacity(100)
print("total: \(reservedList.capacity), current: \(reservedList.count)")
// total: 105, current: 0
```

4. 딕셔너리

딕셔너리^{Dictionary}는 키와 값으로 구성된 요소를 순서 없이 저장하는 컬렉션입니다. 이름처럼 사전과 유사한 구조를 가지고 있으며, 키는 단어, 값은 단어의 뜻으로 비유할 수 있습니다. 단어의 뜻을 알고 싶으면 먼저 단어를 찾아야 하는 것처럼 저장된 값에 접근하려면 항상 키를 사용해야 합니다. 키는 딕셔너리에서 값을 유일하게 식별해야 하기 때문에 하나의 딕셔너리에는 중복된 키가 존재할 수 없습니다. 하지만 동일한 값을 중복 저장하는 것은 문제가 없습니다.

키는 일반적으로 문자열을 사용하지만 Hashable 프로토콜을 채용한 형식을 키로 사용할 수 있습니다. 그래서 Hashable 프로토콜을 채용한 사용자 정의 형식을 직접 구현하여 키로 사용할 수도 있습니다. 그러나 반드시 필요한 경우를 제외하고 문자열을 키로 사용하는 것이 좋습니다. 문자열 키는 KVC의 이점을 활용할 수 있고, 해싱과 연관된 복잡한 처리를 직접 구현할 필요가 없습니다. 커스텀 키를 사용하는 경우 구현된 해싱 알고리즘에 따라서 딕셔너리의 성능이 크게 저하될 위험이 있으므로 주의해야 합니다.

Foundation 컬렉션에서 딕셔너리를 대표하는 클래스는 NSDictionary이고 가변 클래스인 NSMutableDictionary를 함께 제공합니다. 일반적으로 문자열 키를 사용하며 저장되는 객체의 자료형을 제한하지 않습니다. Swift 컬렉션에서 딕셔너리를 대표하는 자료형은 Dictionary입니다. Dictionary는 참조 형식과 값 형식을 모두 저장할 수 있지만 요소의 자료형이 동일해야 합니다.

딕셔너리 리터럴은 [와] 사이에 요소를 나열한 형태를 가지고 있습니다. 요소는 키:값 형태로 표현합니다. 빈 리터럴을 표현할 때는 반드시 :을 써주어야 합니다. 그렇지 않으면 빈 배열 리터럴이 됩니다.

```
[키1:값1, 키2:값2, 키n:값n]
[:]      // 빈 딕셔너리
```

딕셔너리 리터럴은 선언과 동시에 초기화할 때 자주 사용됩니다. 예를 들어 임의의 단어를 저장하는 딕셔너리를 다음과 같이 선언하고 초기화할 수 있습니다.

```
// Swift Dictionary
let words = ["A": "Apple", "B": "Banana", "C": "City"]

// Foundation Dictionary
let nsWords: NSDictionary = ["A": "Apple", "B": "Banana", "C": "City"]
```

선언 시에 추가할 요소가 없다면 빈 딕셔너리를 선언할 수 있습니다. 이후에 새로운 요소를 추가해야 하므로 보통 NSMutableDictionary 또는 var로 선언된 Dictionary를 사용합니다.

```
var emptyWordDict1: Dictionary<String, String> = [:]
var emptyWordDict2: [String:String] = [:]
var emptyWordDict3 = [String:String]()

let emptyNSDict = NSMutableDictionary()
```

Swift에서 Dictionary를 빈 딕셔너리로 초기화하는 경우에는 반드시 키와 값의 자료형을 지정해야 합니다. Array와 마찬가지로 단축 문법을 제공하며 Swift에서는 주로 단축 문법을 사용합니다.

```
Dictionary<키의 자료형, 값의 자료형>
[키의 자료형: 값의 자료형]
```

4.1 딕셔너리에 포함된 요소의 수

NSDictionary에 저장된 요소의 수는 count 속성으로 확인할 수 있습니다. count 속성을 0과 비교하면 딕셔너리가 비어있는지 확인할 수 있습니다. 딕셔너리는 키와 값을 하나의 요소로 보기 때문에 words 딕셔너리에 저장된 요소의 수는 6개가 아닌 3개입니다.

```
let words: NSDictionary = ["A": "Apple", "B": "Banana", "C": "City"]
let countOfWords = words.count

if countOfWords > 0 {
    print("\(countOfWords) element(s)")
} else {
    print("empty dictionary")
}
// 3 element(s)
```

Dictionary는 NSDictionary와 마찬가지로 count 속성을 제공합니다. 딕셔너리가 비어 있는지 확인하기 위해서 isEmpty 속성을 사용할 수 있습니다.

```
let words = ["A": "Apple", "B": "Banana", "C": "City"]
let countOfWords = words.count

if !words.isEmpty {
    print("\(countOfWords) element(s)")
} else {
    print("empty dictionary")
}
// 3 element(s)
```

4.2 요소에 접근

딕셔너리에 저장된 요소는 키와 값이 한 쌍을 이룹니다. 요소에 접근할 때 키를 전달하면 키와 연관된 값을 읽거나 변경할 수 있습니다. 키는 메소드 또는 서브스크립트 문법으로 전달할 수 있습니다.

NSDictionary 클래스는 키를 통해 값을 얻을 수 있는 object(forKey:) 메소드를 제공합니다.

```
let words: NSDictionary = ["A": "Apple", "B": "Banana", "C": "City"]
let aValue = words.object(forKey: "A")

print(aValue)
// Optional(Apple)

let zValue = words.object(forKey: "Z")

print(zValue)
// nil
```

이 메소드는 파라미터로 전달된 키가 딕셔너리에 존재하지 않을 경우 nil을 리턴합니다. 배열의 경우 존재하지 않는(또는 범위를 벗어난) 인덱스를 전달할 경우 런타임 오류가 발생하지만 딕셔너리는 존재하지 않는 키를 전달하더라도 런타임 오류가 발생하지 않습니다. Swift에서는 주로 옵셔널 바인딩 구문과 결합해서 사용합니다.

```
let words: NSDictionary = ["A": "Apple", "B": "Banana", "C": "City"]

if let aValue = words.object(forKey: "A") {
    // ...
}
```

배열과 마찬가지로 요소에 접근할 때 서브스크립트 문법을 사용할 수 있습니다. 배열의 서브스크립트 문법과 동일하지만 인덱스 대신 키를 전달합니다.

```
let words = ["A": "Apple", "B": "Banana", "C": "City"]

if let aValue = words["A"] {
    print(aValue)
} else {
    print("Not found")
}
// Apple

if let zValue = words["Z"] {
    print(zValue)
} else {
    print("Not found")
}
// Not found
```

서브스크립트를 통해 리턴되는 요소는 옵셔널로 리턴됩니다. 서브스크립트로 전달된 키가 존재한다면 해당 요소가 리턴되고, 키가 존재하지 않는다면 nil이 리턴됩니다. Swift 4부터 딕셔너리의 서브스크립트로 기본값을 전달할 수 있게 개선되었습니다.

```
[키, default: 기본값]
```

기본값을 함께 전달할 경우에는 리턴되는 요소의 자료형이 넌옵셔널입니다. 어떤 경우에도 유효한 값이 리턴되기 때문입니다.

```
let words = ["A": "Apple", "B": "Banana", "C": "City"]

words["A"]
// Apple

words["z"]
// nil

words["z", default: "No Words"]
// No Words
```

딕셔너리는 저장된 키와 값을 확인할 수 있는 속성을 제공합니다. NSDictionary 클래스는 allKeys 속성을 통해 모든 키를 배열로 리턴하고, allValues 속성을 통해 모든 값을 배열로 리턴합니다.

```
let words: NSDictionary = ["A": "Apple", "B": "Banana", "C": "City"]

let keys = words.allKeys
print(keys)
// ["A", "B", "C"]

let values = words.allValues
print(values)
// ["Apple", "Banana", "City"]
```

Dictionary는 동일한 속성을 keys, values 라는 이름으로 제공합니다. NSDictionary의 속성은 배열을 리턴하지만 이 속성들은 각각 Dictionary.Keys와 Dictionary.Values라는 특별한 구조체로 리턴합니다. 배열로 변경하려면 아래와 같이 리턴된 값을 Array의 생성자로 전달합니다.

```
let words = ["A": "Apple", "B": "Banana", "C": "City"]

let keys = Array(words.keys)
print(keys)
// ["A", "B", "C"]

let values = Array(words.values)
print(values)
// ["Apple", "Banana", "City"]
```

4.3 키, 값 검색

NSDictionary는 저장된 키를 검색할 때 object(forKey:) 메소드를 활용합니다. 이 메소드가 리턴하는 값을 통해 키가 존재하는지 확인할 수 있습니다. 또는 allKeys 속성을 통해 키 배열을 얻은 후 배열이 제공하는 contains(_:) 메소드를 활용할 수 있습니다. 예를 들어 words 딕셔너리에 "K"라는 키가 존재하는지 확인하는 코드를 다음과 같이 구현할 수 있습니다.

```swift
let words: NSDictionary = ["A": "Apple", "B": "Banana", "C": "City"]
let key = "K"

if let _ = words.object(forKey: key) {
    print("The key \"\(key)\" exists.")
} else {
    print("The key \"\(key)\" not exists.")
}

if words.allKeys.contains(where: { $0 as! String == key }) {
    print("The key \"\(key)\" exists.")
} else {
    print("The key \"\(key)\" not exists.")
}
// The key "K" not exists.
```

allKeys(for:) 메소드는 객체와 연관된 키를 검색합니다. 파라미터로 전달한 객체와 연관된 키가 있다면 배열로 리턴하고, 없다면 빈 배열을 리턴합니다. 이 배열의 count 속성을 확인하여 특정 객체와 연관된 키의 존재 여부를 확인할 수 있습니다.

```swift
let words: NSDictionary = ["A": "Apple", "B": "Banana", "C": "City"]
let keys = words.allKeys(for: "Apple")

print("Key count of Apple: \(keys.count)")
// Key count of Apple: 1
```

상세한 검색 조건을 구현하고 싶다면 keysOfEntries(passingTest:) 메소드를 사용합니다. 이 메소드는 검색 조건을 구현한 클로저를 파라미터로 받습니다. 이 클로저에는 딕셔너리에 저장되어 있는 요소의 키와 값이 순서대로 전달됩니다. 검색 조건과 일치하는 경우 클로저에서 true를 리턴하고, true를 리턴한 모든 키가 셋Set으로 리턴됩니다. words 딕셔너리에 저장된 값 중 "a" 또는 "A"가 포함된 값을 검색하고 싶다면 다음과 같이 구현할 수 있습니다.

```swift
let words: NSDictionary = ["A": "Apple", "B": "Banana", "C": "City"]

let result = words.keysOfEntries(passingTest: { (key, obj, stop) -> Bool in
    if let value = obj as? String {
        return value.range(of: "a", options: .caseInsensitive) != nil;
    }
    return false
})

for keyObj in result {
    if let key = keyObj as? NSString, let value = words[key] {
        print("\(key) - \(value)")
    }
}

// A - Apple
// B - Banana
```

이 메소드는 딕셔너리에 저장된 모든 요소를 대상으로 클로저를 실행합니다. 딕셔너리에 100개의 요소가 저장되어 있다면 클로저는 총 100번 실행됩니다. 원하는 검색 결과를 얻은 후 더 이상 클로저가 실행되지 않도록 하는 것이 성능에 유리합니다. 클로저 내부에서 호출한 return 명령문은 개별 클로저의 실행을 중지할 뿐 전체 클로저의 실행을 중지하지는 않습니다. 전체 클로저의 실행을 중지할 때는 클로저로 전달된 stop 파라미터를 사용합니다. 검색 조건과 일치하는 첫 번째 요소를 찾은 후 검색을 종료하려면 다음과 같이 구현할 수 있습니다. stop 파라미터는 포인터로 전달되므로 stop 파라미터가 가리키는 메모리의 값을 변경해야 합니다.

```swift
let words: NSDictionary = ["A": "Apple", "B": "Banana", "C": "City"]

let result = words.keysOfEntries(options: [], passingTest: { (key, obj, stop) -> Bool in
    if let value = obj as? String {
        stop.pointee = true
        return value.range(of: "a", options: .caseInsensitive) != nil;
    }

    return false
})

for keyObj in result {
    if let key = keyObj as? NSString, let value = words[key] {
        print("\(key) - \(value)")
    }
}

// A - Apple
```

Dictionary에 특정 키나 값이 저장되어 있는지 확인할 때 contains(where:) 메소드를 사용합니다. 이 메소드는 검색 조건을 구현하는 클로저를 파라미터로 받습니다. 딕셔너리에 저장된 각 요소는 튜플 형태로 클로저에 전달됩니다. 이어지는 예제는 words 딕셔너리에 "A" 키와 "City" 값이 존재하는지 확인합니다.

```swift
let words = ["A": "Apple", "B": "Banana", "C": "City"]

if words.contains(where: { (key, value) -> Bool in return key == "A"}) {
    print("contains A key.")
}

if words.contains(where: { $0.1 == "City" }) {
    print("contains City value.")
}

// contains A key.
// contains City value.
```

filter(_:) 메소드는 지정된 조건으로 딕셔너리를 검색한 후 조건과 일치하는 요소를 튜플 배열로 리턴합니다. words 딕셔너리에 저장된 값 중 "a" 또는 "A"가 포함된 값을 검색하고 싶다면 다음과 같이 구현할 수 있습니다.

```
let words = ["A": "Apple", "B": "Banana", "C": "City"]

let result = words.filter { (key, value) -> Bool in
    return value.lowercased().contains("a")
}

for (key, value) in result {
    print("\(key) - \(value)")
}
// B - Banana
// A - Apple
```

4.4 딕셔너리 비교

딕셔너리를 비교할 때 저장된 요소의 수가 동일하고 키와 값이 모두 일치하면 동일한 딕셔너리라고
판단합니다. 딕셔너리는 정렬되지 않은 컬렉션이기 때문에 요소가 저장된 순서는 비교 조건에서 제
외됩니다.

NSDictionary는 isEqual(to:) 메소드로 두 개의 딕셔너리를 비교합니다.

```
let words: NSDictionary = ["A": "Apple", "B": "Banana", "C": "City"]
let anotherWords = ["B": "Banana", "C": "City", "A": "Apple"]
let countryCodes = ["KR": "South Korea", "US": "United States"]

if words.isEqual(to: anotherWords) {
    print("words == anotherWords")
} else {
    print("words != anotherWords")
}
// words == anotherWords

if words.isEqual(to: countryCodes) {
    print("words == countryCodes")
} else {
    print("words != countryCodes")
}
// words != countryCodes
```

Swift의 == 연산자와 != 연산자는 Dictionary를 비교할 수 있도록 재정의되어 있습니다. == 연산자
를 사용하여 두 딕셔너리를 비교하면 NSDictionary의 isEqual(to:) 메소드와 동일한 결과를 얻을
수 있습니다.

```
let words = ["A": "Apple", "B": "Banana", "C": "City"]
let anotherWords = ["B": "Banana", "C": "City", "A": "Apple"]
let countryCodes = ["KR": "South Korea", "US": "United States"]

if words == anotherWords {
    print("words == anotherWords")
} else {
    print("words != anotherWords")
}
```

```
// words == anotherWords

if words == countryCodes {
    print("words == countryCodes")
} else {
    print("words != countryCodes")
}
// words != countryCodes
```

== 연산자는 딕셔너리에 저장된 개별 요소를 == 연산자로 비교합니다. == 연산자를 문자열을 비교할 때 대소문자를 구분합니다. 그래서 "Apple" 값과 "APPLE" 값을 다른 값으로 판단합니다. 그래서 다음과 같이 대소문자가 다른 값을 비교하면 서로 다른 딕셔너리라고 판단합니다.

```
let words = ["A": "Apple", "B": "Banana", "C": "City"]
let upperWords = ["A": "APPLE", "B": "BANANA", "C": "CITY"]

if words == upperWords {
    print("words == upperWords")
} else {
    print("words != upperWords")
}
// words != upperWords
```

elementsEqual(_:by:) 메소드는 비교 조건을 상세하게 구현해야 할 때 유용합니다. 이 메소드의 두 번째 파라미터는 딕셔너리에 포함된 각 요소를 비교하여 결과를 Bool로 리턴하는 클로저입니다. words와 upperWords를 비교할 때 대소문자를 무시하도록 구현하면 두 딕셔너리의 비교 결과는 true 가 됩니다.

```
let words = ["A": "Apple", "B": "Banana", "C": "City"]
let upperWords = ["A": "APPLE", "B": "BANANA", "C": "CITY"]

let equals = words.elementsEqual(upperWords) { (lhs, rhs) -> Bool in
    return lhs.0.lowercased() == rhs.0.lowercased()
        && lhs.1.lowercased() == rhs.1.lowercased()
}

print(equals)
// true
```

4.5 새로운 요소 추가와 교체

NSDictionary는 불변 딕셔너리이므로 초기화된 후에 요소를 편집할 수 없습니다. 초기화된 후에 새로운 요소를 추가하거나 교체해야 한다면 가변 클래스인 NSMutableDictionary를 사용합니다. NSMutableDictionary가 제공하는 setObject(_:forKey:) 메소드는 파라미터로 전달한 키가 딕셔너리에 존재하지 않을 경우 새로운 요소를 추가하고, 이미 존재하는 경우 키와 연관된 값을 첫 번째 파라미터의 값으로 교체합니다.

```
let words = NSMutableDictionary()
words.setObject("Apple", forKey: "A" as NSCopying)
```

```
words.setObject("Banana", forKey: "B" as NSCopying)

print(words)
// ["B": "Banana", "A": "Apple"]

words.setObject("Blue", forKey: "B" as NSCopying)

print(words)
// ["B": "Blue", "A": "Apple"]
```

이 코드는 서브스크립트 문법으로 완전히 대체할 수 있습니다.

```
let words = NSMutableDictionary()
words["A"] = "Apple"
words["B"] = "Banana"
print(words)
// ["B": "Banana", "A": "Apple"]

words["B"] = "Blue"
print(words)
// ["B": "Blue", "A": "Apple"]
```

Dictionary는 NSDictionary와 마찬가지로 서브스크립트 문법을 사용하여 요소를 추가하거나 교체합니다.

```
var words = [String: String]()
words["A"] = "Apple"
words["B"] = "Banana"
print(words)
// ["B": "Banana", "A": "Apple"]

words["B"] = "Blue"
print(words)
// ["B": "Blue", "A": "Apple"]
```

또한 Dictionary는 updateValue(_:forKey:) 메소드를 제공합니다. 이 메소드는 NSDictionary의 setObject(_:forKey:) 메소드와 동일한 기능을 제공하지만, 파라미터로 전달한 키가 이미 존재하는 경우 키와 연관된 현재 값(교체되기 전 값)을 리턴합니다. 키가 존재하지 않는 경우에는 nil을 리턴하므로 리턴 값을 통해 값의 추가와 교체를 구분할 수 있습니다.

```
var words = [String: String]()
if let oldValue = words.updateValue("Apple", forKey: "A") {
    print("\(oldValue) => \(words["A"]!)")
} else {
    print("+ \(words["A"]!)")
}
// + Apple

if let oldValue = words.updateValue("Apricot", forKey: "A") {
    print("\(oldValue) => \(words["A"]!)")
} else {
```

```
        print("+ \(words["A"]!)")
    }
    // Apple => Apricot
```

4.6 요소 삭제

요소를 삭제하는 가장 간단한 방법은 서브스크립트 문법을 사용하여 키와 연관된 값을 nil로 변경하는 것입니다. 서브스크립트로 전달한 키가 딕셔너리에 존재할 경우 요소를 삭제하고, 존재하지 않는 경우에는 무시됩니다.

```
// Swift Dictionary
var words = ["A": "Apple", "B": "Banana", "C": "City"]
words["C"] = nil
print(words)
// ["A": "Apple", "B": "Banana"]

// Foundation Dictionary
let nsWords = NSMutableDictionary(dictionary: ["A": "Apple", "B": "Banana", "C":
"City"])
nsWords["C"] = nil
print(nsWords)
// ["A": "Apple", "B": "Banana"]
```

NSMutableDictionary는 요소를 삭제할 수 있는 세 가지 메소드를 제공합니다. removeObject(forKey:) 메소드는 하나의 요소를 삭제할 수 있고, removeObjects(forKeys:) 메소드는 두 개 이상의 요소를 동시에 삭제할 수 있습니다. removeAllObjects() 메소드는 모든 요소를 삭제합니다.

```
let words = NSMutableDictionary(dictionary: ["A": "Apple", "B": "Banana", "C": "City",
"D": "Drama", "E": "Earth", "F": "Fuel"])

words.removeObject(forKey: "D")

print(words)
// ["B": "Banana", "A": "Apple", "F": "Fuel", "C": "City", "E": "Earth"]

words.removeObjects(forKeys: ["A", "F"])

print(words)
// ["C": "City", "B": "Banana", "E": "Earth"]

words.removeAllObjects()
print(words)
// [:]
```

Dictionary에 저장된 하나의 요소를 삭제하는 메소드는 removeValue(forKey:) 입니다. 이 메소드는 요소를 정상적으로 삭제한 경우 삭제된 요소의 값을 리턴합니다. 리턴되는 값을 nil과 비교하거나 옵셔널 바인딩 구문을 활용하면 요소가 실제로 삭제되었는지 확인할 수 있습니다. removeAll() 메소드는 모든 요소와 메모리 공간을 삭제합니다.

```
var words = ["A": "Apple", "B": "Banana", "C": "City", "D": "Drama", "E": "Earth", "F":
"Fuel"]

if let removedValue = words.removeValue(forKey: "D") {
    print("\(removedValue) removed!")
}
// Drama removed!

print(words)
// ["B": "Banana", "A": "Apple", "F": "Fuel", "C": "City", "E": "Earth"]

words.removeAll()
print(words)
// [:]
```

딕셔너리의 요소를 모두 삭제한 후 이어서 새로운 요소를 추가한다면 removeAll(keepingCapacity:) 메소드에 true를 전달하여 메모리 공간이 삭제되지 않도록 지정할 수 있습니다. 불필요한 메모리 공간의 삭제와 재할당을 방지하는 것은 코드의 성능을 향상시킬 수 있습니다.

```
words.removeAll(keepingCapacity: true)
```

5. 셋

셋Set은 수학의 집합이라는 개념을 구현한 컬렉션입니다. 셋에 저장되는 요소는 정렬되지 않으며 동일한 요소는 한 번만 저장됩니다. 컬렉션에 데이터를 저장할 때 정렬 순서보다 검색 속도가 중요할 때 배열에 비해 더 나은 성능을 제공합니다.

Foundation 컬렉션에서 셋을 대표하는 클래스는 NSSet이고, 가변 클래스인 NSMutableSet이 함께 제공됩니다. 그리고 동일한 요소가 저장된 횟수를 확인할 수 있는 NSCountedSet을 제공합니다. Swift 컬렉션에서 셋을 대표하는 자료형은 Set으로 Swift 1.2 버전에서 추가되었습니다. Set은 Array와 매우 유사한 메소드를 제공하지만 요소가 정렬되어 있지 않은 컬렉션이기 때문에 일부 메소드는 효용성이 떨어집니다.

> **Expert Note**
>
> 셋에 추가된 요소는 딕셔너리의 키와 마찬가지로 hash, isEqual: 메소드를 구현해야 합니다. 요소의 해시 메소드 성능에 따라 셋의 전체 성능이 결정됩니다.

셋 리터럴은 배열 리터럴과 동일합니다. 형식 추론에서는 항상 배열로 추론되므로 셋 리터럴을 사용하려면 명시적으로 자료형을 지정해야 합니다.

```
[요소1, 요소2, 요소3, 요소N]
[] // 빈 셋
```

새로운 NSSet은 이미 존재하는 배열이나 다른 셋을 기반으로 생성할 수 있습니다. 원하는 요소로 초기화하거나 빈 셋을 생성할 수도 있습니다.

```
let fruitsArray = ["Apple", "Orange", "Melon"]

let fruitsFromArray = NSSet(array: fruitsArray)
let fruitsFromSet = NSSet(set: fruitsFromArray)
let fruits = NSSet(objects: "Apple", "Orange", "Melon")
let emptySet = NSSet()
```

Swift에서 리터럴을 통해 셋을 초기화하는 경우에는 반드시 자료형을 지정해야 합니다. [String]과 같은 단축문법은 배열을 표현하는 것이므로 셋에는 사용할 수 없습니다. 선언과 동시에 초기화하는 경우 형식추론을 통해 셋에 저장할 요소의 자료형을 생략할 수 있지만 Type Annotation 자체를 생략할 수는 없습니다. 예를 들어 numbers 셋을 선언할 때 초기화 값을 통해 요소의 자료형을 Int로 추론할 수 있고 Type Annotation에서 <Int>를 생략할 수 있습니다. 그러나 전체 Type Annotation을 생략할 경우 numbers는 Int 배열이 됩니다.

```
let fruits: Set<String> = ["Apple", "Orange", "Melon"]
let numbers: Set = [1, 2, 3]
let emptySet = Set<String>()
```

5.1 요소의 수

셋에 포함된 요소의 수는 count 속성으로 확인합니다. NSSet은 anyObject() 메소드를 통해 배열이 비어있는지 확인할 수 있고, Set은 isEmpty 속성으로 확인합니다.

```
// Swift Set
let fruits: Set<String> = ["Apple", "Orange", "Melon"]
var countOfFruits = fruits.count

if !fruits.isEmpty {
    print("\(countOfFruits) element(s)")
} else {
    print("empty set")
}
// 3 element(s)

// Foundation NSSet
let nsFruits = NSSet(set: fruits)
countOfFruits = nsFruits.count

if let _ = nsFruits.anyObject() {
    print("\(countOfFruits) element(s)")
} else {
    print("empty set")
}
// 3 element(s)
```

5.2 요소 검색

셋에 포함된 요소를 검색하는 방법은 배열과 동일합니다. contains(_:) 메소드를 통해 파라미터로 전달한 객체가 셋에 존재하는지 확인합니다.

```
let fruits: NSSet = ["Apple", "Orange", "Melon"]

if fruits.contains("Apple") {
    // ...
}


let fruits = ["Apple", "Orange", "Melon"]
if fruits.contains("Apple") {
    // ...
}
```

NSSet은 NSPredicate를 활용하여 상세한 검색 조건을 지정할 수 있습니다. filtered(using:) 메소드는 NSPredicate를 통해 지정한 조건과 일치하는 요소를 새로운 셋으로 리턴합니다. 아래의 코드는 접두어, 접미어 검색을 하는 예제입니다.

```
let productSet = NSSet(objects: "iPhone", "iPad", "Mac Pro", "iPad Pro", "Macbook Pro")

let prefixPredicate = NSPredicate(format: "SELF BEGINSWITH %@", "i")
let filteredSet = productSet.filtered(using: prefixPredicate)

print(filteredSet)
// {"iPhone", "iPad", "iPad Pro"}

let mutableProductSet = NSMutableSet(set: productSet)

let suffixPredicate = NSPredicate(format: "SELF ENDSWITH %@", "o")
mutableProductSet.filter(using: suffixPredicate)

print(mutableProductSet)
// {"Mac Pro", "iPad Pro", "Macbook Pro"}
```

Set에서 상세한 검색 조건을 구현하려면 filter(_:) 메소드를 사용합니다. 이 메소드는 검색 조건이 구현된 클로저를 파라미터로 받으며 검색 결과를 새로운 셋으로 리턴합니다.

```
let productSet: Set = ["iPhone", "iPad", "Mac Pro", "iPad Pro", "Macbook Pro"]
let filteredSet = productSet.filter { $0.hasPrefix("i") }
print(filteredSet)
// {"iPhone", "iPad", "iPad Pro"}
```

5.3 요소 추가

add(_:) 메소드는 새로운 요소를 NSMutableSet에 추가합니다. 배열에 저장되어 있는 모든 요소를 추가하려면 addObjects(from:) 메소드를 사용합니다. 추가할 요소가 이미 존재하는 경우에는 추가되지 않습니다.

```
let set = NSMutableSet()
set.add("Apple")
set.add("Apple")

print(set)
```

```
// {"Apple"}

var alphabet = ["A", "B"]
set.addObjects(from: alphabet)

print(set)
// {"Apple", "A", "B"}

alphabet = ["A", "B", "C"]
set.addObjects(from: alphabet)

print(set)
// {"Apple", "A", "B", "C"}
```

Set에 새로운 요소를 추가할 때는 insert(_:) 메소드를 사용합니다. Swift 3.0부터 이 메소드는 튜플을 통해 메소드 실행 결과를 리턴합니다. 셋에 새로운 요소를 추가한 경우 (true, 새로운 요소 값) 튜플이 리턴되고, 이미 동일한 요소가 존재하는 경우에는 (false, 이미 존재하는 요소 값) 튜플이 리턴됩니다.

```
var set: Set<String> = []
set.insert("Apple")
print(set)
// {"Apple"}

var result = set.insert("Orange")
print(result)
// {true, "Orange"}

print(set)
// {"Apple", "Orange}

result = set.insert("Orange")
print(result)
// {false, "Orange"}

print(set)
// {"Apple", "Orange}
```

5.4 요소 삭제

NSMutableSet에 저장된 하나의 요소를 삭제할 때 remove(_:) 메소드를 사용합니다. 모든 요소를 삭제하려면 removeAllObjects() 메소드를 사용합니다.

```
let set = NSMutableSet(array: ["Apple", "Orange", "Melon"])
set.remove("Apple")

print(set)
// {"Orange", "Melon"}

set.removeAllObjects()
print(set)
// {}
```

remove(_:) 메소드는 Set에 저장된 요소를 삭제하고 삭제된 요소를 리턴합니다. 파라미터로 전달된 요소가 존재하지 않는 경우에는 nil을 리턴하므로 리턴 값을 통해서 실제 삭제여부를 확인할 수 있습니다. 모든 요소를 삭제할 경우 removeAll() 메소드를 사용합니다. 배열과 마찬가지로 keepingCapacity 파라미터를 사용해서 메모리 사용을 최적화할 수 있습니다.

```swift
var set: Set = ["Apple", "Orange", "Melon"]

if let removed = set.remove("Apple") {
    print("\(removed) has been removed!")
}
// Apple has been removed!

print(set)
// {"Orange", "Melon"}

set.removeAll(keepingCapacity: true)

print(set)
// {}
```

5.5 비교, 부분집합

NSSet을 비교하는 메소드는 isEqual(to:) 입니다.

```swift
let favoriteFruits = NSSet(objects: "Apple", "Orange", "Melon")
let tropicalFruits = NSSet(objects: "Banana", "Papaya", "Kiwi", "Pineapple")

if favoriteFruits.isEqual(to: tropicalFruits as Set<NSObject>) {
    print("favoriteFruits == tropicalFruits")
} else {
    print("favoriteFruits != tropicalFruits")
}
// favoriteFruits != tropicalFruits
```

Set은 비교 연산자를 통해 비교하거나 elementsEqual(_:) 메소드로 비교할 수 있습니다.

```swift
let favoriteFruits = Set(["Apple", "Orange", "Melon"])
let tropicalFruits = Set(["Banana", "Papaya", "Kiwi", "Pineapple"])

if favoriteFruits == tropicalFruits {
    print("favoriteFruits == tropicalFruits")
} else {
    print("favoriteFruits != tropicalFruits")
}

if favoriteFruits.elementsEqual(tropicalFruits) {
    print("favoriteFruits == tropicalFruits")
} else {
    print("favoriteFruits != tropicalFruits")
}
// favoriteFruits != tropicalFruits
```

두 집합 A, B가 있을 때, 집합 A에 포함된 모든 요소가 집합 B에 속하면 집합 A는 집합 B의 부분집합입니다. isSubset(of:) 메소드는 NSSet이 파라미터로 전달된 집합의 부분집합일 때 true를 리턴합니다.

```swift
let tropicalFruits = Set(["Banana", "Papaya", "Kiwi", "Pineapple"])
let yellowFruits = NSSet(array: ["Banana"])

if yellowFruits.isSubset(of: tropicalFruits) {
    print("yellowFruits ⊂ tropicalFruits")
} else {
    print("yellowFruits ⊄ tropicalFruits")
}
// yellowFruits ⊂ tropicalFruits
```

Set은 동일한 기능을 isSubset(of:) 메서드로 제공합니다. 집합 A가 집합 B의 진부분집합인지 확인하려면 isStrictSubset(of:) 메소드를 사용할 수 있습니다. 반대로 isSuperset(of:) 메소드로 집합 B가 집합 A의 상위집합인지 확인할 수 있고, isStrictSuperset(of:) 메소드로 진상위집합인지 확인할 수 있습니다.

```swift
let tropicalFruits = Set(["Banana", "Papaya", "Kiwi", "Pineapple"])
let yellowFruits = Set(["Banana"])

if yellowFruits.isSubset(of: tropicalFruits) {
    print("yellowFruits ⊂ tropicalFruits")
} else {
    print("yellowFruits ⊄ tropicalFruits")
}
// yellowFruits ⊂ tropicalFruits

if yellowFruits.isStrictSubset(of: tropicalFruits) {
    print("yellowFruits ⊂ tropicalFruits")
} else {
    print("yellowFruits ⊄ tropicalFruits")
}
// yellowFruits ⊂ tropicalFruits

if tropicalFruits.isSuperset(of: yellowFruits) {
    print("tropicalFruits ⊃ yellowFruits")
} else {
    print("tropicalFruits ⊅ yellowFruits")
}
// tropicalFruits ⊃ yellowFruits

if tropicalFruits.isStrictSuperset(of: yellowFruits) {
    print("tropicalFruits ⊃ yellowFruits")
} else {
    print("tropicalFruits ⊅ yellowFruits")
}
// tropicalFruits ⊃ yellowFruits
```

5.6 집합 연산 – 교집합

두 집합 A, B에 동시에 속하는 요소의 집합을 교집합이라고 합니다. NSSet은 intersects(_:) 메소드로 두 집합에 공통적인 요소가 포함되어 있는지 확인합니다. NSMutableSet이 제공하는 intersect(_:) 메소드는 현재 집합에서 파라미터로 전달한 집합과의 교집합을 제외한 나머지 요소를 삭제합니다.

```swift
let favoriteFruits = NSSet(array: ["Apple", "Orange", "Melon", "Kiwi"])
let tropicalFruits = NSMutableSet(array: ["Banana", "Papaya", "Kiwi", "Pineapple"])

if favoriteFruits.intersects(tropicalFruits as Set<NSObject>) {
    print("favoriteFruits ∩ tropicalFruits")

    tropicalFruits.intersect(favoriteFruits as Set<NSObject>)
    print(tropicalFruits)
} else {
    print("favoriteFruits ∩ tropicalFruits = ∅")
}
// favoriteFruits ∩ tropicalFruits
// {"Kiwi"}
```

Set이 제공하는 isDisjoint(with:) 메소드는 NSSet과 반대로 두 집합이 서로소인지 확인합니다. intersection(_:) 메소드는 두 집합의 교집합을 새로운 셋으로 리턴합니다. formIntersection(_:) 메소드는 현재 집합에서 파라미터로 전달한 집합과의 교집합을 제외한 나머지 요소를 삭제합니다.

```swift
let favoriteFruits = Set(["Apple", "Orange", "Melon", "Kiwi"])
var tropicalFruits = Set(["Banana", "Papaya", "Kiwi", "Pineapple"])

if favoriteFruits.isDisjoint(with: tropicalFruits) {
    print("favoriteFruits ∩ tropicalFruits = ∅")
} else {
    print("favoriteFruits ∩ tropicalFruits")
}
// favoriteFruits ∩ tropicalFruits

let commonSet = favoriteFruits.intersection(tropicalFruits)

print(commonSet)
// {"Kiwi"}

tropicalFruits.formIntersection(favoriteFruits)

print(tropicalFruits)
// {"Kiwi"}
```

5.7 집합 연산 – 합집합

집합 A에 속하거나 집합 B에 속하는 모든 요소로 이루어진 집합을 합집합이라고 합니다. union(_:) 메소드는 파라미터로 전달된 집합의 요소 중 NSMutableSet에 존재하지 않는 요소를 추가합니다. 결과적으로 두 집합의 합집합이 됩니다.

```
let favoriteFruits = Set(["Apple", "Orange", "Melon", "Kiwi"])
var tropicalFruits = Set(["Banana", "Papaya", "Kiwi", "Pineapple"])

let unionSet = NSMutableSet(set: favoriteFruits)
unionSet.union(tropicalFruits)

print(unionSet)
// {"Orange", "Banana", "Papaya", "Pineapple", "Kiwi", "Apple", "Melon"}
```

Set의 union(_:) 메소드는 두 집합의 합집합을 새로운 셋으로 리턴합니다. formUnion(_:) 메소드는
현재 집합에 파라미터로 전달한 집합의 요소를 추가합니다.

```
let favoriteFruits = Set(["Apple", "Orange", "Melon", "Kiwi"])
let tropicalFruits = Set(["Banana", "Papaya", "Kiwi", "Pineapple"])

var unionSet = favoriteFruits.union(tropicalFruits)
print(unionSet)
// {"Orange", "Banana", "Papaya", "Pineapple", "Kiwi", "Apple", "Melon"}

unionSet = Set(favoriteFruits)
unionSet.formUnion(tropicalFruits)

print(unionSet)
// {"Orange", "Banana", "Papaya", "Pineapple", "Kiwi", "Apple", "Melon"}
```

5.8 집합 연산 – 차집합

집합 A에 속하지만 집합 B에 속하지 않는 요소를 A에 대한 B의 차집합이라고 합니다. NSMutableSet
에서 차집합은 minus(_:) 메소드로 구현되어 있습니다. 이 메소드는 파라미터로 전달된 집합에 있는
모드는 요소를 현재 집합에서 제거합니다.

```
let favoriteFruits = NSMutableSet(array: ["Apple", "Orange", "Melon", "Kiwi"])
let tropicalFruits = Set(["Banana", "Papaya", "Kiwi", "Pineapple"])

favoriteFruits.minus(tropicalFruits)

print(favoriteFruits)
// {"Apple", "Orange", "Melon"}
```

Set의 subtracting(_:) 메소드는 두 집합의 차집합을 새로운 셋으로 리턴합니다. subract(_:) 메소
드는 현재 집합에서 파라미터로 전달한 집합과의 교집합을 제거합니다.

```
var favoriteFruits = Set(["Apple", "Orange", "Melon", "Kiwi"])
let tropicalFruits = Set(["Banana", "Papaya", "Kiwi", "Pineapple"])

let uncommonSet = favoriteFruits.subtracting(tropicalFruits)

print(uncommonSet)
// {"Apple", "Orange", "Melon"}

favoriteFruits.subtract(tropicalFruits)
```

```
print(favoriteFruits)
// {"Apple", "Orange", "Melon"}
```

5.9 집합 연산 – 여집합

Set이 제공하는 symmetricDifference(_:) 메소드는 여집합을 구하는데 활용할 수 있습니다. 이 메소드는 두 집합에 공통적으로 존재하는 요소를 제외한 나머지 요소들을 새로운 셋으로 리턴합니다. 즉, 교집합의 여집합을 리턴합니다. formSymmetricDifference(_:) 메소는 새로운 셋을 리턴하지 않고 현재 셋의 내용을 변경합니다.

```
var favoriteFruits = Set(["Apple", "Orange", "Melon", "Kiwi"])
let tropicalFruits = Set(["Banana", "Papaya", "Kiwi", "Pineapple"])

let exclusiveSet = favoriteFruits.symmetricDifference(tropicalFruits)
print(exclusiveSet)
// {"Apple", "Orange", "Melon", "Banana", "Pineapple", "Papaya"}

favoriteFruits.formSymmetricDifference(tropicalFruits)
print(favoriteFruits)
// {"Apple", "Orange", "Melon", "Banana", "Pineapple", "Papaya"}
```

5.10 NSCountedSet

셋은 기본적으로 요소의 중복을 허용하지 않습니다. NSCountedSet은 중복을 허용하는 특수한 셋입니다. 하지만 중복을 허용하는 방식이 배열과 다릅니다. 배열의 경우 동일한 요소를 추가할 경우 이미 존재하는 요소와 별도의 요소로 저장됩니다. 그러나 NSCountedSet은 별도로 요소를 저장하지 않고 해당 요소가 저장된 횟수를 함께 저장합니다. 1000개의 동일한 요소가 추가되어야 하는 경우 배열은 "요소의 크기 x 1000"의 메모리 공간이 필요하지만, NSCountedSet은 "요소의 크기 + 횟수를 저장할 공간의 크기"만으로 충분합니다. 이 시나리오에서 메모리 공간을 효율적으로 사용한다는 장점이 있습니다. 다만, 동일한 요소를 셋에서 완전히 제거하려면 추가된 횟수만큼 반복적으로 삭제해야 한다는 것에 주의해야 합니다.

NSCountedSet은 NSMutableSet을 상속한 클래스이므로 앞에서 설명한 모든 메소드를 제공합니다.

```
let set = NSCountedSet()
set.add("Apple")
set.add("Apple")
set.add("Apple")

print(set)
// {"Apple"}

var countOfApple = set.count(for: "Apple")

print(countOfApple)
// 3
```

```
set.remove("Apple")

print(set)
// {"Apple"}

countOfApple = set.count(for: "Apple")

print(countOfApple)
// 2

set.remove("Apple")
set.remove("Apple")

print(set)
// {}

countOfApple = set.count(for: "Apple")

print(countOfApple)
// 0
```

6. Fast Enumeration

컬렉션에 저장된 모든 데이터를 순회하면서 필요한 작업을 수행하는 것을 열거라고 합니다. 반복문을 통해 컬렉션을 열거할 수 있지만 열거의 범위를 벗어나거나 일부 요소를 누락시키는 실수가 많이 발생합니다. 그래서 컬렉션을 열거할 때는 대부분 빠른 열거 문법^{Fast Enumeration Syntax}을 사용합니다.

빠른 열거는 단순한 문법으로 높은 성능의 코드를 구현할 수 있는 장점이 있습니다. 그리고 멀티쓰레드 환경에서 다수의 열거를 동시에 수행할 수 있습니다. 그러나 열거를 수행하는 동안 컬렉션의 요소를 수정할 수 없다는 제한을 가지고 있습니다.

빠른 열거는 for-in 반복문 또는 클로저 기반의 메소드로 구현합니다. 대부분 for-in 반복문으로 구현하지만, 클로저를 사용할 경우 각 순회 단계마다 인덱스와 요소가 함께 전달된다는 장점이 있습니다.

> **Beginner Note**
>
> 빠른 열거에서 Swift 코드는 Foundation 컬렉션의 예제를 제공하지 않습니다. 대부분의 경우 Swift 컬렉션을 열거하는 것과 동일한 코드로 Foundation 컬렉션을 열거할 수 있기 때문입니다.

6.1 배열, 셋 열거

```
for 요소 상수 in 배열 또는 셋 {
    반복할 코드
}
```

배열과 셋을 열거하는 방법은 동일합니다. 빠른 열거를 수행하는 동안 컬렉션에 포함된 요소가 요소 상수를 통해 순차적으로 전달됩니다. 배열은 요소가 항상 오름차순으로 전달되지만 셋은 전달되는 순서가 달라질 수 있습니다.

```swift
let array = ["Apple", "Orange", "Melon"]

for value in array {
    if let index = array.index(of: value) {
        print("\(index) - \(value)")
    }
}
// 0 - Apple
// 1 - Orange
// 2 - Melon

let set = Set(array)
for value in set {
    print(value)
}
// Apple
// Orange
// Melon
```

배열은 항상 오름차순으로 열거됩니다. 내림차순으로 열거해야 한다면 reversed( ) 메소드로 역순으로 정렬된 새로운 배열을 생성한 후 열거해야 합니다.

```swift
let array = ["Apple", "Orange", "Melon"]

for value in array.reversed() {
    if let index = array.index(of: value) {
        print("\(index) - \(value)")
    }
}
// 2 - Melon
// 1 - Orange
// 0 - Apple
```

enumerate( ) 메소드를 사용하면 순회의 각 단계마다 인덱스와 값으로 구성된 튜플을 얻을 수 있습니다. 배열을 순회할 때마다 인덱스를 사용할 때 유용합니다. 아래와 같이 튜플의 인덱스를 사용해서 값에 접근하거나 인덱스와 값을 바인딩한 후에 사용할 수 있습니다.

```swift
let alphabet = ["A", "B", "C"]

for t in alphabet.enumerated() {
    print("#\(t.0) - \(t.1)")
}

for (index, char) in alphabet.enumerated() {
    print("#\(index) - \(char)")
}
```

```
// #0 - A
// #1 - B
// #2 - C
```

6.2 딕셔너리 열거

```
for 요소 튜플 상수 in 딕셔너리 {
    반복할 코드
}
```

딕셔너리는 for-in 반복문을 통해 열거할 수 있습니다. 딕셔너리에 저장된 요소는 튜플 형태로 전달됩니다.

```
let dict = ["A": "Apple", "B": "Banana", "C": "City"]
for (key, value) in dict {
    print("\(key): \(value)")
}
// C: City
// B: Banana
// A: Apple
```

키 또는 값 하나만을 순회할 때는 딕셔너리에서 제공하는 두 개의 속성을 사용합니다. keys 속성은 딕셔너리의 키 컬렉션을 리턴합니다. values 속성은 딕셔너리의 값 컬렉션을 리턴합니다. 다음 코드와 같이 for-in 반복문을 사용하여 순회할 수 있습니다.

```
let words = ["A":"Apple", "B":"Banana", "C":"City"]

for key in words.keys {
    print(key)
}
// C
// B
// A

for val in words.values {
    print(val)
}
// City
// Banana
// Apple
```

keys, values 속성을 통해 리턴되는 컬렉션은 배열이 아니기 때문에 배열형태로 조작하려면 새로운 배열을 직접 생성해야 합니다.

```
let words = ["A":"Apple", "B":"Banana", "C":"City"]

let keyArray = Array(words.keys)
// ["C", "B", "A"]

let valueArray = Array(words.values)
// ["City", "Banana", "Apple"]
```

6.3 열거 중 요소 편집

컬렉션을 열거할 때 for-in 반복문 내부에서 요소를 추가하거나 삭제하는 것은 매우 위험합니다. 예를 들어 array 배열을 열거하면서 "Melon" 요소를 삭제하는 코드를 실행하면 런타임 오류가 발생합니다. 경우에 따라서(운이 좋아서) 코드가 런타임 오류 없이 정상적으로 실행될 수도 있지만 언젠가는 반드시 오류가 발생합니다. Xcode 콘솔 창에서 "*** Terminating app due to uncaught exception 'NSGenericException', reason: '*** Collection … was mutated while being enumerated…'" 라는 로그가 출력된다면 열거 중 요소를 편집하는 코드를 수정해야 합니다.

```swift
var array = ["Apple", "Orange", "Melon", "Apple", "Orange", "Melon"]
for value in array {
    if value == "Melon" {
        if let index = array.index(of: value) {
            array.remove(at: index)        // Error
        }
    }
}
```

이 문제는 빠른 열거를 통해 삭제 대상을 새로운 셋으로 저장한 후, 삭제 대상 셋을 열거하면서 삭제 메소드를 호출하는 방식으로 해결할 수 있습니다.

```swift
var array = ["Apple", "Orange", "Melon", "Apple", "Orange", "Melon"]
var deleteSet = Set<String>()

for value in array {
    if value == "Melon" {
        deleteSet.insert(value)
    }
}

for value in deleteSet {
    var index = array.index(of: value)

    while index != nil {
        array.remove(at: index!)
        index = array.index(of: value)
    }
}

print(array)
// ["Apple", "Orange", "Apple", "Orange"]
```

7. 컬렉션 성능

배열에서 수행되는 대부분의 작업은 상수 시간이 소요됩니다. 배열의 중간에 새로운 요소를 추가하는 것은 메모리 공간을 이동시키는 작업이 필요하기 때문에 선형 시간이 소요됩니다.

딕셔너리는 키의 해시 알고리즘이 어떻게 구현되어 있는가에 따라 성능이 결정됩니다. Foundation

프레임워크를 통해 제공되는 클래스들은 최적의 해시 알고리즘을 구현하고 있기 때문에 딕셔너리 키로 사용하면 모든 작업을 상수 기간에 처리할 수 있습니다. 커스텀 키를 직접 구현한 경우에는 해시 알고리즘에 성능에 따라서 선형 시간이 소요될 수 있습니다.

셋의 성능은 요소의 해시 성능에 따라 결정됩니다. Foundation 프레임워크를 통해 제공되는 자료형의 데이터를 저장할 경우 모든 작업을 상수 시간에 처리할 수 있습니다.

	배열	딕셔너리	셋
요소에 접근	상수	상수	상수
추가/삭제	상수	상수	상수
요소 교체	상수	상수	상수
중간에 새로운 요소 추가	선형	N/A	N/A

8. Summary

- 컬렉션은 데이터 모음을 처리하는데 사용되는 자료형으로 배열, 딕셔너리, 셋이 제공됩니다.
- Foundation 프레임워크에서 제공하는 컬렉션은 참조 형식만 저장할 수 있고 서로 다른 형식을 하나의 컬렉션에 저장할 수 있습니다.
- Swift 컬렉션은 값 형식과 참조 형식을 모두 저장할 수 있지만 하나의 컬렉션에는 동일한 형식만 저장할 수 있습니다.
- Foundation 컬렉션의 가변성은 가변 클래스와 불변 클래스를 통해 결정되고 Swift 컬렉션의 가변성은 let, var 키워드를 통해 결정됩니다.
- 컬렉션의 가변성은 요소의 가변성에 영향을 주지 않습니다.
- Foundation 컬렉션은 클래스로 구현되어 있고 Swift 컬렉션은 구조체로 구현되어 있습니다.
- Swift는 copy-on-write 최적화를 통해 값 형식의 컬렉션에서 발생할 수 있는 복사 성능 문제를 해결합니다.
- 배열은 데이터를 순서대로 저장하는 컬렉션입니다.
- 배열에 저장된 요소는 인덱스를 통해 접근할 수 있습니다.
- 배열은 동일한 요소를 중복 저장할 수 있습니다.
- Foundation 컬렉션은 NSArray, NSMutableArray 클래스를 통해 배열을 제공하고 Swift 컬렉션은 Array 구조체를 통해 배열을 제공합니다.
- 배열 리터럴은 아래와 같이 표현합니다.

```
[요소1, 요소2, 요소3, 요소N]
[] // 빈 배열
```

- Array 배열을 선언할 때는 반드시 요소의 자료형을 지정해야 합니다.

```
Array<요소의 자료형>
[요소의 자료형]
```

- 딕셔너리는 키와 값을 하나의 쌍으로 저장하는 컬렉션입니다.
- 딕셔너리는 요소를 순서에 관계없이 저장하며 키를 통해 값에 접근합니다.
- 키는 딕셔너리 내에서 유일해야 하며 값은 중복될 수 있습니다.
- Foundation 컬렉션은 NSDictionary, NSMutableDictionary 클래스를 통해 딕셔너리를 제공하고 Swift 컬렉션은 Dictionary 구조체를 통해 딕셔너리를 제공합니다.
- 딕셔너리 리터럴은 아래와 같이 표현합니다.

```
[키1:값1, 키2:값2, 키n:값n]
[:]     // 빈 딕셔너리
```

- 셋은 배열과 유사하며 집합 연산을 지원하는 컬렉션입니다.
- 셋에 저장되는 요소는 정렬되지 않으며 동일한 요소는 한 번만 저장됩니다.
- Foundation 컬렉션은 NSSet, NSMutableSet, NSCountedSet 클래스를 통해 셋을 제공하고 Swift

컬렉션은 Set 구조체를 통해 셋을 제공합니다.

• 컬렉션은 빠른 열거 문법을 통해 열거할 수 있습니다.

```
for 요소 상수 in 배열 또는 셋 {
    반복할 코드
}

for 요소 튜플 상수 in 딕셔너리 {
    반복할 코드
}
```

열거형

열거형^{Enumeration}은 서로 연관된 상수 집합에 이름을 붙이고 새로운 자료형으로 만드는 매우 단순한 역할을 하지만 코드의 가독성을 크게 높여줍니다. 그래서 대부분의 언어들은 기본 프레임워크를 구현할 때 열거형을 다양하게 활용합니다. 코코아 프레임워크에서도 NSTextAlignment, NSLineBreakMode와 같이 열거형을 활용한 예를 다양하게 찾아볼 수 있습니다.

Swift의 열거형은 C 스타일의 열거형이 가지고 있는 문제점들을 개선하고 클래스나 구조체가 가지고 있던 다양한 기능들을 차용하였습니다. 특히 계산된 속성^{Computed Property}, 인스턴스 메소드, 생성자를 가질 수 있고 프로토콜을 채용할 수 있게 되어 열거형을 활용할 수 있는 범위가 상당히 넓어졌습니다. 또한 First-class Citizen으로 일반 자료형과 동일한 지위를 가지게 되었습니다.

열거형을 선언할 때는 enum 키워드를 사용합니다. 열거형 멤버를 나열할 때는 case 키워드를 사용하고 하나의 case에서 여러 멤버를 동시에 나열할 때는 ,로 구분해 줍니다. 열거형 이름은 lowerCamelCase 방식으로 지정합니다. 열거형 멤버의 이름은 Swift 2.3 버전까지 UpperCamelCase 방식으로 지정하였지만 3 버전부터는 lowerCamelCase 방식으로 지정합니다.

```
enum 열거형 이름 {
    case 멤버 1
    case 멤버 2
    case 멤버 3, 멤버 4, 멤버 5
    case 멤버 n
}
```

요일을 표현하는 Weekday 열거형을 구현해 보겠습니다.

```
enum Weekday {
    case sunday, monday, tuesday, wednesday, thursday, friday, saturday
}
```

각 멤버를 개별 라인에 선언하고 싶다면 반드시 case 키워드를 모든 멤버 선언 앞에 추가해야 합니다.

```
enum Weekday {
    case sunday
    case monday
    case tuesday
    case wednesday
    case thursday
    case friday
```

```
        case saturday
    }
```

Objective-C를 포함한 C 계열의 언어에서 열거형의 멤버는 0부터 1씩 증가하는 원시 값을 가집니다. 그래서 열거형 멤버와 정수를 직접 비교할 수 있습니다.

```
C
if (Sunday == 0) {
    // ...
}
```

그러나 Swift의 열거형 멤버는 명시적으로 원시 값을 지정하지 않는 한 원시 값을 가지지 않습니다. 그래서 정수와 비교하는 코드는 사용할 수 없습니다.

```
if Weekday.sunday == 0 {     // Error
    // ...
}
```

열거형은 자체로 Int, Double 등과 같은 독립적인 자료형입니다. 내부에 여러 개의 멤버가 선언되어 있기 때문에 열거형을 사용할 때는 열거형의 이름과 멤버의 이름을 함께 표기합니다.

> 열거형 이름.열거형 멤버 이름

```
let week = Weekday.sunday
```

형식 추론을 통해 week의 자료형은 Weekday가 됩니다. week의 자료형을 직접 지정하는 경우에는 다음과 같이 열거형 이름을 생략할 수 있습니다.

```
let week: Weekday = .sunday
```

열거형 이름을 생략한 경우에는 형식 추론을 사용할 수 없으므로 다음과 같은 코드는 컴파일 오류가 발생합니다.

```
let week = .sunday                // Error
```

오늘을 요일을 출력하는 코드는 다음과 같이 구현할 수 있습니다.

```
enum Weekday: Int {
    case sunday = 1, monday, tuesday, wednesday, thursday, friday, saturday
}

let calendar = Calendar.current
let weekdayComp = calendar.component(Calendar.Component.weekday, from: Date())
let week = Weekday(rawValue: weekdayComp)!

switch week {
case .sunday:
    print("Today is Sunday")
case .monday:
```

```
        print("Today is Monday")
    case .tuesday:
        print("Today is Tuesday")
    case .wednesday:
        print("Today is Wednesday")
    case .thursday:
        print("Today is Thursday")
    case .friday:
        print("Today is Friday")
    case .saturday:
        print("Today is Saturday")
}

// Today is Wednesday
```

0.1 원시 값

Swift 열거형은 기본적으로 원시 값^{Raw Value}을 가지지 않지만, 선언 시점에 원시 값의 자료형을 지정하면 원시 값을 가지게 됩니다. Objective-C 열거형과 달리 문자열, 실수 등 다양한 자료형의 원시 값을 가질 수 있습니다. 원시 값의 자료형을 지정할 때는 다음과 같은 문법을 사용합니다.

```
enum 열거형 이름: 원시 값 자료형 {
    case 멤버 1
    case 멤버 2
    case 멤버 3, 멤버 4, 멤버 5
    case 멤버 n
}
```

Weekday 열거형의 원시 값 자료형을 Int로 지정하면 Objective-C와 유사한 열거형을 선언할 수 있습니다.

```
enum Weekday: Int {
    case sunday, monday, tuesday, wednesday, thursday, friday, saturday
}
```

멤버의 원시 값은 0부터 1씩 증가하는 값으로 초기화됩니다. Float, Double와 같이 숫자 형태의 자료형을 지정하는 경우에도 동일하게 적용됩니다. 필요하다면 특정 멤버의 원시 값을 직접 지정할 수 있습니다.

```
enum Weekday: Int {
    case sunday, monday, tuesday, wednesday, thursday = 10, friday, saturday
}
```

열거형의 멤버는 반드시 열거형 내에서 유일한 원시 값을 가져야 합니다. 만약 두 멤버의 원시 값을 동일한 값으로 지정하면 컴파일 오류가 발생합니다.

```
enum Weekday: Int {
    case sunday, monday, tuesday, wednesday = 10, thursday = 10, friday, saturday
    // Error: Raw value of enum case is not unique.
}
```

이번에는 문자열 원시 값을 가지는 열거형을 선언해 보겠습니다. 멤버의 원시 값을 직접 지정하지 않으면 멤버와 동일한 이름의 문자열로 초기화됩니다. 즉, sunday 멤버의 원시 값은 "SUN"이고, monday 멤버의 원시 값은 "monday" 입니다.

```swift
enum WeekdayName: String {
    case sunday = "SUN", monday, tuesday, wednesday, thursday, friday, saturday
}
```

원시 값은 rawValue 속성을 통해 접근할 수 있습니다. 이 속성은 읽기 전용으로 새로운 원시 값을 할당하는 것은 불가능 합니다.

```swift
print(WeekdayName.sunday)
// sunday

print(WeekdayName.sunday.rawValue)
// SUN

print(WeekdayName.monday)
// monday

print(WeekdayName.monday.rawValue)
// monday
```

열거형과 원시 값에 대한 내용은 아래의 링크에서 동영상으로 보실 수 있습니다.
https://kxcoding.com/video/swift4-enum

0.2 연관 값

Swift는 연관 값Associated Value을 통해서 열거형 멤버에 부가적인 정보를 저장할 수 있습니다. 연관 값은 원시 값Raw Value과 달리 각각의 멤버가 서로 다른 자료형을 사용할 수 있고, 자료형의 종류에 제한이 없습니다. 원시 값은 열거형이 선언되는 시점에 초기화되지만, 연관 값은 열거형을 자료형으로 사용하는 변수나 상수를 초기화할 때 멤버 중 하나를 기반으로 초기화할 수 있습니다. 초기화된 원시 값은 변경할 수 없으므로 동일한 열거형 멤버는 항상 동일한 원시 값을 가지게 됩니다. 그러나 연관 값은 초기화된 후에 다른 값을 할당할 수 있기 때문에 동일한 멤버라도 서로 다른 연관 값을 가질 수 있습니다. Swift 열거형은 이러한 특징 때문에 다른 언어에서 사용하는 Discriminated Unions, Tagged Unions, Variants 등과 유사한 요소로 볼 수 있습니다.

원시 값은 열거형 이름 다음에 선언하고 열거형에 포함된 모든 케이스가 동일한 형식을 공유하지만,

연관 값은 개별 케이스마다 별도의 형식을 선언할 수 있습니다. 그리고 연관 값으로 저장할 값의 자료형은 튜플로 선언합니다. 아래의 문법처럼 멤버 이름 뒤에 괄호를 쓰고 괄호 사이에 저장할 값의 자료형을 나열합니다. 원시 값의 자료형은 String, Character, 숫자 자료형으로 제한되지만, 연관 값의 자료형에는 제약이 없습니다. 정수나 문자열 뿐만아니라 다양한 구조체와 클래스를 모두 사용할 수 있습니다. 원시 값은 선언 시점에 멤버에 값을 저장하고 모든 케이스가 동일한 값을 공유하지만 연관 값은 동일한 멤버가 서로 다른 값을 저장할 수 있으므로 선언 시점에 값을 저장할 수 없습니다. 연관 값은 새로운 열거형 값을 생성할 때 저장합니다. 지금까지 설명한 것처럼 연관 값은 원시 값과 다양한 차이점을 가지고 있고, 서로 베타적인 요소이기 때문에 함께 사용할 수 없습니다.

```
enum 열거형 이름 {
    case 멤버(형식1, 형식2, 형식n)
}
```

연관 값을 가진 VideoInterface 열거형을 선언해 보겠습니다. dvi 멤버에는 가로 해상도와 새로 해상도를 두 개의 Int로 저장하고, hdmi 멤버에는 해상도를 저장하는 두 개의 정수와 hdmi의 인터페이스 버전, 오디오 출력 여부를 각각 Double과 Bool로 저장합니다. displayPort 멤버에는 해상도를 CGSize에 저장합니다.

```
enum VideoInterface {
    case dvi(Int, Int)
    case hdmi(Int, Int, Double, Bool)
    case displayPort(CGSize)
}
```

여기에서는 연관 값을 익명 튜플로 선언하고 있지만, 필요하다면 기명 튜플로 선언할 수 있습니다. 이렇게 하면 연관 값을 생성하는 코드의 가독성이 높아진다는 장점이 있습니다.

```
enum VideoInterface {
    case dvi(width: Int, height: Int)
    case hdmi(width: Int, height: Int, version: Double, audio: Bool)
    case displayPort(resolution: CGSize)
}
```

이어지는 설명은 익명 튜플로 선언한 연관 값을 기준으로 설명하겠습니다. 연관 값은 열거형을 선언할 때 저장할 값을 지정하지 않고 열거형을 생성할 때마다 저장할 값을 전달해야 합니다. 이 코드는 dvi 멤버의 열거형을 생성하고 연관 값을 2048, 1536으로 저장합니다. 이 코드를 실행하면 input 변수에는 VideoInterface.dvi라는 열거형이 저장되고 2048과 1536이 연관 값으로 함께 저장됩니다.

```
var input = VideoInterface.dvi(2048, 1536)
```

연관 값에 저장된 값을 확인할 때는 주로 switch 문을 사용합니다. 이 코드는 switch 문에서 연관 값을 사용하는 다양한 코드를 보여줍니다. 첫 번째 케이스처럼 연관 값은 무시하고 열거형만 매칭시킬 수도 있지만 연관 값을 사용하는 경우에는 두 번째 케이스처럼 패턴으로 지정한 열거형 뒤에 바인딩 구문을 추가합니다. 그러면 연관 값에 저장된 값들이 각 상수로 바인딩되어서 케이스 블록으로 전달됩니다. 이 코드에서는 전달된 너비와 높이를 출력하고 있습니다. let 키워드는 연관 값을 상수로 바인딩하는데 사용되고 var 키워드는 변수로 바인딩하는데 사용됩니다. 바인딩할 필요가 없는 값은 와일드카드 패턴을 통해 생략할 수 있습니다. 모든 연관 값을 동일한 방식으로 바인딩한다면 세 번째 케이스처럼 let 키워드를 열거형 패턴 앞에 표기하는 것도 가능합니다.

```
switch input {
case .dvi:
    print("dvi")
case .hdmi(let width, var height, _, _):
    print("hdmi \(width)x\(height)")
case let .displayPort(size):
    print("dp \(size.width)x\(size.height)")
default:
    break
}
```

이렇게 열거형을 매칭하는 코딩 패턴을 Enumeraton Case Pattern이라고 합니다. 이 패턴은 switch문 뿐만 아니라 if문, while문, guard문, for-in 반복문과 함께 사용할 수 있습니다. dvi 멤버를 매칭하는 코드를 if문과 guard문으로 작성하면 이렇게 작성할 수 있습니다.

```
if case let .dvi(width, height) = input {
    print("dvi \(width)x\(height)")
}

func doSomething(input: VideoInterface) {
    guard case .dvi(let width, let height) = input else {
        return
    }

    print("dvi \(width)x\(height)")
}
```

1. Summary

- 열거형은 연관된 상수 집합을 새로운 형식으로 선언할 수 있습니다.

- Swift 열거형은 메소드, 속성, 생성자를 구현할 수 있습니다.

- 열거형은 enum 키워드를 통해 선언합니다.

```
enum 열거형 이름 {
    case 멤버 1
    case 멤버 2
    case 멤버 3, 멤버 4, 멤버 5
    case 멤버 n
}
```

- Swift 열거형은 명시적으로 원시 값의 형식을 선언하지 않으면 원시 값을 가지지 않습니다.

- Swift 열거형은 정수 이외에 문자열, 실수 등 다양한 형식의 원시 값을 가질 수 있습니다.

```
enum 열거형 이름: 원시 값 자료형 {
    case 멤버 1
    case 멤버 2
    case 멤버 3, 멤버 4, 멤버 5
    case 멤버 n
}
```

- Swift 열거형의 원시 값은 동일한 열거형 내에서 유일해야 합니다.

- Swift 열거형은 연관 값을 통해 열거형 멤버에 부가적인 정보를 저장할 수 있습니다.

```
enum 열거형 이름 {
    case 멤버(형식1, 형식2, 형식n)
}
```

구조체와 클래스

사용자 정의 자료형을 구현할 때 대표적으로 사용되는 요소는 구조체와 클래스입니다. Swift의 구조체는 생성자, 메소드 등 Objective-C에서 클래스에 제한되었던 기능을 구현할 수 있도록 개선되었습니다. 클래스를 선호하는 Objective-C와 반대로 Swift는 값 형식인 구조체를 선호합니다. 동적 바인딩과 Dynamic Dispatch 등 클래스를 사용할 때 발생하는 부하를 피할 수 있기 때문입니다. 그래서 상속이 필요하거나 반드시 참조 형식으로 구현해야 하는 경우를 제외하고 구조체로 구현합니다.

	구조체	클래스
형식	값 형식	참조 형식
속성 구현	O	O
생성자 구현	O	O
소멸자 구현	X	O
메소드 구현	O	O
서브스크립트 구현	O	O
익스텐션으로 구현 확장	O	O
프로토콜 채용	O	O
상속	X	O
참조 카운팅	X	O

1. 프로그래밍 패러다임

구조체와 클래스를 공부하기 전에 프로그래밍 패러다임에 대해 알아보겠습니다. 프로그래밍 언어의 근간을 이루는 구현 방식이나 방법론을 프로그래밍 패러다임(Programming Paradigm)이라고 합니다. 프로그래밍 언어의 종류가 다양한 만큼 프로그래밍 패러다임도 매우 다양합니다. 현대적인 프로그래밍 언어들은 대부분 두 개 이상의 패러다임을 구현할 수 있는 멀티 패러다임 언어입니다. Swift 역시 멀티 패러다임 언어이고 객체 지향 프로그래밍Object-Oriented Programing과 함수형 프로그래밍Functional Programming이 두 개의 큰 축을 구성하고 있습니다. 이 책은 두 패러다임 중 객체지향 프로그래밍을 중심으로 설명합니다. 객체 지향을 선택한 가장 큰 이유는 애플이 제공하는 프레임워크들이 객체지향을 기반으로 제작되었기 때문입니다.

객체 지향 프로그래밍에서 가장 중요한 것은 객체입니다. 우리 주변에 존재하는 모든 대상과 개념들은 프로그래밍에서 객체가 될 수 있습니다. 도로에 있는 자동차도 객체이고, 자동차를 운전하는 사람도 객체입니다. 객체 지향 프로그래밍에서는 프로그램에서 처리하는 모든 데이터를 객체로 만들고 객체의 상태와 동작을 조작해서 원하는 기능을 구현합니다. 객체가 가진 여러 가지 요소 중에서 프로그램에서 처리할 요소들을 도출하는 과정을 추상화라고 합니다. 예를 들어 학생 관리 프로그램은 사람이라는 객체를 소속, 성적 등의 속성을 가지도록 추상화할 수 있고, 피트니스 회원 관리 프로그램은 신장, 체중, 등록일과 같은 속성을 가지도록 추상화할 수 있습니다. 이처럼 동일한 객체를 추상화하더라도 프로그램에서 처리해야 하는 특성만 따로 뽑아내기 때문에 추상화의 결과는 얼마든지 달라질 수 있습니다.

추상화의 결과를 코드로 표현한 것이 바로 클래스입니다. 객체의 특징과 상태는 속성으로 구현하고 객체의 동작은 메소드로 구현합니다. 클래스는 객체의 설계도라고 볼 수 있고, 하나의 설계도를 기반으로 다수의 상품을 만들어 내는 것처럼 클래스를 선언한 후 객체를 원하는 만큼 생성할 수 있습니다.

클래스를 통해 생성된 개별 객체를 인스턴스^{Instance}라고 합니다. 동일한 클래스를 통해 생성된 객체는 동일한 속성과 메소드를 가지지만 속성에 저장된 값은 인스턴스마다 달라질 수 있습니다. 마찬가지로 메소드의 실행 결과는 인스턴스가 가진 속성 값에 따라서 달라질 수 있습니다.

하나의 프로그램은 다양한 클래스로 구성되어 있고, 클래스를 통해 생성된 객체 사이에는 다양한 상호작용이 발생합니다. 프로그래밍에서 상호 작용은 다른 객체의 속성을 변경하거나 메소드를 호출하는 것입니다. 객체 지향 프로그래밍에서는 "메시지를 보낸다"라고 표현합니다. 애플의 개발 환경인 코코아에서는 메시지를 보내는 객체를 Sender, 메시지를 전달 받는 객체를 Receiver라고 표현합니다.

객체 지향 프로그래밍에서는 주로 클래스를 사용하고 비교적 적은 수의 데이터를 저장하는 자료형을 만들 때 구조체를 사용합니다. 다른 객체 지향 언어에서는 클래스에 비해 기능이 제한적이었지만 Swift에서는 멀티 패러다임을 구현하기 위해서 클래스가 제공하는 대부분의 기능을 제공합니다. 그리고 함수형 프로그래밍과 프로토콜 지향 프로그래밍에서 클래스와 동일한 역할을 수행합니다.

구조체 역시 클래스와 마찬가지로 값을 생성하기 위해 사용되는 설계도입니다. 클래스와 값을 저장하는 방식이 다르기 때문에 객체라고 부르지는 않고 값이라고 부릅니다. 하지만 개별 객체를 나타내는 인스턴스는 개별 값을 나타내는데도 함께 사용됩니다. 다른 언어에서는 인스턴스가 클래스에 한정된 용어로 사용되었지만 Swift에서는 구조체와 열거형으로 생성한 값 모두를 아우르는 용어로 사용됩니다.

2. 구조체

구조체 선언은 struct 키워드로 시작하고 이어서 구조체의 이름이 따라 옵니다. 구조체의 이름은 UpperCamelCase로 짓는 것이 관례입니다. { } 사이에는 구조체와 연관된 속성, 메소드, 생성자, 서브스크립트가 위치합니다. 구조체 내부에 포함되는 요소를 통틀어서 멤버라고 부릅니다. 멤버의 이름은 lowerCamelCase로 짓는 것이 관례입니다. 멤버는 필요에 따라 원하는 수만큼 추가할 수 있고 필요하지 않다면 생략할 수 있습니다. 가장 단순한 형태의 속성은 구조체 내부에 선언된 변수와 상수입니다. 이전에 공부했던 변수와 상수가 구조체 내부로 들어왔을 뿐 형식추론을 통해 자료형을 생략하는 것과 초기값을 저장하는 방식은 모두 동일합니다. 메소드 역시 함수가 구조체 내부에 선언된 것이고 함수에서 공부한 것과 동일한 문법으로 구현할 수 있습니다.

```
struct 구조체 이름 {
    속성
    메소드
    생성자
    서브스크립트
}
```

이름과 나이를 저장할 수 있는 Person 구조체는 다음과 같이 선언할 수 있습니다.

```
struct Person {
    var name: String
    var age: Int
}
```

Swift는 구조체 멤버의 값을 읽거나 새로운 값을 할당하기 전에 반드시 유효한 값으로 초기화되어야 한다는 제약을 가지고 있습니다. 그러므로 선언과 동시에 초기화하거나 멤버를 선언할 때 기본 값을 지정해야 합니다. 구조체를 초기화할 때는 생성자를 사용합니다. Person과 같이 생성자를 직접 구현하지 않은 경우 멤버별 생성자가 자동으로 제공됩니다. 아래의 코드는 멤버별 생성자를 통해 someone 구조체를 초기화합니다. 멤버의 기본 값을 선언하는 방법과 생성자를 구현하는 방법은 이후에 상세하게 설명합니다.

```
var someone = Person(name: "John doe", age: 0)
```

구조체 멤버의 값을 읽거나 새로운 값을 할당하려면 점 문법을 사용합니다. 멤버의 값을 변경하려면 구조체를 var로 선언해야 합니다. let으로 선언할 경우 멤버의 값을 읽을 수 있지만, 멤버의 값을 변경하는 코드에서는 컴파일 오류가 발생합니다.

```
var someone = Person(name: "John doe", age: 0)
print(someone.name)
print(someone.age)
// John doe
// 0

someone.name = "James"
someone.age = 34
print(someone.name)
print(someone.age)
// James
// 34
```

3. 클래스

클래스 선언은 class 키워드로 시작하고 이어서 클래스 이름이 따라 옵니다. 클래스 이름 역시 UpperCamelCase로 짓는 것이 관례입니다. 클래스 내부에는 구조체와 마찬가지로 속성, 메소드, 생성자, 서브스크립트를 추가할 수 있습니다. 여기에 더해 소멸자가 추가될 수 있습니다. 멤버의 이름은 lowerCamelCase로 짓는 것이 관례입니다. 상위 클래스 이름은 생략할 수 있고, 상위 클래스가 없는 클래스는 다른 클래스의 상위 클래스 역할을 수행하는 기초 클래스^{Base Class}가 됩니다.

```
class 클래스 이름: 상위 클래스 이름 {
    속성
    메소드
    생성자
    소멸자
    서브스크립트
}
```

이름과 나이를 속성으로 가지고 이름을 출력하는 메소드를 가진 Person 클래스는 다음과 같이 구현할 수 있습니다.

```
class Person {
    var name = ""
    var age = 0

    func sayHello() {
        print("Hello, World! I'm \(name)")
    }
}
```

4. 초기화 문법

Swift 클래스는 모든 속성이 기본 값을 가지고 있고 생성자를 직접 구현하지 않을 경우 파라미터가 없는 기본 생성자를 자동으로 생성합니다. 앞에서 구현한 Person 클래스는 이 조건에 해당되므로 기본 생성자가 자동으로 생성됩니다. 새로운 Person 인스턴스는 다음과 같이 생성자를 호출하는 생성자 문법으로 생성할 수 있습니다.

```
let p = Person()
```

5. 인스턴스 비교

값 형식과 달리 참조 형식의 인스턴스는 주소와 값을 비교할 수 있습니다.

Swift는 == 연산자를 통해 값을 비교하고 === 연산자를 통해 메모리 주소를 비교합니다. == 연산자를 재정의하면 인스턴스의 동일성을 비교할 수 있습니다. 그리고 비교 연산자를 재정의하면 인스턴스에 저장된 값의 크기를 비교할 수 있습니다. 연산자를 재정의하는 방법은 "연산자 메소드" 부분에서 상세히 설명하고 있습니다.

6. 값 형식의 구조체 vs 참조 형식의 클래스

값 형식은 값이 전달될 때 새로운 복사본이 생성됩니다. 원시 자료형과 열거형, 튜플, 구조체는 모두 값 형식에 속합니다. 구조체의 특징을 알아보기 위해서 예제를 작성해 보겠습니다.

```
let startPoint = CGPoint(x: 0.0, y: 0.0)
var endPoint = startPoint

endPoint.x = 100
endPoint.y = 200

print("start point: {\(startPoint.x), \(startPoint.y)}")
print("end point: {\(endPoint.x), \(endPoint.y)}")
// start point: {0.0, 0.0}
// end point: {100.0, 200.0}
```

startPoint는 {0.0, 0.0} 값을 가지는 CGPoint로 초기화되어 있습니다. 새로운 endPoint 변수를 선언하고 startPoint의 값으로 초기화합니다. 앞서 설명한 것과 같이 구조체는 값 형식이기 때문에 endPoint에 할당되는 값은 startPoint와 동일한 값을 가진 복사본입니다. 그래서 동일한 값을 가지고 있지만 두 값은 아무런 연관성을 가지고 있지 않습니다. 이후에 endPoint의 좌표 값을 수정하더라도 startPoint의 좌표 값은 변하지 않습니다. 이러한 동작을 Copy by Value라고 합니다.

구조체로 구현된 Swift 컬렉션 자료형은 비교적 큰 데이터를 담을 수 있고 복사 시점에 코드의 성능에 영향을 줄 수 있습니다. Swift는 이러한 문제점을 해결하기 위해서 반드시 필요한 경우에만 복사가 수행되도록 copy-on-write 최적화를 수행합니다.

값 형식과 대비되는 개념은 참조 형식입니다. 참조 형식은 코드를 통해 전달될 때 값이 복사되지 않고 원래 값을 가리키는 참조가 전달됩니다. 이러한 동작 방식을 Call by Reference라고 합니다. 클래스는 대표적인 참조 형식입니다.

참조 형식의 특징을 알아보기 위해서 CGPoint와 동일한 형식을 클래스로 구현합니다.

```
class MyPoint {
    var x = 0.0
    var y = 0.0
}
```

그리고 구조체 예제와 동일한 예제를 작성합니다. 예제는 새로운 MyPoint 인스턴스를 생성하고 모든 속성을 0.0으로 초기화한 후 startPoint에 할당합니다. 이어서 endPoint를 선언한 후 startPoint를 할당합니다. 값 형식과 달리 endPoint는 startPoint의 참조를 저장합니다. 즉, startPoint와 endPoint는 동일한 인스턴스를 가리킵니다. 그러므로 endPoint의 속성을 변경하는 것은 startPoint의 속성을 변경하는 것입니다.

```
let startPoint = MyPoint()
let endPoint = startPoint

endPoint.x = 100
endPoint.y = 200

print("start point: {\(startPoint.x), \(startPoint.y)}")
print("end point: {\(endPoint.x), \(endPoint.y)}")
// start point: {100.0, 200.0}
// end point: {100.0, 200.0}
```

값 형식과 참조 형식에 대한 내용은 아래의 링크에서 동영상으로 보실 수 있습니다.

https://kxcoding.com/video/value-vs-reference

7. Summary

- 구조체는 struct 키워드를 통해 선언합니다.

```
struct 구조체 이름 {
    속성
    메소드
    생성자
    서브스크립트
}
```

- 구조체 멤버에 접근할 때는 . 문법을 사용합니다.

```
구조체 인스턴스.멤버
```

- Swift 클래스는 선언과 구현이 분리되어 있지 않습니다.

- Swift의 클래스는 class 키워드로 선언합니다.

```
class 클래스 이름: 상위 클래스 이름 {
    속성
    메소드
    생성자
    소멸자
    서브스크립트
}
```

- Swift 클래스는 NSObject 클래스를 반드시 상속해야 한다는 제한을 가지고 있지 않습니다.

- 새로운 클래스 인스턴스를 생성할 때는 생성자 문법을 사용합니다.

- Swift는 == 연산자를 통해 인스턴스의 값을 비교하고 === 연산자를 통해 메모리 주소를 비교합니다.

속성

속성은 형식의 특징을 결정합니다. 예를 들어 과일을 정의하는 형식은 이름, 색, 당도, 수확시기를 속성으로 가질 수 있습니다. 사람을 정의하는 형식은 이름, 나이, 키, 몸무게 등을 속성으로 가질 수 있습니다.

속성의 이름은 lowerCamelCase 방식으로 지정하는 것이 관례입니다. 속성의 이름은 동일한 형식 내부에서 유일한 이름이어야 합니다. 속성에 접근할 때 객체 이름이나 형식 이름을 통해 접근하기 때문에 서로 다른 형식이 동일한 속성 이름을 가지는 것은 문제가 없습니다.

1. 속성과 . 문법

접 문법으로 속성에 저장된 값을 읽거나 새로운 값을 할당할 수 있습니다. 예를 들어 Person 클래스의 name 속성은 다음과 같이 읽을 수 있습니다.

```
let p = Person()
let name = p.name
```

2. Stored Property

저장 속성은 가장 일반적인 형태의 속성으로 클래스와 구조체에 추가할 수 있습니다. 저장 속성을 선언하는 방식은 변수나 상수를 선언하는 방식과 동일합니다.

```
var 또는 let 속성 이름: 속성 자료형
var 또는 let 속성 이름: 속성 자료형 = 기본 값
```

Person 클래스에 name, age 저장 속성을 추가해 보겠습니다.

```
class Person {
    var name: String = ""
    var age: Int = 0
}
```

var로 선언된 저장 속성을 변수 저장 속성, let으로 선언된 저장 속성을 상수 저장 속성이라고 합니다. 반드시 속성의 기본 값을 지정하거나 생성자를 구현하여 모든 속성을 초기화해야 합니다.

선언과 동시에 기본 값을 지정한다면 형식 추론을 통해 자료형을 생략할 수 있습니다.

```
class Person {
    var name = ""
    var age = 0
}
```

구조체에 저장 속성을 선언하는 문법은 클래스와 동일합니다. 연락처를 저장할 수 있는 새로운 구조체를 선언해 보겠습니다. Contact 구조체의 세 속성은 모두 옵셔널로 선언되어 있습니다. 옵셔널 속성은 기본 값을 지정하지 않은 경우 자동으로 nil로 초기화됩니다.

```
struct Contact {
    var email: String?
    var mobile: String?
    var fax: String?
}
```

구조체의 저장 속성은 구조체의 가변성에 영향을 받습니다. 예를 들어 새로운 구조체 인스턴스를 변수로 선언하면 속성의 값을 언제든지 변경할 수 있습니다.

```
var james = Contact()
james.email = "james@example.com"
```

그러나 상수로 선언하면 저장 속성의 선언에 관계없이 항상 상수 저장 속성이 되어 값을 변경할 수 없습니다.

```
let james = Contact()
james.email = "james@example.com"            // Error
```

저장 속성에 대한 내용은 아래의 링크에서 동영상으로 보실 수 있습니다.
https://kxcoding.com/video/swift4-stored-property

3. Lazy Stored Property

모든 저장 속성은 인스턴스의 초기화가 완료된 시점에 적절한 값으로 초기화되어야 합니다. 만약 파일에 저장되어 있는 값으로 초기화해야 하는 속성이 있다면 다른 속성에 비해 많은 메모리 공간이 필요하고 초기화에 소요되는 시간이 길어질 수 있습니다. 그리고 프로그램이 실행되는 동안 이 속성을 한 번도 사용하지 않는다면 불필요한 메모리가 낭비됩니다. 지연 저장 속성을 활용하면 이 문제를 해결할 수 있습니다.

변수 저장 속성 선언 앞에 lazy 키워드를 추가하면 지연 저장 속성을 선언할 수 있습니다.

```
lazy var 속성 이름: 속성 자료형 = 초기화 표현식
```

lazy로 선언된 지연 저장 속성은 반드시 선언 부분에서 기본 값을 지정해야 합니다. 기본 값은 리터럴을 사용할 수 있지만 일반적으로 생성자를 호출하는 표현식을 사용합니다. 초기화 표현식을 통해 형식 추론이 가능하므로 속성 자료형을 생략할 수 있습니다.

Person 클래스에 연락처 정보를 저장하는 지연 저장 속성을 추가하겠습니다. contacts 속성은 Contact 구조체 형식으로 선언하고, 구조체가 생성되는 시점을 확인하기 위해서 생성자에 로그를 출력하는 코드를 추가합니다. 이 코드를 실행하면 새로운 Person 인스턴스를 생성하고 name, age 속성에 접근할 때까지 "new Contact instance"라는 로그 메시지가 출력되지 않습니다. 이 시점까지 contact 속성은 초기화되지 않은 상태이며 메모리 공간도 생성되지 않은 상태입니다. 이 후 contacts 속성에 접근하여 값을 변경하는 시점에 "new Contact instance" 로그가 출력됩니다.

```swift
struct Contact {
    var email: String?
    var mobile: String?
    var fax: String?

    init() {
        print("new Contact instance")
    }
}

class Person {
    var name = ""
    var age = 0

    lazy var contacts = Contact()

    init() {
        print("new Person instance")
    }
}

let james = Person()
// new Person instance

print(james.name)
print(james.age)

james.contacts.email = "james@example.com"
// new Contact instance
```

이처럼 지연 저장 속성으로 선언된 속성은 초기화 과정에서 초기화되지 않고 속성에 처음 접근하는 시점에 초기화됩니다. 지연 저장 속성은 큰 값을 저장하거나 속성의 값이 초기화 이후에 결정되는 값에 의존적인 경우 활용할 수 있습니다. 그러나 여러 스레드에서 동시에 접근하는 경우 속성이 두 번 이상

초기화될 가능성이 있으므로 주의해야 합니다.

4. Computed Property

계산 속성은 저장 속성과 달리 값을 직접 저장하지 않습니다. 대신 저장 속성의 값을 기반으로 계산된 새로운 값을 리턴하거나 전달된 값을 토대로 다른 속성의 값을 갱신합니다. 계산 속성은 클래스, 구조체, 열거형에 추가할 수 있습니다.

계산 속성은 get 블록과 set 블록으로 구성됩니다. get 블록은 접근자 메소드의 getter와 동일한 역할을 하며, set 블록은 setter와 동일한 역할을 합니다. 계산 속성은 다음과 같은 문법으로 선언합니다.

```
var 속성 이름: 속성 자료형 {
    get {
        값을 리턴하는 코드
    }
    set {
        다른 속성을 새로운 값으로 설정하는 코드
    }
}
```

계산 속성은 항상 var로 선언해야 합니다. get 블록은 필수이지만 set 블록은 생략할 수 있습니다. set 블록은 생략할 경우 읽기 전용 계산 속성이 됩니다.

Person 클래스의 age 속성을 계산 속성으로 변경해 보겠습니다. birthDate라는 새로운 속성을 추가하고 생년월일을 날짜 형식으로 저장합니다. age 속성은 계산 속성의 get 블록을 구현하여 birthDate에 저장된 날짜를 통해 나이를 계산하여 리턴합니다. set 블록은 오늘 날짜에서 age에 할당된 수만큼의 연도를 뺀 날로 birthDate 값을 변경합니다.

```
class Person {
    var name: String = ""
    var birthDate: Date?
    var age: Int {
        get {
            if let date = birthDate {
                let calendar = NSCalendar.current
                let components = calendar.dateComponents([.year],
                  ↪from: date, to: Date())
                return components.year ?? -1
            }

            return -1
        }
        set {
            let calendar = NSCalendar.current
            birthDate = calendar.date(byAdding: .year, value:
              ↪newValue * -1, to: Date())
        }
```

```
        }
    }
```

age 속성은 다음과 같이 접근할 수 있습니다. birthDate에 저장된 날짜에 따라 계산된 값이 리턴되고, 새로운 값을 할당할 경우 birthDate의 값이 변경되는 것을 확인할 수 있습니다.

```
let calendar = Calendar.current
var componets = DateComponents()

componets.year = 1983
componets.month = 3
componets.day = 17

let james = Person()
james.birthDate = calendar.date(from: componets)
print(james.age)
// 33

james.age = 10
print(james.birthDate)
// 2006-05-03 …
```

set 블록에서 age 속성에 할당된 새로운 값은 newValue 상수로 읽을 수 있습니다. 필요하다면 아래와 같이 새로운 값을 전달할 파라미터를 직접 선언할 수 있습니다. 이 경우 newValue 상수는 더 이상 사용할 수 없게 됩니다.

```
set (year) {
    let calendar = NSCalendar.current
    birthDate = calendar.date(byAdding: .year, value: year * -1, to: Date())
}
```

set 블록은 필수요소가 아니기 때문에 생략할 수 있습니다. set 블록은 생략하면 get 블록을 감싸는 { }와 get 키워드를 생략할 수 있습니다. set 블록을 생략하고 읽기 전용 계산 속성으로 구현한 age 속성을 다음과 같습니다.

```
class Person {
    var name: String = ""
    var birthDate: Date?
    var age: Int {
        if let date = birthDate {
            let calendar = NSCalendar.current
            let components = calendar.dateComponents([.year], from: date, to: Date())
            return components.year ?? -1
        }

        return -1
    }
}
```

5. Type Property

저장 속성과 계산 속성은 인스턴스와 연관되어 있는 속성이고 인스턴스마다 다른 값을 가질 수 있습니다. 형식 속성^{Type Property}은 이와 반대로 형식 자체에 연관되어 있는 속성이고 동일한 형식으로 생성된 모든 인스턴스는 형식 속성에 저장되어 있는 값을 공유합니다.

형식 속성은 다시 저장 형식 속성^{Stored Type Property}과 계산 형식 속성^{Computed Type Property}으로 구분할 수 있습니다. 저장 형식 속성은 var 또는 let으로 선언할 수 있지만 계산 형식 속성은 항상 var로 선언해야 합니다. 그리고 형식 자체에 연관된 특성상 생성자를 통해 초기화할 수 없고 반드시 선언과 동시에 기본 값을 할당해야 합니다.

저장 형식 속성은 지연 저장 속성처럼 최초 접근 시점에 초기화됩니다. 그러므로 lazy 키워드를 명시적으로 추가할 필요가 없습니다. 지연 저장 속성과 달리 다중 스레드 환경에서 동시에 접근하더라도 초기화는 항상 한 번만 수행됩니다.

형식 속성은 static 키워드로 선언하며 클래스, 구조체, 열거형에 모두 추가할 수 있습니다. 클래스의 경우 하위 클래스에서 계산 형식 속성을 재정의할 수 있도록 허용해야 한다면 class 키워드로 선언합니다.

```
static var 속성 이름: 속성 자료형 = 초기화 표현식
class var 속성 이름: 속성 자료형 = 초기화 표현식
```

이번에는 Weekday 열거형에 형식 속성을 추가해 보겠습니다. 원시 값의 자료형을 Int로 선언하고 1부터 자동으로 증가되는 정수로 저장되도록 선언합니다. 이렇게 하는 이유는 Date를 통해 요일을 얻으면 1부터 7사이의 정수가 리턴되기 때문입니다. 1은 일요일을 의미하고 2는 월요일, 7은 토요일을 의미합니다. today라는 이름의 계산 형식 속성을 선언하고 오늘의 요일을 확인한 후 해당되는 케이스를 리턴하도록 구현합니다. 처음 세 줄의 코드는 오늘의 날짜는 생성하고 날짜로부터 요일을 얻는 코드입니다. 이 코드를 실행하면 weekday 상수에 오늘의 요일을 나타내는 정수가 저장됩니다. 이 정수는 조금전에 언급했던 것처럼 1에서 7사이의 정수입니다. 이 정수를 Weekday 열거형의 생성자로 전달하면 원시 값이 일치하는 멤버를 가진 열거형이 리턴됩니다. 이 생성자의 결과 값이 옵셔널이기 때문에 옵셔널 바인딩을 사용하는 것이 안전하지만, 이 코드처럼 오류가 발생할 가능성이 낮은 코드에서는 강제 추출 연산자를 사용해도 큰 문제가 없습니다.

```
enum Weekday: Int {
    case sunday = 1, monday, tuesday, wednesday, Thursday, friday, saturday

    static var today: Weekday {
        let cal = Calendar.current
        let today = Date()
        let weekday = cal.component(.weekday, from: today)
        return Weekday(rawValue: weekday)!
    }
}
```

형식 속성은 형식의 모든 인스턴스가 공유하는 값이기 때문에 인스턴스를 통해서 접근할 수 있다고 생각하기 쉽습니다. 하지만 인스턴스 이름으로 접근할 경우 컴파일 오류가 발생합니다. 형식 속성은 항상 형식 이름으로 접근해야 합니다.

| 형식 이름.형식 속성

이렇게 today 속성을 읽어보면 오늘의 요일을 나타내는 열거형이 리턴됩니다.

| Weekday.today

static으로 선언된 형식 속성은 하위 클래스에서 재정의할 수 없는 final 속성을 가지고 있습니다. 예를 들어 A 클래스에서 static으로 선언된 형식 속성을 B 클래스에서 재정의하면 컴파일 오류가 발생합니다.

```
class A {
    static var sharedValue: Int {
        return 10
    }
}

class B: A {
    override class var sharedValue: Int { // Error
        return 20
    }
}
```

하위 클래스에서 계산 형식 속성을 재정의할 수 있도록 허용하려면 다음과 같이 class 키워드로 선언해야 합니다. 만약 B 클래스를 상속하는 또 다른 클래스가 형식 속성을 재정의 해야 한다면 B 클래스의 형식 속성도 class 키워드로 선언해야 하지만, 그렇지 않은 경우에는 static으로 선언할 수 있습니다. 하위 클래스의 형식 속성은 상위 클래스의 형식 속성과 다른 키워드로 선언될 수 있지만 속성의 이름과 자료형은 반드시 동일해야 합니다.

```
class A {
    class var sharedValue: Int {
        return 10
    }
}

class B: A {
    override class var sharedValue: Int {
        return 20
    }
}

print(A.sharedValue)
// 10

print(B.sharedValue)
// 20
```

6. 속성 감시자

속성 감시자^{Property Observer}는 속성 값의 갱신 전후에 특정 코드를 실행하는 수단을 제공합니다. 다른 언어에서도 옵저버 패턴^{Observer Pattern} 또는 통지 패턴^{Notification Pattern}, 대리자 패턴^{Delegate Pattern}을 구현하여 유사한 기능을 제공하고 있습니다.

속성 감시자는 이전에 없던 완전히 새로운 개념은 아니지만 구현의 간결함은 다른 언어보다 뛰어납니다. 특히 옵저버나 델리게이트를 등록하고 별도의 리스너 메소드를 구현해야 하는 작업이 필요 없고 속성 선언과 같은 위치에서 감시자를 구현하기 때문에 클래스와 속성 간의 상호작용 등을 더욱 쉽게 파악할 수 있습니다.

속성 감시자는 상수 저장 속성, 지연 저장 속성을 제외한 변수 저장 속성에 구현할 수 있고, 하위 클래스에서 속성을 재정의하는 경우에는 변수 저장 속성과 계산 속성에 모두 구현할 수 있습니다. 속성 감시자는 willSet, didSet이라는 두 개의 코드 블록으로 구현됩니다. willSet 블록은 속성 값이 설정되기 전에 호출되고 새로운 값은 newValue라는 상수 파라미터로 접근할 수 있습니다. didSet 블록은 속성 값이 새로운 값으로 설정된 후에 호출되며 oldValue 상수 파라미터를 통해 이전 값에 접근할 수 있습니다. 두 개의 블록을 모두 구현해야 하는 것은 아니므로 필요에 따라 하나의 블록만 구현해도 됩니다. 이렇게 구현된 속성 감시자 블록은 속성 값이 처음 초기화되는 시점에서는 실행되지 않기 때문에 초기화와 관련된 코드를 구현하기에는 적합하지 않습니다.

```
var 속성 이름: 속성 자료형 = 기본 값 {
    willSet {
        속성 값이 설정되기 전에 호출되는 코드
    }
    didSet {
        속성 값이 설정된 후에 호출되는 코드
    }
}
```

Person 클래스의 name 속성에 속성 감시자를 추가하여 값의 변경 내용을 추적하는 로그를 출력해 보겠습니다. 새로운 Person 인스턴스가 생성될 때마다 name 속성은 기본 값인 "John doe"로 초기화됩니다. 이 시점에는 속성 감시자가 호출되지 않습니다. 속성 감시자가 호출되어 로그가 처음 출력되는 시점은 name의 값을 "James"로 변경한 후 입니다. willSet 블록은 새로운 속성 값을 할당하기 전에 실행되기 때문에 현재 값은 여전히 "John doe"입니다. 새로운 값은 newValue 파라미터를 통해 접근할 수 있고, 현재 값은 속성을 통해 직접 접근할 수 있으므로 currentValue 같은 파라미터는 제공되지 않습니다. didSet 블록은 속성 값이 변경된 후 호출됩니다. 이 시점에 name의 값은 "James"가 되고 이전 값은 oldValue 파라미터를 통해 접근할 수 있습니다.

```
class Person {
    var name = "John doe" {
        willSet {
            print("Current name is \(name). New name is \(newValue).")
        }
```

```
        didSet {
            print("Current name is \(name). Old name is \(oldValue).")
        }
    }
}

let p = Person()
p.name = "James"
// Current name is John doe. New name is James.
// Current name is James. Old name is John doe.
```

만약 newValue와 oldValue 상수를 다른 파라미터로 전달받고 싶다면 계산 속성에서 설명한 것과 동일한 문법으로 직접 지정할 수 있습니다.

```
class Person {
    var name = "John doe" {
        willSet (newName) {
            print("Current name is \(name). New name is \(newName).")
        }
        didSet (oldName) {
            print("Current name is \(name). Old name is \(oldName).")
        }
    }
}
```

7. Summary

- 속성은 형식의 특징을 결정합니다.

- 저장 속성과 계산 속성은 점 문법으로 접근할 수 있습니다.

  ```
  인스턴스 이름.속성
  ```

- Swift는 저장 속성, 계산 속성, 형식 속성을 선언할 수 있습니다.

- 저장 속성은 클래스와 구조체에서 선언할 수 있으며 선언 문법은 변수/상수의 선언 문법과 동일합니다.

  ```
  var 또는 let 속성 이름: 속성 자료형
  var 또는 let 속성 이름: 속성 자료형 = 기본 값
  ```

- 구조체의 저장 속성은 구조체의 가변성에 영향을 받습니다.

- lazy 키워드를 통해 지연 저장 속성을 선언할 수 있습니다.

  ```
  lazy var 속성 이름: 속성 자료형 = 초기화 표현식
  ```

- 계산 속성은 값을 직접 저장하지 않고 다른 속성에 저장된 값을 기반으로 새로운 값을 리턴하거나 전달된 값을 기반으로 다른 속성의 값을 갱신합니다.

  ```
  var 속성 이름: 속성 자료형 {
      get {
          값을 리턴하는 코드
      }
      set {
          다른 속성을 새로운 값으로 설정하는 코드
      }
  }
  ```

- 계산 속성은 항상 var로 선언해야 하며 get 블록은 필수이지만 set 블록은 생략할 수 있습니다.

- 형식 속성은 형식과 연관된 속성으로 동일한 형식의 모든 인스턴스가 값을 공유합니다.

- 형식 속성은 static 키워드로 선언합니다. 하위 클래스에서 계산 형식 속성을 재정의할 수 있도록 허용해야 한다면 class 키워드로 선언합니다.

  ```
  static var 속성 이름: 속성 자료형 = 초기화 표현식
  class var 속성 이름: 속성 자료형 = 초기화 표현식
  ```

- 형식 속성은 항상 형식 이름으로 접근해야 합니다.

```
형식 이름.속성
```

- 속성 감시자는 변수 저장 속성에 구현할 수 있고, 하위 클래스에서 속성을 재정의하는 경우에는 변수 저장 속성과 계산 속성에 모두 구현할 수 있습니다.

```
var 속성 이름: 속성 자료형  = 기본 값 {
    willSet {
        속성 값이 설정되기 전에 호출되는 코드
    }
    didSet {
        속성 값이 설정된 후에 호출되는 코드
    }
}
```

메소드

속성^{Property}이 형식의 성격을 결정하는 것이라면 메소드^{Method}는 형식의 동작을 구현하는 것입니다. Objective-C에서 메소드는 클래스의 전유물입니다. 그래서 CGRect, CGPoint와 같이 자주 사용되는 구조체를 처리할 때는 CGPointMake, CGRectContainsPoint와 같은 전역 함수를 사용하고 있습니다. 함수의 이름을 통해 역할을 파악하는데 큰 무리가 없지만 구조체를 처리할 수 있는 대부분의 함수를 파악하기 위해서 개발문서를 반드시 참고해야 한다는 어려움이 있습니다.

Swift는 클래스뿐만 아니라 구조체와 열거형에 메소드를 구현할 수 있습니다. 이 책에서는 클래스를 대상으로 설명하고 있지만 구조체와 열거형에서도 동일한 방식으로 구현할 수 있다는 것을 기억해 두시기 바랍니다.

1. 인스턴스 메소드

인스턴스와 연관된 메소드를 인스턴스 메소드^{Instance Method}라고 합니다. 인스턴스 메소드는 다음과 같은 문법으로 선언할 수 있습니다.

```
func 메소드 이름(파라미터 이름: 파라미터 자료형) -> 리턴형 {
    실행할 코드
}
```

새로운 SuperHero 클래스를 만들어 보겠습니다. 그리고 자신의 개인 비서를 호출할 수 있는 인스턴스 메소드를 구현합니다. callSecretary() 메소드는 파라미터가 없는 메소드의 예를 보여줍니다.

```
class SuperHero {
    var name: String
    var secretary: String?

    init(heroName: String, secretaryName: String? = nil) {
        name = heroName
        secretary = secretaryName
    }

    func callSecretary() {
        if let name = secretary {
            print("Hey, \(name)!")
        } else {
            print("\(name) is working alone.")
        }
```

```
        }
    }
```

인스턴스 메소드는 동일한 클래스에 선언된 속성에 자유롭게 접근할 수 있습니다. 인스턴스 속성에 접근할 때는 속성의 이름만으로 접근할 수 있지만, 형식 속성에 접근할 경우에는 반드시 형식 이름을 통해 접근해야 합니다.

이번에는 파라미터를 가진 메소드를 구현해 보겠습니다. attack(weapon:target:) 메소드는 무기 이름과 공격할 대상의 이름을 파라미터로 전달 받습니다.

```swift
class SuperHero {
    // ...

    func attack(weapon: String, target: String?) -> Bool {
        if let target = target {
            callSecretary()
            print("Attack \(target) with \(weapon)!!!")
            return true
        }

        return false
    }
}
```

인스턴스 메소드는 동일한 클래스에 구현되어 있는 인스턴스 메소드를 자유롭게 호출할 수 있습니다.

```swift
callSecretary()
```

2. 메소드 호출 문법

Swift는 점 문법으로 메소드를 호출합니다. 메소드 이름 앞에 인스턴스 이름이나 형식 이름이 있다는 점을 제외하고 함수를 호출하는 방식과 동일합니다. 인스턴스 메소드를 호출할 때는 리시버를 인스턴스 이름으로 지정하고, 형식 메소드를 호출할 때는 형식 이름으로 지정합니다. 동일한 형식에 선언되어 있는 인스턴스 메소드를 형식 구현 내부에서 호출할 때는 리시버를 생략할 수 있습니다.

```
리시버.메소드 이름(인자 레이블: 인자)
```

SuperHero 클래스의 메소드는 다음과 같이 호출할 수 있습니다.

```swift
let ironMan = SuperHero(heroName: "Iron Man", secretaryName: "Jarvis")
ironMan.callSecretary()
ironMan.attack(weapon: "Repulsor Beam", target: "Mandarin")
// Hey, Jarvis!
// Hey, Jarvis!
// Attack Mandarin with Repulsor Beam!!!

let thor = SuperHero(heroName: "Thor")
```

```
thor.callSecretary()
thor.attack(weapon: "Mj lnir", target: "Laufey")
// Thor is working along.
// Thor is working along.
// Attack Laufey with Mj lnir!!!
```

3. 값 형식의 인스턴스 메소드

구조체와 열거형은 인스턴스 메소드를 구현할 수 있습니다. 인스턴스 메소드를 설명하기 위해 새로운 구조체를 구현합니다. Weapon 구조체는 이름과 내구성 속성을 가지고 있고 use() 함수에서 내구성을 1씩 감소시킵니다.

```
struct Weapon {
    var name: String
    var durability: Int

    func use() {
        if durability > 0 {
            durability -= 1      // Error
        }
    }
}
```

이 구조체가 포함된 소스 코드를 컴파일하면 컴파일 오류가 발생합니다. 구조체, 열거형과 같은 값 형식의 인스턴스 메소드는 참조 형식인 클래스의 인스턴스 메소드와 조금 다릅니다. 참조 형식의 인스턴스 메소드는 속성의 값을 자유롭게 변경할 수 있습니다. 그러나 값 형식의 인스턴스 메소드는 기본적으로 속성의 값을 변경할 수 없습니다. 인스턴스 메소드 구현에 속성 값을 변경하는 코드가 있다면 반드시 메소드를 mutating 키워드로 선언해야 합니다. 이 키워드는 func 키워드 앞에 위치합니다.

```
struct Weapon {
    var name: String
    var durability: Int

    mutating func use() {
        if durability > 0 {
            durability -= 1
        }
    }
}

var repulsorBeam = Weapon(name: "Repulsor Beam", durability: 10)
repulsorBeam.use()
print(repulsorBeam.durability)
// 9

repulsorBeam.use()
print(repulsorBeam.durability)
// 8
```

값 형식은 let으로 선언할 경우 모든 속성이 상수 속성이 된다는 특성을 가지고 있습니다. 그래서 속성이 변수로 선언되어 있고 함수를 mutating 키워드로 선언했다 하더라도 인스턴스를 let으로 선언한다면 함수를 호출할 수 없습니다.

```
let repulsorBeam = Weapon(name: "Repulsor Beam", durability: 10)
repulsorBeam.use()              // Error
```

값 형식은 인스턴스 변수 내에서 인스턴스 자체를 완전히 교체할 수 있습니다. 다음과 같이 mutating으로 선언한 인스턴스 함수 내에서 self에 새로운 인스턴스를 할당하면 현재 인스턴스가 새로운 인스턴스로 교체됩니다.

```
struct Weapon {
    var name: String
    var durability: Int

    mutating func use() {
        if durability > 0 {
            durability -= 1
        }
    }

    mutating func switchWeapon(_ name: String, durability: Int = 10) {
        self = Weapon(name: name, durability: durability)
    }
}

var myWeapon = Weapon(name: "Repulsor Beam", durability: 10)
print(myWeapon.name, myWeapon.durability)
// Repulsor Beam 10

myWeapon.switchWeapon("Mj lnir", durability: 10000)
print(myWeapon.name, myWeapon.durability)
// Mj lnir 10000
```

4. 형식 메소드

인스턴스 메소드는 형식의 인스턴스와 연관된 메소드입니다. 이와 반대로 형식에 연관된 메소드를 구현할 수 있습니다. 형식과 연관된 메소드를 형식 메소드라고 합니다. 형식 속성과 마찬가지로 static 키워드로 선언할 수 있고, 하위 클래스에서 재정의할 수 있도록 선언하려면 class 키워드로 선언합니다.

```
static func 메소드 이름(파라미터 이름: 파라미터 자료형) -> 리턴형 {
    실행할 코드
}

class func 메소드 이름(파라미터 이름: 파라미터 자료형) -> 리턴형 {
    실행할 코드
}
```

5. 메소드 표기법

코드 내에서 메소드를 식별하거나 레퍼런스 문서에서 메소드를 언급할 때 두 언어는 서로 다른 방식으로 메소드를 표기합니다. 메소드의 이름을 표기한 후 파라미터가 없을 때는 빈 ( )를 뒷부분에 붙여줍니다. 파라미터가 있을 경우에는 인자 레이블과 : 을 함께 표기합니다. 인자 레이블이 없는 파라미터의 경우 _ 문자로 대체합니다. 예를 들어 SuperHero 클래스의 메소드는 두 언어에서 다음과 같이 표기합니다.

```
callSecretary()
attack(weapon:target:)
```

메소드 표기법이 중요한 이유는 이어서 설명할 셀렉터를 생성할 때 사용되기 때문입니다. 코코아 프레임워크는 다양한 부분에서 셀렉터를 사용하므로 메소드 표기법을 정확히 익혀두어야 합니다.

6. 셀렉터

셀렉터는 메소드를 식별하기 위해 사용하는 객체로 C의 함수 포인터와 유사한 개념입니다. 셀렉터의 자료형은 Selector 입니다. Swift 2.1 버전까지는 문자열을 통해 셀렉터를 생성했지만, Swift 2.2 버전부터 #selector를 통해 셀렉터를 생성합니다.

```
let attackSelector = #selector(SuperHero.attack(weapon:target:))
```

또한 셀렉터의 대상이 되는 메소드는 다음과 같이 @objc 키워드로 선언해야 합니다.

```
@objc func attack(weapon: String, target: String?) -> Bool {
    // ...
}
```

셀렉터는 코코아 프레임워크에서 특정 이벤트가 발생했을 때 실행하거나, 지연시간을 두고 실행해야 하는 메소드를 파라미터로 전달할 때 주로 사용합니다. 예를 들어 버튼을 눌렀을 때 공격 메소드를 실행하는 코드를 구현할 때, 버튼과 연결할 메소드를 Selector 형식의 파라미터로 전달합니다.

```
let button = UIButton()
button.addTarget(ironMan, action: attackSelector, forControlEvents: .TouchUpInside)
```

7. Summary

- 메소드는 형식을 동작을 구현합니다.

- 인스턴스 메소드는 인스턴스와 연관된 메소드로 인스턴스 이름을 통해 호출합니다.

```
func 메소드 이름(파라미터 이름: 파라미터 자료형) -> 리턴형 {
    실행할 코드
}
```

- 점 문법을 통해 메소드를 호출합니다.

```
리시버.메소드 이름(인자 레이블: 인자)
```

- 값 형식의 인스턴스 메소드에서 속성 값을 변경해야 한다면 메소드 선언 앞에 mutating 키워드를 추가해야 합니다.

- 형식 메소드는 형식과 연관된 메소드를 형식 이름을 통해 호출합니다. Swift의 형식 메소드는 static 키워드로 선언하며 하위 클래스에서 오버라이딩할 수 있도록 선언해야 하는 경우 class 키워드를 사용합니다.

```
static func 메소드 이름(파라미터 이름: 파라미터 자료형) -> 리턴형 {
    실행할 코드
}
```

```
class func 메소드 이름(파라미터 이름: 파라미터 자료형) -> 리턴형 {
    실행할 코드
}
```

- 셀렉터는 메소드를 식별하기 위해 사용하는 객체로 #selector 명령문을 통해 생성할 수 있으며 형식은 Selector 입니다.

서브스크립트

서브스크립트Subscript는 [ ]과 첨자를 사용해서 인스턴스 속성에 접근할 수 있는 문법입니다. 서브스크립트는 컬렉션에 포함된 요소에 접근할 때 주로 사용됩니다.

```
let list = ["iPhone", "iPad", "iPod", "Mac Pro"]
let product = list[1]

let country = ["kr": "한국", "us": "미국"]
let korea = country["kr"]
```

서브스크립트는 클래스, 구조체, 열거형에서 구현할 수 있습니다. 서브스크립트 구현은 subscript 키워드로 시작합니다. 서브스크립트는 이름이 없는 메소드로 볼 수 있고 파라미터 목록과 리턴형을 선언하는 문법은 메소드와 동일합니다. 메소드의 경우 파라미터와 리턴형을 모두 생략할 수 있지만 서브스크립트는 생략할 수 없습니다.

서브스크립트 구현 내부에는 get 블록과 set 블록이 포함됩니다. 계산 속성과 마찬가지로 get 블록은 필수이고 set 블록은 생략할 수 있습니다. get 블록만 구현한 서브스크립트를 읽기 전용 서브스크립트Read-only Subscript라고 합니다.

```
subscript(파라미터 목록) -> 리턴형 {
    get {
        값을 리턴하는 코드
    }
    set {
        값을 설정하는 코드
    }
}
```

파라미터 목록은 서브스크립트 문법으로 접근할 때 [ ] 사이에 전달하는 서브스크립트의 수와 자료형을 지정합니다. 일반적으로 하나의 정수 파라미터나 문자열 파라미터를 선언하지만, 필요에 따라 두 개 이상의 파라미터를 선언하거나 파라미터의 자료형을 정수, 문자열 이외의 자료형으로 지정할 수 있습니다. 하지만 파라미터에 기본 값을 지정할 수 없고, 입출력 파라미터를 사용할 수 없는 제한을 가지고 있습니다.

1. 서브스크립트 구현

서브스크립트를 구현하는데 사용할 예제 클래스를 구현합니다. 이 클래스는 슈퍼 히어로의 본부를 추상화한 클래스이고 슈퍼 히어로의 목록을 저장하는 squad 배열을 하나 가지고 있습니다.

```
class Headquarters {
    private var squad: [SuperHero]

    init(heroes: [SuperHero]) {
        squad = heroes
    }
}
```

이번 예제의 구현 목적은 정수 인덱스와 문자열 키를 통해서 squad에 접근할 수 있는 서브스크립트를 구현하는 것입니다. 먼저 정수 인덱스를 사용하는 서브스크립트를 구현해 보겠습니다.

[ ] 사이에 전달되는 인덱스의 자료형은 파라미터 선언으로 지정합니다. 그리고 값을 읽거나 쓸 때 사용할 자료형을 SuperHero로 지정하고 nil을 전달하거나 리턴할 수 있도록 옵셔널로 선언합니다.

get 블록은 서브스크립트를 통해 값을 읽을 때 호출되고 [ ] 사이에 전달되는 인덱스는 index 파라미터로 전달됩니다. index로 전달된 값이 squad의 인덱스 범위 내에 있는 경우 해당 인덱스의 SuperHero를 리턴하고, 인덱스 범위를 벗어난 경우 nil을 리턴하도록 구현합니다.

set 블록은 값을 쓸 때 호출되는 메소드로 [ ] 사이에 전달되는 인덱스는 index 파라미터, 대입 연산자를 통해 할당되는 값은 newValue 파라미터로 전달됩니다. newValue로 유효한 값이 전달된 경우 인덱스의 범위를 확인합니다. squad 인덱스 범위 내에 있는 경우 SuperHero를 교체하고, 인덱스 범위를 벗어난 경우에는 배열 마지막에 추가합니다. newValue로 nil이 전달된 경우 삭제로 간주하고 인덱스 범위를 확인합니다. 유효한 인덱스 범위 내에 있는 경우 해당 인덱스의 SuperHero를 삭제합니다.

```
subscript(index: Int) -> SuperHero? {
    get {
        if index < squad.count {
            return squad[index]
        }

        return nil
    }
    set {
        if let hero = newValue {
            if index < squad.count {
                squad[index] = hero
            } else {
                squad.append(hero)
            }
        } else {
            if index < squad.count {
```

```
                squad.remove(at: index)
            }
        }
    }
}
```

이번에는 문자열을 키로 사용하는 서브스크립트를 구현합니다. 예제는 SuperHero의 name 속성을 키로 사용합니다. 키로 값을 읽을 때는 배열을 순회하면서 키와 SuperHero의 name 속성을 비교합니다. 두 값이 일치하는 경우 SuperHero를 리턴하고 일치하는 SuperHero가 없으면 nil을 리턴합니다.

키로 값을 쓰는 경우에는 먼저 대상 인덱스를 검색합니다. 유효한 인덱스가 존재한다면 할당된 값에 따라서 값을 교체하거나 삭제합니다. 인덱스가 존재하지 않는다면 squad 배열 마지막에 추가합니다.

```
subscript(key: String) -> SuperHero? {
    get {
        for hero in squad {
            if hero.name == key {
                return hero
            }
        }

        return nil
    }
    set {
        if let index = squad.index(where: { $0.name == key }) {
            if let hero = newValue {
                squad[index] = hero
            } else {
                squad.remove(at: index)
            }
        } else {
            if let hero = newValue {
                squad.append(hero)
            }
        }
    }
}
```

마지막으로 squad 배열에 포함되어 있는 SuperHero의 name 속성을 출력하는 유틸리티 메소드를 구현합니다.

```
func printSquad() {
    var list = [String]()
    for hero in squad {
        list.append(hero.name)
    }

    print(list.joined(separator: ", "))
}
```

이제 구현한 서브스크립트를 직접 테스트해 보겠습니다. 먼저 세 명의 SuperHero와 이들이 소속될 Headquarters를 생성합니다. 현재의 스쿼드를 출력해 보면 Headquarters의 생성자로 전달한 Iron Man과 Thor가 출력됩니다.

```
let ironMan = SuperHero(heroName: "Iron Man", secretaryName: "Jarvis")
let thor = SuperHero(heroName: "Thor")
let captainAmerica = SuperHero(heroName: "Captain America")

let shield = Headquarters(heroes: [ironMan, thor])
shield.printSquad()
// Iron Man, Thor
```

0을 서브스크립트로 전달하면 squad 배열의 첫 번째 요소인 ironMan이 리턴됩니다. 서브스크립트 0에 captainAmerica를 할당하면 첫 번째 요소가 교체됩니다. 배열 방식의 서브스크립트가 의도한대로 잘 구현되었습니다.

```
var firstHero = shield[0]
print(firstHero?.name)
// Iron Man

shield[0] = captainAmerica
firstHero = shield[0]
print(firstHero?.name)
// Captain America
```

현재 squad에는 아이언맨이 포함되어 있지 않습니다. 그래서 Iron Man 키를 서브스크립트로 전달하면 nil이 리턴됩니다. Iron Man 키에 ironMan 상수를 할당하면 squad에 새롭게 추가되고 다시 키를 전달하면 아이언 맨 인스턴스가 리턴됩니다.

```
var hero = shield["Iron Man"]
print(hero?.name)
// nil

shield["Iron Man"] = ironMan
hero = shield["Iron Man"]
print(hero?.name)
// Iron Man

shield.printSquad()
// Captain America, Thor, Iron Man
```

마지막으로 nil을 할당하여 squad에 저장된 요소를 삭제하는 코드를 테스트합니다.

```
shield[0] = nil
shield.printSquad()
// Thor, Iron Man

shield["Thor"] = nil
shield.printSquad()
// Iron Man
```

2. Summary

- 서브스크립트는 [ ]와 첨자를 사용해서 인스턴스 속성에 접근할 수 있는 문법입니다.

- subscript 키워드를 통해 서브스크립트를 구현합니다.

```
subscript(파라미터 목록) -> 리턴형 {
    get {
        값을 리턴하는 코드
    }
    set {
        값을 설정하는 코드
    }
}
```

- get 블록은 필수이고 set 블록은 생략할 수 있습니다.

- 파라미터에 기본 값을 지정할 수 없고, 입출력 파라미터를 사용할 수 없습니다.

옵셔널 체이닝

클래스와 구조체의 속성은 옵셔널 형식으로 선언될 수 있습니다. 아래의 코드에서 Person 클래스는 옵셔널 형식으로 선언된 contact 속성을 가지고 있고, Contact 클래스는 옵셔널 형식으로 선언된 세 개의 문자열 속성을 가지고 있습니다.

```
class Person {
    var contact: Contact?
}

class Contact {
    var address: String?
    var tel: String?
    var email: String?
}

let p = Person()
var email = p.contact!.email!
```

이 코드는 email 속성 값을 읽기 위해서 옵셔널 형식으로 선언된 속성에 접근하고 있습니다. 옵셔널 형식인 contact와 email의 값을 추출하기 위해 ! 연산자^{Forced Unwrapping Operator}를 사용해서 강제로 값을 추출하고 있지만, 이 경우에는 contact의 값이 nil이기 때문에 런타임 오류가 발생합니다. 옵셔널 형식에 저장된 값을 읽을 때는 if 조건문이나 옵셔널 바인딩 구문을 통해 옵셔널 값을 안전하게 추출해야 합니다.

```
if let contact = p.contact {
    if let email = contact.email {
        print(email)
    }
    else {
        print("nil email")
    }
}
else {
    print("nil contact")
}
// nil contact
```

이 코드는 속성의 값이 nil인 경우에도 런타임 오류가 발생하지 않는 안전한 코드이지만 속성이나 메소드 호출이 중첩되는 횟수만큼 if 조건문이 중첩되어 코드가 복잡해지는 단점이 있습니다. 그래서 Swift는 옵셔널 형식이 연속적으로 호출되는 문장에서 사용할 수 있는 옵셔널 체이닝^{Optional Chaining} 문법을 제공합니다. 앞에서 구현한 코드를 옵셔널 체이닝 문법으로 다시 구현하면 아래와 같습니다. 옵셔널 체이닝은 강제 추출과 문법적으로 유사하지만 ! 연산자 대신 물음표(?)를 사용해서 호출을 연결합니다. 여기에 사용된 ?는 체이닝 연산자^{Chaining Operator}라고 부릅니다.

```
let p = Person()
var email = p.contact?.email
```

옵셔널 체이닝에서 ? 연산자는 옵셔널 형식에 저장되어 있는 값을 확인하고 추출합니다. 만약 유효한 값을 가지고 있다면 성공으로 판단하고 값을 추출한 후, 호출 체인에 있는 다음 속성에 접근하거나 메소드를 호출합니다. 반대로 nil이라면 실패로 판단하고 호출 체인에 있는 나머지 요소들을 무시하고 nil을 리턴합니다. 이 코드에서 contact 속성의 값은 nil이고 ? 연산자가 값을 확인하는 과정에서 옵셔널 체이닝이 실패한 것으로 평가됩니다. 그래서 이어지는 email 속성에 접근하지 않고 nil을 리턴합니다. 이처럼 옵셔널 체이닝은 nil을 리턴할 수 있는 상황에서도 연속적으로 호출되는 문장을 런타임 오류 없이 안전하게 처리할 수 있습니다.

옵셔널 체이닝이 실패할 경우 nil을 리턴한다는 것을 응용하여 옵셔널 바인딩 패턴과 결합할 수 있습니다. 이 코드는 옵셔널을 사용할 때 단순하지만 매우 안정적인 코드를 작성할 수 있는 필수 패턴이므로 반드시 기억해 주시기 바랍니다.

```
if let email = p.contact?.email {
    //...
}
```

1. 옵셔널 체이닝과 값 쓰기

옵셔널 체이닝을 통해 값을 읽을 때와 마찬가지로 값을 쓸 때도 옵셔널 체이닝이 성공한 경우에만 값이 정상적으로 변경됩니다. 아래의 코드는 옵셔널 체이닝을 통해 email 속성에 새로운 값을 설정하고 있지만, 옵셔널 체이닝이 실패하기 때문에 email 속성 값에는 아무런 변화가 없습니다.

```
// ...
p.contact?.email? = "whoami@gmail.com"

if let email = p.contact?.email {
    print(email)
}
else {
    print("nil email")
}
// nil email
```

반대로 아래와 같이 옵셔널 체이닝이 성공한 경우에는 값을 정상적으로 쓸 수 있습니다. 이 코드에서 옵셔널 체이닝이 성공하는 이유는 contact 속성과 email 속성이 유효한 값을 초기화되어 있어서 옵셔널 체인에 있는 모든 요소가 nil이 아닌 유효한 값을 리턴하기 때문입니다.

```
class Person {
    var contact: Contact?

    init() {
        contact = Contact()
    }
}

class Contact {
    var address: String?
    var tel: String?
    var email: String? = "N/A"
}

let p = Person()

p.contact?.email? = "whoami@gmail.com"

if let email = p.contact?.email {
    print(email)
}
else {
    print("nil email")
}
// whoami@gmail.com
```

2. 옵셔널 형식으로 자동 변경

Contact 클래스의 email 속성 자료형을 String?에서 String으로 수정하고 유효한 이메일 문자열로
초기화합니다.

```
class Contact {
    var address: String?
    var tel: String?
    var email: String = "whoami@gmail.com"
}

let p = Person()
p.contact = Contact()

let email = (p.contact?.email)!
// whoami@gmail.com

if let email = p.contact?.email {
    print(email)
}
else {
    print("nil email")
}
// whoami@gmail.com
```

옵셔널 체이닝의 결과로 리턴되는 값의 자료형은 항상 옵셔널 형식입니다. 그래서 email 속성의 자료형이 String이지만 실제로 리턴되는 값은 String?이 됩니다. 이 코드에서는 옵셔널 체이닝으로 리턴된 값을 추출하기 위해서 강제 추출을 사용하고 있습니다. 옵셔널 체이닝 구문을 괄호로 묶은 후에 ! 연산자를 사용한 것은 리턴된 옵셔널 형식 값을 추출하기 위해서 입니다. 괄호 없이 email 뒤에 바로 ! 연산자를 붙일 경우 email 속성을 String?으로 인식하게 되고, 컴파일러가 예상한 자료형과 선언되어 있는 자료형이 달라서 컴파일 오류가 발생합니다. 그래서 강제 추출을 사용하는 것보다 옵셔널 바인딩 구문을 사용하는 것이 좋습니다.

3. Summary

- 옵셔널 형식으로 선언되어 있는 속성 또는 옵셔널 형식을 리턴하는 메소드를 연속적으로 호출할 때 체이닝 연산자를 통해 호출하는 문법을 옵셔널 체이닝이라고 합니다.

- ? 연산자는 옵셔널 형식에 저장되어 있는 값을 확인하고 추출합니다.

- ? 연산자가 유효한 값을 리턴한다면 호출 체인에 있는 다음 속성에 접근하거나 메소드를 호출하고 nil을 리턴한다면 호출 체인에 있는 나머지 요소를 무시하고 nil을 리턴합니다.

- 옵셔널 체이닝은 nil을 리턴할 수 있는 상황에서도 연속적으로 호출되는 문장을 런타임 오류 없이 안전하게 처리할 수 있습니다.

- 옵셔널 체이닝의 결과로 리턴되는 값의 자료형은 항상 옵셔널 형식입니다.

상속

상속은 클래스를 정의할 때 다른 클래스의 속성과 메소드를 그대로 가져와 사용하는 것으로 클래스를 다른 사용자 정의 자료형과 구분하는 대표적인 특징입니다. 클래스를 상속하여 새로운 클래스를 정의하는 것을 서브클래싱^{Subclassing}이라고 합니다. 클래스에 새로운 속성과 메소드를 추가하여 기능을 확장하거나 기존 클래스의 동작을 변경하고 싶을 때 서브클래싱을 활용합니다.

상속 관계에 있는 클래스들은 클래스 계층^{Class Hierarchy}(또는 상속 계층)을 구성합니다. 클래스 계층의 최상위에 있는 클래스를 최상위 클래스^{Root Class}라고 합니다. 상속 관계에서 상위에 위치한 클래스는 상위 클래스^{Super Class} 또는 부모 클래스^{Parent Class}라고 합니다. 반대로 하위에 위치하는 클래스는 하위 클래스^{Subclass} 또는 자식 클래스^{Child Class}라고 합니다. C++와 같은 언어에서는 기반 클래스(base class), 파생 클래스(derived class)라고 표현하기도 합니다.

하위 클래스는 상위 클래스의 비공개 속성과 비공개 메소드를 제외한 나머지 요소를 모두 상속합니다. 상속된 요소들은 마치 하위 클래스에서 직접 선언한 것처럼 사용할 수 있습니다. 반대로 상위 클래스는 하위 클래스의 존재를 알 수 없기 때문에 하위 클래스의 속성과 메소드를 사용할 수 없습니다.

Swift는 다중 상속을 지원하지 않습니다. 즉, 하나의 클래스만 상속할 수 있고 두 개 이상의 클래스를 상속받을 경우 컴파일 오류가 발생합니다.

Objective-C에서 NSObject는 모든 클래스 계층의 최상위에 위치하는 유일한 최상위 클래스입니다. 그리고 모든 Objective-C 클래스는 NSObject 클래스를 직간접적으로 상속해야 합니다. 그래서 Objective-C 클래스를 선언할 때 상속 구문을 생략할 수 없습니다. 반면 Swift에는 이런 제약이 존재하지 않기 때문에 모든 클래스가 최상위 클래스가 될 수 있습니다.

1. 상속 문법

클래스를 선언할 때 클래스 이름 뒤에 : 을 적고 상속할 클래스의 이름을 지정합니다.

```
class 클래스 이름: 상위 클래스 이름 {
// ...
}
```

value 속성과 doSomething() 메소드를 가진 A 클래스와 A 클래스를 상속하는 B 클래스를 구현해 보겠습니다.

```swift
class A {
    var value = ""

    func doSomething() {
        print("Hello")
    }

    private func doSomethingPrivate() {
        print("Hello")
    }
}

class B : A {

}
```

B 클래스는 A 클래스에 선언되어 있는 value 속성과 doSomething() 메소드를 상속합니다. 그래서 마치 자신의 클래스에 선언되어 있는 것처럼 속성과 메소드를 사용할 수 있습니다.

```swift
let a = A()
a.value = "value"
a.doSomething()

let b = B()
b.value = "value"
b.doSomething()
```

상속 대상은 클래스의 공개 속성과 공개 메소드를 제한됩니다. 그래서 비공개로 선언되어 있는 doSomethingPrivate() 메소드는 상속되지 않습니다. 만약 b 인스턴스에서 doSomethingPrivate() 메소드를 호출하면 컴파일 오류가 발생합니다.

```swift
b.doSomethingPrivate()   // Error
```

1.1 final

다른 클래스가 상속할 수 없는 클래스를 Final Class라고 합니다. Swift는 클래스 상속을 금지하는 final 키워드를 제공합니다. 다음과 같이 class 키워드 앞에 final 키워드를 추가하면 Final Class가 됩니다.

```swift
final class A {
        //...
}
```

2. SuperHero와 Person 수정

앞에서 작성한 SuperHero 클래스가 Person 클래스를 상속하도록 바꾸어 보겠습니다. SuperHero 클래스의 name 속성은 Person 클래스를 통해 상속되는 속성과 중복되므로 더 이상 필요하지 않습니다. 그리고 이어지는 내용에서 필요한 생성자를 Person 클래스에 추가하고 SuperHero 클래스의 생성자를 수정합니다.

```swift
class Person {
    var name: String
    var age: Int
    var portrait: NSData?

    init(name: String, age: Int) {
        self.name = name
        self.age = age
    }

    func sayHello() {
        print("Hello, World! I'm \(name)")
    }
}

class SuperHero: Person {
    var secretary: String?

    init(heroName: String, secretaryName: String? = nil) {
        secretary = secretaryName
        super.init(name: heroName, age: -1)
    }

    func callSecretary() {
        if let name = secretary {
            print("Hey, \(name)!")
        } else {
            print("\(name) is working alone.")
        }
    }

    func attack(weapon: String, target: String?) -> Bool {
        if let target = target {
            callSecretary()
            print("Attack \(target) with \(weapon)!!!")
            return true
        }

        return false
    }
}
```

3. Summary

- 클래스를 상속하여 새로운 클래스를 정의하는 것을 서브클래싱이라고 합니다.

- 클래스 계층의 최상위에 있는 클래스를 최상위 클래스라고 합니다.

- 상속 관계에서 상위에 있는 클래스를 상위 클래스, 하위에 있는 클래스를 하위 클래스라고 합니다.

- 하위 클래스는 상위 클래스의 비공개 속성과 비공개 메소드를 제외한 나머지 요소를 모두 상속합니다.

- Swift는 다중 상속을 지원하지 않습니다.

- 상속 문법은 다음과 같습니다.

```
class 클래스 이름: 상위 클래스 이름 {
    // ...
}
```

- final 키워드로 선언한 Swift 클래스는 다른 클래스가 상속할 수 없는 Final Class가 됩니다.

CHAPTER

생성자와 소멸자

22

생성자^{Initializer}는 인스턴스가 생성될 때 호출되는 특별한 메소드입니다.

1. 기본 생성자

구조체와 클래스의 인스턴스는 생성자를 통해 생성됩니다. 구조체와 클래스의 모든 속성이 기본 값을 가지고 있고 생성자를 직접 구현하지 않았다면 파라미터가 없는 기본 생성자를 사용할 수 있습니다. 예를 들어 아래와 같이 구현된 Simple 클래스는 기본 생성자를 통해 인스턴스를 생성할 수 있습니다.

```
class Simple {
    var str = "Default String"
    var num = 0
}

let s = Simple()
print(s.str)
// Default String

print(s.num)
// 0
```

기본 생성자는 모든 속성이 기본 값을 가지고 있고 생성자를 구현하지 않은 경우에 컴파일러가 자동으로 생성하는 생성자입니다. 생성자를 직접 구현한 경우에는 더 이상 사용할 수 없습니다. 만약 기본 생성자를 계속 사용하고 싶다면 동일한 형식의 생성자를 직접 구현해야 합니다.

2. Memberwise Initializer

구조체는 기본 생성자가 자동으로 생성되는 조건에서 Memberwise Initializer라고 하는 특별한 생성자를 하나 더 생성합니다. 이 생성자는 구조체의 속성과 동일한 이름의 파라미터를 가지고 있어서 모든 속성을 생성자 문법을 통해 초기화할 수 있습니다.

> *Beginner Note*
> 이 책에서는 멤버 생성자라고 부릅니다.

이어지는 예제에서 Color 구조체는 0.0으로 초기화된 3개의 속성을 가지고 있고 생성자를 직접 구현하지 않습니다. 그러므로 파라미터가 없는 기본 생성자와 멤버 생성자가 함께 제공됩니다. Color 구조체의 인스턴스는 black 상수와 같이 기본 생성자를 통해 생성하거나, red 상수와 같이 멤버 생성자를 통해 생성할 수 있습니다.

```
struct Color {
    var red = 0.0
    var greed = 0.0
    var blue = 0.0
}

let black = Color()
let red = Color(red: 1.0, greed: 0.0, blue: 0.0)
```

아래와 같이 속성의 모든 기본 값을 삭제하면 기본 생성자가 제공되는 조건을 만족시킬 수 없습니다. 그래서 기본 생성자로 인스턴스를 생성하는 구문에서 컴파일 오류가 발생합니다. 하지만 멤버 생성자는 직접 생성자를 구현하지 않은 경우에 항상 생성되므로, 기본 생성자를 사용할 수 없는 상황에서도 정상적으로 사용할 수 있습니다.

```
struct Color {
    var red: Double
    var greed: Double
    var blue: Double
}

// let black = Color() // Error
let red = Color(red: 1.0, greed: 0.0, blue: 0.0)
```

3. 생성자

생성자를 선언하는 문법은 init 키워드로 시작합니다. 파라미터 목록을 선언하는 문법은 메소드와 동일합니다. 생성자 내부에는 속성을 초기화하는데 필요한 코드만 작성해야 합니다.

```
init(파라미터 목록) {
    초기화 코드
}
```

Swift는 생성자의 실행이 완료되는 시점에 클래스의 모든 속성이 유효한 초기값을 가지는 경우 인스턴스가 정상적으로 초기화되었다고 판단합니다. 그렇지 않은 경우에는 컴파일 오류가 발생합니다. 여기에서는 클래스를 기준으로 설명하고 있지만 구조체와 열거형도 생성자를 구현할 수 있습니다.

SuperHero 클래스에서 두 개의 문자열 파라미터를 받는 생성자는 다음과 같이 구현할 수 있습니다.

```
class SuperHero: Person {
    var secretary: String?

    init(heroName: String, secretaryName: String? = nil) {
        secretary = secretaryName
        super.init(name: heroName, age: -1)
```

```
      }
      // ...
  }
```

SuperHero 클래스의 인스턴스는 다음과 같이 생성할 수 있습니다.

```
  let ironMan = SuperHero(heroName: "Iron Man", secretaryName: "Jarvis")
  let thor = SuperHero(heroName: "Thor")
```

생성자를 직접 구현한 경우에는 기본 생성자가 더 이상 제공되지 않으므로 아래와 같은 코드는 컴파일 오류입니다.

```
  let namelessVoid = SuperHero()    // Error
```

4. 지정 생성자

지정 생성자Designated initializer는 클래스의 생성자 중 가장 높은 우선순위를 가지는 생성자입니다. 모든 클래스는 상위 클래스로부터 지정 생성자를 상속하는 경우를 제외하고 반드시 하나 이상의 지정 생성자를 구현해야 합니다. 지정 생성자가 아닌 경우 인스턴스 초기화 과정에서 호출되지 않을 수 있지만 지정 생성자는 항상 호출됩니다.

생성자는 기본적으로 지정 생성자입니다. 여러 개의 생성자를 구현하는 경우 모든 속성을 초기화하고 상위 클래스의 지정 생성자를 호출하는 생성자를 하나 구현하고 나머지 생성자들이 이 생성자를 호출하도록 구현하는 것이 일반적입니다.

5. 간편 생성자

지정 생성자 외에 다양한 파라미터를 통해 인스턴스를 생성할 수 있도록 간편 생성자Convenience Initializer를 구현할 수 있습니다. 간편 생성자는 지정 생성자와 달리 동일한 클래스에 구현되어 있는 다른 지정 생성자를 호출합니다. 경우에 따라서 다른 간편 생성자를 호출할 수 있는데 최종적으로 지정 생성자가 호출되도록 구현되어 있어야 합니다.

SuperHero 클래스에 딕셔너리를 파라미터로 받는 새로운 간편 생성자를 구현해 보겠습니다. 간편 생성자를 선언할 때는 convenience 키워드를 사용합니다.

```
  convenience init(파라미터 목록) {
      초기화 코드
      지정 생성자 또는 다른 간편 생성자를 호출하는 코드
  }
```

이번 예제에서 생성자로 전달되는 딕셔너리는 name 키와 secretary 키를 반드시 포함하고 있다고 가정합니다.

```
class SuperHero {
// ...
    convenience init(dict: [String: String]) {
        let name = dict["name"]!
        let sName = dict["secretary"]!

        self.init(heroName: name, secretaryName: sName)
    }
// ...
}
```

간편 생성자는 다른 생성자와 동일한 방식으로 호출할 수 있습니다. 딕셔너리를 통해 인스턴스를 생성하는 코드는 다음과 같습니다.

```
let dict = ["name": "Iron Man", "secretary": "Jarvis"]
let ironMan = SuperHero(dict: dict)
```

6. 생성자 델리게이션

생성자는 초기화 과정에서 동일한 클래스에 있는 다른 생성자나 상위 클래스에 있는 생성자를 호출할 수 있습니다. 이처럼 생성자가 다른 생성자를 호출하는 것을 생성자 델리게이션^{Initializer Delegation}이라고 합니다. 생성자 델리게이션의 목적은 초기화 코드의 중복을 줄이고 상속 계층에 있는 모든 지정 생성자가 올바르게 호출되도록 하는 것입니다.

상속 관계에 있는 클래스는 직접 선언한 속성뿐만 아니라 상위 클래스로부터 상속한 속성을 가지게 됩니다. 그래서 상위 클래스로부터 상속한 모든 속성을 초기화하는 것이 매우 중요합니다.

생성자 델리게이션의 기본 규칙은 아래와 같습니다.
• 상위 클래스로부터 지정 생성자를 상속한 경우를 제외하고 하나 이상의 지정 생성자를 구현해야 합니다.
• 지정 생성자는 반드시 상위 클래스의 지정 생성자를 호출해야 합니다.
• 지정 생성자 이외의 생성자는 상위 클래스의 생성자를 호출하지 않아야 하며, 반드시 동일한 클래스에 구현되어 있는 지정 생성자를 호출해야 합니다.

6.1 값 형식의 생성자 델리게이션

값 형식은 상속을 지원하지 않기 때문에 생성자 델리게이션이 비교적 간단합니다. 모든 속성을 초기화하는 지정 생성자를 구현한 후 나머지 생성자가 지정 생성자를 호출하도록 구현합니다.

예제 코드에서 Color 구조체는 세 개의 생성자를 가지고 있습니다. 첫 번째 생성자는 모든 속성을 초기화하는 지정 생성자이고 나머지 생성자는 지정 생성자를 호출하는 일반 생성자입니다. 이 코드에서 redColor, grayColor, blackColor 상수는 서로 다른 생성자를 통해 생성되었지만 생성자 델리게이션을 통해 항상 첫 번째 생성자를 호출합니다. 이처럼 모든 속성을 초기화하는 지정 생성자를 구현하고 나머지 생성자들이 생성자 델리게이션을 통해 지정 생성자를 호출하도록 구현하면 중복되는 초기화 코드를 줄일 수 있습니다.

```
struct Color {
    var red: Double
    var green: Double
    var blue: Double

    init(r: Double, g: Double, b: Double) {
        red = r
        green = g
        blue = b
    }

    init() {
        self.init(r: 0, g:0, b:0)
    }

    init(white: Double) {
        self.init(r: white, g:white, b:white)
    }
}

let redColor = Color(r: 1.0, g: 0.0, b: 0.0)
let grayColor = Color(white: 0.5)
let blackColor = Color()
```

6.2 클래스의 생성자 델리게이션

클래스의 인스턴스 초기화는 Bottom Up 방식입니다. 최상위 클래스의 초기화가 마지막에 수행되며 상위 클래스의 지정 생성자를 호출하기 전에 클래스의 모든 속성을 초기화해야 합니다. 상위 클래스는 하위 클래스의 초기화 코드에 영향을 받습니다. 즉, 하위 클래스의 초기화가 정상적으로 완료된 경우에만 상위 클래스의 초기화 코드가 실행됩니다.

생성자 델리게이션은 다음과 같은 규칙으로 구현되어야 합니다. 모든 규칙을 만족시키지 못하는 경우에는 컴파일 오류가 발생합니다.

- 상위 클래스의 지정 생성자를 호출하기 전에 모든 속성을 초기화해야 합니다.
- 상위 클래스로부터 상속된 속성은 상위 클래스의 지정 생성자를 호출한 후에 접근할 수 있습니다.
- 간편 생성자는 속성의 값을 초기화하기 전에 다른 생성자를 먼저 호출해야 합니다.

SuperHero 클래스의 init(dict:) 생성자를 통해 인스턴스를 생성할 때 생성자 델리게이션이 어떻게 진행되는지 알아보겠습니다.

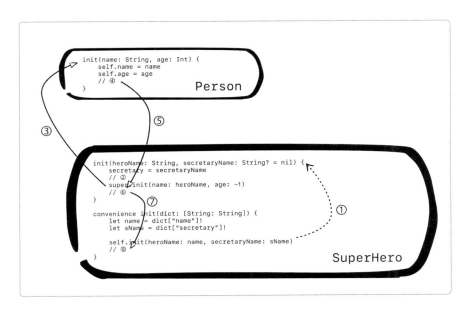

1. `init(dict:)` 생성자는 지정 생성자인 `init(heroName:secretaryName:)` 생성자를 호출합니다. 이 시점에 메모리 공간이 할당됩니다.

2. 지정 생성자는 (2) 에서 SuperHero 클래스의 모든 속성이 초기화되어 있는지 확인합니다. 만약 초기화되어 있지 않은 속성이 있다면 컴파일 오류가 발생합니다.

3. SuperHero 클래스의 모든 속성이 초기화되어 있다면 상위 클래스의 지정 생성자를 호출합니다.

4. Person 클래스는 최상위 클래스이므로 상위 클래스의 지정 생성자를 호출하는 코드 없이 자신의 속성을 초기화합니다. 이 시점(4) 까지 도달하면 모든 속성이 초기화된 것입니다. 인스턴스의 메모리 공간 역시 정상적으로 초기화된 상태이고 2단계 초기화 과정 중 1단계가 완료된 것입니다.

5. SuperHero 클래스의 지정 생성자로 제어권이 넘어 옵니다.

6. (6) 에서 부가적인 초기화 작업을 수행합니다. 이 시점에는 `self`를 통해 속성에 접근하거나 인스턴스 메소드를 호출할 수 있습니다.

7. SuperHero 클래스의 지정 생성자가 실행이 완료되면 1 단계에서 호출한 간편 생성자로 제어권이 넘어옵니다.

8. (8) 에서 부가적인 초기화 작업을 수행합니다. 6 단계와 마찬가지로 `self`를 통해 속성에 접근하거나 인스턴스 메소드를 호출할 수 있습니다.

9. 모든 생성자 델리게이션이 완료되면 인스턴스의 초기화가 완료됩니다.

7. Failable Initializer

생성자의 초기화 작업은 잘못된 파라미터 값, 외부 리소스의 부재 등으로 인해 실패할 수 있습니다. 생성자는 Swift 1.0 버전까지 앞서 설명한 규칙에 따라 초기화를 완료하도록 구현한 경우에만 정상적으로 빌드되었습니다. 이러한 제약은 초기화되지 않은 속성으로 인한 잠재적인 오류를 방지하는데 도움을 주었습니다. 그러나 초기화에 사용되는 데이터가 파일이나 네트워크를 통해 전달되거나 잘못된 파라미터가 전달되는 경우 발생할 수 있는 오류를 처리하기 어려웠습니다. 그래서 Swift 1.1 버전부터 Failable Initializer가 도입되었습니다.

이 생성자는 인스턴스 초기화가 실패할 경우 새로운 인스턴스를 리턴하지 않으며 상속 관계에 있는 경우 상위 생성자가 불필요하게 실행되는 것을 방지합니다. 인스턴스의 초기화가 파일, 데이터베이스, 네트워크 등 외부 요소에 영향을 받는 경우 Failable Initializer로 구현하는 것이 좋습니다.

Failable Initializer를 선언할 때는 init 키워드 다음에 ? 문자 또는 ! 문자를 추가합니다.

```
init?(파라미터 목록) {
    if fail { return nil }
    초기화 코드
}

init!(파라미터 목록) {
    if fail { return nil }
    초기화 코드
}
```

? 문자에서 유추할 수 있듯이 Failable Initializer를 통해 생성되는 인스턴스는 옵셔널 형식입니다. Failable Initializer에서 초기화가 실패할 경우 nil을 리턴합니다. 실제로 리턴되는 인스턴스도 nil이 되기 때문에 생성자가 리턴 값을 가지는 것으로 생각할 수 있습니다. 그러나 return nil 구문은 메소드에서 호출될 때와 달리 초기화가 실패했다는 것을 나타낼 뿐 다른 의미를 가지지 않습니다. 즉, return nil 구문이 실행되는 경우 초기화에 실패한 것이고, 그 외의 경우에는 초기화에 성공했다는 것입니다.

SuperHero 클래스의 init(dict:) 생성자를 다시 보겠습니다. 이 생성자는 dict를 통해 전달되는 딕셔너리가 반드시 name, secretary 키를 가지고 있다고 가정합니다. 만약 이 가정이 만족되지 않는다면 런타임 오류가 발생합니다.

```
class SuperHero: Person {
    // ...
    convenience init(dict: [String: String]) {
        let name = dict["name"]!
        let sName = dict["secretary"]!

        self.init(heroName: name, secretaryName: sName)
    }
    // ...
}

let dict = ["a": "b"]
let hero = SuperHero(dict: dict) // Error
```

이 생성자를 Failable Initializer로 구현하여 name, secretary 키가 포함되어 있을 경우에만 초기화가 완료되도록 수정해 보겠습니다. 아래의 예제는 guard 구문을 통해 딕셔너리에 name, secretary 키가 포함되어 있는지 확인합니다. 키가 없을 경우 초기화에 실패한 것이므로 nil을 리턴하고 생성자를 종료합니다.

```
class SuperHero: Person {
    // ...
    convenience init?(dict: [String: String]) {
        guard let name = dict["name"] else {
            return nil
        }

        guard let sName = dict["secretary"] else {
            return nil
        }

        self.init(heroName: name, secretaryName: sName)
    }
    // ...
}
```

Failable Initializer로 생성하는 인스턴스의 자료형이 옵셔널 형식입니다. 그래서 SuperHero 클래스의 init?(dict:) 생성자는 SuperHero? 형식의 인스턴스를 초기화합니다. 초기화가 완료된 경우 유효한 인스턴스가 리턴되고, 실패한 경우 nil이 리턴되므로 조건문이나 옵셔널 바인딩을 통해 초기화 성공 여부를 확인할 수 있습니다.

```
let dict = ["a": "b"]
if let hero = SuperHero(dict: dict) {
    print("\(hero.name), at your sevice!")
} else {
    print("There's something wrong with super hero :(")
}
// There's something wrong with super hero :(
```

Failable Initializer를 선언할 때 ? 대신 ! 문자를 사용하면 초기화되는 인스턴스의 자료형이 SuperHero!가 됩니다. 즉, 인스턴스를 추출 없이 사용할 수 있습니다. 하지만 초기화에 실패한 경우 인스턴스에 접근하는 코드에서 런타임 오류가 발생할 수 있으므로 주의해야 합니다.

Failable Initializer는 다른 생성자와 마찬가지로 동일한 클래스의 다른 생성자나 상위 클래스의 생성자를 호출할 수 있습니다. 생성자 델리게이션 과정에서 nil이 리턴되어 초기화가 실패하게 되면 전체 초기화 과정이 즉시 실패하고 이어지는 생성자 델리게이션도 함께 중단됩니다.

8. 열거형의 Failable Initializer

열거형에 Failable Initializer를 구현하면 다양한 값으로부터 열거형을 초기화할 수 있습니다. init?(value:) 생성자는 파라미터로 전달된 정수와 열거형 멤버에 할당되어 있는 원시 값을 비교합니다. 일치하는 멤버가 존재하는 경우 self를 해당 멤버로 초기화하고, 일치하는 멤버를 찾지 못한 경우에는 nil을 리턴합니다. init?(abbr:) 생성자는 파라미터로 전달된 약어를 열거형에서 인식할 수 있다면 self를 연관된 멤버로 초기화합니다.

```swift
enum Weekday: Int {
    case sunday = 1, monday, tuesday, wednesday, thursday, friday, saturday

    init?(value: Int) {
        switch value {
        case Weekday.sunday.rawValue:
            self = .sunday
        case Weekday.monday.rawValue:
            self = .monday
        case Weekday.tuesday.rawValue:
            self = .tuesday
        case Weekday.wednesday.rawValue:
            self = .wednesday
        case Weekday.thursday.rawValue:
            self = .thursday
        case Weekday.friday.rawValue:
            self = .friday
        case Weekday.saturday.rawValue:
            self = .saturday
        default:
            return nil
        }
    }

    init?(abbr: String) {
        switch abbr {
        case "SUN":
            self = .sunday
        case "MON":
            self = .monday
        case "TUE":
            self = .tuesday
        case "WED":
            self = .wednesday
        case "THU":
            self = .thursday
        case "FRI":
            self = .friday
        case "SAT":
            self = .saturday
        default:
            return nil
        }
    }
}

var validWeekday = Weekday(value: 1)
print(validWeekday)
// Weekday.sunday

validWeekday = Weekday(abbr: "SAT")
print(validWeekday)
// Weekday.saturday

var invalidWeekday = Weekday(value: 1000)
```

```
print(invalidWeekday)
// nil

invalidWeekday = Weekday(abbr: "ONE")
print(invalidWeekday)
// nil
```

9. Required Initializer

하위 클래스에서 반드시 구현해야 하는 생성자는 필수 생성자^{Required Initializer}로 선언할 수 있습니다. 필수 생성자는 required 키워드를 통해 선언할 수 있습니다.

```
required init(파라미터 목록) {
    초기화 코드
}
```

예를 들어 A 클래스의 init 생성자가 필수 생성자로 선언되어 있다면 A를 상속한 B 클래스도 init 생성자를 구현해야 합니다. 또한 B를 상속한 클래스가 init 생성자를 구현하도록 필수 생성자로 선언해야 합니다.

```
class A {
    required init() {
        // ...
    }
}

class B: A {
    required init() {
        // ...
    }
}
```

10. 생성자 상속

Swift는 기본적으로 상위 클래스의 생성자를 상속하지 않고 다음과 같은 조건이 만족되는 경우에만 생성자를 상속합니다.

• 하위 클래스의 모든 속성을 선언할 때 기본 값을 지정한 경우
• 하위 클래스에서 생성자를 구현하지 않은 경우

Swift 클래스가 위의 조건을 만족하고 지정 생성자를 구현하지 않은 경우 상위 클래스의 모든 지정 생성자를 상속합니다. 그리고 지정 생성자를 모두 상속하거나 하위 클래스에서 상위 클래스의 지정 생성자를 모두 구현한 경우 상위 클래스의 간편 생성자를 모두 상속합니다.

11. 소멸자

소멸자^{Deinitializer}는 클래스의 인스턴스가 해제되기 직전에 호출되는 특별한 메소드입니다. ARC를 사용하는 경우 인스턴스가 해제될 때 속성이 자동으로 해제되므로 대부분의 경우에는 소멸자를 직접 구현할 필요가 없습니다. 하지만 인스턴스에 파일, DB, 네트워크 등 외부 리소스와 연결된 속성이 있다면 소멸자에서 연관된 메모리를 직접 해제해야 합니다.

소멸자는 생성자와 마찬가지로 직접 구현하지 않는 경우 빈 소멸자가 자동으로 생성됩니다. 소멸자는 인스턴스가 해제되기 전에 자동으로 호출되며 코드를 통해 직접 호출하는 것은 허용되지 않습니다. 인스턴스는 소멸자의 실행이 끝나기 전까지 해제되지 않습니다. 그래서 소멸자 내부에서 속성에 접근하거나 인스턴스 메소드를 호출할 수 있습니다.

소멸자는 deinit 키워드로 구현할 수 있습니다. 생성자와 달리 파라미터를 선언할 수 없습니다.

```
deinit {
    인스턴스 정리 코드
}
```

12. Summary

- 생성자는 인스턴스가 생성될 때 호출되는 메소드입니다.

- 구조체, 클래스, 열거형에 생성자를 구현할 수 있습니다. 모든 속성이 기본 값을 가지고 있고 생성자를 직접 구현하지 않은 경우 파라미터가 없는 기본 생성자가 자동으로 생성됩니다.

- 생성자는 아래와 같은 형태로 구현합니다.

```
init(파라미터 목록) {
    초기화 코드
}
```

- 구조체는 기본 생성자가 자동으로 생성되는 조건에서 Memberwise Initializer를 자동으로 생성합니다.

- Swift는 생성자의 실행이 완료되는 시점에 클래스의 모든 속성이 유효한 초기값을 가지는 경우 인스턴스가 정상적으로 초기화되었다고 판단합니다.

- 지정 생성자는 클래스의 생성자 중 가장 높은 우선순위를 가지는 생성자입니다.

- 간편 생성자를 선언할 때는 convenience 키워드를 사용합니다.

```
convenience init(파라미터 목록) {
    초기화 코드
    지정 생성자 또는 다른 간편 생성자를 호출하는 코드
}
```

- 간편 생성자는 동일한 클래스에 구현되어 있는 다른 지정 생성자를 호출할 수 있으며 최종적으로 지정 생성자가 호출되도록 구현해야 합니다.

- 상위 클래스로부터 지정 생성자를 상속한 경우를 제외하고 하나 이상의 지정 생성자를 구현해야 합니다.

- 지정 생성자는 반드시 상위 클래스의 지정 생성자를 호출해야 합니다.

- 지정 생성자 이외의 생성자는 상위 클래스의 생성자를 호출하지 않아야 하며, 반드시 동일한 클래스에 구현되어 있는 지정 생성자를 호출해야 합니다.

- Failable Initializer는 인스턴스 초기화가 실패할 경우 새로운 인스턴스를 리턴하지 않으며 상속 관계에 있는 경우 상위 생성자가 불필요하게 실행되는 것을 방지합니다.

• Failable Initializer를 선언할 때는 init 키워드 다음에 ? 문자 또는 ! 문자를 추가합니다.

```
init?(파라미터 목록) {
    if fail { return nil }
    초기화 코드
}

init!(파라미터 목록) {
    if fail { return nil }
    초기화 코드
}
```

• 하위 클래스에서 반드시 구현해야 하는 생성자는 required 키워드를 통해 필수 생성자로 선언할 수 있습니다.

```
required init(파라미터 목록) {
    초기화 코드
}
```

• Swift는 하위 클래스의 모든 속성이 기본 값을 가지고 있고 하위 클래스에서 생성자를 직접 구현하지 않은 경우에만 생성자가 상속됩니다.

• 소멸자는 클래스 인스턴스가 해제되기 전에 호출되는 메소드입니다.

```
deinit {
    인스턴스 정리 코드
}
```

다형성

1. 오버로딩

함수의 이름은 함수를 식별하기 위한 요소입니다. 만약 동일한 이름의 함수를 선언하면 중복 선언 오류가 발생합니다. 함수의 이름은 반드시 함수의 사용범위 내에서 유일해야 합니다. 그렇지 않은 경우 함수를 호출하는 코드가 어떤 함수를 지칭하는지 명확히 파악할 수 없기 때문입니다.

```
func doSomething() {
    // ...
}

func doSomething() {     // Error
    // ...
}
```

Objective-C는 함수의 이름에 NS, CGRect와 같은 접두어를 붙이거나 with와 같은 전치사를 활용하여 함수의 이름이 중복되는 것을 방지합니다. 하지만 이 방식은 유사한 기능을 처리하기 위한 함수의 수가 지나치게 많아진다는 단점이 있습니다. 사용법을 익혀야 할 함수가 많아진다는 것은 프로그래머에게 큰 부담입니다.

대부분의 OOP 언어는 오버로딩^{Overloading}을 통해 이 문제를 해결합니다. 오버로딩을 지원하는 언어는 동일한 이름의 함수를 중복해서 선언할 수 있습니다. 오버로딩을 지원하지 않는 언어는 함수의 이름으로 함수를 식별하지만 오버로딩을 지원하는 언어는 함수의 이름과 파라미터의 수, 자료형으로 함수를 식별합니다. 즉, 함수의 시그니처^{Signature}를 통해 함수를 식별합니다.

> **Beginner Note**
>
> 함수의 구성 요소 중 함수의 이름과 파라미터의 목록을 하나로 묶어 함수 시그니처라고 합니다.

Swift에서 오버로딩을 지원하는 대상은 함수, 메소드, 서브스크립트, 생성자입니다. 오버로딩을 구현할 때는 다음과 같은 규칙에 따라야 합니다. 이 규칙은 함수를 기준으로 기술하고 있지만 메소드, 서브스크립트, 생성자에 동일하게 적용됩니다.

* 이름이 동일한 함수는 선언된 파라미터의 수로 구분할 수 있어야 합니다.
* 함수의 이름과 파라미터의 수가 동일한 경우 파라미터의 자료형으로 구분할 수 있어야 합니다.
* 함수의 이름과 파라미터의 수, 자료형이 모두 동일한 경우(즉, 시그니처가 동일한 경우) Argument

Label로 구분할 수 있어야 합니다.

- 시그니처와 Argument Label이 모두 동일한 경우 리턴형으로 구분할 수 있어야 합니다. 이 경우에는 리턴되는 값이 할당되는 변수의 자료형을 통해 호출될 함수가 결정되므로 반드시 리턴되는 값을 사용해야 합니다.

1.1 함수 오버로딩

Swift는 두 개 이상의 함수를 동일한 이름으로 선언할 수 있습니다. 파라미터의 자료형을 통해 함수를 구분할 수 있다면 정상적으로 컴파일됩니다. 이 코드에서 process(_:) 함수를 호출할 경우 전달된 파라미터의 자료형을 통해 호출 대상 함수가 결정됩니다. 예를 들어 정수 1을 파라미터로 전달하면 첫 번째 process(_:) 함수가 호출되고, 1.0을 전달하면 두 번째 함수가 호출됩니다.

```
func process(_ value: Int) {
    print("process integer")
}

func process(_ value: Double) {
    print("process double")
}

process(1)
// process integer

process(1.0)
// process double
```

파라미터의 Argument Label은 파라미터의 수, 자료형과 함께 함수를 구분할 수 있는 요소입니다. 아래의 코드에서 process() 함수의 이름, 파라미터 수, 자료형이 동일하지만 Argument Label을 통해 세 함수를 구분할 수 있습니다.

```
func process(_ value: String) {
    print("process(_:)")
}

func process(string value: String) {
    print("process(string:)")
}

func process(str value: String) {
    print("process(str:)")
}

process("swift")
// process(_:)

process(string: "swift")
// process(string:)

process(str: "swift")
// process(str:)
```

오버로딩을 사용할 때 주의해야 할 점은 다음과 같이 함수의 시그니처가 동일한 경우 리턴형을 통해 호출할 함수가 결정되므로 반드시 리턴되는 값을 사용해야 한다는 것입니다.

```
func process(_ value: Double) -> Int {
    print("process double return inteter")
    return Int(value)
}

func process(_ value: Double) -> Double {
    print("process double return double")
    return value
}
```

이 함수를 호출할 때 리턴 값을 사용하지 않는 경우 어떤 함수를 호출해야 할지 모호해지기 때문에 컴파일 오류가 발생합니다.

```
process(1.0)                // Error
```

process(_:) 함수가 리턴하는 값을 사용하도록 수정하면 정상적으로 컴파일할 수 있습니다. 오버로딩 함수의 리턴 값을 반드시 사용해야 한다는 점을 기억하면 큰 문제가 없지만 가능하다면 파라미터의 수와 자료형만으로 구분할 수 있도록 함수를 선언하는 것이 좋습니다. 그리고 리턴 값을 사용하는 경우에도 자료형을 명시적으로 지정하지 않으면 함수 호출이 모호해 진다는 점을 주의해야 합니다. 즉, 이 경우에는 형식 추론을 사용할 수 없습니다.

```
let intResult: Int = process(1.0)
// process double return inteter

let doubleResult: Double = process(1.0)
// process double return double

let result = process(1.0)                // Error
```

파라미터에 기본 값이 지정되어 있는 경우 파라미터가 없는 함수와 동일한 방식으로 호출할 수 있는 경우가 있습니다. 예를 들어 value 파라미터에 기본 값이 설정되어 있다면 process() 와 같이 파라미터 없이 호출할 수 있고 파라미터를 받지 않는 process() 함수를 호출하는 코드와 동일합니다. 이 경우에는 파라미터가 없는 함수가 우선권을 가집니다.

```
func process() {
    print("process something")
}

func process(_ value: String = "str") {
    print("process string")
}

process()
// process something
```

```
process("str")
// process string
```

1.2 메소드 오버로딩

Swift에서 함수와 메소드는 선언되는 위치가 다를 뿐 문법은 동일합니다. 그래서 형식에 선언되어 있는 메소드는 "함수 오버로딩"에서 설명한 방식으로 오버로딩할 수 있습니다.

```
class MyClass {
    func process(_ value: Int) {
        print("process integer - instance")
    }

    static func process(_ value: Int) {
        print("process integer - type")
    }

    func process(_ value: Double) {
        print("process double")
    }
}

let cls = MyClass()

cls.process(1)
// process integer - instance

cls.process(1.0)
// process double

MyClass.process(1)
// process integer - type
```

함수와 달리 메소드를 호출할 때 형식 또는 인스턴스를 대상으로 호출하기 때문에 형식 함수와 인스턴스 함수가 동일한 시그니처를 가질 수 있습니다. MyClass 클래스에서 정수를 처리하는 process(_:)는 동일한 시그니처를 가지고 있지만 인스턴스 메소드와 형식 메소드로 구분되기 때문에 전혀 문제가 없습니다.

1.3 생성자 오버로딩

생성자는 이름이 init으로 고정되어 있고 리턴형을 지정하지 않기 때문에 파라미터의 수와 자료형, Argument Label을 기준으로 식별됩니다. 생성자는 종류에 관계없이 하나의 형식 내에서 유일하게 식별될 수 있어야 합니다.

```
class MyClass {
    init() {
        // ...
    }

    init(value: Int = 0) {
```

```
        // ...
    }

    init?(value: Double) {
        // ...
    }

    convenience init(value: String) {
        self.init()
        // ...
    }
}
```

1.4 Subscript 오버로딩

서브스크립트의 오버로딩은 이름이 subscript 키워드로 고정되어 있는 것을 제외하고 메소드의 오
버로딩과 동일합니다.

```
class MyClass {
    subscript(index: Int) -> Int {
        print("integer subscript return integer")
        return 0
    }

    subscript(index: Int) -> Double {
        print("integer subscript return double")
        return 0.0
    }

    subscript(key: String) -> Double {
        print("string subscript return double")
        return 0.0
    }
}

let a = MyClass()

let integerResult: Int = a[0]
// integer subscript return integer

let doubleResult: Double = a[0]
// integer subscript return double

let result = a["key"]
// string subscript return double
```

2. 오버라이딩

상속 관계에서 하위 클래스는 상위 클래스의 모든 공개 요소를 상속 받습니다. 하위 클래스는 상속받은 요소를 그대로 사용할 수 있지만 하위 클래스의 구현에 적합하지 않을 수 있습니다. 상속받은 요소를 재정의하는 것을 오버라이딩^{Overriding} 이라고 합니다.

Swift는 override 키워드를 통해 오버라이딩 여부를 명시적으로 선언합니다. 속성, 메소드, 서브스크립트, 생성자를 오버라이딩할 수 있고 상위 클래스에 오버라이딩한 요소가 존재하지 않는다면 컴파일 오류가 발생합니다.

아래의 코드는 상속 관계에 있는 두 클래스를 구현하고 있습니다. 상위 클래스인 Super 클래스는 hello 메소드를 가지고 있으며 이 메소드는 자신이 어떤 클래스인지 로그를 출력합니다. Super 클래스를 상속받은 Sub 클래스는 hello 메소드를 상속합니다.

```
class Super {
    var value = 0

    func hello() {
        print("Hello, I'm Super class")
    }
}

class Sub: Super {

}
```

Super 클래스의 인스턴스와 Sub 클래스의 인스턴스는 모두 hello() 메소드를 호출할 수 있습니다. 두 인스턴스는 Super 클래스에 선언되어 있는 hello() 메소드를 호출합니다.

```
let a = Super()
a.hello()
// Hello, I'm Super class

let b = Sub()
b.hello()
// Hello, I'm Super class
```

Sub 클래스의 경우 I'm Super Class를 출력하는 것이 적합하지 않습니다. I'm Sub Class로 출력하도록 변경해 보겠습니다. 먼저 helloSub() 메소드를 Sub 클래스에서 구현하는 것을 고려해 볼 수 있습니다. Super 클래스에서는 hello() 메소드를 호출하고 Sub 클래스에서 helloSub() 메소드를 호출하면 원하는 결과를 얻을 수 있습니다.

```
class Sub: Super {
    func helloSub() {
        print("Hello, I'm Sub class")
    }
}
```

하지만 이 방식은 동일한 기능을 수행하는 메소드를 여러 개 구현해야 한다는 점에서 매우 비효율적입니다. Sub 클래스에서 여전히 hello() 메소드를 호출할 수 있기 때문에 잘못된 결과를 얻을 가능성도 매우 높습니다. 이런 상황에서 hello() 메소드를 재정의하면 새로운 메소드를 구현하지 않고 동일한 이름으로 두 인스턴스에 적합한 동작을 수행하는 메소드를 구현할 수 있습니다. 하위 클래스에서 상위 클래스에 선언되어 있는 메소드와 동일한 시그니처를 가진 메소드를 선언하고 func 키워드 앞에 override 키워드를 추가하면, 컴파일러는 이 메소드를 오버라이딩된 메소드로 인식합니다. 다시 말해, Sub 클래스에 Super 클래스와 동일한 hello() 메소드를 구현하면 Sub 클래스의 hello() 메소드는 Super 클래스의 hello() 메소드를 재정의합니다. 만약 하위 클래스에서 오버라이딩된 메소드로 인식된 메소드가 상위 클래스에 존재하지 않는다면 컴파일 오류가 발생합니다.

```
class Sub: Super {
    override func hello() {
        print("Hello, I'm Sub class")
    }
}
```

다시 두 클래스의 인스턴스를 생성한 후 메소드를 호출하면 이전과 다른 결과가 출력됩니다. Super 클래스의 인스턴스(a)에서 hello() 메소드를 호출할 때는 Super 클래스에 정의되어 있는 메소드가 호출됩니다. 반면, Sub 클래스의 인스턴스(b)에서 hello() 메소드를 호출하면 Super 클래스의 메소드를 오버라이딩한 Sub 클래스의 hello() 메소드가 호출됩니다.

```
let a = Super()
a.hello()
// Hello, I'm Super class

let b = Sub()
b.hello()
// Hello, I'm Sub class
```

이처럼 메소드 오버라이딩을 통해 상속되는 메소드를 각 클래스에 적합한 동작을 수행하도록 변경할 수 있습니다. 만약 하위 클래스의 메소드가 상위 클래스의 메소드를 기반으로 동작해야 한다면 super 키워드를 통해 상위 클래스의 메소드를 호출할 수 있습니다.

```
class Sub: Super {
    override func hello() {
        super.hello()
        print("Hello, I'm Sub class")
    }
}
```

다시 b 인스턴스에서 hello 메소드를 호출하면 Super 클래스와 Sub 클래스에 구현되어 있는 hello 메소드가 차례대로 호출됩니다.

```
let a = Super()
a.hello()
// Hello, I'm Super class
```

```
    let b = Sub()
    b.hello()
    // Hello, I'm Super class
    // Hello, I'm Sub class
```

2.1 속성 오버라이딩

Sub 클래스는 Super 클래스로부터 value 속성을 상속합니다. Swift 클래스는 상속받은 속성을 재정의할 수 있습니다. 메소드의 경우 override 키워드를 제외하면 상위 클래스와 하위 클래스의 선언부분이 동일합니다. 하지만 속성은 다음과 같이 override 키워드를 추가한다고 해서 오버라이딩되지 않습니다.

```
class Super {
    var value = 0
}

class Sub: Super {
    override var value = 0  // Error
}
```

속성은 두 가지 방식으로 오버라이딩할 수 있습니다. 첫 번째 방식은 상속된 속성의 getter와 setter를 구현하는 것입니다.

```
class Super {
    var value = 0
}

class Sub: Super {
    override var value: Int {
        get {
            print("getter of value")
            return super.value
        }
        set {
            print("setter of value")
            super.value = newValue
        }
    }
}
```

Super 클래스의 인스턴스는 value 속성에 바로 접근합니다. 반면 Sub 클래스의 인스턴스는 오버라이딩된 value 속성의 getter와 setter를 통해 속성에 접근합니다.

```
let a = Super()
a.value = 123
print(a.value)
// 123

let b = Sub()
```

```
b.value = 456
// setter of value

print(b.value)
// getter of value
// 456
```

속성을 오버라이딩할 때 주의해야 할 점은 읽기/쓰기가 가능한 속성을 읽기 전용 속성으로 오버라이딩할 수 없다는 것입니다. 조금 전 예제에서 value 속성은 읽기/쓰기가 가능하기 때문에 Sub 클래스에서 getter와 setter를 모두 구현해야 합니다. 만약 다음과 같이 getter만 구현한다면 컴파일 오류가 발생합니다. 반대로 읽기 전용 속성을 읽기/쓰기가 가능한 속성으로 오버라이딩하는 것은 허용됩니다.

```
class Sub: Super {
    override var value: Int {     // Error
        get {
            print("getter of value")
            return super.value
        }
    }
}
```

또 하나 주의할 점은 getter와 setter에서 속성에 접근할 때 super 키워드를 통해 접근해야 한다는 것입니다. 만약 self 키워드를 통해 속성에 접근한다면 재귀 호출로 인해 프로그램이 비정상적으로 종료됩니다.

```
class Sub: Super {
    override var value: Int {
        get {
            print("getter of value")
            return self.value            // Error
        }
        set {
            print("setter of value")
            self.value = newValue        // Error
        }
    }
}
```

두 번째 방식은 상속된 속성에 속성 감시자를 추가하는 것입니다. 상위 클래스에서 선언된 속성이 let으로 선언된 상수이거나 읽기 전용 계산 속성인 경우 속성 감시자를 추가할 수 없으므로 주의해야 합니다.

```
class Sub: Super {
    override var value: Int {
        didSet {
            print("didSet value")
        }
    }
```

```
    }

    let a = Super()
    a.value = 123

    let b = Sub()
    b.value = 456
    // didSet value
```

2.2 생성자 오버라이딩

하위 클래스는 상위 클래스의 생성자를 오버라이딩할 수 있습니다. 생성자를 오버라이딩하는 방법은 메소드를 오버라이딩하는 방법과 동일합니다. 생성자를 오버라이딩할 때는 생성자 델리게이션이 정상적으로 실행되도록 상위 클래스의 생성자를 호출해 주는 것이 매우 중요합니다.

Swift의 경우 상위 클래스의 지정 생성자를 오버라이딩할 경우 생성자 상속 규칙에 따라 다른 지정 생성자가 상속되지 않습니다. 예를 들어 Super 클래스에 두 개의 지정 생성자가 선언되어 있다고 가정하겠습니다.

```
class Super {
    var value = 0

    init() {
        value = 0
    }

    init(value: Int) {
        self.value = value
    }
}
```

Super 클래스를 상속하는 Sub 클래스에서 생성자를 오버라이딩 하지 않으면 Super 클래스의 모든 생성자를 상속합니다. 그래서 다음과 같이 상속된 생성자를 통해 Sub 클래스의 인스턴스를 생성할 수 있습니다.

```
class Sub: Super {

}

let a = Sub()
let b = Sub(value: 123)
```

Sub 클래스에서 Int 파라미터를 받는 생성자를 오버라이딩하면 파라미터가 없는 기본 생성자는 더 이상 상속되지 않습니다. Sub 클래스의 인스턴스를 생성할 때 오버라이딩한 생성자를 사용할 수 있지만 파라미터가 없는 기본 생성자를 사용하면 컴파일 오류가 발생합니다.

```
class Sub: Super {
    override init(value: Int) {
```

```
            super.init(value: value)
        }
    }

    let a = Sub()                      // Error
    let b = Sub(value: 123)
```

그러므로 하위 클래스에서 지정 생성자를 오버라이딩하는 경우 모든 지정 생성자를 오버라이딩 하거나 하위 클래스에서 오버라이딩한 생성자만 사용해야 합니다.

2.3 final

클래스를 선언할 때 final 키워드를 추가하면 다른 클래스가 상속할 수 없는 Final Class가 됩니다. final 키워드는 클래스의 속성, 메소드, 서브스크립트 선언에 개별적으로 추가할 수 있습니다. final 키워드와 함께 선언된 속성, 메소드, 서브스크립트는 하위 클래스에 상속되지만 하위 클래스에서 오버라이딩할 수 없습니다. 예를 들어 Super 클래스의 hello() 메소드를 final로 선언하면 Sub 클래스에서 오버라이딩할 수 없습니다.

```
class Super {
    final func hello() {
        print("Hello, I'm Super class")
    }
}

class Sub: Super {
    override func hello() {              // Error
        print("Hello, I'm Sub class")
    }
}
```

3. 정적 타이핑과 동적 타이핑

값의 형식을 지정하거나 확인하는 것을 타이핑이라고 합니다. 컴파일 타임에 값의 형식을 확인하는 것을 정적 타이핑Static Typing, 런타임에 값의 형식을 확인하는 것을 동적 타이핑Dynamic Typing라고 합니다.

정적 타이핑은 값의 형식을 명확히 지정하기 때문에 컴파일러가 값의 유실이나 형변환으로 인해 발생할 수 있는 오류를 쉽게 발견할 수 있습니다. 컴파일 타임에 모든 형식이 결정되기 때문에 코드의 가독성이 높고 동적 타이핑에 비해 높은 성능을 제공합니다. 예를 들어 정적 타이핑으로 NSString 인스턴스 변수를 선언하려면 다음과 같이 형식을 NSString으로 명시적으로 지정합니다.

```
var str = NSString()
```

컴파일러는 컴파일 타임에 str 변수의 형식과 제공하는 속성, 메소드를 모두 파악할 수 있습니다. 그래서 NSString 클래스가 제공하지 않는 속성에 접근하거나 잘못된 메소드를 호출하면 컴파일 오류가 발생합니다.

```
        let result = str.countOfCharacter                          // Error
```

동적 타이핑은 값의 형식을 명확히 지정하지 않고 범용적인 형식을 사용합니다. Swift에서는 Any, AnyObject 형식을 사용합니다. 값의 실제 형식은 런타임에 결정되므로 코드를 비교적 이해하기 어려울 수 있지만 유연한 코드를 작성할 수 있는 장점이 있습니다. 정적 타이핑과 달리 런타임에 값의 실제 형식을 판단하는 과정이 필요하므로 정적 타이핑에 비해 상대적으로 낮은 성능을 제공합니다.

3.1 Any, AnyObject

Any와 AnyObject는 Swift에서 사용하는 범용 자료형입니다. Swift는 형식에 엄격한 언어이기 때문에 Objective-C의 호환성을 위해 사용하는 경우를 제외하고 두 형식을 거의 활용하지 않습니다. Any는 값 형식과 참조 형식을 모두 대표할 수 있는 형식이고, AnyObject는 참조 형식을 대표할 수 있는 형식으로 Objective-C의 id와 유사합니다. NSString 인스턴스를 AnyObject 형식으로 저장하면 str이 참조 형식이라는 것 이외에 다른 정보가 유실됩니다. 그래서 NSString 클래스가 제공하지 않는 메소드를 호출하더라도 런타임 이전에는 오류가 발생하지 않습니다.

```
        var str: AnyObject = NSString()
        let result = str.removeAllObjects()                        // Runtime Error
```

이처럼 호출 가능한 메소드를 판단하는 시점이 런타임으로 미루어지는 것을 동적 바인딩이라고 합니다. 동적 바인딩은 런타임 오류가 발생할 위험이 크기 때문에 인트로스펙션을 통해 인스턴스의 실제 형식을 확인하는 코드를 추가합니다.

4. 인트로스펙션(Introspection)

형식이 제공하는 메소드, 속성 등 형식 자체에 대한 정보를 메타 데이터라고 합니다. OOP 언어는 런타임에 형식의 메타 데이터를 확인할 수 있는 여러 메소드와 연산자를 제공합니다. 형식의 메타 데이터를 확인하는 것을 인트로스펙션이라고 합니다. 자바와 같은 다른 OOP 언어에서는 리플렉션[Reflection]이라는 용어를 사용합니다.

이해를 돕기 위해 상속 관계에 있는 새로운 클래스를 선언합니다. Shape 클래스는 임의의 도형을 추상화한 클래스로 도형을 그리는 draw() 메소드를 가지고 있습니다. NSObject 클래스가 제공하는 인트로스펙션을 사용하기 위해 NSObject를 상속합니다.

```
        class Shape: NSObject {
            func draw() {
                print("draw shape")
            }
        }
```

사각형을 추상화한 Rectangle 클래스는 Shape 클래스를 상속하고 사각형을 그리도록 draw() 메소드를 오버라이딩 합니다.

```
class Rectangle: Shape {
    override func draw() {
        print("draw rectangle")
    }
}
```

정사각형을 추상화한 Square 클래스는 Rectangle 클래스를 상속하고 정사각형을 그리도록 draw()
메소드를 오버라이딩합니다.

```
class Square: Rectangle {
    override func draw() {
        print("draw square")
    }
}
```

원을 추상화한 Circle 클래스는 Shape 클래스를 상속하고 원을 그리도록 draw() 메소드를 오버라이
딩 합니다. 그리고 radius 속성과 roll() 메소드를 구현합니다.

```
class Circle: Shape {
    var radius = 0.0

    override func draw() {
        print("draw circle")
    }

    func roll() {
        print("rolling circle")
    }
}
```

4.1 클래스 계층구조

isKind(of:), isMember(of:), isSubclass(of:) 메소드는 클래스 인스턴스의 형식과 상속관계를 파
악하는데 사용됩니다. isMember(of:) 메소드는 인스턴스가 파라미터로 전달된 클래스의 인스턴스
인 경우 true를 리턴합니다. 이 메소드는 상속관계를 고려하지 않으므로 상속 계층에 있는 다른 클
래스를 전달하면 false를 리턴합니다. 아래의 코드에서 Rectangle 클래스를 파라미터로 전달하면 r
이 Rectangle 클래스의 인스턴스이므로 true가 리턴됩니다. 하지만 Shape 클래스를 전달한 경우에
는 false를 리턴합니다.

```
let r = Rectangle()

if r.isMember(of: Rectangle.self) {
    print("r is a member of Rectangle class")
} else {
    print("r is not a member of Rectangle class")
}
// r is a member of Rectangle class

if r.isMember(of: Shape.self) {
```

```
        print("r is a member of Shape class")
    } else {
        print("r is not a member of Shape class")
    }
    // r is not a member of Shape class
```

반면 isKind(of:) 메소드는 인스턴스가 파라미터로 전달된 클래스의 인스턴스이거나 이 클래스를 상속한 클래스의 인스턴스인 경우 true를 리턴합니다. 그래서 Rectangle 클래스와 Shape 클래스를 전달한 경우 모두 true를 리턴합니다.

```
    if r.isKind(of: Rectangle.self) {
        print("r is a kind of Rectangle class")
    } else {
        print("r is not a kind of Rectangle class")
    }
    // r is a kind of Rectangle class

    if r.isKind(of: Shape.self) {
        print("r is a kind of Shape class")
    } else {
        print("r is not a kind of Shape class")
    }
    // r is a kind of Shape class
```

isSubclass(of:) 메소드는 클래스 객체가 파라미터로 전달된 클래스이거나 이 클래스를 상속한 클래스인 경우 true를 리턴합니다. 클래스 메소드이므로 인스턴스를 대상으로 호출할 수 없습니다.

```
    if Circle.isSubclass(of: Shape.self) {
        print("Circle is a subclass of Shape")
    } else {
        print("Circle is not a subclass of Shape")
    }
    // Circle is a subclass of Shape
```

4.2 프로토콜

conforms(to:) 메소드는 프로토콜 채용 여부를 확인할 때 사용합니다. 대상이 파라미터로 전달한 프로토콜을 채용하고 있다면 true를 리턴합니다.

```
    if Shape.conforms(to: NSObjectProtocol.self) {
        print("Shape conforms to the NSObjectProtocol protocol")
    } else {
        print("Shape doesn't conforms to the NSObjectProtocol protocol")
    }
    // Shape conforms to the NSObjectProtocol protocol
```

앞에서 설명한 메소드는 Swift에서 NSObject를 상속한 클래스에 한해서 사용할 수 있습니다. Swift는 NSObject 클래스가 제공하는 메소드 대신 새로 도입된 is 연산자(Type Check Operator)를 통해 동일한 기능을 구현합니다. is 연산자는 이항 연산자로 왼쪽 피연산자의 실제 형식과 프로토콜 채용 여부를 확인할 수 있습니다. 그리고 is 연산자는 값 형식과 참조 형식에 모두 사용할 수 있습니다.

> | 인스턴스 is 형식 또는 프로토콜

앞에서 작성한 예제는 is 연산자를 통해 다음과 같이 구현할 수 있습니다.

```
let r: AnyObject = Rectangle()

if r is Rectangle {
    print("r is a kind of Rectangle class")
} else {
    print("r is not a kind of Rectangle class")
}
// r is a kind of Rectangle class

if r is Shape {
    print("r is a kind of Shape class")
} else {
    print("r is not a kind of Shape class")
}
// r is a kind of Shape class

if r is NSObjectProtocol {
    print("r conforms to the NSObjectProtocol protocol")
} else {
    print("r doesn't conforms to the NSObjectProtocol protocol")
}
// r conforms to the NSObjectProtocol protocol
```

5. 업캐스팅과 다운캐스팅

상속 계층에 있는 상위 클래스의 형식은 하위 클래스의 인스턴스를 저장할 수 있습니다. 예를 들어 Shape 클래스 형식은 Rectangle, Square, Circle 클래스의 인스턴스를 저장할 수 있습니다. 아래의 코드에서 메모리에 생성된 Circle 인스턴스는 Shape 형식으로 변환되어 변수 s에 저장됩니다. 이와 같이 하위 클래스의 인스턴스가 상위 클래스의 형식으로 변환되는 것을 업캐스팅[Upcating]이라고 합니다.

> | var s: Shape = Circle()

Shape 형식으로 업캐스팅된 변수 s를 통해 Shape 클래스에 선언되어 있는 속성과 메소드에 접근할 수 있지만 Circle 클래스에 선언되어 있는 radius 속성에 접근하거나 roll() 메소드를 호출하는 것은 불가능 합니다. 메모리에 저장된 실제 인스턴스에 관계없이 s는 Shape 클래스의 인스턴스로 인식되기 때문입니다.

> | s.radius = 10   // Error
> | s.roll()   // Error

서로 다른 형식의 도형을 하나의 배열에 저장하는 코드를 고려해 보겠습니다. Swift 배열은 하나의 배열에 동일한 형식만 저장할 수 있다는 제한을 가지고 있습니다. 이 제한은 배열에 저장할 모든 요소가 동일한 상속 계층에 포함되어 있는 경우에는 적용되지 않습니다. 그래서 shape, rect, square, circle을 하나의 배열에 저장할 수 있습니다. 이때 배열의 자료형은 모든 요소의 공통 상위 클래스 배열인 [Shape]가 됩니다. 즉, 모든 인스턴스가 Shape로 업캐스팅되어 저장됩니다.

```
let shape = Shape()
let rect = Rectangle()
let square = Square()
let circle = Circle()

let list = [shape, rect, square, circle]
```

list 배열을 순회하면서 요소의 형식을 확인하고 Circle 형식인 경우 roll() 메소드를 호출해야 한다고 가정해 보겠습니다.

업캐스팅된 형식을 원래의 형식 또는 다른 하위 클래스 형식으로 변환하는 것을 다운캐스팅^{Downcasting}이라고 합니다. Swift는 다운캐스팅에 사용되는 형식 변환 연산자(Type Cast Operator)를 제공합니다. 이 연산자는 두 가지 형태를 가지고 있습니다. as? 연산자는 변환에 성공한 경우 변환된 인스턴스를 리턴하고 실패한 경우 nil을 리턴합니다. as! 연산자는 as? 연산자와 동일하지만 변환에 실패할 경우 런타임 오류가 발생합니다.

```
인스턴스 as? 형식 또는 프로토콜
인스턴스 as! 형식 또는 프로토콜
```

형식 변환 연산자와 옵셔널 바인딩 구문을 조합하여 형식을 확인하는 코드와 다운캐스팅 코드를 단순하게 구현할 수 있습니다.

```
for element in list {
    if let circle = element as? Circle {
        circle.roll()
    }
}
```

6. 정적 바인딩과 동적 바인딩

정적 타이핑으로 선언된 형식은 호출할 메소드가 컴파일 타임에 결정됩니다. 메소드를 호출하는 코드를 메모리에 저장된 실제 코드와 연결하는 것을 바인딩^{Binding}이라고 하며 바인딩이 컴파일 타임에 수행되는 방식을 정적 바인딩^{Static Binding}이라고 합니다.

정적 바인딩과 반대로 바인딩이 런타임에 수행되는 방식을 동적 바인딩이라고 합니다. 동적 타이핑으로 선언된 형식이나 업캐스팅된 형식에서 호출하는 메소드는 컴파일 타임에 정확한 형식을 판단할 수 없기 때문에 바인딩이 런타임으로 보류됩니다. 동적 바인딩의 경우 런타임에 실제 형식을 확인하고 메소드와 바인딩하는 시간이 필요하기 때문에 정적 바인딩에 비해 속도가 느립니다. 하지만 실제 형식에 따라 오버라이딩된 메소드가 호출되는 장점을 가지고 있습니다.

list 배열에 저장되어 있는 요소의 draw( ) 메소드를 호출하면 루프 상수의 형식에 관계없이 오버라이딩된 실제 인스턴스의 메소드가 호출됩니다.

```
for element in list {
    element.draw()
}
// draw shape
// draw rectangle
// draw square
// draw circle
```

동적 바인딩 방식으로 메소드를 호출할 때는 항상 런타임 오류에 주의해야 합니다. 안전한 코드를 작성하기 위해서는 Introspection에서 설명한 코드를 활용하여 메소드 구현 여부를 미리 확인해야 합니다.

7. Summary

- 오버로딩을 통해 동일한 이름의 함수를 중복해서 선언할 수 있습니다.

- Swift는 함수의 이름, 파라미터 수, 자료형으로 함수를 식별합니다.

- 이름이 동일한 함수는 선언된 파라미터의 수로 구분할 수 있어야 합니다.

- 함수의 이름과 파라미터의 수가 동일한 경우 파라미터의 자료형으로 구분할 수 있어야 합니다.

- 함수의 이름과 파라미터의 수, 자료형이 모두 동일한 경우(즉, 시그니처가 동일한 경우) Argument Label로 구분할 수 있어야 합니다.

- 시그니처와 Argument Label이 모두 동일한 경우 리턴형으로 구분할 수 있어야 합니다. 이 경우에는 리턴되는 값이 할당되는 변수의 자료형을 통해 호출될 함수가 결정되므로 반드시 리턴되는 값을 사용해야 합니다.

- 오버로딩을 지원하는 대상은 함수, 메소드, 서브스크립트, 생성자, 연산자입니다.

- 상속받은 속성과 메소드를 재정의하는 것을 오버라이딩이라고 합니다.

- override 키워드를 통해 오버라이딩 여부를 명시적으로 선언하며 속성, 메소드, 서브스크립트, 생성자를 오버라이딩할 수 있습니다.

- 생성자를 오버라이딩할 때는 생성자 델리게이션이 정상적으로 실행되도록 상위 클래스의 생성자를 호출해 주는 것이 매우 중요합니다.

- final 키워드와 함께 선언된 속성, 메소드, 서브스크립트는 하위 클래스에 상속되지만 하위 클래스에서 오버라이딩할 수 없습니다.

- 정적 타이핑은 값의 형식을 명확히 지정하기 때문에 컴파일러가 값의 유실이나 자동 형변환으로 인해 발생할 수 있는 오류를 쉽게 발견할 수 있습니다. 컴파일 타임에 모든 형식이 결정되기 때문에 코드의 가독성이 높고 동적 타이핑에 비해 높은 성능을 제공합니다.

- 동적 타이핑은 값의 형식을 명확히 지정하지 않고 범용적인 형식을 사용합니다. 값의 실제 형식은 런타임에 결정되므로 코드를 비교적 이해하기 어려울 수 있지만 유연한 코드를 작성할 수 있는 장점이 있습니다.

- Any와 AnyObject는 Swift에서 사용하는 범용 자료형입니다.

- NSObject 클래스를 통해 제공되는 메소드를 통해 클래스의 메타 데이터를 확인할 수 있습니다.

- Swift는 is 연산자를 통해 클래스의 메타 데이터를 확인합니다.

  > `인스턴스` is `형식 또는 프로토콜`

- 하위 클래스의 인스턴스가 상위 클래스의 형식으로 변환되는 것을 업캐스팅이라고 합니다.

- 업캐스팅된 형식을 원래의 형식 또는 다른 하위 클래스 형식으로 변환하는 것을 다운캐스팅이라고 합니다.

- Swift는 다운캐스팅에 사용되는 형식 변환 연산자를 제공합니다.

  > `인스턴스` as? `형식 또는 프로토콜`
  > `인스턴스` as! `형식 또는 프로토콜`

- 메소드를 호출하는 코드를 메모리에 저장된 실제 코드와 연결하는 것을 바인딩이라고 합니다.

- 바인딩이 컴파일 타임에 수행되는 방식을 정적 바인딩이라고 하며 런타임에 수행되는 방식을 동적 바인딩이라고 합니다.

프로토콜

현실 세계에서 프로토콜은 특정 업무를 처리하기 위해 따라야 하는 공통적인 규약을 의미합니다. 조금 더 범위를 좁혀보면, 컴퓨터를 조립할 때 Nvidia, AMD, Intel, Samsung 등 다양한 제조사의 제품을 혼합해서 쓸 수 있는 것도 공통적인 요구사항을 만족시키는 만들었기 때문입니다. 프로그래밍으로 범위를 좁혀보면, 프로토콜은 형식에서 공통적으로 제공하는 기능 목록으로 Java, C#의 인터페이스와 유사한 개념입니다.

클래스와 구조체 같은 형식들은 프로토콜로 정의되어 있는 기능을 메소드나 속성으로 구현합니다. 이것을 "프로토콜을 따른다.", "프로토콜을 채용하고 있다." 등으로 표현합니다. 코코아 프레임워크가 광범위하게 활용하고 있는 델리게이트 패턴^{Delegate Pattern}은 프로토콜을 통해 구현됩니다. `UITableViewDataSource`, `UIScrollViewDelegate`를 구현해 보았다면 프로토콜에 대해서 쉽게 이해할 수 있을 것입니다.

프로토콜은 형식이 공통적으로 구현해야 할 기능 목록을 정의하는 것으로 프로토콜 선언에는 메소드와 속성의 선언만 포함됩니다. 실제 구현은 프로토콜을 채용한 형식이 담당합니다. 그래서 프로토콜이 정한 규칙만 따른다면 형식 내부의 구현은 아무런 상관이 없습니다. Objective-C의 프로토콜은 프로토콜을 채용한 클래스가 공통적으로 구현해야 할 메소드 목록을 선언할 수 있습니다. Swift는 프로토콜을 채용한 클래스, 구조체, 열거형이 공통적으로 구현해야 할 메소드와 속성 목록을 선언할 수 있습니다. 그리고 프로토콜을 채용한 형식에서 반드시 구현해야 하는 필수 요소와 선택적으로 구현할 수 있는 옵션 요소를 구분하여 선언할 수 있습니다.

이 책은 미디어 재생 기능과 리모컨 조작 기능을 프로토콜로 선언하고 이 프로토콜을 채용하는 TV 클래스를 구현하는 방법을 보여줍니다. 예제에서 사용할 프로토콜의 이름은 `MediaPlayable`, `RemoteControllable` 이고, 각각 다음과 같은 기능 목록을 선언합니다. `RemoveControllable` 프로토콜은 `MediaPlayable` 프로토콜을 상속하도록 선언합니다.

MediaPlayable
- 재생
- 일시중지
- 정지
- 다음 트랙 〈선택적 기능〉
- 이전 트랙 〈선택적 기능〉

RemoteControllable

- 전원 On
- 전원 Off
- 음량 조절
- 이전 채널 〈선택적 기능〉
- 다음 채널 〈선택적 기능〉

추가로 예제에서 함께 사용할 클래스를 구현합니다.

```
class Device: NSObject {
    var modelName: String

    init(name: String) {
        modelName = name
    }
}
```

프로토콜은 protocol 키워드로 선언합니다. 프로토콜 내부에는 속성, 메소드, 생성자 선언 목록이 올수 있습니다.

```
protocol 프로토콜 이름 {
    속성 선언 목록
    메소드 선언 목록
    생성자 선언 목록
}
```

프로토콜은 다른 프로토콜로부터 선언을 상속할 수 있고, 클래스와 달리 다중 상속을 허용하므로 여러 프로토콜을 상속할 수도 있습니다. 상속 문법은 클래스 상속 문법과 동일합니다.

```
protocol 프로토콜 이름: 상속할 프로토콜 이름1, 상속할 프로토콜 이름N {
    // ...
}
```

프로토콜 선언에 포함된 요소들은 기본적으로 필수 요소입니다. 만약 선택적 요소로 선언하고 싶다면 optional 키워드를 선언 앞에서 추가합니다. 그리고 프로토콜 선언과 요소의 선언 앞에 반드시 @objc 속성을 추가해야 합니다. 그리고 이 프로토콜을 채용할 수 있는 대상은 Objective-C 클래스로부터 상속된 클래스 또는 @objc 속성으로 선언된 클래스로 제한됩니다.

```
@objc protocol 프로토콜 이름 {
    @objc optional 속성 선언
    @objc optional 메소드 선언
}
```

MediaPlayable, RemoteControllable 프로토콜은 다음과 같이 선언할 수 있습니다.

```
@objc protocol MediaPlayable {
    func play()
    func pause()
    func stop()

    @objc optional func nextMedia()
    @objc optional func prevMedia()
}

@objc protocol RemoteControllable: MediaPlayable {
    func on()
    func off()
    func volumeUp()
    func volumeDown()

    @objc optional func nextChannel()
    @objc optional func prevChannel()
}
```

0.1 프로토콜 속성 선언

Swift 프로토콜은 프로토콜을 채용한 형식이 반드시 가져야 하는 속성을 선언할 수 있습니다. 속성을 선언할 때는 속성 이름과 자료형, 속성의 읽기/쓰기 특성을 지정합니다. 속성은 반드시 var로 선언해야 하며 형식 속성을 선언하려면 static 키워드를 선언 앞부분에 추가합니다. 읽기/쓰기 특성은 get, set 키워드로 지정합니다.

```
static var 속성 이름: 자료형 { 읽기/쓰기 특성 }
var 속성 이름: 자료형 { 읽기/쓰기 특성 }
```

RemoteControllable 프로토콜에 다음과 같이 속성 선언을 추가합니다. firmwareVersion은 프로토콜의 버전을 나타내는 형식 속성이고, isOn은 전원 상태를 나타내는 인스턴스 속성입니다. RemoteControllable 프로토콜을 채용한 형식은 반드시 두 속성을 선언해야 합니다. 속성의 종류는 상관이 없지만 이름과 자료형은 반드시 일치해야 합니다.

```
@objc protocol RemoteControllable: MediaPlayable {
    static var firmwareVersion: String { get }
    var isOn: Bool { get set }
    // ...
}
```

0.2 프로토콜 메소드 선언

메소드 선언은 메소드 이름, 파라미터 목록, 리턴형으로 구성됩니다. 메소드 구현에서 { }와 함수의 본문이 빠진 형태입니다. 형식 메소드를 선언하려면 static 키워드를 추가해야 하고, 파라미터 목록과 리턴형은 필요에 따라 생략할 수 있습니다. 메소드 구현과 달리 파라미터에 기본 값을 지정하는 것은 허용되지 않습니다.

```
static func 메소드 이름(파라미터 목록) -> 리턴형
func 메소드 이름(파라미터 목록) -> 리턴형
```

만약 프로토콜에 포함된 메소드가 형식의 속성을 변경할 가능성이 있고, 값 형식이 프로토콜을 채용한다면 메소드 선언에 mutating 키워드를 추가해야 합니다.

```
mutatic func 메소드 이름(파라미터 목록) -> 리턴형
```

0.3 프로토콜 생성자 선언

프로토콜을 채용한 형식이 공통적으로 제공해야할 생성자를 선언할 수 있습니다.

```
init(파라미터 목록)
init?(파라미터 목록)
init!(파라미터 목록)
```

프로토콜에 생성자가 포함되어 있다면 이 프로토콜을 채용한 클래스는 생성자 선언 앞에 required 키워드를 추가해야 합니다. 만약 클래스가 final로 선언되어 있다면 생략할 수 있습니다. 하위 클래스에서 생성자를 재정의하는 경우에는 생성자 선언 앞에 required 키워드와 override 키워드를 모두 추가해야 합니다.

1. 프로토콜 채용

프로토콜을 채용하는 형식은 선언부에 자신이 채용하는 프로토콜 목록을 명시해야 합니다. 클래스의 경우 상위 클래스 이름이 항상 프로토콜 이름 목록 앞에 와야 합니다.

```
class 클래스 이름: 상위 클래스 이름, 프로토콜 이름 목록 {
    // ...
}

struct 구조체 이름: 프로토콜 이름 목록 {
    // ...
}

enum 열거형 이름: 프로토콜 이름 목록 {
    // ...
}
```

앞에서 구현한 프로토콜을 채용한 클래스를 구현해 보겠습니다. 프로토콜에 집중하기 위해서 메소드 구현은 실제 기능 대신 로그 출력으로 대체합니다.

먼저 DVDPlayer 클래스를 구현합니다. 이 클래스는 미디어 재생 기능 리모컨 조작 기능을 모두 제공하지만 채널 이동 기능과 미디어 이동 기능은 지원하지 않는다고 가정합니다. 클래스 선언에서 다음과 같이 두 프로토콜을 채용하도록 선언합니다. 프로토콜에 선언된 메소드 목록은 프로토콜을 채용한 클래스의 공개 메소드가 되므로 클래스 선언에서 포함시킬 필요가 없습니다. eject 메소드는 DVD를 꺼내는 공개 메소드입니다. 이 클래스는 채널 이동과 미디어 이동을 지원하지 않으므로 두 프로토콜

의 선택적 메소드는 구현하지 않습니다.

DVDPlayer 클래스는 @objc 속성으로 선언합니다. Device 클래스가 NSObject를 상속하고,
MediaPlayable, RemoteControllable 프로토콜이 선택적 메소드를 선언하기 위해 @objc 속성으로
선언되었기 때문입니다.

```swift
@objc class DVDPlayer: Device, MediaPlayable, RemoteControllable {
    static var firmwareVersion: String = "1.0"
    var isOn: Bool = false

    func play() {
        print("DVDPlayer.\(#function)")
    }

    func pause() {
        print("DVDPlayer.\(#function)")
    }

    func stop() {
        print("DVDPlayer.\(#function)")
    }

    func on() {
        print("DVDPlayer.\(#function)")
    }

    func off() {
        print("DVDPlayer.\(#function)")
    }

    func volumeUp() {
        print("DVDPlayer.\(#function)")
    }

    func volumeDown() {
        print("DVDPlayer.\(#function)")
    }

    func eject() {
        print("DVDPlayer.\(#function)")
    }
}
```

RemoteControllable 프로토콜은 firmwareVersion, isOn 속성을 선언하고 있습니다. 이 프로토콜을
채용하는 형식은 반드시 두 속성을 선언해야 합니다. 속성의 이름과 자료형이 일치한다면 저장 속성
과 계산 속성 중 하나로 구현할 수 있습니다. 앞에서 저장 속성으로 선언한 속성을 계산 속성으로 바
꾸어도 프로토콜의 요구사항을 만족시킬 수 있습니다.

```
@objc class DVDPlayer: Device, MediaPlayable, RemoteControllable {
    static var firmwareVersion: String {
        return "1.0"
    }

    var isOn: Bool {
        get {
            return self.isOn
        }
        set {
            self.isOn = newValue
        }
    }
    // ...
}
```

프로토콜에서 읽기 전용 속성으로 선언되어 있는 속성은 클래스에서 읽기/쓰기 속성으로 선언될 수 있습니다. 그러나 읽기/쓰기 속성은 읽기 전용 속성이나 상수로 선언될 수 없습니다.

```
@objc class DVDPlayer: Device, MediaPlayable, RemoteControllable {
    // ...
    var isOn: Bool {                // Error
        return self.isOn
    }
    // ...
}
```

이번에 구현할 MP3Player 클래스는 미디어 재생 기능을 지원하지만 리모컨 조작 기능은 지원하지 않습니다.

```
@objc class MP3Player: Device, MediaPlayable {
    func play() {
        print("MP3Player.\(#function)")
    }

    func pause() {
        print("MP3Player.\(#function)")
    }

    func stop() {
        print("MP3Player.\(#function)")
    }

    func nextMedia() {
        print("MP3Player.\(#function)")
    }

    func prevMedia() {
        print("MP3Player.\(#function)")
    }
}
```

마지막 SmartTV 클래스를 구현합니다. RemoteControllable 프로토콜이 MediaPlayable 프로토콜을 상속하고 있으므로 아래와 같이 RemoteControllable 프로토콜만 지정하더라도 DVDPlayer 클래스처럼 두 프로토콜을 모두 지정한 것과 같습니다. 이 클래스는 두 프로토콜에 선언되어 있는 모든 메소드를 구현합니다. 추가로 현재 볼륨을 저장할 수 있는 속성을 선언합니다.

```swift
@objc class SmartTV: Device, RemoteControllable {
    static var firmwareVersion: String = "1.0"
    var isOn: Bool = false
    var volume = 0

    func play() {
        print("SmartTV.\(#function)")
    }

    func pause() {
        print("SmartTV.\(#function)")
    }

    func stop() {
        print("SmartTV.\(#function)")
    }

    func nextMedia() {
        print("SmartTV.\(#function)")
    }

    func prevMedia() {
        print("SmartTV.\(#function)")
    }

    func on() {
        print("SmartTV.\(#function)")
    }

    func off() {
        print("SmartTV.\(#function)")
    }

    func volumeUp() {
        print("SmartTV.\(#function)")

        volume = min(100, volume + 1)

        print("SmartTV: volume \(volume)")
    }

    func volumeDown() {
        print("SmartTV.\(#function)")

        volume = max(0, volume - 1)

        print("SmartTV: volume \(volume)")
    }
```

```
    func nextChannel() {
        print("SmartTV.\(#function)")
    }

    func prevChannel() {
        print("SmartTV.\(#function)")
    }
}
```

2. 프로토콜 형식

이번에는 RemoteController 클래스를 구현하겠습니다. 이 클래스의 주된 기능은 앞에서 구현한 클래스와 연동하여 조작하는 것입니다. 먼저 연동되어 있는 클래스를 저장할 속성을 선언해야 합니다. 이 속성의 자료형은 무엇으로 선언해야 할까요?

```
@objc class RemoteController: Device, RemoteControllable {
    var pairedDevice: ???
}
```

자료형을 DVDPlayer로 지정한다면 MP3Player 인스턴스와 SmartTV 인스턴스를 저장할 수 없습니다. 형식에 엄격한 Swift에서는 컴파일 오류가 발생합니다.

```
@objc class RemoteController: Device {
    var pairedDevice: DVDPlayer
}

let r = RemoteController()
r.pairedDevice = SmartTV()        // Error
```

세 클래스의 공통 상위 클래스인 Device로 지정하면 세 클래스의 인스턴스를 모두 저장할 수 있습니다. 하지만 Device는 MediaPlayable, RemoteControllable 프로토콜 채용하고 있지 않기 때문에 세 클래스에서 구현한 프로토콜 메소드를 호출할 수 없습니다. 또한 리모컨 조작을 지원하지 않은 MP3Player 인스턴스를 저장하는 것은 적절하지 않습니다.

```
@objc class RemoteController: Device {
    var pairedDevice: Device
}

let r = RemoteController()
r.pairedDevice = SmartTV()
r.pairedDevice.play()    // Error
```

pairedDevice 속성의 자료형은 RemoteControllable 프로토콜을 채용한 형식이 되어야 합니다. Swift에서는 프로토콜 자체가 자료형이 될 수 있습니다. 그래서 pairedDevice 속성을 다음과 같이 선언할 수 있습니다. 인스턴스가 생성되는 시점에는 연동된 디바이스가 없으므로 옵셔널로 선언합니다.

```
var pairedDevice: RemoteControllable?
```

RemoteController 클래스의 전체 구현은 아래와 같습니다. pair(with:) 메소드는 파라미터로 전달된 디바이스와 리모컨을 연동하는 메소드입니다. 파라미터의 자료형을 pairedDevice 속성과 동일하게 지정하여 RemoteControllable을 채용한 모든 형식을 전달할 수 있게 구현합니다.

```swift
@objc class RemoteController: Device {
    var pairedDevice: RemoteControllable?
    static var firmwareVersion: String = "1.0"
    var isOn: Bool = false

    func play() {
        guard let paired = pairedDevice else {
            return
        }

        paired.play()
    }

    func pause() {
        guard let paired = pairedDevice else {
            return
        }

        paired.pause()
    }

    func stop() {
        guard let paired = pairedDevice else {
            return
        }

        paired.stop()
    }

    func nextMedia() {
        guard let paired = pairedDevice else {
            return
        }

        paired.nextMedia!()
    }

    func prevMedia() {
        guard let paired = pairedDevice else {
            return
        }

        paired.prevMedia!()
    }

    func on() {
        guard let paired = pairedDevice else {
            return
        }
```

```
            paired.on()
    }

    func off() {
        guard let paired = pairedDevice else {
            return
        }

        paired.off()
    }

    func volumeUp() {
        guard let paired = pairedDevice else {
            return
        }

        paired.volumeUp()
    }

    func volumeDown() {
        guard let paired = pairedDevice else {
            return
        }

        paired.volumeDown()
    }

    func nextChannel() {
        guard let paired = pairedDevice else {
            return
        }

        paired.nextChannel!()
    }

    func prevChannel() {
        guard let paired = pairedDevice else {
            return
        }

        paired.prevChannel!()
    }

    func pair(with device: RemoteControllable) -> Bool {
        pairedDevice = device
        return true
    }
}
```

3. Swift의 프로토콜 적합성 검사

프로토콜을 채용하고 있는지 나타내는 척도를 프로토콜 적합성^{Conformance}이라고 합니다. 프로토콜 적합성 검사는 is 연산자와 as 연산자가 담당합니다. is 연산자는 왼쪽 피연산자로 전달된 인스턴스 오른쪽 피연산자로 전달된 프로토콜을 채용하고 있을 경우 true를 리턴합니다.

> 인스턴스 is 프로토콜 이름

is 연산자를 통해 다음과 같이 인스턴스가 RemoteControllable 프로토콜을 채용하고 있는지 확인할 수 있습니다. Swift 컴파일러는 인스턴스가 어떤 프로토콜을 채용하고 있는지 컴파일 시점에 인식할 수 있기 때문에 아래의 if 조건문은 항상 성공합니다.

```
let lgSmartTV = SmartTV(name: "LG 60LF6500")

if lgSmartTV is RemoteControllable {
    print("conforming to RemoteControllable")
} else {
    print("not conforming to RemoteControllable")
}
// conforming to RemoteControllable
```

형식 자체의 프로토콜 적합성을 테스트하기 위해 다음과 같은 코드를 사용할 경우 잘못된 결과를 얻을 수 있으므로 주의해야 합니다. is 연산자의 왼쪽 피연산자는 항상 인스턴스가 되어야 합니다.

```
if MP3Player.self is RemoteControllable {          // Error
    print("conforming to RemoteControllable")
} else {
    print("not conforming to RemoteControllable")
}
```

as 연산자는 형변환 연산자로 인스턴스의 프로토콜 적합성 확인 결과를 옵셔널로 리턴합니다. 인스턴스가 프로토콜을 채용하고 있지 않다면 nil을 리턴하므로 guard 구문 또는 옵셔널 바인딩과 결합하여 사용할 수 있습니다. 예를 들어 주변에 모든 장치를 검색한 후 리모컨과 연동할 수 있는지 확인하는 코드를 다음과 같이 작성할 수 있습니다. 검색된 장치가 nearbyDevices 배열에 저장되어 있다고 가정합니다.

```
let nearbyDevices: [AnyObject] = [
    SmartTV(name: "LG 60LF6500"),
    MP3Player(name: "Apple iPod nano"),
    DVDPlayer(name: "SONY DVD-D01")
]

for device in nearbyDevices {
    guard let _ = device as? RemoteControllable else {
        continue
    }

    if let d = device as? Device {
```

```
            print(d.modelName)
        }
    }
}
// LG 60LF6500
// SONY DVD-D01
```

as? 연산자는 as! 연산자로 대체할 수 있습니다. 여기에서 사용된 !는 강제추출 연산자와 동일합니다. as! 연산자를 사용한다면 프로토콜 적합성 검사가 실패할 때 런타임 오류가 발생합니다.

4. 테스트

지금까지 구현한 코드를 테스트할 시간입니다. 우선 RemoteController 인스턴스를 하나 생성하고, 이 리모컨과 연동할 세 개의 인스턴스를 생성합니다. 먼저 lgSmartTV와 연동하고 결과를 확인합니다. SmartTV 클래스가 RemoteControllable 프로토콜을 채용하고 있으므로 정상적으로 연동되고 프로토콜 메소드를 호출하여 로그를 확인할 수 있습니다.

```
let magicRemote = RemoteController(name: "Magic Remote Controller")

let lgSmartTV = SmartTV(name: "LG 60LF6500")
let iPod = MP3Player(name: "Apple iPod nano")
let sonyDVDPlayer = DVDPlayer(name: "SONY DVD-D01")

if magicRemote.pair(with: lgSmartTV) {
    magicRemote.on()
    magicRemote.volumeUp()
    magicRemote.volumeUp()
    magicRemote.nextChannel()
    magicRemote.off()
} else {
    print("Pairing Failed")
}
// SmartTV.on()
// SmartTV.volumeUp()
// SmartTV: volume 1
// SmartTV.volumeUp()
// SmartTV: volume 2
// SmartTV.nextChannel()
// SmartTV.off()
```

이번에는 iPod과 리모컨을 연동합니다. MP3Player 클래스는 RemoteControllable 프로토콜을 채용하고 있지 않기 때문에 연동이 실패합니다. iPod 인스턴스가 RemoteControllable 프로토콜을 채용한 클래스의 인스턴스가 아니기 때문에 컴파일 오류가 발생합니다.

```
if magicRemote.pair(with: iPod) {        // Error
    magicRemote.on()
    magicRemote.off()
} else {
    print("Pairing Failed")
}
```

sonyDVDPlayer와 연동 후 결과를 확인합니다. DVDPlayer 클래스는 RemoteControllable 프로토콜을 채용하고 있지만 채널 이동 기능은 지원하지 않기 때문에 nextChannel, prevChannel 메소드를 구현하지 않았습니다. 그래서 연동 후 nextChannel 메소드를 호출하는 부분에서 런타임 오류가 발생합니다.

```
if magicRemote.pair(with: sonyDVDPlayer) {
    magicRemote.on()
    magicRemote.play()
    magicRemote.nextChannel()    // Error
    magicRemote.stop()
    magicRemote.off()
} else {
    print("Pairing Failed")
}

// DVDPlayer.on()
// DVDPlayer.play()
// (오류 메시지)
```

nextChannel() 메소드와 prevChannel() 메소드 구현을 자세히 보면 메소드 이름과 ( ) 사이에 ! 연산자가 있습니다. Swift에서 옵셔널로 선언된 메소드의 형식은 선언에 관계없이 옵셔널 형식이 됩니다. nextChannel() 메소드의 형식은 ( ) -> ( ) 이지만 RemoteControllable 프로토콜에서 선택적 메소드로 선언되어 있기 때문에 실제 형식은 (() -> ())? 입니다. 그래서 이 메소드를 호출하기 위해 옵셔널로 저장된 메소드를 추출해야 합니다. 옵셔널 변수의 값이 nil일 때 ! 연산자로 값을 추출하면 런타임 오류가 발생하는 것처럼 ! 연산자로 구현되어 있지 않은 메소드를 강제 추출하면 런타임 오류가 발생합니다.

```
@objc class RemoteController: Device {
    // ...
    func nextChannel() {
        guard let paired = pairedDevice else {
            return
        }

        paired.nextChannel!()
    }

    func prevChannel() {
        guard let paired = pairedDevice else {
            return
        }

        paired.prevChannel!()
    }
    // ...
}
```

! 연산자를 ? 연산자로 바꾸면 오류를 수정할 수 있습니다.

```
@objc class RemoteController: Device {
    // ...
    func nextChannel() {
        guard let paired = pairedDevice else {
            return
        }

        paired.nextChannel?()
    }

    func prevChannel() {
        guard let paired = pairedDevice else {
            return
        }

        paired.prevChannel?()
    }
    // ...
}
```

sonyDVDPlayer 연동 코드를 다시 실행하면 구현되지 않은 기능은 무시되고 나머지 코드가 정상적으로 실행됩니다.

```
if magicRemote.pair(with: sonyDVDPlayer) {
    magicRemote.on()
    magicRemote.play()
    magicRemote.nextChannel()
    magicRemote.stop()
    magicRemote.off()
} else {
    print("Pairing Failed")
}

// DVDPlayer.on()
// DVDPlayer.play()
// DVDPlayer.stop()
// DVDPlayer.off()
```

5. Protocol Composition

새로운 프로토콜을 선언합니다. Repairable 프로토콜은 수리 가능한 디바이스가 채용할 수 있고 repair 메소드를 선언합니다. AppleRepairable 프로토콜은 수리 가능한 애플 디바이스가 채용할 수 있고, Repairable 프로토콜을 상속한 후 checkAppleWarranty 메소드 선언을 추가합니다. 두 프로토콜은 선택적 프로토콜을 선언하지 않기 때문에 @objc 속성을 사용하지 않습니다.

```
protocol Repairable {
    func repair()
}

protocol AppleRepairable: Repairable {
```

```
    func checkAppleWarranty() -> Bool
}
```

MP3Player 클래스가 Repairable 프로토콜을 채용하도록 선언을 수정하고 repair 메소드를 추가합니다.

```
@objc class MP3Player: Device, MediaPlayable, Repairable {
    // ...
    func repair() {
        print("MP3Player.\(#function)")
    }
}
```

AppleRepairable 프로토콜을 채용한 MacBook 클래스와 AppleMusicDevice 클래스를 구현합니다.

```
class MacBook: Device, AppleRepairable {
    func repair() {
        print("MacBook.\(#function)")
    }

    func checkAppleWarranty() -> Bool {
        print("MacBook.\(#function)")

        return true;
    }
}
```

AppleMusicDevice는 MP3Player를 상속합니다. 클래스 선언에 AppleRepairable 프로토콜만 선언되어 있지만 MP3Player가 채용하고 있는 프로토콜을 모두 채용하고 있는 것으로 간주됩니다. 그리고 MP3Player 클래스에 포함되어 있는 프로토콜 구현이 모두 상속됩니다.

```
class AppleMusicDevice: MP3Player, AppleRepairable {
    override func repair() {
        print("AppleMusicDevice.\(#function)")
    }

    func checkAppleWarranty() -> Bool {
        print("AppleMusicDevice.\(#function)")

        return true;
    }
}
```

이번에 구현할 AppleMediaDeviceCenter 클래스는 애플의 미디어 재생기기를 수리할 수 있는 AS 센터를 추상화한 클래스입니다. 이 클래스는 MediaPlayable, AppleRepairable 프로토콜을 모두 채용하고 있는 디바이스만 수리할 수 있습니다. 다음과 같이 repairMediaDevice 메소드를 구현할 때 파라미터의 자료형을 어떻게 지정해야 할까요??

```
class AppleMediaDeviceCenter {
    func repairMediaDevice(device: ?????) -> Bool {
        if device.checkAppleWarranty() {
            device.repair()
            return true
        }

        return false
    }
}
```

이처럼 두 개 이상의 프로토콜을 대표하는 형식을 지정하려면 프로토콜 컴포지션을 사용합니다. 프로
토콜 컴포지션은 다음과 같은 문법을 사용합니다.

> 프로토콜 이름1 & 프로토콜 이름2 & 프로토콜 이름N

AppleMediaDeviceCenter 클래스의 전체 구현은 다음과 같습니다. repairMediaDevice(device:) 메
소드는 파라미터의 자료형을 프로토콜 컴포지션으로 지정합니다.

```
class AppleMediaDeviceCenter {
    func repair(device: MediaPlayable & AppleRepairable) -> Bool {
        if device.checkAppleWarranty() {
            device.repair()
            return true
        }

        return false
    }
}
```

이제 프로토콜 컴포지션 예제를 테스트해 보겠습니다. 먼저 AppleMediaDeviceCenter 인스턴스를 하
나 생성하고 테스트에 사용할 네 개의 디바이스 인스턴스를 생성합니다. 먼저 lgSmartTV 인스턴스를
repairMediaDevice(device:) 메소드에 전달합니다. 이 인스턴스는 MediaPlayable 프로토콜을 채용
하고 있지만 AppleRepairable 프로토콜은 채용하고 있지 않기 때문에 프로토콜 적합성 테스트를 통
화하지 못하고 컴파일 오류가 발생합니다.

```
let repairCenter = AppleMediaDeviceCenter()

let lgSmartTV = SmartTV(name: "LG Smart TV")
let sonyWalkman = MP3Player(name: "Sony Walkman")
let iPodNano = AppleMusicDevice(name: "iPod Nano")
let macBookPro = MacBook(name: "MacBook Pro")

if repairCenter.repair(device: lgSmartTV) {  // Error
    print("done")
} else {
    print("cannot repair")
}
```

sonyWalkman 인스턴스와 macBookPro 인스턴스 역시 두 프로토콜을 모두 채용하고 있는 것이 아니기 때문에 프로토콜 적합성 테스트를 통과하지 못합니다.

```swift
if repairCenter.repair(device: sonyWalkman) {  // Error
    print("done")
} else {
    print("cannot repair")
}

if repairCenter.repair(device: macBookPro) {  // Error
    print("done")
} else {
    print("cannot repair")
}
```

다른 인스턴스들과 반대로 iPodNano 인스턴스는 두 프로토콜을 모두 채용한 클래스의 인스턴스입니다. 그러므로 프로토콜 적합성 테스트를 통과할 수 있습니다. 이후 AppleRepairable 프로토콜에 선언되어 있는 두 메소드가 호출되고 done 로그가 정상적으로 출력됩니다.

```swift
if repairCenter.repair(device: iPodNano) {
    print("done")
} else {
    print("cannot repair")
}
// AppleMusicDevice.checkAppleWarranty()
// AppleMusicDevice.repair()
// done
```

5. Summary

- 프로토콜은 형식이 공통적으로 구현해야 할 기능 목록을 정의하는 것으로 프로토콜 선언에는 메소드와 속성의 선언이 포함됩니다.

- Swift 프로토콜은 프로토콜을 채용한 클래스, 구조체, 열거형이 공통적으로 구현해야 할 메소드와 속성 목록을 선언할 수 있습니다.

- Swift 프로토콜은 protocol 키워드로 선언합니다.

```
protocol 프로토콜 이름 {
    속성 선언 목록
    메소드 선언 목록
    생성자 선언 목록
}

protocol 프로토콜 이름: 상속할 프로토콜 이름1, 상속할 프로토콜 이름N {
    // ...
}
```

- Swift 프로토콜 선언에 포함된 요소들은 기본적으로 필수 요소입니다.

- 선택적 요소를 선언할 때는 optional 키워드를 선언 앞에서 추가하고 @objc 속성을 추가합니다.

```
@objc protocol 프로토콜 이름 {
    @objc optional 속성 선언
    @objc optional 메소드 선언
}
```

- 선택적 요소를 가진 프로토콜을 채용할 수 있는 대상은 Objective-C 클래스로부터 상속된 클래스 또는 @objc 속성으로 선언된 클래스로 제한됩니다.

- 프로토콜에서 속성을 선언할 때는 속성 이름과 자료형, 속성의 읽기/쓰기 특성을 지정합니다.

```
static var 속성 이름: 자료형 { 읽기/쓰기 특성 }
var 속성 이름: 자료형 { 읽기/쓰기 특성 }
```

- 프로토콜의 메소드 선언은 메소드 이름, 파라미터 목록, 리턴형으로 구성됩니다.

```
static func 메소드 이름(파라미터 목록) -> 리턴형
func 메소드 이름(파라미터 목록) -> 리턴형
mutatic func 메소드 이름(파라미터 목록) -> 리턴형
```

- 상속과 동일한 문법으로 채용할 프로토콜 목록을 명시합니다.

```
class 클래스 이름: 상위 클래스 이름, 프로토콜 이름 목록 {
    // ...
}

struct 구조체 이름: 프로토콜 이름 목록 {
    // ...
}

enum 열거형 이름: 프로토콜 이름 목록 {
    // ...
}
```

- Swift에서는 프로토콜 자체가 자료형이 될 수 있습니다.

- 프로토콜을 채용하고 있는지 나타내는 척도를 프로토콜 적합성이라고 합니다.

- 프로토콜 적합성은 is 연산자와 as 연산자를 통해 확인할 수 있습니다.

- 두 개 이상의 프로토콜을 대표하는 형식을 지정하려면 프로토콜 컴포지션을 사용합니다.

```
프로토콜 이름1 & 프로토콜 이름2 & 프로토콜 이름N
```

익스텐션

설계에 많은 시간과 노력을 투자해도 단 한 번에 모든 요구사항을 충족시키는 코드를 구현하는 것은 매우 어려운 일입니다. 코드는 계속해서 개선되고 때로는 새로운 기능이 추가되어야 합니다. 익스텐션Extension은 프로그래밍 언어가 제공하는 다양한 기능 중 사용자 정의 자료형의 확장에 중심을 두고 있습니다.

익스텐션은 사용자 정의 자료형을 확장한다는 점에서 상속과 유사합니다. 상속은 항상 새로운 클래스를 구현해야 한다는 부담이 있지만 익스텐션은 이미 존재하는 클래스에 새로운 기능을 직접 추가할 수 있습니다. 클래스의 소스 코드를 직접 수정할 수 없는 경우에도 상속 없는 확장이 가능해 매우 유용합니다. 또한, 사용자 정의 자료형의 구현이 복잡할 때 기능별로 분리하는 용도로 활용할 수 있습니다.

Swift의 익스텐션은 이름을 가지고 있지 않습니다. 클래스뿐만 아니라 구조체와 열거형, 프로토콜을 모두 확장할 수 있습니다. 새로운 속성, 메소드, 생성자, 서브스크립트 구현을 추가할 수 있고, 이미 존재하는 형식의 구현을 변경하지 않고 프로토콜을 채용할 수 있습니다.

익스텐션은 extension 키워드로 선언합니다. extension 선언은 확장할 형식의 구현 파일이나 별도의 파일에 위치할 수 있습니다. 익스텐션으로 확장된 기능은 동일한 모듈에서 별도의 임포트 과정 없이 사용할 수 있습니다.

```
extension 확장할 형식 이름 {
    // ...
}

extension 확장할 형식 이름:프로토콜1, 프로토콜n {
    // ...
}
```

0.1 계산 속성

익스텐션은 형식에 새로운 계산 속성을 추가할 수 있습니다. 예를 들어 호도법 변환을 수행하는 계산 속성을 Double 자료형에 추가할 수 있습니다.

```
public let π = Double.pi

extension Double {
    var radianValue: Double {
        return ( π * self) / 180.0
```

```
        }

        var degreeValue: Double {
            return self * 180.0 / π
        }
    }

    let degreeValue = 45.0
    print("\(degreeValue) degree = \(degreeValue.radianValue) radian")
    // 45.0 degree = 0.785398163397448 radian

    let radianValue = 3.0
    print("\(radianValue) radian = \(radianValue.degreeValue) degree")
    // 3.0 radian = 171.887338539247 degree
```

저장 속성과 속성 감시자를 추가하는 문법은 아직 지원되지 않습니다.

0.2 메소드

익스텐션을 통해 인스턴스 메소드와 형식 메소드를 추가할 수 있습니다. 예를 들어 날짜를 문자열로 변환하는 유틸리티 메소드를 Date에 추가할 수 있습니다.

```
    extension Date {
        func toString(format: String = "yyyyMMdd") -> String {
            let privateFormatter = DateFormatter()
            privateFormatter.dateFormat = format
            return privateFormatter.string(from: self)
        }
    }

    let today = Date()
    print(today.toString())
    // 20160520

    print(today.toString(format: "MM/dd/yyyy"))
    // 05/20/2016
```

0.3 간편 생성자

익스텐션으로 새로운 생성자를 추가할 수 있습니다. 하지만 클래스의 경우 간편 생성자 외에 지정 생성자나 소멸자를 추가할 수 없습니다. 익스텐션으로 추가된 간편 생성자는 반드시 원래 클래스의 지정 생성자를 호출해야 합니다.

```
    extension Double {
        init(sizeInKB: Double) {
            self = sizeInKB * 1024.0
        }

        init(sizeInMB: Double) {
            self = sizeInMB * 1024.0 * 1024.0
        }
```

```
        }

        let fileSize = Double(sizeInKB: 20)
        print(fileSize)
        // 20480.0

        let dirSize = Double(sizeInMB: 700)
        print(dirSize)
        // 734003200.0
```

0.4 서브스크립트

이어지는 예제는 String 자료형에 서브스크립트를 추가하는 코드를 보여줍니다.

```
        extension String {
            subscript(idx: Int) -> String? {
                if idx >= count || idx < 0 {
                    return nil
                }

                let target = index(startIndex, offsetBy: idx)
                return String(self[target])
            }
        }

        let str = "Swift Language"
        if let char = str[2] {
            print(char)
        } else {
            print("out of bounds");
        }
        // i

        if let char = str[23] {
            print(char)
        } else {
            print("out of bounds");
        }
        // out of bounds
```

0.5 Nested Type

익스텐션을 통해 내포된 자료형^{Nested Type}을 추가할 수 있습니다. 이번 예제는 Double 자료형에 파일 크기를 나타내는 Size 열거형을 추가합니다. 이 열거형은 toString 함수를 통해 문자열로 변환할 때 크기 단위를 쉽게 활용할 수 있도록 원시 값을 문자열로 지정하고 있습니다.

```
        extension Double {
            enum Size: String {
                case B = "B"
                case KB = "KB"
                case MB = "MB"
            }
```

```
    func toString(_ s: Size) -> String {
        switch s {
        case .KB:
            return "\(self / 1024.0) \(Size.KB.rawValue)"
        case .MB:
            return "\(self / (1024.0 * 1024.0)) \(Size.MB.rawValue)"
        default:
            return "\(self) \(Size.B.rawValue)"
        }
    }
}

let dirSize = 123452416.0
print(dirSize.toString(.MB))
// 117.7333984375 MB
```

1. Summary

- 익스텐션은 이름을 가지고 있지 않으며 클래스, 구조체, 열거형, 프로토콜을 모두 확장할 수 있습니다.

- 익스텐션은 extension 키워드로 선언합니다.

```
extension 확장할 형식 이름 {
    // ...
}

extension 확장할 형식 이름 : 프로토콜1, 프로토콜n {
    // ...
}
```

- 익스텐션을 통해 내포된 자료형을 추가할 수 있습니다.

제네릭

Generics 또는 Generics Programming은 한글로 일반화 프로그래밍이라고 합니다. 일반화 프로그래밍(이하 제네릭)은 자료형에 의존하지 않는 범용 코드를 작성하여 재사용성과 편의성을 높이는 프로그래밍 방법입니다. 이미 C++, C#, Java와 같은 다양한 언어가 지원하고 있고 수많은 개발자들에게 진가를 인정받은 기술입니다.

Swift는 제네릭을 적극적으로 활용합니다. 특히, Array, Dictionary와 같은 컬렉션 자료형은 제네릭으로 구현되어 있습니다. 그래서 자료형의 관계없이 일관된 기능을 사용할 수 있습니다.

제네릭을 설명할 때 단골로 등장하는 주제가 있습니다. 이 책도 대세를 따라 두 개의 정수 값을 교체하는 함수를 살펴보겠습니다.

```
func swapInteger(lhs: inout Int, rhs: inout Int) {
    let tmp = lhs
    lhs = rhs
    rhs = tmp
}

var a = 10
var b = 20

swapInteger(lhs: &a, rhs: &b)
print(a, b)
// 20 10
```

이 함수는 Int 자료형의 정수를 교체할 때 문제 없이 동작합니다. 하지만 인자 a와 b의 자료형이 Int16 또는 Double 이라면 컴파일 오류가 발생합니다. 파라미터의 자료형으로 지정된 Int 외에 다른 자료형의 값은 받아들일 수 없기 때문입니다.

```
var a = 10.0
var b = 20.0
swapInteger(lhs: &a, rhs: &b)   // Error
```

만약 다른 자료형의 값을 교체하는 함수가 필요하다면 자료형의 수만큼 개별적으로 함수를 구현해야합니다. 이렇게 구현된 함수들은 문법적으로 아무 문제가 없고 오류 없이 잘 실행됩니다. 그러나 함수 내부 구현이 중복되어 있고, 값을 교체하는 방식을 바꾸어야 한다면 각 함수에 포함된 코드를 하나하나 수정해야 하는 문제점을 가지고 있습니다.

```
func swapInteger16(lhs: inout Int16, rhs: inout Int16) {
    // ...
}

func swapDouble(lhs: inout Double, rhs: inout Double) {
    // ...
}
```

앞에서 구현한 swap... 함수들은 함수의 이름과 파라미터 자료형을 제외한 나머지 부분이 동일합니다. 이 함수를 제네릭으로 구현하기 위해 각 함수의 이름과 자료형을 포괄적인 형태로 바꿔야 합니다.

아래의 코드는 제네릭으로 구현된 swapValue 함수를 보여줍니다.

```
func swapValue<T>(lhs: inout T, rhs: inout T) {
    let tmp = lhs
    lhs = rhs
    rhs = tmp
}
```

일반 함수와 다른 점은 함수 이름 뒤에 〈T〉가 있고 파라미터의 자료형이 T로 지정되어 있다는 것입니다. 〈 〉 사이에 포함된 T는 제네릭에서 일반화할 자료형을 지정하는 형식 파라미터^{Type Parameter}입니다. 형식 파라미터는 제네릭 함수에서 파라미터 자료형이나 리턴형으로 사용됩니다. 함수 내부에서 자료형 대신 사용되기도 합니다. 컴파일러는 함수가 호출될 때 파라미터로 전달된 자료형에 적합한 코드를 생성합니다. 즉, 파라미터로 전달한 데이터의 자료형이 Int라면 T가 Int로 대체된 코드가 생성되고, Double이라면 T가 Double로 대체된 코드가 생성됩니다. 제네릭 함수는 자료형에 관계없이 동작하기 때문에 단 하나의 구현으로 모든 자료형을 처리할 수 있습니다. 일반 함수로 구현하는 것에 비해 작성해야 하는 코드의 양을 비약적으로 줄일 수 있는 장점이 있습니다.

```
var a = 10
var b = 20
swapValue(lhs: &a, rhs: &b)
print(a, b)
// 20 10

var c = 30.0
var d = 40.0
swapValue(lhs: &c, rhs: &d)
print(c, d)
// 40.0 30.0
```

형식 파라미터의 이름을 T로 사용하는 것은 오래된 관례이지만 다른 문자를 사용하거나 두 글자 이상의 단어를 사용해도 됩니다.

```
func swapValue<V>(lhs: inout V, rhs: inout V) {
    // ...
}
```

```
func swapValue<Value>(lhs: inout Value, rhs: inout Value) {
    // ...
}
```

형식 파라미터를 두 개 이상 선언하는 경우에는 < > 사이에 콤마로 구분하여 나열합니다.

```
func doSomething<T, V>(lhs: T, rhs: V) {
    // ...
}
```

제네릭은 함수뿐만 아니라 클래스, 구조체, 열거형에 적용할 수 있습니다. 사용자 정의 형식을 제네릭으로 구현할 때는 형식 이름 뒤에 형식 파라미터 선언을 추가합니다.

```
struct 구조체 이름<형식 파라미터> {
    // ...
}

class 클래스 이름<형식 파라미터> {
    // ...
}

enum 열거형 이름<형식 파라미터> {
    // ...
}
```

예를 들어 제네릭 구조체를 다음과 같이 구현할 수 있습니다. 이 예제에서 형식 파라미터 T는 구조체 속성의 자료형을 대체합니다. 생성자에 Int 값을 전달하면 속성의 자료형은 모두 Int가 되고 Double 값을 전달하면 모두 Double이 됩니다.

```
struct Color<T> {
    var red: T
    var green: T
    var blue: T
}

let intColor = Color(red: 128, green: 80, blue: 200)
// Color<Int>

let doubleColor = Color(red: 128.0, green: 80.0, blue: 200.0)
// Color<Double>
```

1. Type Constraints

이번에는 값을 비교하는 compare 메소드를 제네릭으로 구현해 보겠습니다.

```
func compare<T>(lhs: T, rhs: T) -> Bool {
    return lhs == rhs
}
```

이 메소드는 문법적으로 전혀 문제가 없어 보이지만 == 연산자로 파라미터를 비교하는 부분에서 컴파일 오류가 발생합니다. T로 전달되는 자료형이 == 연산을 지원하지 않을 수 있기 때문입니다.

compare 함수를 정상적으로 컴파일하기 위해서는 T로 전달할 수 있는 자료형을 == 연산을 지원하는 자료형으로 제한해야 합니다. 이것을 형식 제약^{Type Constraints}이라고 합니다. == 연산을 지원하는 자료형은 공통적으로 Equatable 프로토콜을 채용하고 있으므로 이 프로토콜을 형식 제약으로 지정할 수 있습니다.

```
func compare<T: Equatable>(lhs: T, rhs: T) -> Bool {
    return lhs == rhs
}
```

형식 제약 문법은 클래스 상속 문법과 유사합니다. < > 안에 형식 파라미터 이름과 :을 적은 후 제약할 형식을 지정합니다.

```
<형식 파라미터: 클래스 이름 또는 프로토콜 이름>
```

형식 제약으로 지정할 수 있는 형식은 클래스와 프로토콜로 한정됩니다. 그래서 다음과 같이 구조체를 형식 제약으로 지정할 경우 컴파일 오류가 발생합니다.

```
func compare<T: CGRect>(lhs: T, rhs: T) -> Bool {          // Error
    return lhs == rhs
}
```

Swift가 제공하는 모든 기본 자료형은 Equatable 프로토콜을 채용하고 있습니다. 그래서 다음과 같이 compare 함수의 인자로 전달하면 해당 값에 적합한 코드가 실행됩니다.

```
let a = 10
let b = 20
var result = compare(lhs: a, rhs: b)
// false

let c = "Apple"
let d = "Apple"
result = compare(lhs: c, rhs: d)
// true
```

하지만 조금 전에 제네릭으로 구현했던 Color 구조체와 같이 Equatable 프로토콜을 채용하지 않은 자료형의 값을 인자로 전달하면 형식 제약을 만족시킬 수 없기 때문에 컴파일 오류가 발생합니다.

```
let black = Color(red: 0, green: 0, blue: 0)
let white = Color(red: 255, green: 255, blue: 255)
let result = compare(lhs: black, rhs: white)     // Error
```

Color 구조체가 compare 함수의 형식 제약을 만족시키려면 아래와 같이 Equatable 프로토콜을 채용해야 합니다.

```swift
struct Color<T: Equatable>: Equatable {
    var red: T
    var green: T
    var blue: T

    static func ==<T>(lhs: Color<T>, rhs: Color<T>) -> Bool {
        return lhs.red == rhs.red && lhs.green == rhs.green
            && lhs.blue == rhs.blue
    }
}

func compare<T: Equatable>(lhs: T, rhs: T) -> Bool {
    return lhs == rhs
}

let black = Color(red: 0, green: 0, blue: 0)
let white = Color(red: 255, green: 255, blue: 255)
let result = compare(lhs: black, rhs: white)
// false
```

2. Specialization

제네릭으로 구현된 함수는 기본적으로 자료형에 관계없이 동일한 코드를 실행합니다. 하지만 특정 자료형에 대해서는 별도의 코드를 실행해야 할 경우가 있습니다. 이해를 돕기 위해 제네릭으로 구현된 함수와 일반 함수를 아래와 같이 구현해 보겠습니다. 각 함수에 포함된 로그를 통해 어떤 함수가 호출되었는지 확인할 수 있습니다.

```swift
func doSomething<T>(_ param: T) {
    print("generic version")
}

func doSomething(_ param: String) {
    print("specialized version")
}
```

아래와 같이 doSomething 함수를 호출할 때 정수나 실수를 인자로 전달하면 제네릭으로 구현된 함수가 호출됩니다. 하지만 문자열을 인자로 전달하면 일반 함수가 호출됩니다.

```swift
doSomething(1)
doSomething(2.3)
doSomething("Swift")
// generic version
// generic version
// specialized version
```

이처럼 제네릭 함수와 동일한 이름을 가지고 있고 파라미터의 자료형이 특정된 함수를 구현하는 것을 특수화Specialization라고 합니다. 특수화를 통해 구현된 함수는 제네릭 함수를 오버로딩한 함수로 인식됩니다. 이 함수는 제네릭 함수보다 높은 우선순위를 가지고 있습니다. 그래서 doSomething 함수가 호출될 때 특수화된 함수의 구현여부와 파라미터의 자료형 일치 여부를 먼저 확인합니다. 1이나

2.3을 파라미터로 전달한 경우에는 특수화된 함수가 구현되어 있지만 자료형이 일치하지 않기 때문에 제네릭으로 구현된 함수가 호출됩니다. 반면 문자열을 파라미터로 전달한 경우에는 특수화된 함수가 호출됩니다.

3. Generics Queue

제네릭을 통해 간단한 큐^{Queue}를 구현해 보도록 하겠습니다. 큐와 관련된 기본적인 내용들은 다음 링크를 참고해 주시기 바랍니다. 여기에서 구현할 큐는 링크드 리스트^{Linked List}로 구현된 선형 큐입니다.

```
http://ko.wikipedia.org/wiki/큐_(자료_구조
```

3.1 Node

먼저 큐에 저장되는 요소를 노드^{Node} 구조체 구현합니다. 노드는 이전 노드와 다음 노드를 가리키는 속성과 현재 노드에 저장된 값을 속성으로 선언합니다. 자료형에 관계없이 모든 값을 저장할 수 있도록 제네릭으로 선언합니다.

```swift
struct Node<T> {
    var value: T?
    var prev: Node<T>?
    var next: Node<T>?

    init(value: T) {
        self.value = value
    }
}
```

Node 구조체의 value 속성은 현재 노드의 값을 저장합니다. 이 코드에서는 값이 nil이 될 수 있도록 옵셔널 형식으로 선언하고 있습니다. prev 속성과 next 속성은 큐에서 이전 노드와 다음 노드를 참조하는 속성입니다. 노드의 위치에 따라서 이전 노드나 다음 노드가 존재하지 않은 경우가 있으므로 value 속성과 마찬가지로 옵셔널 형식으로 선언합니다. 마지막으로 노드에 저장할 값을 파라미터로 받는 생성자를 구현합니다.

이 코드는 문법적으로 전혀 문제가 없어 보이지만 컴파일 오류가 발생합니다. 그 이유는 Swift의 구조체는 자신과 동일한 자료형의 속성을 가질 수 없기 때문입니다. 문제가 되는 prev, next 속성의 자료형을 Any로 수정하면 컴파일 오류를 해결할 수 있지만, 추가적인 형변환 코드를 작성해야 하므로 효율적인 해결책은 아닙니다. Swift에서 자신과 동일한 자료형의 속성을 구현해야 하는 경우에는 클래스로 구현하는 것이 좋습니다. Swift의 구조체와 클래스는 매우 유사하기 때문에 다음과 같이 struct 키워드를 class 키워드로 교체하는 것만으로도 구조체 구현을 클래스로 변경할 수 있습니다.

```swift
class Node<T> {
    var value: T?
    var prev: Node<T>?
    var next: Node<T>?
```

```
    init(value: T) {
        self.value = value
    }
}
```

3.2 Queue

큐를 링크드 리스트로 구현하기 위해서는 큐의 길이와 첫 번째 노드, 마지막 노드를 속성으로 저장해야 합니다. 아래와 같이 제네릭 큐를 선언한 후 큐의 길이를 나타내는 length 속성과 앞서 언급한 두 개의 노드를 저장하는 front, rear 속성을 선언합니다. front, rear 속성의 자료형은 Node 클래스로 지정하고 nil을 할당할 수 있도록 옵셔널 형식으로 선언합니다.

```
class Queue<T> {
    var length = 0
    var front: Node<T>?
    var rear: Node<T>?
}
```

큐에 새로운 노드를 추가하거나 삭제할 때 큐가 비어있는지 쉽게 확인할 수 있도록 isEmpty 메소드를 구현합니다.

```
class Queue<T> {
    // ...
    func isEmpty() -> Bool {
        return length == 0
    }
}
```

이어서 큐에 새로운 노드를 추가하는 enqueue 메소드를 구현합니다. 이 메소드가 일반화된 파라미터를 받아들일 수 있도록 파라미터의 자료형을 Queue 클래스의 형식 파라미터 T로 선언합니다. 파라미터로 전달된 값으로 새로운 Node 인스턴스를 생성하고 큐의 길이에 따라 적절한 위치에 추가합니다. 현재 큐에 저장되어 있는 노드가 존재하지 않는다면 새로운 노드가 첫 번째 노드이자 마지막 노드가 됩니다. 그러므로 큐의 front 속성과 rear 속성에 동일한 노드를 할당합니다. 반대로 큐에 다른 노드들이 존재한다면 새로운 노드를 마지막 부분에 추가합니다. rear 속성에 저장되어 있는 노드를 옵셔널 바인딩 패턴을 통해 읽은 후 새로운 노드와 연결합니다. 이제 새로운 노드가 큐의 마지막 노드가 되었기 때문에 rear 속성에 새로운 노드를 할당합니다. 마지막으로 length 속성의 값을 1 증가시켜 새로운 노드가 추가된 후 큐의 길이를 반영합니다.

```
class Queue<T> {
    // ...
    func enqueue(_ value: T) {
        let newNode = Node<T>(value: value)

        if self.isEmpty() {
            self.front = newNode
            self.rear = newNode
```

```
                }
                else {
                    if let rear = self.rear {
                        newNode.prev = rear;
                        rear.next = newNode;
                        self.rear = newNode
                    }
                }

                self.length += 1
            }
        }
```

이어서 큐에 저장되어 있는 노드를 삭제하는 dequeue 메소드를 구현합니다. 큐는 선입선출^{FIFO} 구조를 가지고 있으므로 rear 속성이 아닌 front 속성에 저장되어 있는 노드를 삭제하도록 구현합니다.

```
class Queue<T> {
    // ...
    func dequeue() -> T? {
        if self.isEmpty() {
            return nil
        }
        else {
            var ret: T? = nil
            if let val = self.front?.value {
                ret = val
            }

            if self.length == 1 {
                self.front = nil
                self.rear = nil
            }
            else {
                if let node = self.front?.next {
                    node.prev = nil
                    self.front = node
                }
            }

            self.length -= 1

            return ret
        }
    }
}
```

dequeue 메소드는 front 속성에 저장되어 있는 노드를 제거하고, 노드에 저장되어 있는 값을 리턴합니다. 리턴되는 값의 자료형을 클래스의 형식 파라미터 T로 선언하고, 큐가 비어있을 경우 nil을 리턴할 수 있도록 옵셔널 형식으로 선언합니다. 큐가 비어있지 않다면 front 속성에 저장되어 있는 노드를 삭제합니다. 삭제할 노드에 저장되어 있는 값을 리턴해야 하므로 노드를 삭제하기 전에 값을 미리 저장합니다. 큐에 포함되어 있는 노드의 수가 1이라면 첫 번째 노드와 마지막 노드가 동일하므로

front 속성과 rear 속성을 모두 nil로 설정하여 노드를 삭제합니다. 큐에 두 개 이상의 노드가 포함되어 있다면 두 번째 노드에서 삭제할 첫 번째 노드를 가리키고 있는 prev 속성을 nil로 설정하고 큐의 front 속성에 두 번째 노드를 할당합니다. 이 시점에 front 속성에 할당되어 있던 첫 번째 노드가 삭제됩니다. 마지막으로 length 속성을 업데이트한 후 삭제된 노드를 리턴합니다.

구현이 완료된 Queue 클래스는 아래와 같습니다. 제네릭 클래스로 구현되어 있기 때문에 모든 코드가 특정 자료형에 종속되어 있지 않습니다. 이전에 설명하지 않았지만 큐의 내용을 쉽게 확인하기 위한 printQueue 메소드가 추가로 구현되어 있습니다.

```swift
class Queue<T> {
    var length = 0
    var front: Node<T>?
    var rear: Node<T>?

    func isEmpty() -> Bool {
        return length == 0
    }

    func enqueue(_ value: T) {
        let newNode = Node<T>(value: value)

        if self.isEmpty() {
            self.front = newNode
            self.rear = newNode
        }
        else {
            if let rear = self.rear {
                newNode.prev = rear;
                rear.next = newNode;
                self.rear = newNode
            }
        }

        self.length += 1
    }

    func dequeue() -> T? {
        if self.isEmpty() {
            return nil
        }
        else {
            var ret: T? = nil
            if let val = self.front?.value {
                ret = val
            }

            if self.length == 1 {
                self.front = nil
                self.rear = nil
            }
            else {
                if let node = self.front?.next {
```

```
                    node.prev = nil
                    self.front = node
                }
            }

            self.length -= 1

            return ret
        }
    }

    func printQueue() {
        print("Queue Length: \(self.length)")
        var node = self.front
        while (node != nil) {
            if let value = node?.value {
                print(value)
            }

            node = node?.next
        }
    }
}
```

이제 Queue 클래스를 테스트해 보겠습니다. 먼저 Int, Double, String 값을 저장할 수 있는 큐를 생성합니다. 일반 클래스의 생성자 문법과 동일하지만 클래스 이름과 ( ) 사이에 형식 파라미터를 대체할 자료형을 명시해야 합니다.

```
let intQueue = Queue<Int>()
let doubleQueue = Queue<Double>()
let stringQueue = Queue<String>()
```

문자열을 저장하는 stringQueue의 enqueue 메소드를 통해 새로운 문자열("Swift")을 큐에 추가합니다. 이 시점에 큐의 길이는 1이고, front 속성과 rear 속성에는 모두 "Swift" 노드가 할당됩니다.

```
stringQueue.enqueue("Swift")
stringQueue.printQueue()
// Queue Length: 1
// Swift
```

이어서 또 다른 문자열("iOS")을 큐에 추가합니다. 이 시점에 큐의 길이는 2이고, rear 속성에는 방금 추가한 "iOS" 노드가 할당됩니다. 그리고 "Swift" 노드의 next 속성에는 "iOS" 노드가 할당되고, "iOS" 노드의 prev 속성에는 "Swift" 노드가 할당됩니다.

```
stringQueue.enqueue("iOS")
stringQueue.printQueue()
// Queue Length: 2
// Swift
// iOS
```

이번에는 dequeue 메소드를 호출하여 가정 처음 추가된 노드를 삭제합니다. 이 메소드는 삭제할 노드에 저장되어 있는 값을 리턴합니다. deletedValue 상수에 저장되어 있는 값을 확인해보면 가정 먼저 추가한 "Swift" 노드의 값이 출력되는 것을 확인할 수 있습니다.

```
let deletedValue = stringQueue.dequeue()!
print(deletedValue)
// Swift

stringQueue.printQueue()
// Queue Length: 1
// iOS
```

이 시점에 큐의 길이는 다시 1이 되고, 큐의 저장되어 있던 두 번째 노드인 "iOS" 노드가 front 속성에 할당됩니다. 그리고 "iOS" 노드의 prev 속성은 nil로 초기화됩니다.

4. Associated Types

프로토콜을 제네릭으로 선언하는 방법은 앞에서 설명한 것과 조금 다릅니다. 이해를 돕기 위해 큐가 제공해야 하는 기능들은 선언한 Queueable 프로토콜의 예를 보겠습니다.

```
protocol Queueable {
    var front: Node<...>? { get set }
    var rear: Node<...>? { get set }

    func isEmpty() -> Bool
    func enqueue(value: ...)
    func dequeue() -> ...?
}
```

...으로 표시된 부분을 어떻게 선언해야 할까요? 앞에서 공부한 것과 같이 형식 파라미터를 사용하는 코드를 고려해 볼 수 있습니다. 그러나 아쉽게도 이런 코드는 Swift에서 허용되지 않습니다.

```
protocol Queueable<T> {                 //Error
    var front: Node<T>? { get set }
    var rear: Node<T>? { get set }

    func isEmpty() -> Bool
    func enqueue(value: T)
    func dequeue() -> T?
}
```

프로토콜을 제네릭으로 선언하려면 연관 형식을 사용해야 합니다. 연관 형식은 다음과 같은 문법으로 선언할 수 있습니다.

```
associatedtype 연관 형식 이름
```

Queueable 프로토콜의 올바른 선언은 다음과 같습니다. 프로토콜을 선언하는 시점에 ElementType은 프로토콜이 채용될 때 대체될 자료형의 플레이스홀더Placeholder입니다. Queueable 프로토콜을 채용한 형식은 반드시 구현 부분에서 ElementType의 자료형을 명시해야 합니다.

```
protocol Queueable {
    associatedtype ElementType

    var front: Node<ElementType>? { get set }
    var rear: Node<ElementType>? { get set }

    func isEmpty() -> Bool
    func enqueue(_ value: ElementType)
    func dequeue() -> ElementType?
}
```

Queueable 프로토콜을 채용한 PersonDataSource 클래스를 구현하고 연관 형식의 자료형을 명시하는 방법을 알아보겠습니다. 이 코드에서 가장 중요한 부분은 클래스 구현의 첫 번째 라인입니다.

```
typealias 연관 형식 이름 = 실제 자료형
```

typealias를 통해 프로토콜에서 선언한 연관 형식의 자료형을 Person으로 지정합니다. 사실 이 부분은 생략해도 문제가 없습니다. PersonDataSource 클래스에 선언되어 있는 속성과 메소드의 자료형을 통해 ElementType의 자료형을 유추할 수 있기 때문입니다.

```
class Person {
    var name: String = "John doe"
    var age = 0
}

class PersonDataSource: Queueable {
    typealias ElementType = Person

    var length = 0
    var front: Node<Person>? = nil
    var rear: Node<Person>? = nil

    func isEmpty() -> Bool {
        return length == 0
    }

    func enqueue(_ value: Person) {
        let newNode = Node<Person>(value: value)

        if self.isEmpty() {
            self.front = newNode
            self.rear = newNode
        } else {
            if let rear = self.rear {
                newNode.prev = rear;
                rear.next = newNode;
                self.rear = newNode
```

```
            }
        }

        self.length += 1
    }

    func dequeue() -> Person? {
        if self.isEmpty() {
            return nil
        }
        else {
            var ret: Person? = nil
            if let val = self.front?.value {
                ret = val
            }

            if self.length == 1 {
                self.front = nil
                self.rear = nil
            }
            else {
                if let node = self.front?.next {
                    node.prev = nil
                    self.front = node
                }
            }

            self.length -= 1

            return ret
        }
    }

    func printDataSource() {
        print("DataSource Length: \(self.length)")
        var node = self.front
        while (node != nil) {
            if let value = node?.value {
                print(value.name)
            }

            node = node?.next
        }
    }
}
```

4.1 Where

where 절은 연관 형식의 제약을 선언할 수 있습니다. where 절은 형식 파라미터 목록 뒤에 추가하며, 하나 이상의 자료형 제약이나 연관 형식 비교 구문을 추가할 수 있습니다.

matches 함수는 두 개의 형식 파라미터(Q1, Q2)를 가지고 있고, 형식 제약을 통해 Queueable 프로토콜을 채용한 자료형으로 제약하고 있습니다. 그런 다음 where 키워드를 적은 후 연관 형식과 관련된 두 개의 제약을 선언합니다. where 절에 포함된 첫 번째 제약은 두 형식 파라미터의 연관 형식이 동일해야 한다고 선언합니다. 두 번째 제약은 Q1의 연관 형식이 Equatable 프로토콜을 채용해야 한다고 선언합니다. matches 함수로 전달되는 파라미터는 반드시 형식 제약과 where 절에서 선언한 제약을 모두 만족해야 합니다. 그렇지 않은 경우에는 컴파일 오류가 발생합니다.

```
func matches<Q1: Queueable, Q2: Queueable
    where Q1.ValueType == Q2.ValueType, Q1.ValueType: Equatable>(lhs: Q1, rhs: Q2) ->
Bool {
        if lhs.length != rhs.length {
            return false
        }

        // ...

        return true
}
```

5. Summary

- 구조체, 클래스, 열거형, 함수를 제네릭으로 구현할 수 있습니다.

```
func 함수 이름<형식 파라미터>(파라미터 목록) -> 리턴형 {
    // ...
}

struct 구조체 이름<형식 파라미터> {
    // ...
}

class 클래스 이름<형식 파라미터> {
    // ...
}

enum 열거형 이름<형식 파라미터> {
    // ...
}
```

- 형식 파라미터에 제약을 추가할 수 있습니다.

```
<형식 파라미터: 클래스 이름 또는 프로토콜 이름>
```

- 제네릭 함수와 동일한 이름을 가지고 있고 파라미터의 자료형이 특정된 함수를 구현하는 것을 특수화라고 합니다.

- 특수화를 통해 구현된 함수는 제네릭 함수를 오버로딩한 함수로 인식됩니다.

- 프로토콜을 제네릭으로 선언하려면 연관 형식을 사용해야 합니다.

```
associatedtype 연관 형식 이름
```

- where 절은 연관 형식의 제약을 선언하는데 사용됩니다.

연산자 메소드와
사용자 정의 연산자

Swift는 연산자 메소드^{Operator Method}와 사용자 정의 연산자^{Custom Operator}를 통해 연산자 오버로딩을 지원합니다. 연산자 메소드와 사용자 정의 연산자는 피연산자를 파라미터를 통해 지정하므로 클래스, 구조체와 연관된 연산자를 자유롭게 오버로딩할 수 있고, 심지어 열거형에도 적용할 수 있습니다. 그리고 서로 다른 자료형을 피연산자로 사용하는데도 제한이 없습니다.

예제에서 사용할 사용자 정의 자료형을 다음과 같이 선언합니다.

```
struct KSize {
    var width = 0.0
    var height = 0.0
}

struct KOffset {
    var x = 0.0
    var y = 0.0
}

enum KSwitch: String {
    case on = "Switch On"
    case off = "Switch Off"
    case auto = "Switch Auto"
}

class KView {
    var origin = KOffset()
    var size = KSize()
}
```

1. 연산자 메소드

연산자 메소드는 기본적으로 제공되는 연산자 구현에 새로운 구현을 추가할 때(오버로딩) 사용합니다. 예를 들어 두 수를 더하는 + 연산자는 두 문자열을 병합하는데 사용되기도 합니다. 이것은 연산자 메소드를 통해 문자열을 피연산자로 받는 연산자 메소드가 구현되어 있기 때문입니다.

연산자 메소드는 일반적인 메소드와 마찬가지로 func 키워드를 통해 선언하며 파라미터와 리턴 값을 가집니다. 그리고 반드시 static 키워드를 추가하여 형식 메소드로 선언해야 합니다. 다음과 같이 메소드를 선언하는 문법과 매우 유사하지만 구현을 추가할 대상 연산자가 함수 이름 대신 사용됩니다.

```
static func 연산자(파라미터 목록) -> 리턴형 {
    // ...
}
```

Swift 표준 라이브러리에는 다양한 연산자 메소드가 구현되어 있습니다. 앞서 언급한 문자열의 + 연산을 지원하는 연산자 메소드는 아래와 같이 구현되어 있습니다.

```
public func +(lhs: String, rhs: String) -> String
```

Swift 컴파일러는 연산자 메소드에 선언되어 있는 파라미터의 자료형을 통해 연산자의 지원유무를 판단합니다. 피연산자의 자료형이 일치하는 경우 해당 연산자 메소드를 호출하고 이 함수에서 리턴하는 값을 연산의 결과로 리턴합니다.

1.1 단항 연산자 오버로딩

단항 연산자[Unary Operator]는 +a와 같이 피연산자가 하나인 연산자입니다. 단항 연산자는 피연산자의 앞이나 뒤에 위치할 수 있습니다. 연산자가 피연산자의 앞에 위치하는 경우 전치 연산자[Prefix Operator], 피연산자의 뒤에 위치하는 경우 후치 연산자[Postfix Operator]로 구분합니다.

전치 연산자를 오버로딩할 때는 prefix 키워드를 사용합니다. 아래의 코드는 - 연산자를 KOffset 구조체에 사용할 수 있도록 구현한 코드입니다. 이 연산자는 KOffset에 저장되어 있는 값이 음수일 경우 양수로 바꾸고, 양수일 경우 음수로 바꾸는 간단한 연산을 수행합니다.

```
struct KOffset {
    var x = 0.0
    var y = 0.0

    prefix static func -(offset: KOffset) -> KOffset {
        return KOffset(x: -offset.x, y: -offset.y)
    }
}

let offset = KOffset(x: -100, y: 200)
let newOffset = -offset
print(newOffset)
// {100, -200}
```

후치 연산자를 오버로딩할 때는 postfix 키워드를 사용합니다. 후치 연산자 중 가장 빈번하게 오버로딩되는 것은 증가 연산자(++)와 감소 연산자(--) 입니다. 아래의 코드는 후치 증가 연산자를 오버로딩한 코드입니다. 비교를 위해서 전치 증가 연산자도 함께 오버로딩하고 있습니다.

```
struct KSize {
    var width = 0.0
    var height = 0.0

    postfix static func ++(size: inout KSize) -> KSize {
        let current = size;
```

```
        size = KSize(width: size.width + 1, height: size.height + 1)
        return current
    }

    prefix static func ++(size: inout KSize) -> KSize {
        size.width += 1;
        size.height += 1;
        return size;
    }
}

var boxSize = KSize(width: 100, height: 200)
let newSize = ++boxSize
print(newSize)
print(boxSize)
// newSize: {101.0, 201.0}
// boxSize: {101.0, 201.0}

let anotherSize = boxSize++
print(anotherSize)
print(boxSize)
// anotherSize: {101.0, 201.0}
// boxSize: {102.0, 202.0}
```

이 코드에서 주목할 점은 입출력 파라미터^{In-out Parameter}입니다. 증가 연산자는 값을 리턴함과 동시에 피연산자의 값을 변경해야 하기 때문에 피연산자를 입출력 파라미터로 전달해야 합니다. 후치 증가 연산자 구현은 current 상수에 size 파리미터로 전달된 구조체의 현재 값을 저장한 후, size 파라미터에 width, height 속성이 1씩 증가한 새로운 KSize 구조체를 할당하고 current 상수에 저장된 값을 리턴합니다. size 파라미터가 입출력 파라미터로 선언되어 있으므로 실제 피연산자가 새로운 KSize 구조체로 대체됩니다. 전치 증가 연산자 구현은 파라미터로 전달된 구조체의 속성 값을 1씩 증가시킨 후 리턴합니다. 이 구현에서는 size 파라미터에 새로운 구조체를 할당하는 방법 대신 파라미터의 속성을 직접 변경하고 있습니다. 후치 증가 연산자 구현과 마찬가지로 입출력 파라미터로 선언되어 있기 때문에 피연산자의 속성이 변경되며 코드의 실행 결과는 새로운 구조체를 할당하는 방식과 동일합니다.

열거형과 연산자 오버로딩을 결합하면 열거형 멤버를 순회하는 코드를 쉽게 구현할 수 있습니다. KSwitch 열거형은 On, Off, Auto라는 세 가지 동작 모드를 가지고 있습니다. 스위치를 누를 때마다 On->Off->Auto 순으로 모드가 바뀌어야 한다면 다음과 같이 ++ 연산자를 오버로딩 모드를 순회하도록 구현할 수 있습니다.

```
enum KSwitch: String {
    case on = "Switch On"
    case off = "Switch Off"
    case auto = "Switch Auto"

    mutating func push() {
        ++self
    }
}
```

```
    prefix static func ++(s: inout KSwitch) -> KSwitch {
        switch s {
        case KSwitch.on:
            s = KSwitch.off
        case KSwitch.off:
            s = KSwitch.auto
        case KSwitch.auto:
            s = KSwitch.on
        }

        return s
    }
}

var roomSwitch = KSwitch.on
print(roomSwitch.rawValue)
// Switch On

roomSwitch.push()
print(roomSwitch.rawValue)
// Switch Off

roomSwitch.push()
print(roomSwitch.rawValue)
// Switch Auto

roomSwitch.push()
print(roomSwitch.rawValue)
// Switch On
```

1.2 이항 연산자 오버로딩

이항 연산자Binary Operator는 a + b와 같이 피연산자가 두 개인 연산자입니다. 단항 연산자와 달리 피연산자의 가운데에 위치하므로 전치나 후치를 구분하지 않습니다. Swift 베타 버전 초기에는 prefix, postfix 키워드와 구분하기 위해 infix 키워드를 사용했지만 지금은 사용하지 않습니다. 아래의 코드는 두 개의 KSize 인스턴스를 더할 수 있도록 + 연산자를 오버로딩하고, KSize의 속성 값과 실수의 연산을 지원하도록 * 연산자를 오버로딩 코드입니다.

```
struct KSize {
    var width = 0.0
    var height = 0.0

    static func + (lhs: KSize, rhs: KSize) -> KSize {
        return KSize(width: lhs.width + rhs.width,
          ↪height: lhs.height + rhs.height)
    }

    static func * (lhs: KSize, times: Double) -> KSize {
        return KSize(width: lhs.width * times, height:
          ↪lhs.height * times)
    }
}
```

```
let size1 = KSize(width: 50, height: 100)
let size2 = KSize(width: 100, height: 200)

var newSize = size1 + size2
print(newSize)
// {150.0, 300.0}

newSize = newSize * 2.5
print(newSize)
// {375.0, 750.0}
```

이항 연산자는 피연산자가 두 개이므로 연산자 메소드에 전달되는 파라미터 역시 두 개입니다. 첫 번째 파라미터로 연산자의 왼쪽에 있는 피연산자가 전달되고, 두 번째 파라미터로 연산자의 오른쪽에 있는 피연산자가 전달됩니다. 이항 연산자는 피연산자의 값에 영향을 주지 않기 때문에 연산의 결과를 새로운 인스턴스에 담아 리턴하는 것이 일반적입니다.

1.3 복합 할당 연산자 오버로딩

복합 할당 연산자는 앞서 설명한 이항 연산자이지만 한 가지 중요한 요구사항을 가지고 있습니다. 복합 할당 연산자는 연산의 결과가 왼쪽 피연산자에 할당되기 때문에 왼쪽 피연산자를 반드시 입출력 파라미터로 전달해야 합니다.

```
struct KSize {
    var width = 0.0
    var height = 0.0

    static func +=(lhs: inout KSize, rhs: KSize) {
        lhs = KSize(width: lhs.width + rhs.width,
            ↪height: lhs.height + rhs.height)
    }
}

var size = KSize(width: 50, height: 100)
size += KSize(width: 100, height: 200)
print(size)
// {150.0, 300.0}
```

복합 할당 연산자의 오버로딩 구현은 첫 번째 파라미터가 입출력 파라미터로 선언되어 있고, 일반적으로 리턴 값을 가지지 않는다는 것을 제외하고 이항 연산자의 구현과 동일합니다. 앞에서 + 연산자를 활용하여 아래와 같이 더욱 간단히 구현할 수 있습니다.

```
struct KSize {
    var width = 0.0
    var height = 0.0

    static func + (lhs: KSize, rhs: KSize) -> KSize {
        return KSize(width: lhs.width + rhs.width,
            ↪height: lhs.height + rhs.height)
    }
```

```
        static func +=(lhs: inout KSize, rhs: KSize) {
            lhs = lhs + rhs
        }
    }
```

1.4 비교 연산자 구현

Swift는 Int, String과 같은 원시 자료형에 대한 비교 연산자 구현을 기본적으로 제공합니다. 그러나 사용자 정의 자료형에 대한 비교 연산자는 제공되지 않습니다. 그래서 사용자 정의 자료형을 피연산자로 가지는 비교 연산 코드에서는 컴파일 오류가 발생합니다.

두 인스턴스를 비교하는 기능은 빈번히 사용되기 때문에 사용자 정의 자료형을 구현할 때 연산자 메소드를 통해 ==, != 연산자를 함께 오버로딩 것이 좋습니다. 비교 연산자는 이항 연산자의 한 종류이므로 앞서 설명한 것과 동일한 방식으로 오버로딩. 연산자 메소드의 리턴형에 제약이 있는 것은 아니지만 연산의 결과가 "같음"과 "다름" 중 하나이므로 일반적으로 Bool을 리턴합니다.

```
struct KSize {
    var width = 0.0
    var height = 0.0

    static func == (lhs: KSize, rhs: KSize) -> Bool {
        return lhs.width == rhs.width && lhs.height == rhs.height
    }

    static func != (lhs: KSize, rhs: KSize) -> Bool {
        return lhs.width != rhs.width || lhs.height != rhs.height
    }
}

struct KOffset {
    var x = 0.0
    var y = 0.0

    static func == (lhs: KOffset, rhs: KOffset) -> Bool {
        return lhs.x == rhs.x && lhs.y == rhs.y
    }

    static func != (lhs: KOffset, rhs: KOffset) -> Bool {
        return lhs.x != rhs.x || lhs.y != rhs.y
    }
}

class KView {
    var origin = KOffset()
    var size = KSize()

    static func == (lhs: KView, rhs: KView) -> Bool {
        return lhs.origin == rhs.origin && lhs.size == rhs.size
    }
```

```
        static func != (lhs: KView, rhs: KView) -> Bool {
            return lhs.origin != rhs.origin || lhs.size != rhs.size
        }
    }

    var view1 = KView()
    var view2 = KView()

    if view1 == view2 {
        print("equal")
    } else {
        print("not equal")
    }
    // equal
```

이 코드는 KView 클래스를 비교 연산자로 비교할 수 있도록 필요한 연산자 메소드를 구현합니다. KSize 구조체와 KOffset 구조체의 연산자 메소드는 KView 클래스의 origin, size 속성을 직접 비교하는데 사용됩니다. view1과 view2는 KView의 기본 생성자를 통해 초기화됩니다. 두 인스턴스의 origin, size가 모두 0.0으로 초기화되어 있기 때문에 == 연산의 결과는 true가 됩니다.

1.5 항등 연산자

구조체, 열거형과 같은 값 형식의 자료형은 비교 연산자를 통해 속성의 값을 비교하는 것이 자연스럽습니다. 하지만 클래스는 참조 형식이므로 속성의 값을 비교하는 기능에 더해 참조(메모리 주소)를 비교할 수 있는 기능이 필요합니다. 앞서 살펴본 비교 연산자(==, !=)는 값 형식, 참조 형식에 관계없이 인스턴스에 저장되어 있는 속성 값을 비교하는데 사용됩니다. 참조 형식의 메모리 주소를 비교할 때는 Swift에서 새로 도입된 항등 연산자^{Identity Operator}를 사용합니다. 항등 연산자는 비교 연산자에서 = 이 하나 더 붙은 형태입니다.

```
    a === b
    a !== b
```

비교 연산자와 항등 연산자의 결과를 비교해 보겠습니다. 이 예제에서 view1과 view2는 서로 다른 메모리 공간에 생성된 개별 인스턴스이지만, 내부에 저장되어 있는 속성 값은 기본 값으로 동일합니다. 그래서 비교 연산의 결과는 true가 되고 "Equal"이 출력됩니다. 하지만 항등 연산자는 속성 값에 관계없이 참조를 비교하기 때문에 false가 되고 "Not Identical"이 출력됩니다.

```
    var view1 = KView()
    var view2 = KView()

    if view1 == view2 {
        print("Equal")
    }
    else {
        print("Not Equal")
    }
    // Equal
```

```
if view1 === view2 {
    print("Identical")
}
else {
    print("Not Identical")
}
// Not Identical
```

참조를 비교하는지 확인하기 위해서 view2에 view1을 할당합니다. 이전에 view2가 가리키고 있던 인스턴스는 해제되고 view1과 동일한 인스턴스를 가리키게 됩니다. 이 코드에서 view1과 view2는 동일한 인스턴스를 가리키고 있기 때문에 비교식은 false로 평가되고 "Identical"이 출력됩니다.

```
view2 = view1

if view1 !== view2 {
    print("Not Identical")
}
else {
    print("Identical")
}
// Identical
```

Swift의 비교 연산자와 항등 연산자는 역할이 뚜렷하게 구별되어 있습니다. 비교 연산자는 인스턴스가 할당된 메모리 공간에 관계없이 오직 인스턴스의 속성 값을 비교합니다. 반대로 항등 연산자는 두 인스턴스가 할당되어 있는 메모리 공간을 비교합니다. 사용자 정의 자료형을 구현할 때 이러한 차이점을 염두에 두고 Swift의 기본 구현과 일치하도록 구현해야 합니다.

2. 사용자 정의 연산자

앞서 설명했던 내용들은 Swift에서 제공하는 기본 연산자의 동작을 특정 형식에 적합하게 변경하는 것입니다. Swift에서는 한발 더 나아가 기존에 존재하지 않는 새로운 형태의 연산자를 구현할 수 있습니다. 이렇게 구현된 연산자를 사용자 정의 연산자[Custom Operator]라고 합니다.

사용자 정의 연산자를 구현하는 방법은 연산자 메소드와 유사합니다. Swift는 유니코드를 충실히 지원하는 언어이기 때문에 사용자 정의 연산자에서 유니코드로 표현할 수 있는 다양한 문자들을 사용할 수 있습니다. 하지만 딩벳(✈)이나 하트 문자(♥)처럼 연산자와 거리가 먼 문자를 사용하는 경우에는 코드의 가독성에 도움이 되지 않습니다. 그러므로 사용자 정의 연산자를 구현할 때는 다음과 같이 단순하고 익숙한 문자들의 조합을 사용하는 것이 좋습니다.

```
/ = - + * % < > ! & | ^ . ~ ?
```

사용자 정의 연산자는 연산자 메소드와 달리 기존에 존재하지 않는 연산자를 구현하는 것이어서 연산자를 선언하는 코드가 필요합니다. 사용자 정의 연산자를 선언할 때는 operator 키워드를 사용하며 반드시 전역 범위에서 선언해야 합니다. 또한 prefix, infix, postfix 키워드 중 하나를 통해 피연산자의 수 또는 전치/후치를 구분해야 합니다.

```
prefix operator 연산자
infix operator 연산자
postfix operator 연산자
```

Swift 2.3에서는 연산자의 우선순위^Precedence와 결합규칙^Associativity을 개별적으로 선언했습니다. 하지만 Swift 3부터 우선순위 그룹^Precedence Group이 새롭게 도입되었습니다. 우선순위 그룹은 precedencegroup 키워드를 통해 선언하며 다른 우선순위 그룹과의 관계와 결합규칙을 지정할 수 있습니다.

```
precedencegroup 우선순위 그룹 이름 {
    higherThan: 현재 그룹보다 우선순위가 낮은 그룹 목록
    lowerThan: 현재 그룹보다 우선순위가 높은 그룹 목록
    associativity: 결합규칙
}
```

Swift의 기본 연산자의 결합규칙과 우선순위 그룹은 다음과 같이 선언되어 있습니다.

연산자	결합규칙	우선순위 그룹

`<<`
`>>`
	None	```precedencegroup BitwiseShiftPrecedence {```
		 ``` higherThan: MultiplicationPrecedence```
		 ```}```

`*`
`/`
`%`
`&*`
`&`
	Left	```precedencegroup MultiplicationPrecedence {```
		 ``` associativity: left```
		 ``` higherThan: AdditionPrecedence```
		 ```}```

`+`
`-`
`&+`
`&-`
`|`
`^`
	Left	```precedencegroup AdditionPrecedence {```
		 ``` associativity: left```
		 ``` higherThan: RangeFormationPrecedence```
		 ```}```

`..<`
`...`
	None	```precedencegroup RangeFormationPrecedence {```
		 ``` higherThan: CastingPrecedence```
		 ```}```

is
as
as?
as!
	Left	```
		precedencegroup CastingPrecedence {
		    higherThan: NilCoalescingPrecedence
		}
		``

??	Right	```
		precedencegroup NilCoalescingPrecedence {
		    associativity: right
		    higherThan: ComparisonPrecedence
		}
		``

<, <=
>, >=
==, !=
===, !==
~=
	None	```
		precedencegroup ComparisonPrecedence {
		    higherThan: LogicalConjunctionPrecedence
		}
		``

&&	Left	```
		precedencegroup LogicalConjunctionPrecedence {
		    associativity: left
		    higherThan: LogicalDisjunctionPrecedence
		}
		``

||	Left	```
		precedencegroup LogicalDisjunctionPrecedence {
		    associativity: left
		    higherThan: TernaryPrecedence
		}
		``

?:	Right	```
		precedencegroup TernaryPrecedence {
		    associativity: right
		    higherThan: AssignmentPrecedence
		}
		``

=
*=, /=, %=
+=, -=
<<=, >>=
&=, |=, ^=
	Right	```
		precedencegroup AssignmentPrecedence {
		    assignment: true
		    associativity: right
		}
		``

기본 우선순위 그룹은 다음과 같이 선언되어 있습니다.

```
precedencegroup DefaultPrecedence {
    higherThan: TernaryPrecedence
}
```

연산자의 우선순위 그룹은 다음과 같은 문법으로 선언할 수 있습니다. 우선순위 그룹을 생략한 경우 DefaultPrecedence 그룹으로 추론됩니다.

```
infix operator 연산자 : 우선순위 그룹
```

단항 전치 연산자와 이항 연산자로 사용할 수 있는 ** 연산자는 아래와 같이 선언할 수 있습니다.

```
prefix operator **
infix operator **
```

** 연산자 선언은 코드에서 **을 연산자로 사용하겠다는 선언일 뿐 실제 연산자로 사용할 수 있는 것은 아닙니다. 그러므로 특정 형식과 연관된 연산자 메소드를 구현해야 합니다. 예를 들어 KSize 구조체와 연관된 ** 연산자 메소드를 아래와 같이 구현할 수 있습니다. KSize 구조체 선언 부분에 직접 추가하거나 익스텐션을 통해 추가할 수 있습니다.

```
extension KSize {
    prefix static func **(size: KSize) -> KSize {
        return KSize(width: size.width * size.width,
         ↪height: size.height * size.height)
    }

    static func ** (lhs: KSize, rhs: KSize) -> KSize {
        return KSize(width: lhs.width * rhs.width,
         ↪height: lhs.height * rhs.height)
    }
}

let size = KSize(width: 10, height: 20)
let newSize = **size
print(newSize)
// newSize: {100.0, 400.0}

let anotherSize = size ** newSize
print(anotherSize)
// anotherSize: {1000.0, 8000.0}
```

2.1 연산자 우선순위

실제 수학에 적용되어 있는 연산자의 우선순위는 Swift 언어에 그대로 적용되어 있습니다. 1 + 2 * 3이라는 수식에서 우선순위가 높은 곱하기 연산이 먼저 실행된 후에 더하기 연산이 실행됩니다. 그래서 결과는 9가 아닌 7이 됩니다.

Swift 2.3 까지는 precedence 속성을 통해 연산자의 우선순위를 결정했지만, Swift 3부터 우선순위 그룹을 통해 연산자의 우선순위를 결정합니다. + 연산자는 AdditionPrecedence 그룹에 속하며 * 연산자는 MultiplicationPrecedence 그룹에 속합니다. MultiplicationPrecedence 그룹이 더 높은 우선순위를 가지고 있으므로 3 * 2가 먼저 계산됩니다.

```
infix operator + : AdditionPrecedence
infix operator * : MultiplicationPrecedence
```

이러한 방식은 C나 Objective-C에 비해 훨씬 단순합니다. 그리고 사용자 정의 연산자와 기본 연산자를 함께 사용할 때 연산자의 우선순위를 예측하는데 큰 도움을 줍니다.

우선순위 그룹을 지정하지 않은 경우에는 DefaultPrecedence 그룹으로 추론됩니다.

DefaultPrecedence 그룹과 AdditionPrecedence 그룹 사이의 우선순위를 판단할 수 없기 때문에 size + size ** newSize 코드에서 컴파일 오류가 발생합니다.

```
let size = KSize(width: 10, height: 20)
let newSize = KSize(width: 5, height: 50)
let finalSize = size + size ** newSize          // Error
```

컴파일 오류를 해결하려면 ** 연산자의 우선순위 그룹을 DefaultPrecedence 그룹 이외의 그룹으로 직접 지정해야 합니다. 앞의 예제와 동일한 결과를 얻으려면 다음과 같이 MultiplicationPrecedence 그룹에 추가합니다.

```
infix operator **: MultiplicationPrecedence
// ...
let finalSize = size + size ** newSize
print(filanSize)
// finalSize: {60.0, 1020.0}
```

2.2 연산자 결합규칙

이항 ** 연산자의 우선순위가 + 연산자와 동일하다면 a + b ** c라는 수식에서 a + b와 b ** c 중 어떤 식을 먼저 계산할지 모호해 집니다. Swift 컴파일러는 이러한 모호함을 방지하기 위해서 연산자의 결합규칙Associativity을 통해 연산의 수행방향(즉, 어느 쪽에 있는 식을 먼저 계산할지)을 결정합니다. 만약 서로 대치되는 결합규칙이 발견된다면 잘못된 계산을 실행하지 않도록 컴파일 오류를 발생시킵니다.

Swift 2.3까지는 associativity 속성을 통해 결합규칙을 지정했습니다. Swift 3부터는 새로운 우선순위 그룹을 선언하거나 Swift가 제공하는 기본 우선순위 그룹 중 동일한 결합규칙을 가지고 있는 그룹을 사용합니다. ** 연산자의 우선순위 그룹을 AdditionPrecedence 그룹으로 선언하면 앞의 예제와 동일한 결과를 얻을 수 있습니다.

```
infix operator **: AdditionPrecedence
// ...
let size = KSize(width: 10, height: 20)
let newSize = KSize(width: 5, height: 50)
var finalSize = size + size ** newSize
print(finalSize)
// {100.0, 2000.0}

finalSize = newSize ** size + size
print(finalSize)
// {60.0, 1020.0}
```

앞서 살펴본 것과 같이 연산자의 우선순위와 결합규칙은 계산 순서를 결정하고 최종 계산 결과에 영향을 미치는 매우 중요한 요소입니다. 만약 계산식에 다수의 연산자가 포함되어 있다면 우선순위와 결합규칙에 따라 의도하지 않은 값을 얻을 수 있습니다. 그래서 괄호를 사용해서 우선순위를 직접 지정해주는 것이 좋습니다. 이러한 방식은 개발자가 의도한 순서대로 계산되도록 보장해주는 장점이 있습니다. 예를 들어 아래와 같은 코드는 괄호 안에 포함된 size + size가 항상 먼저 계산되기 때문에 피연산자와 연산자의 순서에 관계없이 계산 결과가 동일합니다.

```
var finalSize = (size + size) ** newSize
// {100.0, 2000.0}

finalSize = newSize ** (size + size)
// {100.0, 2000.0}
```

3. Summary

- 연산자 메소드는 기본적으로 제공되는 연산자 구현에 새로운 구현을 추가합니다.

```
static func 연산자(파라미터 목록) -> 리턴형 {
    // ...
}
```

- Swift 컴파일러는 연산자 메소드에 선언되어 있는 파라미터의 자료형을 통해 연산자의 지원유무를 판단합니다.

- Swift에서는 사용자 정의 연산자를 통해 기존에 존재하지 않는 새로운 형태의 연산자를 구현할 수 있습니다.

- 사용자 정의 연산자를 구현할 때는 아래와 같은 특수문자의 조합을 사용합니다.

```
/ = - + * % < > ! & | ^ . ~ ?
```

- 사용자 정의 연산자를 선언할 때는 operator 키워드를 사용하며 반드시 전역 범위에서 선언해야 합니다.

```
prefix operator 연산자
infix operator 연산자
postfix operator 연산자
```

- 연산자의 우선순위와 결합규칙을 결정할 때 우선순위 그룹을 사용합니다.

```
precedencegroup 우선순위 그룹 이름 {
    higherThan: 현재 그룹보다 우선순위가 낮은 그룹 목록
    lowerThan: 현재 그룹보다 우선순위가 높은 그룹 목록
    associativity: 결합규칙
}

infix operator 연산자 : 우선순위 그룹
```

CHAPTER 28

전처리기와 컴파일 속성, 조건 컴파일 블록

전처리기Preprocessor는 컴파일러가 소스 코드를 컴파일하기 전에 전처리 명령문을 처리하는 텍스트 프로세서입니다. Objective-C 컴파일러는 전처리기를 내장하고 있으며 C 언어에서 제공하는 모든 전처리 명령문을 사용할 수 있습니다. 반면 Swift 컴파일러는 전처리기를 내장하고 있지 않으며 컴파일 속성Compile-time Attribute, 조건 컴파일 블록과 언어 자체의 기능으로 Objective-C 전처리기와 동일한 기능을 구현합니다. 그리고 전처리 지시어는 Swift와의 호환성을 가지고 있지 않기 때문에 Swift와 Objective-C 코드를 함께 사용될 때 자동으로 임포트되지 않습니다. Swift는 #으로 시작하는 다양한 표현식을 제공하지만 Objective-C에서 제공하는 전처리 지시어와 연관성이 없는 요소입니다.

조건 컴파일 블록Conditional Compilation Block을 활용하면 컴파일 시점에 특정 코드를 컴파일 대상에 포함시키거나 제외할 수 있습니다.

```
#if 조건식
    조건식이 참일 때 컴파일 대상에 포함시킬 코드
#endif
```

조건식 부분에는 빌드 설정에 선언되어 있는 컴파일 플래그 또는 플랫폼 상태 함수가 사용됩니다. Swift는 다음과 같은 플랫폼 상태 함수를 제공하며 함수의 파라미터는 미리 정의되어 있는 파라미터만 사용할 수 있습니다.

1. os()

os( ) 함수는 코드가 컴파일되는 OS를 확인합니다. 파라미터로 전달할 수 있는 값은 OSX, macOS, iOS, tvOS, watchOS, tvOS, Linux 입니다. 이 함수는 OS의 종류를 판단할 수 있지만 버전은 확인할 수 없습니다.

```
#if os(OSX) || os(macOS)
    print("macOS")
#elseif os(iOS)
    print("iOS")
#elseif os(tvOS)
    print("tvOS")
#elseif os(watchOS)
    print("watchOS")
#elseif os(Linux)
    print("Linux")
#else
```

```
        print("Unknown OS")
    #endif
```

2. arch()

arch() 함수는 코드가 컴파일되는 플랫폼을 확인합니다. 파라미터로 전달할 수 있는 값은 x86_64, arm, arm64, i386 입니다.

```
#if arch(x86_64)
    // ...
#elseif arch(arm) || arch(arm64)
    // ...
#elseif arch(i386)
    // ...
#else
    // ...
#endif
```

3. swift()

swift() 함수는 Swift 코드의 버전을 분기할 때 사용할 수 있습니다. 파라미터에 >= 연산자와 버전 번호를 전달합니다.

```
#if swift(>=4.0)
    // Swift 4.0 버전 코드
#else
    // Swift 4.0 이전 버전 코드
#endif
```

Memory Management

메모리 관리

메모리가 필요한 만큼 정상적으로 할당되었다가 더 이상 필요하지 않은 시점에 완전하게 해제되도록 하는 것은 프로그래밍에서 매우 중요한 부분입니다. 메모리는 프로그램의 성능에 많은 영향을 줍니다. 더 이상 사용하지 않는 메모리가 해제되지 않고 계속 유지되는 경우 프로그램이 사용할 수 있는 메모리가 점점 줄어들고 성능이 저하됩니다. 심지어 다른 프로그램의 성능에 영향을 주기도 합니다. 더 이상 사용할 수 있는 메모리가 없는 경우 OS는 메모리 공간을 확보하기 위해서 프로그램을 강제로 종료합니다. 이런 문제가 발생하지 않도록 메모리를 효율적으로 관리하는 것은 매우 중요합니다.

코코아 환경에서 처음 도입한 메모리 관리 모델은 Manual Retain Release(MRR) 모델입니다. 이 모델은 Manual Reference Counting(MRC)으로 부르기도 합니다. MRR은 객체의 소유권^{Ownership}을 기반으로 메모리를 관리합니다. 모든 객체는 하나 이상의 소유자가 있는 경우 메모리에 유지됩니다. 소유자는 메모리가 더 이상 필요 없는 경우 소유권을 포기하고 소유자가 하나도 없는 메모리는 해제됩니다. MRR은 객체의 소유권을 관리하기 위해 참조 카운트^{Retain Count}를 사용합니다. 참조 카운트는 객체를 소유할 때마다 1씩 증가하고, 소유권을 포기할 때마다 1씩 감소하는 단순한 규칙을 가지고 있습니다. 이 모델을 사용하여 프로그램을 개발한다면 retain, release, autorelease 메소드를 사용해서 객체 소유권과 관련된 코드를 직접 구현해야 합니다. 하지만 여러 객체가 상호 작용하는 코드에서 소유권을 올바르게 처리하는 코드를 작성하는 것은 매우 어려운 작업입니다. 작성해야 하는 코드의 양이 증가하는 만큼 메모리 오류의 가능성과 디버깅 난이도도 함께 증가하게 됩니다. 더불어 코드를 유지보수하는데도 많은 노력과 시간이 필요합니다.

애플은 이러한 문제점을 해결하기 위해 Automatic Reference Counting(ARC)을 도입했습니다. MRR과 동일한 참조 카운트 모델을 사용하지만 향상된 컴파일러가 메모리 관리 코드를 자동으로 추가합니다. 프로그래머는 더 이상 메모리 관리 코드를 작성할 필요가 없고 프로그램의 기능에 더욱 집중할 수 있습니다.

1. 소유 정책

참조 카운트를 관리하는 규칙을 소유 정책^{Ownership Policy}이라고 합니다. 코코아의 메모리 관리 모델은 매우 단순하고 직관적인 소유 정책을 가지고 있습니다.

* 모든 객체는 생성될 때 참조 카운트가 1이 됩니다.
* 객체에 retain 메시지를 보내면 참조 카운트가 1 증가합니다. 이 메시지를 보낸 호출자는 객체를

소유합니다.

- 객체에 release 메시지를 보내면 참조 카운트가 1 감소합니다. 이 메시지를 보낸 호출자는 객체의 소유권을 포기합니다.
- autorelease 메시지를 보내면 현재 사용 중인 오토릴리즈 풀 블록^{Autorelease Pool Block}의 실행이 종료되는 시점에 참조 카운트가 1 감소합니다. 이 메시지를 보낸 호출자는 객체의 소유권을 포기합니다.
- 참조 카운트가 0이 되면 객체의 메모리가 해제됩니다.

Autorelease Pool

오토릴리즈 풀은 autorelease 메시지를 받은 객체가 해제되기 전까지 저장되는 공간입니다. 이 공간에 저장된 객체들은 오토릴리즈 풀이 해제될 때 release 메시지를 받습니다. 하나의 객체가 여러 번 추가되었다면 추가된 횟수만큼 release 메시지를 받습니다.

코코아 환경에서 오토릴리즈 풀은 필수입니다. 만약 오토릴리즈 풀이 생성되지 않은 상태에서 객체로 autorelease 메시지를 보내면 이 객체는 release 메시지를 받을 수 없고 메모리 누수의 원인이 됩니다. 그래서 Xcode로 생성한 모든 프로젝트는 메인 스레드에서 동작하는 기본 오토릴리즈 풀을 제공합니다. 모든 스레드는 오토릴리즈 풀 스택을 가지고 있고, 새롭게 생성된 오토릴리즈 풀은 스택 최상위에 추가됩니다. autorelease 메시지를 받은 객체는 자신의 스레드에 존재하는 오토릴리즈 풀 중 스택의 최상위에 있는 풀에 추가됩니다. 오토릴리즈 풀이 해제되는 경우 스택에서 제거되고 여기에 포함되어 있는 객체들은 release 메시지를 받습니다. 스레드 자체가 종료되는 경우에도 스택에 있는 모든 풀이 자동으로 해제됩니다.

오토릴리즈 풀은 다음과 같이 블록으로 생성할 수 있습니다. 이 블록 내에 포함된 모든 참조 형식의 인스턴스는 자동으로 오토릴리즈 풀에 추가됩니다.

```
autoreleasepool {
    // ...
}
```

프로그램을 개발할 때 기본적으로 제공하는 오토릴리즈 풀을 사용할 수 있습니다. 하지만 다음과 같은 세 가지 경우에는 프로그래머가 직접 오토릴리즈 풀을 생성해야 합니다.
- 명령줄 도구Command Line Tool와 같이 UI 프레임워크를 사용하지 않는 프로그램을 개발할 때
- 반복문에서 다수의 임시 객체를 생성할 때
- 스레드를 직접 생성할 때

Automatic Reference Counting(ARC)

ARC는 MRR 모델에서 지적되었던 여러 단점을 개선한 메모리 관리 모델입니다. 컴파일러가 코드를 분석한 후 객체의 생명주기에 적합한 메모리 관리 코드를 추가하는 방식을 사용합니다. 프로그래머가 메모리 관리 코드를 직접 작성할 필요가 없어서 MRR 모델에 비해 개발 난이도와 복잡도가 상당히 낮아졌습니다. WWDC 2011에서 발표한 자료에 따르면 ARC 방식을 도입할 경우 retain/release 성능이 2.5배, @autoreleasebpool 블록의 성능이 NSAutoreleasePool 클래스에 비해 6배, obj_msgSend 성능이 33% 향상됩니다.

ARC는 프로그래머가 직접 메모리를 관리하지 않는다는 측면에서 가비지 컬렉션^{Garbage Collection}(이하 GC)과 유사합니다. 하지만 런타임에 주기적으로 메모리를 정리하는 GC와 달리 컴파일 시점에 코드가 자동으로 추가되는 방식이므로 런타임에 메모리 관리를 위한 오버헤드가 발생하지 않습니다. ARC는 객체를 생성할 때마다 객체에 대한 정보를 저장하는 별도의 메모리 공간을 생성합니다. 이 공간에는 객체에 대한 형식 정보와 속성 값이 저장됩니다. ARC는 이 정보를 기반으로 메모리를 관리합니다.

1. Strong Reference

해제된 객체에 접근하는 코드는 런타임 오류의 원인이 됩니다. ARC는 이러한 문제를 방지하기 위해 객체를 참조하고 있는 속성, 상수, 변수를 추적합니다. 활성화된 참조가 하나라도 존재한다면 객체는 해제되지 않습니다. 이를 위해서 새로 생성된 객체는 자신이 할당되는 속성 또는 변수, 상수와 강한 참조^{Strong Reference}를 유지합니다.

```
class Person {
    var name = "John Doe"

    deinit {
        println("\(name) is being deinitialized")
    }
}

var person1: Person?
var person2: Person?
var person3: Person?

person1 = Person()
```

person1 변수는 새로운 Person 객체와 강한 참조를 유지합니다. person2, person3 변수에 person1 을 할당하면 두 변수 역시 Person 객체와 강한 참조를 유지합니다.

```
    person2 = person1
    person3 = person1
```

코드가 여기까지 실행되면 Person 객체의 참조 카운트는 3이 됩니다. 0보다 큰 참조 카운트를 가진 객체는 메모리에 유지된다는 소유 정책에 따라 Person 객체는 메모리에 계속 유지됩니다.

```
    person1 = nil
    person2 = nil
```

person1, person2 변수에 nil을 할당하면 객체에 대한 강한 참조가 해제됩니다. 즉, 두 변수는 자신이 소유하고 있는 Person 객체에 대한 소유권을 포기합니다. 이것은 MRR 모델에서 release 메시지를 보내는 것과 동일합니다. person3 변수는 여전히 Person 객체에 대한 강한 참조를 가지고 있기 때문에 여기에서도 객체는 계속 메모리에 유지됩니다.

```
    person3 = nil
```

마지막으로 person3 변수에 nil을 할당하면 Person 객체에 대한 모든 강한 참조가 해제됩니다. 객체에 대한 강한 참조가 더 이상 존재하지 않기 때문에 메모리에서 해제됩니다.

이어지는 코드는 Person 클래스와 Car 클래스를 정의하고 있습니다. Person 클래스는 car라는 Car? 자료형의 속성을 가지고 있고, Car 클래스는 Person? 자료형의 lessee 속성을 가지고 있습니다. 두 클래스의 deinit 메소드는 해제 시점을 확인할 수 있는 메시지를 출력합니다.

```
class Person {
    var name = "John Doe"
    var car: Car?

    deinit {
        println("\(name) is being deinitialized")
    }
}

class Car {
    var model: String
    var lessee: Person?

    init(model: String) {
        self.model = model
    }

    deinit {
        println("\(model) is being deinitialized")
    }
}

var person: Person? = Person()
var rentedCar: Car? = Car(model: "Porsche 911")
```

새로 생성된 Person 객체는 person 변수에 할당됩니다. person 변수는 Person 객체와 강한 참조를 유지하고, 이 객체의 참조 카운트는 1이 됩니다. rentedCar 변수에는 새로운 Car 객체가 할당되고 person 변수와 마찬가지로 자신에게 할당된 Car 객체와 강한 참조를 유지합니다.

```
person!.car = rentedCar
rentedCar!.lessee = person
```

Person 객체의 car 속성에 rentedCar 변수를 할당하면 car 속성과 rentedCar 변수가 소유하고 있는 객체 사이에 강한 참조가 유지됩니다. 이 시점에서 Car 객체와 유지되고 있는 강한 참조는 두 개이고, 참조 카운트는 2가 됩니다. 이어서 Car 객체의 lessee 속성에 person 변수를 할당하고 있습니다. lessee 속성과 person 변수가 소유하고 있는 객체 사이에 새로운 강한 참조가 유지되고, 참조 카운트는 2가 됩니다.

Person 객체와 Car 객체는 자신이 가진 속성을 통해 다른 객체와 강한 참조를 유지합니다. 아래의 코드와 같이 person 변수와 rentedCar 변수에 nil을 할당하더라도 두 객체 사이의 강한 참조는 유지됩니다. 그래서 소멸자에서 지정한 메시지가 출력되지 않습니다. 두 객체 사이의 강한 참조를 해제할 수 있는 방법이 필요한데 이미 person 변수와 rentedCar 변수에는 nil이 할당되어 있어서 객체에 접근할 수 없습니다. 결국 강한 참조를 해제할 방법이 없기 때문에 두 객체는 불필요한 메모리를 차지하게 됩니다.

```
person = nil
rentedCar = nil
```

이렇게 객체 사이의 강한 참조로 인해 메모리가 정상적으로 해제되지 않는 문제를 강한 참조 사이클 Strong Reference Cycle, 또는 줄여서 참조 사이클이라고 합니다. ARC는 메모리를 자동으로 관리해주는 편리한 기능이지만 CG와 달리 참조 사이클 문제를 스스로 처리하지 못합니다.

2. Weak Reference

참조 사이클 문제를 해결하기 위해 가장 처음 도입된 것은 약한 참조 Weak Reference입니다. 약한 참조는 자신이 참조하는 객체에 대해 강한 참조를 유지하지 않습니다. ARC 초기 버전에서 약한 참조는 자신이 참조하고 있는 객체가 해제되었을 경우 댕글링 포인터 Dangling Pointer가 되는 문제가 있었습니다. 그래서 약한 참조가 댕글링 포인터가 되지 않도록 참조하고 있는 객체가 해제되면 약한 참조를 nil로 설정해주어야 했습니다. 하지만 이러한 방식 역시 MRR처럼 메모리 관리를 어렵게 만들었습니다.

이후 ARC에는 Zeoring Weak Reference라고 하는 새로운 약한 참조가 도입되었습니다. 이 참조는 자신이 참조하기 있는 객체가 해제될 때 자신의 값을 nil로 초기화합니다. 속성을 약한 참조로 선언하려면 weak 키워드를 사용합니다. 아래의 코드는 lessee 속성의 특성을 weak로 선언합니다. Swift 에서 속성을 약한 참조로 선언하려면 반드시 옵셔널로 선언해야 합니다.

```
class Car {
    var model: String
    weak var lessee: Person?
    // ...
}

var person: Person? = Person()
var rentedCar: Car? = Car(model: "Porsche 911")

person!.car = rentedCar
rentedCar!.lessee = person
```

person 변수와 rentedCar 변수는 이전과 마찬가지로 자신에게 할당된 객체와 강한 참조를 유지합니다. Person 객체의 car 속성에 rentedCar를 할당한 경우에도 강한 참조가 유지됩니다. 하지만 lessee 속성은 약한 참조로 선언되어 있어서 person과 강한 참조를 유지하지 않습니다. 즉, person 변수에 저장되어 있는 객체를 참조하지만 소유하지는 않습니다. 그래서 Person 객체의 참조 카운트도 증가하지 않습니다.

여기까지 코드가 실행되면 Person 객체에 대한 강한 참조를 유지하고 있는 것은 person 변수이고 객체의 참조 카운트는 1입니다. Car 객체에 대한 강한 참조를 유지하고 있는 것은 rentedCar 변수와 Person 객체의 car 속성이고, 참조 카운트는 2입니다.

```
person = nil
// John Doe is being deinitialized
```

person 변수에 nil을 할당하여 Person 객체에 대한 강한 참조를 해제하면 person 변수가 Person 객체의 유일한 소유자이므로 참조 카운트는 0이 되고, 객체가 점유하고 있던 메모리가 즉시 해제됩니다. 그리고 Person 객체의 소멸자가 호출되어 메시지가 출력됩니다. Person 객체가 해제되는 과정에서 car 속성은 Car 객체에 대한 소유권을 포기합니다. 그래서 이 시점에서 Car 객체와 강한 참조를 유지하고 있는 것은 rentedCar 변수뿐입니다.

```
rentedCar = nil
// Porsche 911 is being deinitialized
```

마지막으로 rentedCar 변수에 nil을 할당하면 더 이상 Car 객체와 강한 참조를 유지하고 있는 소유자가 없으므로 이 객체도 바로 해제됩니다. 두 객체가 서로를 참조하고 있었지만 약한 참조를 사용했기 때문에 참조 사이클 문제와 메모리 누수 문제가 모두 해결되었습니다.

3. Unowned Reference

Swift에서 새로 도입된 비소유 참조^{Unowned Reference}는 참조 대상에 대한 강한 참조를 유지하지 않지만, 항상 유효한 대상을 참조합니다. 즉, 약한 참조와 달리 옵셔널로 선언되지 않고 nil 값을 가질 수 없습니다. 참조 대상이 해제되는 경우 자동으로 nil로 변경되지 않기 때문에 런타임 오류가 발생할 가능성이 큽니다. 그래서 비소유 참조는 참조 대상이 항상 존재한다고 확신할 수 있는 경우에만 제한적으로 사용해야 합니다.

```swift
class Person {
    var name = "John Doe"
    var fitnessMembership: Membership?

    deinit {
        println("\(name) is being deinitialized")
    }
}

class Membership {
    let membershipId: String
    unowned var owner: Person

    init(owner: Person) {
        self.owner = owner
        self.membershipId = "20160001"
    }

    deinit {
        println("\(membershipId) membership is being deinitialized")
    }
}
```

Membership 클래스는 피트니스 멤버십을 추상화한 클래스입니다. 모든 사람이 피트니스 멤버십을 가지고 있는 것은 아니고, 멤버십을 가지고 있는 경우에도 언제든지 해지할 수 있기 때문에 Person 클래스의 fitnessMembership 속성은 옵셔널로 선언되어 있습니다. 하지만 모든 피트니스 멤버십은 반드시 한명의 회원과 연관되어 있으므로 owner 속성은 옵셔널이 아닌 속성으로 선언되어 있습니다. 아울러 이 속성은 unowned 키워드를 통해 비소유 참조로 선언되어 있어서 Person 객체와 강한 참조를 유지하지 않습니다. 그래서 약한 참조와 마찬가지로 참조 사이클 문제를 해결할 수 있습니다.

```swift
var p: Person? = Person()
p!.fitnessMembership = Membership(owner: p!)
```

이 코드는 새로운 Person 객체를 p에 할당합니다. 변수 p는 객체에 대한 소유권을 가지고 강한 참조를 유지합니다. 참고로 이 변수를 옵셔널로 선언한 이유는 나중에 값을 nil로 설정하여 강한 참조를 강제로 해제하기 위해서입니다.

이어서 fitnessMembership 속성에 새로운 Membership 객체를 할당합니다. 이 속성과 새로운 객체는 강한 참조를 유지합니다. Membership의 생성자로 전달된 Person 객체는 owner 속성에 할당됩니다. 하지만 이 속성이 비소유 참조로 선언되어 있어서 강한 참조는 유지되지 않습니다. Person 객체는 fitnessMembership 속성을 통해 Membership 객체와 강한 참조를 유지하고, Membership 객체는 owner 속성을 통해 Person 객체와 비소유 참조를 유지합니다. 그래서 두 객체 사이에는 참조 사이클 문제가 발생하지 않습니다. 동시에 두 객체 모두 유효한 소유자를 가지고 있어서 메모리에 정상적으로 유지됩니다.

```
p = nil
// John Doe is being deinitialized
// 20160001 membership is being deinitialized
```

마지막으로 p 변수에 nil을 할당하여 Person 객체를 해제하면 두 객체가 모두 해제되고 소멸자에서 지정한 메시지가 출력됩니다. Membership 객체는 자신과 강한 참조를 유지하고 있는 fitnessMembership 속성이 해제될 때 함께 해제됩니다.

4. 클로저의 강한 참조 사이클 문제

클로저는 클래스와 마찬가지로 참조 형식입니다. 그래서 참조 사이클 문제로부터 자유로울 수 없습니다. 새로운 Car 클래스를 구현한 후 참조 사이클이 발생하는 코드와 해결하는 코드를 구현해 보겠습니다.

```
class Car {
    var totalDrivingDistance: Double = 0.0
    var totalUsedGas: Double = 0.0

    lazy var gasMileage: () -> Double = {
        return self.totalDrivingDistance / self.totalUsedGas
    }

    func drive() {
        self.totalDrivingDistance = 1200.0
        self.totalUsedGas = 73.0
    }

    deinit {
        print("Car is being deinitialized")
    }
}
```

Car 클래스는 참조 사이클의 원인이 되는 gasMileage 속성을 가지고 있습니다. 이 속성에 할당된 클로저와 블록 내부에서 self를 참조하고 있습니다. Swift에서 속성이 lazy로 선언되어 있는 이유는 객체의 초기화가 완료되기 전까지 self에 접근할 수 없기 때문입니다. 만약 lazy로 선언하지 않는다면 클로저 내부에서 self를 인식할 수 없으므로 컴파일 오류가 발생합니다. gasMileage 속성은 자신에게 할당된 클로저/블록과 강한 참조를 유지합니다. 그리고 이 클로저/블록은 내부에서 self의 참조를 캡처^{Capture}합니다. 클로저와 블록 내부에서 참조를 캡처할 때는 횟수에 관계없이 해당 참조에 대한 강한 참조가 하나 생성됩니다. 그래서 클로저와 블록이 유지되는 동안 self로 참조한 객체와 강한 참조를 유지됩니다. 결과적으로 객체와 클로저/블록 사이에 참조 사이클이 생기면서 메모리 누수가 발생합니다.

```
var myCar: Car? = Car()
myCar!.drive()
myCar!.gasMileage()

myCar = nil                          // Not released
```

클로저와 클래스 사이의 참조 사이클 문제는 클로저 캡처 목록^{Closure Capture List}을 통해 해결할 수 있습니다. 클로저 캡처 목록은 [ ]사이에 ,로 구분하여 나열합니다. 각 항목은 캡처 대상과 weak 또는 unowned 키워드의 조합으로 구성됩니다. 클로저 캡처 목록은 파라미터와 리턴형 선언 앞에 위치합니다. 파라미터와 리턴형이 없는 경우에는 반드시 in 키워드를 통해 본문과 구분해주어야 합니다.

```
{
    [weak 캡처 대상] (파라미터 목록) -> 리턴형 in
    클로저에서 실행할 코드
}

{
    [weak 캡처 대상, unowned 캡처 대상] in
    클로저에서 실행할 코드
}
```

이어지는 코드는 getMileage 속성에 할당된 클로저에 클로저 캡처 목록을 추가합니다. 이 코드에서 self는 비소유 참조(unowned)로 선언되어 있습니다. 그래서 클로저에서 self를 캡처할 때 강한 참조 대신 비소유 참조를 유지하게 됩니다.

```
class Car {
    // ...
    lazy var gasMileage: () -> Double = {
        [unowned self] in
        return self.totalDrivingDistance / self.totalUsedGas
    }
    // ...
}
```

이전에는 myCar 변수에 nil을 할당하더라도 객체와 클로저 사이에 존재하는 참조 사이클로 인해 객체가 해제되지 않았습니다. 하지만 이 코드에서는 클로저 캡처 목록을 통해 클로저와 self 사이의 강한 참조를 제거했기 때문에 객체가 정상적으로 해제되고 소멸자에서 지정한 메시지가 출력됩니다.

```
var myCar: Car? = Car()
myCar!.drive()
myCar!.gasMileage()

myCar = nil
// Car is being deinitialized
```

iOS 앱 개발을 위한
Swift 4

1판 1쇄 인쇄 2017년 9월 1일
1판 1쇄 발행 2017년 9월 5일

—

지 은 이 김근영
발 행 인 이미옥
발 행 처 디지털북스
정　　가 25,000원
등 록 일 1999년 9월 3일
등록번호 220-90-18139
주　　소 (04987) 서울 광진구 능동로 32길 159
전화번호 (02) 447-3157~8
팩스번호 (02) 447-3159

—

ISBN 978-89-6088-211-9 (93000)
D-17-15

www.digitalbooks.co.kr